# LA NOVELA HISPANOAMERICANA DEL SIGLO XX

ccj/87

JOHN S. BRUSHWOOD

# LA NOVELA HISPANOAMERICANA DEL SIGLO XX

*Una vista panorámica*

Traducción de
RAYMOND L. WILLIAMS

**FONDO DE CULTURA ECONÓMICA**
MÉXICO

Primera edición en inglés, 1975
Primera edición en español, 1984

Título original:
*The Spanish American Novel.* A Twentieth-Century Survey
© 1975, John S. Brushwood
Publicado por University of Texas Press, Austin
ISBN 0-292-77515-6


D. R. © 1984, Fondo de Cultura Económica
Av. de la Universidad, 975; 03100 México, D. F.

ISBN 968-16-1711-8

Impreso en México

Para DAVID y PAUL
con mi agradecimiento
por su interés

## PREFACIO A LA PRIMERA EDICIÓN EN INGLÉS

LA novela hispanoamericana irrumpe en el mundo del lector no-hispánico durante los años sesentas. Por supuesto, ya hacía tiempo que contaba con un público fiel de especialistas y aficionados. La nueva atención, no obstante, fue un asunto del todo distinto: mucha gente se encontró interesada en Hispanoamérica como resultado de leer su literatura, y no al revés. Esta reacción de los lectores es bastante significativa, puesto que muchas novelas anteriores eran pintorescas, exóticas, del mismo modo en que lo son los libros de viajes. Indudablemente la explicación básica para este nuevo interés durante los años sesentas es que la narrativa hispanoamericana muestra más originalidad artística que antes. Es más probable, por lo tanto, que los libros nos suministren una experiencia literaria válida, cualquiera que sea la presencia de elementos regionalistas.

Se suele emplear la palabra *boom* con respecto a este fenómeno de los años sesentas, en Hispanoamérica misma y en otros países. Esta palabra es del todo justificada porque la cantidad de novelas de alta calidad ha aumentado enormemente. En términos de publicidad, el aumento de cantidad y calidad ha recibido empuje por la actividad internacional —el renombre— de escritores como Carlos Fuentes, Gabriel García Márquez y Mario Vargas Llosa. Teniendo en cuenta este hecho, conviene recordar que dos catalizadores de nuestro entusiasmo por la literatura hispanoamericana son escritores que pertenecen a la generación anterior: Miguel Ángel Asturias y Jorge Luis Borges. Asturias ganó el Premio Nobel en 1967 como reconocimiento a una obra que novela los mitos y los problemas de Guatemala. Jorge Luis Borges, el gran narrador, ha escrito cuento corto pero ha contribuido tanto como cualquier otro a la novela hispanoamericana por su insistencia en el derecho a la invención que tiene el novelista. Ambas carreras comenzaron en los años veintes. En una generación intermedia, Juan Rulfo y Julio Cortázar constituyen una pareja semejante; Rulfo mitificando la realidad del México rural, Cortázar aniquilando la lógica en obras en que el factor regional no tiene ninguna importancia práctica.

El hecho es que la tradición novelesca en Hispanoamérica es larga y sustancial. Su excelencia reciente indica una época de madurez que estimula la invención y la innovación. Este *boom*, no obstante, no debe oscurecer todo lo bueno que antes había; y, de hecho, hay numerosos estudios que versan sobre la novela hispanoamericana (ver la bibliografía). La historia de Fernando Alegría es un manual que cubre el tema desde la época colonial hasta principios de los años sesentas. El estudio de Alberto Zum Felde es una historia del género

9

que termina aproximadamente a mediados del siglo xx. Ambos libros recalcan más las tendencias generales que el análisis crítico. Más recientemente, Kessel Schwartz ha publicado una historia de la novela hispanoamericana desde la época colonial hasta fines de los años sesentas. Su organización se basa en los movimientos literarios y fenómenos tradicionalmente reconocidos. El estudio contiene numerosas síntesis de tramas, frecuentes juicios críticos, ocasionales comentarios analíticos y una bibliografía abundante. Otro estudio reciente, de Cedomil Goic, organiza la materia por generaciones y se centra en el análisis de un número menor de novelas. Arturo Torres Rioseco y J. R. Spell publicaron colecciones de ensayos sobre distintos autores, incluidos los principales de los cuarenta años iniciales del siglo. El libro de J. R. Spell contiene resúmenes detallados de los argumentos y evaluaciones críticas con una cantidad limitada de análisis específicos. Los ensayos de Torres Rioseco incluyen los resultados de entrevistas con escritores y también estudios sobre sus obras. Sus observaciones críticas recalcan el asunto de la validez psicológica de la caracterización. *Los nuestros* de Luis Harss también emplea una combinación de entrevista y análisis literario para tratar autores mucho más recientes. El libro ha sido publicado en español e inglés y es la mejor introducción para el que empieza a interesarse en las novelas y sus autores. Harss comete algunos errores con los datos y también hace algunos juicios dudosos en sus afirmaciones generales acerca de la trayectoria de la novela en Hispanoamérica. Sus observaciones suelen ser agudas, no obstante, y la mejor cualidad de su libro es que nos da una visión clara de la obra de cada autor.

Hay muchos libros, desde luego, que tratan de la novela en distintos países y de varios aspectos de la literatura en prosa. Mi propósito en el presente libro es estudiar el desarrollo del género en Hispanoamérica como una entidad total, durante el siglo xx. Se hace hincapié en obras más bien que en autores y he resistido la tentación de colocar las obras de un solo autor en el mismo lugar. El estudio de la narrativa autor por autor es importante y de interés. Mi propósito en el presente estudio, no obstante, es estudiar la novela como organismo cultural; por lo tanto, la estructura de este libro depende de factores dinámicos del género, en vez de la biografía. Una novela pertenece a una cultura. Puede trascender las limitaciones temporales y espaciales, pero aun ese hecho es importante para la comprensión del ambiente cultural en que fue creada. Esta consideración no se relaciona necesariamente con problemas de compromiso ideológico. En muchos casos es apropiado mostrar cómo una experiencia fictícia de una situación determinada difiere de una reproducción documental de la misma situación. El procedimiento, no obstante, no consiste en elaborar los contrastes, sino en destacar los factores que transforman la anécdota en arte. Aunque he usado varias fuentes de información histórica, la referencia básica empleada a lo largo de la preparación del estudio es *A History of Latin America* de Huberto Herring (Nueva York: Knopf, 1968).

Considero razonable empezar este estudio a principios del siglo xx porque las novelas hispanoamericanas desde 1900 hasta 1930 muestran todas las características principales de la novelística durante el siglo xix y, además, las primeras aventuras en la innovación. Terminar el estudio en 1970 fue un asunto de necesidad práctica. Su preparación exigió tal punto final. Hay ciertas razones, no obstante, que nos hacen pensar que en los años venideros se verá que sirve apropiadamente como año límite. La nueva novela en Hispanoamérica estaba bien establecida para 1970. Los escritores gozan ahora de una seguridad y confianza jamás vistas. Una década espectacular ha llamado la atención de lectores en todas partes del mundo. Aunque indudablemente muchas novelas excelentes serán publicadas en Hispanoamérica, no es probable que creen un efecto tan dramático como el fenómeno de los años sesentas.

Siempre surge la pregunta de hasta qué punto se puede estudiar la novela hispanoamericana como entidad total. Aun algunos libros que intentan hacerlo producen divisiones nacionales o regionales. Uno de los propósitos del presente estudio es poner a prueba la posibilidad de tratar la novela y al mismo tiempo evitar tales divisiones. Para realzar el efecto de unidad, no he mencionado la nacionalidad de novelas gratuitamente. Cuando este tipo de identificación es necesario para una clara explicación, se la incluye en el texto. En otros casos, la nacionalidad de los autores y años de nacimiento y muerte pueden encontrarse en el índice después del nombre de cada autor.

Una lista al final del libro ilustra el principio organizador del mismo. No contiene todas las novelas hispanoamericanas publicadas durante los años indicados; no pretende ser una bibliografía. Sirve como representación gráfica de las tendencias, las coincidencias y los contrastes que forman mi concepto de la novela hispanoamericana. En el texto del libro se presenta esta materia en dos capítulos distintos. Algunos se centran en años en particular y dependen principalmente de una sola novela, como el capítulo titulado "El año de *Los de abajo*". Los otros capítulos son panorámicos y cubren periodos de años intermedios entre la publicación de obras claves. Esta organización tiene la ventaja de agregar una dimensión a lo que normalmente encontramos en un panorama de la literatura porque nos permite ver con más claridad todos los aspectos del género en un punto específico del tiempo. Algunas novelas publicadas en los capítulos "El año de..." hubieran sido eliminadas si el libro fuera completamente panorámico. Por consiguiente, los dos tipos de capítulos tienden a corregir una distorsión que pudiera haber sido creada si cualquiera de los dos fuera empleado exclusivamente.

Naturalmente, los problemas de si se incluye o se excluye una obra llegan a agudizarse en el desarrollo del estudio. La decisión de en cuáles hacer hincapié es igualmente difícil. Es el mismo problema que siempre han tenido los editores de antologías y las soluciones nunca son satisfactorias. Desde el principio he intentado evitar la influencia de los intereses tradicionales o los gustos que están de moda. Es justo decir que he tendido a recalcar obras poco reconocidas que alteran nuestra comprensión de cómo era la literatura en prosa durante un momento determinado: *Op Oloop, La casa de cartón* y *Novela como nube*, por ejemplo. También he intentado "rescatar" algunas novelas excelentes —libros cuyos méritos son reconocidos por todos sus lectores, pero cuya fama ha sido limitada por la excelencia general de la última década—. Entre ellas se incluyen *Job-Boj, La comparsa, El día señalado* y *Los habitantes*.

A veces uno nota la tendencia que tienen algunos lectores de medir el espacio dedicado a una obra específica. Quiero dejar bien claro que en el presente estudio no hay absolutamente ninguna relación entre mi juicio del valor estético de una novela y el número de palabras que he usado para escribir sobre dicha novela. En algunos casos, novelas incluidas en los capítulos panorámicos reciben mucho menos tratamiento detallado que si estuvieran en un capítulo de "El año de..." En todos los casos, la extensión del estudio dedicado a un libro está determinado por cuáles características son las más reveladoras en un contexto particular. Al hablar de novelas, he evitado, en lo que sea posible, palabras que tienen un significado especial para grupos particulares de críticos o profesores de literatura. He usado dos palabras, no obstante, que son importantes para mi propio vocabulario crítico y que podrían causar cierta confusión: *experiencia* y *dinamismo*. Al hablar de la experiencia de una novela me refiero al proceso de llegar a ser de una obra; puede ser desde la perspectiva del autor o desde la del lector. Este acto se refiere a la apreciación de una obra de arte, pero como fenómeno dinámico en vez de *fait accompli*. Es decir, una obra de arte es una experiencia, no un documento; lo que aprendemos de ella no es sólo el producto de la experiencia, sino la experiencia misma. Mi uso de *dinamismo* y *dinámico* está estrechamente relacionado. Lo utilizo con respecto a los factores que vitalizan la experiencia, transformando la base de la anécdota en una obra de ficción y sosteniendo el proceso de crecimiento y cambio a lo largo de la novela.

Varios asuntos técnicos exigen comentario. Primero, al citar una novela varias veces, he empleado una nota de pie sólo la primera vez. De ahí en adelante la página correspondiente a la cita aparece entre paréntesis. Segundo, y más importante, es la necesidad de clarificar el término "Hispanoamérica" o "hispanoamericano". Me refiero a los países del hemisferio occidental donde el español es la lengua principal. Este término es distinto de "Latinoamérica" que incluye Brasil, donde se habla el portugués, y Haití, donde la lengua es el francés. Puede ser conveniente a veces hablar de América Latina como una entidad total, especialmente en algunos contextos políticos o sociológicos. Casi nunca es apropiado, sin embargo, al tratar la literatura, porque la lengua es el elemento principal, y este hecho modifica casi cualquier afirmación, menos la más generalizada.

Un asunto definitivamente no técnico pero de importancia **fundamental** es mi propia nacionalidad extranjera. Nadie que trabaje con la literatura extranjera puede ver su materia con el mismo sentido de identificación cultural con que la ve naturalmente el que trata su propia literatura nacional. Espero que mi interés auténtico en la cultura hispanoamericana, junto con visitas a algunos de los países, sirva como compensación adecuada y razonable. Mis esfuerzos han sido estimulados por el General Research Fund de la Universidad de Kansas y por una beca de viaje del Joint Committee on Latin American Studies, otorgada por medio del Social Science Research Council.

Me agrada poder destacar que varias bibliotecas en Hispanoamérica me fueron de extremada utilidad. Estas instituciones han sido duramente criticadas por investigadores y aun por el público lector. En todos los casos estaba consciente de la escasez de acervos; pero encontré un porcentaje bastante alto del material que necesitaba, y vasta ayuda amistosa.

Muchos alumnos han contribuido a este estudio, particularmente en seminarios y con sus disertaciones. Se citan varios en las notas. Quisiera mencionar los nombres de dos alumnas que también fueron mis asistentes de investigación: Stella T. Clark y Karen Hardy. Otro grupo que merece un agradecimiento especial está constituido por cuatro críticos excelentes que generosamente me dejaron usar sus manuscritos antes de la publicación de sus estudios: Osvaldo Larrazábal Henríquez, Raymond D. Souza, Martin S. Stabb y Jaime Valdivieso.

Sería imposible, desde luego, nombrar —y aun recordar— a todas las personas que han contribuido a este estudio. No obstante, recuerdo con gratitud y admiración los nombres de algunos que hicieron esfuerzos especiales para ayudar, de distintos modos: sugerir libros, resolver problemas literarios, leer manuscritos, arreglar entrevistas y escuchar pacientemente. Los más destacados son Demetrio Aguilera Malta, Fernando Alegría, Pedro F. de Andrea, Jorge Barros T., Alfonso Calderón, Alberto Escobar, Sergio Galindo, Cristóbal Garcés Larrea, Juan Carlos Ghiano, Luisa Mercedes Levinson,

Néstor Madrid-Malo, Eduardo Mallea, Juan Mejía Baca, Pedro Orgambide, José Miguel Oviedo, Gustavo Sainz, Manuel Zapata Olivella y Roberto Yahni. No quiero de ninguna manera que se sientan responsables por las fallas que este libro pueda tener; al contrario, espero que encuentren alguna satisfacción que recompense apropiadamente su cooperación amistosa.

JOHN S. BRUSHWOOD

## PREFACIO A LA PRIMERA EDICIÓN EN ESPAÑOL

LA primera edición fue publicada en inglés y cubría el periodo de 1900 hasta 1970. En ésta he traducido el original al español y he agregado unos diez años al panorama, llevando el estudio hasta 1980. Puesto que he intentado utilizar un criterio y una metodología iguales a los de Brushwood en la primera, no hace falta repetir las advertencias de su prefacio. Por haber hecho los estudios doctorales con el profesor Brushwood (precisamente durante la época en que preparaba la primera edición), creo (y espero) que el lector de este estudio encontrará cierta continuidad al llegar a la contribución mía al final del libro. Dada mi formación, no es sorprendente que yo utilizara un vocabulario crítico y un concepto de la novela semejantes a los de Brushwood. Espero que haya algunos momentos, además, en que mi análisis sea tan agudo y claro como el que se encuentra en la primera edición.

Al mirar la década de los setentas en su conjunto, no hay duda de que fue un decenio de excelente producción novelística. También podemos afirmar retrospectivamente la observación de Brushwood en el prefacio original: la novela de los setentas no tuvo un efecto tan dramático como la de los sesentas. Lo que quizás sea sorprendente es la gran cantidad de novelas publicadas en este decenio: ninguna década en lo que va del siglo ha visto la publicación de tantas novelas. Por consiguiente, el problema de si se excluye o se incluye una obra específica llega a ser aún más agudo que antes. Hay que recalcar, y aquí repito el prefacio original, que se trata de una representación gráfica de tendencias; en lo que se refiere a los diez últimos años lo que hemos podido incluir es aún más uan presentación metonímica que en la primera edición. De acuerdo con ésta, he intentado evitar los gustos que están de moda —los "puestos" que ocupan los novelistas en los setentas reflejan más su posición en el fluir de la literatura de ese periodo que el éxito, el logro o la popularidad de toda la carrera de dichos novelistas—.

Una lista de los alumnos y colegas que han contribuido a este proyecto de tres años sería demasiado larga para mencionarla aquí. Sin el consejo del mismo profesor Brushwood este proyecto hubiera sido imposible. Agradezco también la colaboración amistosa y la ayuda de Gustavo Álvarez Gardeazábal, Jorge Guzmán, Wolfgang Luchting, Néstor Madrid-Malo, Jaime Quezada, Raymond D. Souza, Wilhelm Stegman, Jonathan Tittler y Germán Vargas. El trabajo y buena voluntad de mi asistente Lyzette Robinson ha sido una contribución notable. Mis esfuerzos han sido apoyados por fondos del Graduate School de Washington University y su decano, doctor Ralph

15

Morrow. Finalmente, doy gracias en especial a Lucía Garavito, cuya dedicación a la corrección del manuscrito ha sido enormemente útil. Agradezco la contribución de todas estas personas; pero el texto de 1970 hasta 1980 es producto de mis investigaciones y soy responsable de los defectos o errores que en él se encuentren.

RAYMOND L. WILLIAMS

# I. LA HERENCIA (1900-1915)

UN REPASO retrospectivo de principios de siglo puede crear la impresión falsa de serenidad si dejamos que las generalizaciones oscurezcan los matices clarificadores. En el campo político, por ejemplo, es engañosamente fácil fijarse en la estabilidad particular de ciertos regímenes dictatoriales sin tomar en cuenta el estado general de fragilidad. En la literatura, el periodo parece encontrar su expresión a través de dos modos: uno, modernismo soñadoramente idealista, ese arte por el arte, y el otro, las revelaciones prosaicas del realismo y del naturalismo. En realidad estos dos tipos de escritura se relacionan más estrechamente de lo que parecen sugerir sus definiciones.

El realismo y el naturalismo corren paralelos y aun se unen en la novelística hispanoamericana. A veces se emplean estos términos indiscriminadamente para referirse a novelas que recalcan el aspecto menos atractivo de la vida, eliminando la bondad humana. Ha habido, y todavía hay, bastante discusión sobre si tal o cual novela es lo suficientemente determinista para considerarse naturalista. El realismo, en ciertas ocasiones, se refiere a la técnica, en otras, a la verosimilitud. Un aspecto del problema es que, con raras excepciones, no se escriben las novelas como ejemplos de términos literarios; estos términos son más bien una manera de describir novelas, siempre con reservas. La visión analítica es la función más interesante del naturalismo hispanoamericano. Es más apropiado hablar de tendencias naturalistas en novelas que de novelas naturalistas. La función más importante del realismo es la de fijarse en características destacables del Nuevo Mundo. Los dos comparten técnicas narrativas en común.

El modernismo es un problema más difícil. Se tiende a pasar por alto la literatura en prosa porque la poesía parece ser un vehículo más apropiado para la búsqueda eterna de la belleza. El modernismo —el nombre del movimiento mismo— es altamente significativo porque indicaba la intención de pertenecer a la corriente principal de la literatura. Sus escritores reaccionaban en contra de muchos de los excesos del romanticismo, pero se quedaban con la añoranza del romántico por lo inalcanzable. La búsqueda los puso en contacto con la poesía francesa de los simbolistas y de los parnasianos y fortaleció su dedicación a lo que podría llamarse la gran tradición poética —a saber, todo tipo de poesía de tiempos antiguos—. Su interés en ser modernos también los enfrentó a la sociedad poco imaginativa de la época y creó una reacción intensa que se convirtió en hiperesteticismo. La idea era que todo el mundo estaba en contra del artista. La rebelión resultante —a menudo interpretada como escapismo— fue una protesta elocuente en contra de la mediocridad del mundo en que vivían.

Esta idea relacionaba a los modernistas con los decadentistas franceses. También es un punto de partida cómodo para observar la literatura en prosa modernista. El año 1900, naturalmente, no marca un punto de cambio específico en la novela hispanoamericana. Las tendencias patentes a fines del siglo, y durante algunos de los años subsiguientes, son características que razonablemente datan de 1885. Para principios del siglo, tenemos una muestra amplia de lo que la novela hispanoamericana del siglo XX heredó del pasado. Varias novelas que ocupan sitios destacables en esta muestra expresan el idealismo espiritual y vago del modernismo en contraste obvio con la visión práctica del realismo-naturalismo. Un modo práctico de ver el mundo acepta la conciencia objetiva como el único conocimiento e intenta tratar los problemas de la humanidad a ese nivel. El esteta-idealista no está dispuesto a aceptar tan poco. Su búsqueda se basaba en la supuesta posibilidad de cultivar una conciencia que pudiera separar al individuo de la conformidad fastidiosa que exige la sociedad práctica. A pesar de esta oposición diametral, ambos lados sintieron una sensación de futilidad, aunque por distintas razones en los dos casos. Hernán Vidal discute este fenómeno tal como se relaciona con *Sangre patricia* (1902) de Manuel Díaz Rodríguez.[1] Trata el simbolismo, uno de los elementos principales del modernismo y el naturalismo tal como lo comprendemos en la obra de Émile Zola. Partiendo principalmente de *The Lyrical Novel* de Ralph Freedman, muestra que la percepción simbolista de objetos los va transformando en representaciones de la emoción interior del observador. El objeto observado, por consiguiente, trasciende la realidad que tiene como porción de nuestra conciencia objetiva; pero deja de ser mundano para el simbolista que, por lo tanto, se retira del mundo cotidiano. La criatura del naturalismo, por supuesto, se ve derrotada por las circunstancias fisiológicas que reprimen su desarrollo. Los dos opuestos evidentes, por consiguiente, se juntan como representaciones de la futilidad, en términos del mundo cotidiano. No es precisamente un principio optimista para el nuevo siglo. Esta sensación de futilidad, sin embargo, tiene más en común con la filosofía literaria que con la ciencia literaria. Una de las razones para la insistencia en el arte fue la sensación de que el mundo —y la vida— eran feos. La renuncia a este mundo de mal gusto no fue sólo un escape; también era una protesta. La insensibilidad de los otros —la burguesía por sus deseos materialistas, las

---

[1] Hernán Vidal, "*Sangre patricia* y la conjunción naturalista-simbolista", *Hispania*, 52, núm. 2 (mayo de 1969), pp. 183-192.

masas por su ignorancia— separaba al artista de la creación de una sociedad perfecta.

En *Sangre patricia*, Díaz Rodríguez da vida a este problema al mudar el punto de vista, como Andrew Debicki lo ha analizado en su explicación de la novela.[2] El análisis muestra que el lector de Díaz Rodríguez ve al protagonista, Tulio Arcos, de modos distintos: a veces con una simpatía íntima por su idealismo soñador, pero a menudo de una manera más distanciada, desapasionada. Técnicamente, no hay ningún cambio en el punto de vista narrativo, puesto que la novela entera está escrita en tercera persona. Hay, sin embargo, un cambio en la actitud narrativa. La voz en tercera persona altera la distancia entre el narrador y el personaje, a veces se mantiene apartada de Tulio, y en otras ocasiones casi toma la posición del protagonista.

La base anecdótica de *Sangre patricia* es bastante común y corriente y de poca importancia, con la excepción de un detalle. Mientras está en París, Tulio espera la llegada de Belén, con quien se casa por poder. (Éste es el detalle inusitado.) La futura esposa muere y la entierran en alta mar. Después de esto no ocurre nada hasta que Tulio se suicida —en el mar, por supuesto— al final de la novela y después de haber sostenido discusiones largas y a veces aburridas con sus amigos, acerca de su falta de ajuste a la pérdida de Belén. Entonces ¿dónde está la vitalidad de este libro? Debicki ha afirmado que la experiencia básica está en el hecho de que "al hacernos mudar, una y otra vez, de una actitud narrativa a otra, Díaz Rodríguez nos exige ir escogiendo entre dos visiones del todo opuestas ante la vida, una elevada y romántica, otra mundana y pragmática".[3] Hay un segundo factor importante en la experiencia del lector de este libro. Es la conversión de una realidad tangible en actitudes o sentimientos, a través de imágenes simbolistas.

En primer lugar, es importante notar que el problema de adaptación de Tulio es más de índole filosófica que psicológica, aunque el afán que tienen los críticos literarios por el desarrollo psicológico de los personajes suele producir una lectura algo tergiversada de la novela. Debicki sugiere la naturaleza filosófica del problema cuando habla de las "dos visiones opuestas ante la vida", como ya se citó anteriormente. Se personifica el contraste más adelante por medio de dos amigos del protagonista: Borja, el idealista, y Ocampo, el pragmático. El autor presenta un término medio en el personaje de Martí, un músico que ha hecho la paz con las instituciones so-

[2] Andrew P. Debicki, "Díaz Rodríguez's *Sangre Patricia*: A 'point of view novel'", *Hispania*, 53, núm 1 (marzo de 1970), pp. 59-66. Debicki apunta, en una nota, que Luis Monguió ha discutido el tema de lo ideal y lo práctico en la obra de Díaz Rodríguez en su libro *Estudios sobre literatura hispanoamericana y española* (México, Ediciones de Andrea, 1958), pp. 71-77.

[3] Debicki, "Díaz Rodríguez's *Sangre patricia*", p. 59.

ciales. Dentro de la experiencia de la novela, no obstante, Martí
nunca representa una opción aceptable porque su mediocridad siempre parece tediosa. La decisión final de Tulio no es resultado de
una neurosis, sin importar qué tan neuróticos sean él y los otros
personajes. Se trata de una selección de una visión de la vida.

El detalle inusitado del casamiento por poder tiene un papel importante en la comunicación de su actitud. Díaz Rodríguez construye su narrativa de tal manera que vemos a Belén sólo en el primer
capítulo, cuando se va a Francia. El capítulo termina con su muerte. En el segundo capítulo, la narración vuelve a Tulio durante una
época anterior; luego el tercer capítulo comienza después de la
muerte de Belén. Esta estructura realza la visión idealizada que
tiene Tulio de su desposada. Ella es la realidad a punto de desaparecer. La realidad material también desaparece en medio de las
imágenes simbolistas. El mundo de la realidad tangible llega a
ser inútil para Tulio Arcos, y el suicidio es el acto que tiene más
sentido. En este punto, el lector tiene que verse afectado por el
contraste básico de la novela, a no ser que su propia visión de la vida
corresponda a la de Tulio. Dentro de la novela, y dentro del marco
de referencia no-objetiva, la decisión de Tulio es perfectamente
aceptable. Pero si nos alejamos y tomamos la visión desapasionada, nos enfrentamos al problema de si tenía razón o no. Seguramente su solución no promete un futuro duradero para la humanidad.

El contraste entre lo idealista y lo pragmático en el problema
filosófico de la novela corresponde al contraste entre lo simbolista y
lo analítico en la técnica narrativa del autor. Al pensar en los movimientos o modos literarios, el mismo contraste corresponde al
modernismo, por una parte, y al realismo-naturalismo por la otra.
Ya fuera del mundo estrictamente literario, el contraste estriba
entre una especie de visión intuitiva de la realidad (Bergson, por
ejemplo) y el mundo práctico del positivismo. El contraste también
afecta nuestro entendimiento de Tulio Arcos respecto a su relación
con el mundo en que la novela fue concebida y desarrollada. Adop-
tando la visión idealista, Tulio Arcos es un rebelde contra una sociedad materialista, práctica; desde la posición analítica, es un
aristócrata que está fuera de la órbita de los cambios sociales y
políticos que ocurren en Venezuela, y bajo el predominio más general de una burguesía poco imaginativa. Debicki habla de los
esfuerzos por parte de Tulio para "superar un mundo bastante
horrible".

El mundo era, en realidad, algo menos que agradable. Además
de los fracasos universales de la humanidad, Hispanoamérica sufría problemas políticos que producían una inestabilidad general.
Las referencias ocasionales a un periodo de estabilidad son algo

engañosas. Sí hubo casos de paz forzada que estimulaban el progreso material. Se construyeron ferrocarriles, por ejemplo, y también escuelas, pero fueron construidas con menos entusiasmo que los ferrocarriles. Los programas supuestamente progresistas fueron llevados a cabo, en todo caso, por jefes que desesperadamente querían transformar países atrasados en modernos estados europeos. A pesar de esta actividad programada, Hispanoamérica no estaba en una situación relativamente estable a fines del siglo, sino que atravesaba un periodo de caos.

Venezuela apenas se recuperaba de la dictadura de Guzmán Blanco cuando Cipriano Castro, recién llegado del monte en 1899, estableció una dictadura que duró hasta que la entregó a Juan Vicente Gómez en 1908. La revolución de Castro fue la primera invasión de andinos en el ambiente plácido de la Caracas aristocrática. En la Argentina, Leandro N. Alem encabezó una revolución de la burguesía contra el ex presidente Roca y sus oligarcas en 1890. Aunque la revolución no fue del todo un éxito, logró la salida del titiritero de Roca, Juárez Celman, en favor de Carlos Pellegrini. También fortaleció al Partido Radical, que se rebeló otra vez en 1905 y finalmente eligió a Hipólito Irigoyen en 1916. Colombia estuvo hirviendo en una guerra civil desde 1899 hasta 1902; después de la muerte de Rafael Núñez carecían de una figura fuerte. Jorge Montt llegó a ser presidente en Chile después de una guerra civil en 1891 y cedió gran parte del poder ejecutivo al Congreso. Eloy Alfaro volvió a Ecuador desde el exilio en Nicaragua en 1895 y encabezó una revolución lograda contra García Moreno. Uruguay fue dividido en dos partes para tranquilizar la rebelión blanca bajo Aparicio Saravia en 1897; y la guerra fue necesaria de nuevo en 1904 para reunir el país bajo el presidente Batlle. Cuba estaba luchando por su independencia contra España y luego fue ocupada por tropas norteamericanas de 1891 hasta 1902. La experiencia cubana, a propósito, fue muy importante en el problema de identidad en Hispanoamérica. Cuando España fue arrollada por los Estados Unidos en la guerra de la independencia cubana, hubo un resurgimiento de simpatía por la patria española, a pesar de los heridos todavía dolientes y de las inclinaciones libertarias. El estado de sitio de los Estados Unidos en Cuba no fue nada cómodo para Hispanoamérica. Tenía razón al considerar la toma de Cuba —y la enmienda Platt, que hizo de Cuba un protectorado de los Estados Unidos— como una afirmación de intenciones que fue seguida por un largo periodo de intervenciones en América Latina.

La paz y la estabilidad, tal como se daban, existían en México donde la dictadura de Porfirio Díaz, afligida por huelgas e inconformidades, iba preparándose para la explosión más grande de todas —la Revolución Mexicana de 1910—; en Perú, donde la nación estaba agotada por la Guerra del Pacífico; en Bolivia, también en estado de agotamiento y ahora sin puerto; en Guatemala, donde Estrada Cabrera, uno de los peores dictadores de Hispanoamérica, remplazó al presidente asesinado en 1898; y en algunos otros países pequeños, donde los aventureros económicos de los Estados Unidos iban construyendo las bases para la explotación futura.

Es evidente que hubo buenas razones para rebelarse en contra del camino que iban tomando las distintas sociedades hispanoamericanas. La influencia modernista en la novela naturalmente tuvo varios efectos. La descripción general más satisfactoria del efecto es calificarlo de "poético", aunque esta palabra se presta a distintas interpretaciones. A veces los novelistas tomaron una actitud humorísticamente crítica del hiperesteticismo del movimiento, y persistieron en su deseo de realizar el cambio a través del efecto de sus escritos.[4] A veces esta ansiedad se volvió cinismo abierto, como en el caso de *El desarraigado* (1907) de Pablo J. Guerrero. El protagonista encuentra que la vida no merece sus preocupaciones. Un aspecto interesante de esta novela es que se sitúa en Venezuela en vez de París, el ambiente común en este periodo para protagonistas intensamente sensibles.

Otra faceta de la prosa modernista es patente en *La gloria de don Ramiro* (1908) de Enrique Larreta. En este caso el artista se aleja de la realidad mundana al recluirse en el pasado. La novela es una especie de aventura amorosa con la ciudad de Ávila; y el esteticismo a lo antiguo de Larreta suministra vida a la novela tal como lo hacen también los contrastes que forman la base de la acción.[5]

La influencia del realismo-naturalismo es palpable, con frecuencia en un nivel filosófico, en las novelas del modernismo. En *La gloria de don Ramiro* es patente en la precisión del fondo histórico. Probablemente el interés realista-naturalista en la experiencia del Nuevo Mundo inspiró el ambiente venezolano de *El desarraigado*. Aun así estas novelas son fundamentalmente modernistas. Teniendo en mente esta prioridad y mirando algunas novelas que son básicamente realistas-naturalistas, con influencias modernistas, encontramos naturalmente más insistencia en el tono analítico o la actitud narrativa, pero no necesariamente un papel social más eficaz para los personajes de ficción. Corroboran así la explicación de Hernán Vidal acerca de la futilidad de personajes creados dentro de ambas tendencias literarias, aunque las causas de la misma son completamente dis-

---

[4] *Diana cazadora*, de Clímaco Soto Borda, es otro ejemplo de la sátira. Fue escrito en 1900, pero no fue publicado hasta 1915. Otra obra del mismo autor, *Polvo y ceniza* (1906), es un buen ejemplo del deseo por sorprender al lector. Es un volumen de cuentos, con tinta azul, con números romanos y líneas verticales en vez de horizontales.

[5] En Pedro Orgambide y Roberto Yahni, *Enciclopedia de la literatura argentina* (Buenos Aires, Ed. Sudamericana, 1970).

tintas. Un acercamiento al vínculo entre la literatura modernista y
el realismo-naturalismo puede sugerirse por medio de una asociación
de la obra de Joris Karl Huysmans con la de Paul Bourget y, a su
vez, con la de Émile Zola.

Santa (1903) de Federico Gamboa es una de las novelas más ampliamente leídas que puede considerarse básicamente naturalista.
Sin duda parte del público lector ha sido atraído por su tema escan-
daloso —el ascenso y la caída de una prostituta en la ciudad de
México—. No obstante, las influencias modernistas le dan cierta cualidad —mejor dicho, cierta "dimensión"— que atrae a lectores que
rechazarían o quedarían aburridos con Nana, por ejemplo. Asociaciones sugestivas trascienden las palabras. A principios de la novela,
mientras Santa espera en la puerta del prostíbulo donde intenta
trabajar, el sonido de las voces de unos niños crea un contraste destacable. Más adelante, el sonido de la lluvia se transforma en el
estado anímico de Santa. Este tipo de transformación es "peligroso"
para el personaje simbolista porque las voces y la lluvia dejan de ser
realidades prácticas para él, y el proceso va separándolo del mundo
real. La novela de Gamboa no va tan lejos. El desarrollo transfigu-
rativo es parcial y sirve para profundizar la experiencia del lector.
Otros factores estilísticos contribuyen al mismo efecto. El estilo de
prosa de Gamboa es poco atractivo en términos visuales. El ojo del
lector le informa que las frases y los párrafos largos podrían ser
aburridos. La lectura misma no lo es y el análisis del estilo que ha
hecho Seymour Menton muestra el porqué.[6] Gamboa se vale frecuentemente de verbos y derivaciones de verbos para poner en movimiento sus oraciones largas; las repeticiones o casi repeticiones de
los mismos motivos, palabras o familias de palabras crea un efecto
rítmico; los símiles y las metáforas contribuyen tanto al sonido lírico
de la prosa como al sentido mismo.

Santa tiene un desenlace muy controvertido. La protagonista es
salvada de la perdición por el sufriente y devoto Hipo, luego muere
de cáncer y se le entierra en un cementerio tranquilo en el campo.
El verdadero amor redime a la mujer caída. Algunos lectores encuentran todo esto suficientemente determinista, otros lo encuentran
excesivamente dramático, y hay quienes consideran que el desenlace
es apropiado. En realidad, el final tiene importancia estructural y
debe leerse de esa manera. Cualquier lector sensible debe saber —o
por lo menos tener la sensación— desde el principio de la novela,
que no será el ejemplo doctrinario del naturalismo. Los recursos
simbolistas son bastante patentes. Después de la escena introductoria, en que las voces de los niños acentúan el punto crítico entre
el pasado y el futuro de Santa, Gamboa cambia a la causa de la con-

---

[6] Seymour Menton, "Federico Gamboa: Un análisis estilístico", *Humanitas*,
núm. 4 (1963), pp. 311-342.

dición de Santa. Esta narración retrospectiva pudiera haber sido un cuento y es más puramente naturalista que la novela total. Trata de su seducción, su aborto y su expulsión de la casa por parte de sus hermanos. Dicho episodio modifica el contraste ya establecido por las voces de los niños, mostrando que Santa no salió de su casa por su propia voluntad.

El segundo momento clave en el desarrollo fundamental ocurre cuando los hermanos llegan desconsolados, en medio de la felicidad del café, para informarle de la muerte de su madre. Otra vez tenemos el contraste, y también la información de que la parte supuestamente idílica del contraste no es real. La muerte de la madre elimina el único factor de consuelo en la memoria de Santa. Este hecho corresponde aproximadamente al apogeo de su carrera como prostituta —hay una transición que va desde la distinción de una cortesana hasta la desgracia de una prostituta.

El desenlace controvertido es un tercer paso. La condición miserable de Santa contrasta claramente con la tranquilidad del cementerio. Pero lo cierto es que la tranquilidad sólo le fue posible a través de la muerte. Redimida por el amor o no, la futilidad es la característica que marca su vida.

Una reacción clara en contra de esta sensación de futilidad es evidente en las novelas de Carlos Reyles. Estas obras desarrollan e ilustran su creencia de que la meta en la vida es la acumulación de poder y de dinero —una postura que no lo ha popularizado ni entre sus coetáneos ni entre las generaciones más recientes—. Gerardo Sáenz, el autor del estudio más extenso de la obra de Reyles, considera que la exposición de esta ideología es la meta fundamental del novelista en *Raza de Caín* (1900) y a lo largo de su obra.[7] Por medio de técnicas narrativas semejantes a muchas novelas del realismo-naturalismo, *Raza de Caín* cuenta la historia de la dominación de un idealista débil por parte de un tipo fuerte, práctico. La transformación artística parece interesar a Reyles sólo ligeramente. La historia está programada para propagar la idea de que el progreso es bueno, el idealismo es malo. El propósito aparentemente era el de fomentar la actividad en vez de la futilidad en la sociedad del autor.

Las novelas naturalistas no son intencionadamente regionalistas. Su verdadero propósito es tratar los problemas humanos en vez de los de índole política o social. La inclinación hacia el deseo de reflejar la experiencia del Nuevo Mundo, no obstante, suele producir interesantes detalles regionalistas en las obras realistas-naturalistas. La vida de las haciendas en las novelas de Reyles es un ejemplo; otro ejemplo igualmente rico —en este caso de la vida en

[7] Gerardo Sáenz, *Ideología de la fuerza* (México, Herrerías y Álvarez S., 1971).

un pueblo— es *La maestra normal* (1914) de Manuel Gálvez. Esta novela probablemente debe mucho de su longevidad a la integración de la trama con el ambiente, planteándose entonces la pregunta de cuál es la base de la experiencia ficticia: ¿la trama de la seducción o el movimiento lento del pueblo provinciano? La vida del pueblo es tediosa, lentísima pero inexorable. Se podría describir la novela del mismo modo; es igual el caso de la trama Solís-Raselda. Solís seduce a la maestra por puro aburrimiento. Como personaje ficticio, cabría perfectamente en cualquier novela de fines del siglo influida por el *ennui* y la hipersensibilidad. Sería posible describir un desarrollo de la historia Solís-Raselda, pero dejaría una impresión errónea de la novela. En realidad, Solís se encuentra tan atrapado por el pueblo como por la receptiva Raselda, y sólo dentro del ambiente del pueblo la seducción puede tener algo de interés.

Alegría considera esta novela una obra maestra dentro del costumbrismo hispanoamericano.[8] Su razón es que Manuel Gálvez, en vez de sencillamente colocar unos personajes típicos dentro de un fondo de costumbres, desarrolla relaciones intrincadas entre los personajes, creando un mundo en el que el lector puede entrar en vez de simplemente observar. Esta distinción es de bastante importancia para comprender la función de la novela en Hispanoamérica porque se relaciona con la actitud del escritor ante la realidad. En general, las novelas que versan sobre problemas humanos tienden a ofrecer estructuras más cuidadosamente armadas que las que acentúan el regionalismo. *La maestra normal* es una especie de puente entre dos métodos de novelización. Hasta cierto punto, *Grandeza* (1910) de Tomás Carrasquilla también alcanza un punto intermedio. Tiene una estructura más intrincada que muchas obras costumbristas, pero el interés de la novela depende en gran parte de los tipos curiosos que se caracterizan. El empleo de tipos reconocibles o realza la verosimilitud de la ficción o intensifica la ilusión de la realidad. Cuando los tipos son caricaturas, la intensificación del sentido de la realidad debe ser una ilusión.

Un efecto secundario de la creación de tipos en la caracterización es la fragmentación de la narrativa. El hincapié en los tipos tiende a hacer de la estructura narrativa algo lineal y episódico. Dos pasos en esta dirección son la picaresca *El casamiento de Laucha* (1906) de Roberto J. Payró y los cuentos satíricos de la sociedad argentina de José S. Álvarez, publicados en un volumen titulado *Cuentos de Fray Mocho* en 1906.

Las costumbres locales, los tipos reconocibles y las peculiaridades del lenguaje son los recursos usuales en las novelas costumbristas.

[8] Fernando Alegría, *Historia de la novela hispanoamericana* (México, Ed. de Andrea, 1965), p. 108.

Este tipo de regionalismo no se preocupa tanto por el papel de la naturaleza. La tierra puede relacionarse superficialmente con alguna costumbre o tipo, pero sólo se sugiere vagamente (a lo máximo) el conflicto hombre-naturaleza que más tarde caracterizará las novelas de la experiencia del Nuevo Mundo. Esta escritura es influida hasta cierto punto por el realismo de Flaubert, pero los modelos hispánicos como la picaresca tradicional y los artículos de costumbres de Mariano José de Larra dan mejor idea de cómo eran esas obras.

La experiencia del lector mientras acompaña la narración de Laucha es como la de cualquier novela picaresca: el protagonista es un amigo amable cuya moralidad probablemente difiere de la del lector. Por consiguiente, suspendemos nuestra crítica y experimentamos la historia íntimamente o la leemos mientras enjuiciamos con rigor. Orgambide y Yahni, que obviamente están en favor del libro, describen dos planos de moralidad y también notan que la obra critica ciertas lacras sociales de la época, tales como las fortunas rápidas que ganaban los políticos deshonestos y los que sabían manejar en su favor la bolsa no controlada. El hecho de que el protagonista es un gaucho suministra cierto interés regionalista.[9] Su *joie de vivre* es inusitada. La vida, cuando va bien, es una fiesta; y cuando va mal, un chiste. Esta actitud es lo que da movimiento a la historia. El casamiento falsificado es un aspecto del chiste. Aunque Laucha es un tipo interesante, no es bien conocido en la literatura hispanoamericana. Mucha de la identificación regional depende del lenguaje.

El lenguaje de Carrasquilla, el regionalista colombiano, es probablemente su instrumento más útil, pero se cuida mucho para que no sea comprensible. Lo mismo sucede con *El casamiento de Laucha*, donde el lenguaje llega a ser un recurso unificador importante, puesto que la línea de la anécdota es episódica. Pero Álvarez (Fray Mocho) maneja el problema de modo aún más libre que estos dos. No se preocupa ni en lo más mínimo por el factor unificador, puesto que sus cuentos (quizá sería más apropiado decir *vignettes*) no fueron escritos para publicarse juntos. Intentan captar la realidad de un lugar y una época en los términos más precisos posibles. Los personajes de sus bosquejos son los que vemos en las calles diariamente, y sus reportajes podrían parecer algo aburridos si no fuera por la transformación inconsciente de la realidad, que Orgambide y Yahni han analizado agudamente.[10] Ven el humor principalmente en una situación anunciada en el título. El título mismo siempre está en la forma de un refrán folklórico o un seudorrefrán inventado por Fray Mocho. El diálogo cuenta la historia y el lenguaje

---

[9] Orgambide y Yahni, *Enciclopedia de la literatura argentina*, pp. 128-219.
[10] *Ibid.*, p. 166.

es el alma del diálogo. El personaje, por consiguiente, se revela en realidad por medio del lenguaje, y Fray Mocho trata de crear un lenguaje fiel al habla de los distintos personajes. En el proceso de la historia misma, por consiguiente, el lenguaje llega a ser una fuente de humor y de realidad. Hay aquí una semejanza con el papel del lenguaje en la obra de algunos novelistas de los sesentas y los setentas.

Puede ser que la sátira de Fray Mocho sea la más aguda de la de todos los escritores costumbristas, pero lo sigue bien de cerca José Rafael Pocaterra con *Política feminista* (1913).[11] La orientación política de esta novela la hace un tipo especial de costumbrismo. Todos pierden el poder político, y no hay mucha esperanza de cambio. El autor desarrolla la idea por medio de técnicas conocidas que revelan su asco. Al mismo tiempo, entretiene a su lector con su amargura algo despreocupada.

La caracterización de Pocaterra es en realidad una caricatura, porque su técnica pone de relieve un solo detalle. No es de ninguna manera objetivo, y su sentido de superioridad produce un tono sarcástico. El efecto es casi una tradición en la literatura hispanoamericana. El narrador crea sus personajes, los muestra con todas sus debilidades y comenta sus disparates y sus peculiaridades. El sentimiento que crea ante sus personajes es de simpatía, aunque condescendiente; el lector tiene la oportunidad de identificarse con el personaje o aliarse con el narrador y su sarcasmo. Pocaterra mantiene la misma actitud en su descripción de situaciones, mostrando su impaciencia con el mundo en que vive. El ambiente de la novela es un pueblo de provincia y "la estación del Gran Ferrocarril de Venezuela —porque en Venezuela entre otras cosas grandes tenemos un ferrocarril— se hallaba concurridísima" (p. 18).

Dada la situación política de Venezuela a principios del siglo xx, no es nada sorprendente que se usara la novela como vehículo de protesta. *El Cabito* (1909) de Pío Gil, es una denuncia del gobïerno de Cipriano Castro. En un ensayo extenso sobre esta novela, Guillermo Meneses apunta que el régimen de Castro no siempre ha sido considerado tan malo como aparece en la obra de Pío Gil.[12] Se puede decir lo mismo acerca de la mayor parte de la literatura de denuncia. Este juicio, no obstante, se refiere al valor de la obra como documento, no a su mérito como experiencia. En este respecto, Meneses nota que la narración oscila entre la insistencia en individuos y la insistencia en grupos. Los lectores apreciarán hacia quién dirige su ataque —los oportunistas políticos que funcionan

---

[11] En la segunda edición (¿1918), el título fue cambiado a *El doctor Bebé*.
[12] Guillermo Meneses, "Notas sobre *El Cabito*", *Letras Nuevas*, núm. 5 (agosto-septiembre de 1970), pp. 6-8.

entre el presidente y el pueblo—. Las características de los individuos no siempre contribuyen a este enfoque, y el final de la novela produce una heroína deshonrada que muere en un convento y un héroe que pierde su oportunidad de matar al tirano. Este desenlace es una combinación del sentido de la futilidad observado en muchas novelas del periodo y lo que queda de la exageración romántica. Es una corroboración interesante —en una novela claramente no artística— de la protesta que se encuentra en varias novelas venezolanas modernistas.

Una apreciación más penetrante de la desorganización social aparece en *A la costa* (1904) de Luis A. Martínez. La organización de la acción y de las ideas en esta novela tiene dos aspectos esenciales. Uno es la trayectoria personal de Salvador Ramírez, un joven embrollado en la lucha conservadora contra la revolución de Eloy Alfaro; otro es el contraste entre Salvador y su amigo Luciano Pércz, un revolucionario y liberal en el sentido decimonónico de la palabra —es decir, un defensor de los derechos de las provincias en contra de la introducción del poder central—. El movimiento de Salvador desde la sierra hasta la costa da a la novela un dinamismo intrínseco que contribuye a la sensación de la pérdida de una situación tradicional. La destrucción causada por un terremoto presagia la circunstancia cambiante que personifica Salvador. Entre los escombros de este desastre natural, las palabras del narrador asocian la pobredumbre con la violencia, para comunicar el estado anímico del protagonista.

Enrique Gil Gilbert, en un estudio excelente de la novela, nota que este sentimiento contrasta con la descripción por parte de Martínez de la fecundidad abrumadora de la región de la costa.[13] También nota que Salvador, después de haber viajado de un ambiente al otro, logra la felicidad y se muere casi inmediatamente después. Hay algo infructuoso en este movimiento que incluso puede dejar un sabor de pesimismo. Por otra parte, el movimiento que hace Salvador de una zona a otra sugiere la totalidad del Ecuador. Esta sensación de unidad tiende a crear un contraste opuesto a la división de la novela en dos partes, y la experiencia del lector en este caso es ambivalente —una combinación paradójica de la totalidad y de la división—. Esta ambivalencia es una reacción inevitable a la guerra civil, y es la mejor comunicación de Martínez. Además, permite a Salvador expresar sus ideas en un discurso explicativo que se semeja algo al monólogo interior. No funciona muy bien porque no se parece a las palabras que una persona diría, sino que es como un ensayo contemplativo. Si hay otro mensaje de importancia en la novela, es la sugerencia, notada por Gil Gilbert, del

[13] Enrique Gil Gilbert, "Homenaje a Luis Martínez", *Cuadernos del Guayas*, 20 de julio de 1969, pp. 38-40.

hombre aplastado por la naturaleza, un tema de importancia fundamental en la experiencia del Nuevo Mundo.

La conciencia de esta experiencia va profundizándose. La expresión literaria del fenómeno del Nuevo Mundo básicamente se vale de los factores más obvios que lo distinguen del conocido ambiente europeo —por ejemplo, la flora y la fauna o la coexistencia con personas de origen no europeo—. A mediados del siglo pasado los escritores también muestran una apreciación de las diferencias más sutiles —por ejemplo, la amplia gama de la civilización, desde el salvajismo hasta el cosmopolitismo, dentro de una región pequeña—. El desarrollo de la novela en Hispanoamérica se basa en el ajuste de la técnica a la materia y al revés. Es muy probable que la percepción del carácter único de la materia tendiera a modificar las influencias literarias desde Europa. Por otra parte, los escritores hispanoamericanos estaban lo suficientemente ligados a la tradición como para respetar las líneas generales. La herencia sobre la cual han basado la novela durante el siglo xx llega a ser una combinación de modernismo, realismo, naturalismo y persistente romanticismo —entendiendo que estos términos se refieren a tendencias en vez de a escuelas estrictas—.

La pregunta de si hubo cambios notables en la novela durante los primeros quince años del siglo es algo así como preguntar cuándo comienza el siglo. Superficialmente, la pregunta parece frívola; en realidad es de gran importancia porque nuestro uso común y corriente de los siglos como entidades históricas es sencillamente una aproximación cómoda, como los nombres de movimientos literarios o escuelas. Más allá de la referencia a un siglo como una entidad, mucha gente busca un punto en el tiempo cuando cambia alguna dirección o actitud. Un crítico chileno ha dicho que el siglo xx comenzó en su patria cuando la Iglesia y el Estado por fin fueron separados en 1925. Nota que la orientación de la sociedad y la novela cambiaron más o menos durante esa época.[14] Hay poca duda de que la fecha clave para México es 1910, el año que indica el comienzo de la Revolución y el fin del régimen de Díaz. En la Argentina, una posibilidad podría ser 1916, cuando el Partido Radical eligió a Hipólito Irigoyen como presidente. La independencia de Cuba casi corresponde al principio del siglo, pero algunos escogerían la fecha 1934 (la abrogación de la Enmienda Platt) como el año clave. En Uruguay, una nueva época data desde la segunda presidencia de Batlle, después de su viaje a Suiza, donde estudió la estructura social; o podría datar de 1917, cuando el país adoptó una nueva constitución que instituyó un nuevo gobierno de comisión.

Aunque sería imposible escoger una fecha para toda Hispanoame-

---

[14] Carta personal de Iván Droguett Czishke, 14 de junio de 1970.

rica y proponer que el siglo empieza en aquel momento, sí podemos afirmar que a principios del siglo hubo una serie de intentos para mejorar las circunstancias del siglo XIX. Los cambios en la novela son igualmente elusivos, y el cambio más marcado coincide con el movimiento social más radical, la Revolución Mexicana.

Fuera de México —y específicamente aunque de manera algo sorprendente, en Chile, donde el tradicionalismo en la prosa de ficción ha sido una característica persistente— dos escritores produjeron novelas que sugieren sutilmente un cambio en la función del género. Una de ellas, *La reina de Rapa Nui* (1914) de Pedro Prado, emplea un tema que provoca un examen de los valores tradicionales. La otra, *El niño que enloqueció de amor* (1915), de Eduardo Barrios, es interesante por la consistencia del punto de vista narrativo, que es un diario de un muchacho de diez años.

La novela de Prado es una narración en la forma de diario de un periodista y consta de episodios acerca de personas que pertenecen a una civilización antigua. La situación totalmente ficticia permite al autor invertir ideas comúnmente aceptadas o cambiar la perspectiva desde la cual vemos la realidad social. Un problema de la naturaleza, la falta de agua, destruye la civilización y la invención de Prado queda inviolada. El respeto que tiene el autor al derecho a la invención es tan importante como sus maneras inusitadas de ver la realidad. La forma de diario también es interesante, aunque no tan importante como en *El niño que enloqueció de amor*. Barrios entrega la narración al escritor del diario con la excepción del marco, que es el trabajo del novelista que encuentra el diario. Esta técnica es de bastante importancia porque los novelistas anteriores encontraban muy difícil librarse de la voz narrativa, aun cuando la tercera persona omnisciente evidentemente no fuera adecuada. Se podría discutir hasta qué punto tiene validez psicológica lo que dice y hace el protagonista de diez años, pero su libro está escrito dentro de los límites de la caracterización establecida.

La desviación más marcada de la novela tradicional es *Andrés Pérez, maderista* (1911) de Mariano Azuela.[15] Varias novelas anteriores del mismo autor están tranquilamente dentro de los parámetros de la tradición realista-naturalista. Algunos temas muestran la insatisfacción con el estado de la sociedad, pero no hay nada raro en los medios que emplea Azuela para comunicar. *Andrés Pérez, maderista* es un asunto del todo distinto.

La base de la anécdota tiene que ver con un hombre que se ve envuelto por accidente con la fase maderista de la Revolución, y cuyo cinismo creciente explota esta oportunidad. Azuela pone de

15 Luis Leal, *Mariano Azuela: Vida y obra* (México, Ed. de Andrea, 1961); las páginas 44-45 suministran una lista de las innovaciones en esta novela y también muestran cómo se relaciona con el ciclo de Azuela sobre la Revolución.

relieve la idea al crear a un idealista, Toño Reyes, que subraya el oportunismo de Pérez. El autor entrega la narración a Pérez y entonces deja que el antihéroe cuente su propia desgracia. El hecho de que sea él mismo quien narra la historia agrega insensibilidad a su oportunismo. Pero el autor no deja a Andrés ahí parado, solo. El mensaje negativo se comunica de otro modo también. La novela introduce a una variedad notable de personajes que están dispuestos a venir a la fiesta aunque no tengan nada que ver con su preparación. El acento, por lo tanto, en cuanto al contraste entre Andrés y Toño, tiene que estar sobre Toño, cuyo idealismo es único y destinado a la derrota.

Descartando la vieja costumbre de las largas descripciones, Azuela hace hincapié en el diálogo como medio de crear movimiento en la trama y lograr las caracterizaciones. La historia tiene ese movimiento y es breve. Al hablar de la lucha persistente por parte de Azuela en contra de los oportunistas, Luis Leal cita al autor con respecto a *Andrés Pérez, maderista*: "Así quise condensar en menos de un centenar de páginas un aspecto del movimiento de Madero, cuyo triunfo rápido fue la causa mayor de su caída, por no haber dado tiempo a que madurara en la conciencia del pueblo."[16] Esta afirmación es interesante por la opinión expresada; es aún más interesante por sugerir que en la mente del autor hubo una relación entre la extensión de la obra y el factor temporal de la anécdota. Este concepto de la novela y las técnicas usadas en *Andrés Pérez, maderista* aparece de nuevo, bajo un control más completo, en su obra maestra, *Los de abajo*.

*Enrique Larreta - La gloria de Don Ramiro (1908)*
*Infl. Real-nat. en la precisión del fondo histórico.*

*Santa (1903) - Federico Gamboa. ascenso y*
*caída de una prostituta en ciudad de México*
*Infl. modernistas: ciertas asociaciones supersticas -*
*voces de los niños (pasado/presente de Santa):*
*Narrac. retrospectiva: Santa no salió x vol. propia*
*anuncio de la muerte de la madre - desunidad del*
*enterreno / fin de Santa.*

16 *Ibid.*, p. 44. La cita de Azuela es de sus *Obras completas*, III, 1072.

## II. EL AÑO DE "LOS DE ABAJO" (1916)

Mariano Azuela concibió y escribió *Los de abajo* durante e inmediatamente después de una de las etapas decisivas de la Revolución Mexicana. Fue médico y oficial con las fuerzas del general Francisco Villa. Desde mediados de 1914, lo que comenzó como una revolución se volvió una guerra civil, con Villa y Venustiano Carranza como los jefes principales. Aunque Villa parecía poderoso durante un periodo, Carranza ganó la ventaja a mediados del año; 1915 marcó un periodo de retirada del norte de México por parte de los villistas. Para octubre, Azuela estuvo en El Paso con dos terceras partes de su novela ya escritas. Escribió el resto en la oficina de *El Paso del Norte*, el periódico que publicó el libro.[1] Apareció por entregas de octubre a diciembre, y posteriormente como libro en 1916.

Una de las características de *Los de abajo* es la capacidad del autor para transformar la experiencia y la observación en literatura, desde el lugar mismo de la acción. Otras novelas de la Revolución, aunque escritas años después, han tenido menos éxito en la transformación de la anécdota en una narrativa artística. De hecho, la asimilación rápida de la circunstancia por parte de Azuela lo colocó tan a la vanguardia de su época que *Los de abajo* demoró unos diez años en ser reconocida. La novela fue "descubierta" en 1925, y ganó crédito internacional rápidamente. El año de *Los de abajo* pudiera haber sido 1915 o 1916 o hasta 1925. El haber escogido 1916 nos permite algunas comparaciones y contrastes interesantes con las otras novelas hispanoamericanas publicadas durante el mismo año.

*Los de abajo* es una de las novelas más estudiadas en la historia de las letras hispanoamericanas. El investigador dedicado podría encontrar que ya se ha dicho prácticamente todo lo que habría que decirse acerca de esta obra. Los distintos análisis se contradicen entre sí, y van cambiando de enfoque de acuerdo con los vaivenes de los diferentes métodos de análisis. Torres Rioseco dice que el libro es un poema épico en prosa, pero no profundiza en esta observación. Alegría sostiene que es antiépico, Leal afirma que la estructura es original, sin influencias extranjeras. Menton observa que la estructura es épica y explica esta descripción con un análisis de la novela.[2] Un asunto destacable en las discusiones del libro es la pre-

[1] Luis Leal, *Mariano Azuela*, p. 20. Este libro es un buen resumen general. Es la fuente de la mayor parte de lo aquí planteado acerca de la vida de Azuela y algo del análisis de su obra.
[2] Arturo Torres Rioseco, *Novelistas contemporáneos de América*, p. 16; Fernando Alegría, *Historia de la novela hispanoamericana*, p. 146; Leal, *Mariano Azuela*, p. 125; Seymour Menton, "La estructura épica de *Los de abajo*", en *La novela iberoamericana contemporánea* (Caracas, Universidad Central de Venezuela, 1968), pp. 215-222.

gunta de qué pensaba el autor sobre la Revolución. El resultado suele ser más biográfico que literario, pero subraya el hecho de que, sea
lo que sea *Los de abajo*, tiene que ver de todas maneras con la condición humana en una situación particular. Estas opiniones respecto
a la estructura y la naturaleza épica indican que hay algo del libro
que va más allá de lo local, hasta algo heroico, y que la estructura
comunica algún tipo de conocimiento que no puede ser resumido en
una síntesis de las ideas del novelista sacadas de la obra.

Demetrio Macías, el protagonista, muere en una escena de la batalla que tiene lugar precisamente en el mismo sitio donde saboreó
su primer triunfo como líder revolucionario. En ese sentido, por lo
menos, *Los de abajo* es una obra circular. Prácticamente nadie está
en contra de tal afirmación. Esta conciencia de la circularidad no
obstante llega a ser parte da la experiencia del lector paulatinamente, y no se completa sino hasta al final de la novela. Mientras
tanto, otros factores también siguen el mismo camino y se combinan
con el sentido de movimiento necesario para la creación de un círculo, lo que sí es importante en la comprensión de la actividad revolucionaria.

El primer episodio de *Los de abajo* trata de la huida de Macías de
su hogar y de su agrupación en una partida de revolucionarios. Los
soldados federales invaden su casa y luego le prenden fuego. La
novela empieza con la voz de alguien, en medio de un episodio que
va clarificándose. Las cláusulas tienden a ser breves y crean un
efecto de sencillez y ternura. Durante el ascenso que hace Macías por
una montaña, Azuela se permite un pasaje descriptivo típicamente
breve —con imágenes que comunican más de lo que comunicaría
una conciencia objetiva pero empleadas con cuidadosa reserva—.
Logra la caracterización de los personajes con unas pocas observaciones. El procedimiento se asemeja bastante a la caricatura, pero
la diferencia importante es que Azuela no explica una sola característica hasta hacerla absurda. Unas cuantas palabras crean una imagen
del personaje; más adelante otras ayudan a la caracterización.

Demetrio Macías es un hombre franco, fuerte, paciente e independiente. Azuela invita al lector a que reaccione emocionalmente en
contra de la invasión del hogar de un hombre. No hay implicación
alguna del semiesclavo que vive en condiciones infrahumanas. Es
cierto que es un hombre humilde. Su reacción, no obstante, no es la
del pobre diablo que por fin se rebela contra la miseria, sino la del
hombre cuyos derechos han sido violados en una situación particular. Este punto de partida, para los que se interesan en la ideología
del autor, comunica magistralmente su visión de la sociedad. Para
el lector que se interesa sólo en la experiencia de la Revolución por
medio de la novela misma, significa que su simpatía original está en
favor de un hombre que se gana el respeto como individuo, no como

parte de la masa anónima. Aunque nos tiente la proposición de que la Revolución misma sea el verdadero protagonista de *Los de abajo*, en realidad la simpatía del lector hacia Macías es fundamental desde el principio de la novela, y la preocupación por él se mantiene a través del libro.

A partir de este punto —a saber, comenzando con la imagen del Demetrio Macías que sube la montaña— la novela está en movimiento, el poder del protagonista aumenta y su círculo comienza a formarse. El movimiento de la novela es el cambio físico de un lugar a otro y tiene su efecto espiritual correspondiente de liberación. Estos fenómenos en su totalidad son la esencia misma de la revolución, en el sentido de que la revolución es lo opuesto a la condición estática creada por una sociedad represiva. Apreciamos la sensación de movimiento a través de varios elementos: las frases graves, claras; los fragmentos de acción que saltan de una a otra situación en forma inexplicable; la observación objetiva de que los soldados encuentran satisfacción en no hacer más que pasear por el campo; y la apreciación gradual del movimiento circular de la estructura del libro.

Casi a principios de la novela, Azuela presenta a Luis Cervantes, un tipo urbano y habilidoso que enseña a Demetrio que la Revolución es más que una mera protesta local. Cervantes resulta ser un oportunista semejante a Andrés Pérez en una novela anterior. Otro personaje presentado más adelante, Solís, es de modo notorio el opuesto de Cervantes. El contraste Cervantes-Solís es similar al contraste Andrés Pérez-Toño Reyes en *Andrés Pérez, maderista*, pero en *Los de abajo* las parejas no son tan importantes para la estructura. La importancia de Solís es más contemplativa que funcional. Se necesita la presencia de Cervantes para llevar a cabo el cambio en Macías y estimular el movimiento circular. El primer efecto es indicar que Macías y sus hombres no tienen la más mínima idea del propósito de su lucha. Luego, en una especie de reacción tardía, nos damos cuenta de que la ideología revolucionaria es lo de menos. La Revolución es movimiento; las ideas son secundarias. De hecho, los hombres de ideas tienen muy poco o ningún efecto en la novela de Azuela.

Entusiasmado por Cervantes, Demetrio adquiere más poder y más seguidores, pero pierde sus rasgos de humanidad. El subtítulo de la novela es "Cuadros y escenas de la Revolución Mexicana" e indica lo que el autor probablemente pensaba cuando escribió los episodios. Efectos como, por ejemplo, la sensación de movimiento causada por la ausencia de transiciones detalladas, surgen, no del plan del artista sino de la serie de circunstancias en que trabaja. Azuela bien pudiera haber dicho "Escenas y retratos de la Revolución" porque introduce toda una gama de personajes. Como las escenas, los personajes se basan en la experiencia y la observación. Aparentemente, sacó algunos de los personajes menores de la vida real, aun con los apodos. Otros son la combinación de dos o más personajes.[3] La variedad sirve para suministrar una base amplia a las personalidades de los revolucionarios. La gama de personalidades corre paralela a la larga serie de razones que tienen para participar en la Revolución. El procedimiento comunica una sensación general de inquietud, pero no crea la presencia de una masa anónima de personas unidas en una causa común.

Después de que la Revolución se ha extendido, Demetrio Macías pierde su aguda conciencia de la relación que lo une con todo el grupo. A medida que la fortuna de los villistas va de mal en peor el respaldo de Macías va debilitándose. En una ocasión, cuando un subordinado le indica que sus hombres se están matando, su única respuesta desafectada es la de pedirle que los entierre. Ya de vuelta en la montaña donde todo esto había comenzado, ahora en circunstancias muy diferentes y adversas, Demetrio ve caer a sus hombres uno tras otro, y piensa en cada uno de ellos, incluso con nombres propios. El círculo —si se trata de veras de un círculo— se completa más que geográficamente. La proximidad emocional que siente ante sus hombres es un regreso psicológico o espiritual. Había sido un general y ahora, de nuevo, no se distingue por su posición. Esto también es un regreso.

Si todos estos factores contribuyeran a la sensación de que el círculo efectivamente está completo, entonces el propósito de hacer un círculo no sería de ninguna manera revolucionario. Pero ésa no es realmente la experiencia de la novela. Hay un momento en que Demetrio vuelve a casa para visitar a su esposa y a su niño. Pudiera haber decidido quedarse; pero en esta escena tan comentada, tira una piedra y la deja rodar por la montaña. Y explica que ha llegado a ser como la piedra, llevado por el movimiento de la Revolución. Quizá este movimiento inexorable y primordial llegue a un punto estático cuando el círculo se cierre al final, en la segunda batalla en la montaña. La última frase de la novela dice lo siguiente: "... Demetrio Macías, con los ojos fijos para siempre, sigue apuntando con el cañón de su fusil..." Nuestra primera reacción es que Azuela ha encontrado un modo poético para decirnos que Demetrio está muerto. Entonces nos preguntamos, sin negar la realidad afirmativa de esa observación, si no habrá otro nivel de comprensión, que nos informa que el círculo no se cierra, sino que hace una espiral. No importa cuántas veces volvamos a lo que parece ser una condición anterior, siempre resulta algo distinto.

La referencia a la posibilidad de entender *Los de abajo* en más

[3] Leal, *Mariano Azuela*, p. 104.

de una manera no significa que el desencanto con la Revolución por parte de Azuela fuera irreal o irrazonable. Su participación data desde los últimos años del régimen de Díaz cuando apoyó a Francisco I. Madero. Las ideas políticas del novelista, como las de Madero, no eran asombrosas. Pedían la reforma política —las instituciones democráticas, la justicia social, la oportunidad equitativa— en vez de profundas reformas sociales. La revuelta de Madero triunfó a mediados de 1911 y Azuela recibió un puesto político en Lagos de Moreno. El gobierno de Madero sufrió el peso de los sobrevivientes de la vieja oligarquía y cayó pronto. Los reaccionarios y los intereses extranjeros arreglaron el asesinato de Madero a principios de 1913 y nombraron a Victoriano Huerta presidente. Villa, Carranza y Emiliano Zapata continuaron la Revolución. Con un cambio en la política de reconocimiento de gobiernos extranjeros por parte de los Estados Unidos, el gobierno de Huerta cayó en julio de 1914. Para esa fecha, la Revolución se había vuelto una guerra civil entre Villa y Carranza. Una alianza entre Villa y Zapata ganó cierto apoyo brevemente, pero no mantuvo su unidad. Azuela sirvió en la causa villista en posiciones civiles y médico-militares.

El movimiento revolucionario culminó en una nueva constitución en 1917. A través de su desarrollo, la Revolución había ido acentuando progresivamente la reforma social. En otras palabras, tenía aspectos burgueses y proletarios, con la correspondiente insistencia en el cambio político y social. Aunque Azuela dedicó bastante tiempo al servicio de los pobres, nunca favoreció el proletarismo en su política. Estaba desilusionado de la dirección general de los acontecimientos políticos, y aún más del comportamiento de los hombres. Su amargura es patente en *Los de abajo*. Sin embargo, esta actitud no trasciende la exposición de tipo documental, porque Azuela descubrió, probablemente sin saberlo, el medio apropiado para su materia. La correspondencia entre el movimiento en la estructura de la novela y el movimiento primordial de la Revolución es la causa básica que ofrece la novela de la superación de su significado inicial y más accesible. Detrás de esta causa está el autor mismo, dispuesto a librarse de los procedimientos tradicionales para lograr algo nuevo.

Una novela uruguaya del mismo año, *El terruño* de Carlos Reyles, también tiene mucho que ver con los levantamientos internos. Incluso hay la sugerencia del movimiento inexorable de la revolución. Las técnicas narrativas de Reyles, sin embargo —a diferencia de las de Azuela— están dentro de los cánones del naturalismo y ahora las llamaríamos "tradicionales". La base estructural es la caracterización de doña Ángela, también llamada Mamagela, la dueña de una pulpería. Ella representa el ideal de Reyles —el realista y trabajador en posición al intelectual soñador—. Apreciamos su carácter por medio de la narración en tercera persona omnisciente —un punto de vista que está en perfecta concordancia con el entusiasmo del narrador por coordinar las varias facetas de la novela—. Además del contraste entre la persona práctica e idealista que vemos en la caracterización de Mamagela y otros varios personajes, *El terruño* también contiene la historia de un adulterio y los argumentos por parte del autor en favoɪ de la cría de ovejas para el desenvolvimiento de la economía agrícola. Esta campaña, desde luego, subraya la súplica por sentido común, tal como se ve a través de la caracterización.

Una riña entre hermanos, en la primera parte de la novela, presagia la guerra fratricida que domina la segunda parte. Suponemos, dado el carácter del idealista estereotipado, que los intelectuales no resolverán los problemas de la nación. La actividad revolucionaria, no obstante, tampoco es de valor absoluto. Muchas personas participan en la rebelión por razones que no tienen nada que ver con una ideología —promete cierto grado de libertad, irresponsabilidad y asegura el alimento diario—. Estos motivos recuerdan *Los de abajo* y la apreciación por parte de los revolucionarios del vagabundeo por el campo. La sensación de movimiento nunca deja de ser más que una sugerencia. Por consiguiente, se queda en el fondo de nuestra experiencia, particularmente porque Reyles emplea la repetición lírica para acentuar los momentos importantes de reacción emotiva.[4] No se emplea este recurso estilístico con referencia al movimiento de la acción revolucionaria.

El dinamismo se produce en *El terruño* por medio del aumento de la tensión en la primera parte, seguido de su liberación en la segunda. El buen sentido común de Mamagela, que probablemente hubiera sido el factor dinámico ideal para Reyles, suele encontrar su expresión en la exposición estática. Este sentido común produce un final optimista en la novela, pero la experiencia dentro de la obra nos informa que las palabras son muy frágiles.

Cambiando la escena a la Argentina, *Los caranchos de la Florida* de Benito Lynch versa sobre problemas de la economía rural porque uno de los protagonistas ha estudiado agronomía en Alemania. No obstante, Lynch ha decidido basar su historia en una tragedia causada por los temperamentos violentos de don Francisco (*Pancho*) Suárez Orono y su hijo, Panchito. Las complicaciones que resultan de sus personalidades constituyen la espina dorsal en vez de la base de la novela. No ocurre nada muy complicado entre el momento en que se establece el conflicto, al principio de la novela, y la tragedia, al final mismo. De ese modo, Lynch proporciona una serie de retratos de la vida gaucha y una comprensión considerable de las actitudes

---

4 Carlos Reyles, *El terruño* (Santiago, Ed. Ercilla, 1936), e.g. pp. 34, 143.

sociales. Estos factores toman su lugar junto a la línea de continuidad mantenida por la trama mínima.

Lynch establece primero el carácter de don Pancho, el padre, al comentar cómo tiemblan otros ante su presencia. Luego nos da una especie de prólogo, una historia condensada, de don Pancho y la estancia llamada "La Florida". Esta parte de la novela no es una narración retrospectiva en el sentido normal, porque el propósito del autor es suministrar una cantidad máxima de información en muy poco espacio. La creatividad artística no le importa. La novelización comienza en realidad cuando don Panchito vuelve de Alemania. Dado el escenario de la novela, lógicamente podríamos suponer que encontraremos un conflicto entre el sentido común rural y el saber intelectual, o entre las ideas tradicionales y la cultura urbana. Pero no encontramos tal contraste. Pancho el padre es un hombre de cierto refinamiento, aunque descarta libremente cualquiera de los aspectos que puedan ser un impedimento a su enorme egoísmo. En cuanto al efecto de los años que ha pasado Panchito en Europa, el padre se sorprende por lo poco que esa experiencia ha cambiado al hijo aunque, por otra parte, lo reprende por haberse afeitado el bigote para estar a la moda. La raíz de la tragedia en la novela es lo que tienen en común los dos hombres: temperamentos nefastos.

Lynch narra en tercera persona. Puesto que la caracterización de los dos hombres es tan importante para la historia, ciertas desviaciones de este punto de vista pudieran haber sido muy útiles. De hecho, hay una sección de la novela —cuando Panchito contempla la relación con su padre— en que la narración se acerca a un monólogo interior.[5] Este cambio probablemente es más instintivo que voluntario, porque Lynch no lo utilizó en otras secciones en que pudiera haberle servido perfectamente.

El estilo de su prosa, aunque no se vale de efectos brillantes, es útil para la comunicación de la narración. De vez en cuando hace que el lector se enfoque en cierto personaje u objeto al mencionarlo de nuevo en la frase siguiente. Evidentemente utiliza este procedimiento cuando quiere comunicar cierta afectividad por lo que discute. Emplea el diálogo extensamente, y su uso del habla gaucha es una técnica principal de caracterización. Este lenguaje en general suena auténtico y natural, y lo emplea constante y discretamente. Es decir, es un procedimiento que no llama la atención. Torres Rioseco apunta que el habla del gaucho en la novela de Lynch revela o escasa inteligencia o la oportunidad limitada para cultivar sus ventajas naturales.[6] Lo limitado de su expresión está enteramente de acuerdo con su actitud servil, lo que no sorprende en absoluto si

---

[5] Benito Lynch, *Los caranchos de la Florida* (Buenos Aires, Troquel, 1958), página 28-29.

[6] Torres Rioseco, *Novelistas contemporáneos de América*, pp. 162-163.

recordamos que decir algo que cualquiera de sus patrones considere un disparate, es exponerse a que uno de ellos le dé un puñetazo.

Lo increíble es que los gauchos nunca se vengan. Sencillamente afirman que tal violencia no tendrá fines benévolos. Padre e hijo son llamados "caranchos" al principio de la novela, por el gaucho medio loco que presagia el desastre (p. 47). Un "carancho" combina las características de un águila y un buitre.[7] Tal descripción es bastante adecuada para esta pareja, aunque Lynch no recalca esta idea. El conflicto entre los dos hombres se basa en el interés que tienen en la misma muchacha, que por su edad sería más apropiada para Panchito. En un final violento, el hijo mata al padre; éste es muerto, a su vez, por un mayordomo de la estancia. Dos condiciones importantes definen la naturaleza del crimen de Panchito. En primer lugar, la noche de su llegada desde Alemania, el padre le prohíbe a Panchito, bajo cualquier circunstancia, visitar ciertas partes de la estancia. El joven reacciona de un modo comprensible ante lo que significa al fin y al cabo una amenaza, pero no desobedece. Cuando va allí es porque se ha perdido durante una tormenta. Encuentra a Marcelina, la mujer envuelta en el conflicto. La segunda condición importante es que Panchito es muy hábil con la pistola. La referencia repetida a este hecho crea cierta expectativa. Sin embargo, cuando comete el homicidio lo hace con una herramienta que por casualidad tenía en ese momento. El paso inicial hacia el desastre es producto del azar; también el homicidio mismo no es claramente premeditado, sino en un caso de pasión momentánea.

Lynch no sugiere que la violencia de sus protagonistas tiene alguna relación con el ambiente. Parece ser la hereditaria y es susceptible de agravarse a raíz de cualquier persona o circunstancia. Entre el establecimiento de la trama y el desastre final, *Los caranchos de la Florida* mantiene un nivel de intensidad más o menos igual entre los distintos episodios. El único desarrollo de la trama es el progreso que hace Panchito en descubrir la naturaleza exacta de la relación entre su padre y Marcelina. A través de estos episodios, Lynch hace retratos hablados de una variedad de gauchos, de la maestra del campo y particularmente del primo de Panchito, Eduardo. Éste es particularmente importante por el papel que desempeña en la revelación de la conciencia de clase.

Tal como los ve don Panchito, los gauchos son infrahumanos: medio salvajes, sucios, inmorales y estúpidos. Insiste en que reconozcan su superioridad. Panchito puede ser algo más lúcido, pero sólo en el sentido de que es menos consistentemente cruel. Como su padre, mantiene una actitud general de reserva. Por otro lado, Eduardo fraterniza con los gauchos y goza de una vida más tran-

---

[7] *Ibid.*, pp. 158-159.

quila aunque menos respetuosa. Lo tratan los parientes, pero lamentan su deshonra.

Una apreciación del sistema de clases sociales va desarrollándose mientras Pancho va de un lugar a otro. Es el aspecto más interesante del libro. La trama básica es tan pobre que apenas nos damos cuenta de su movimiento a lo largo de gran parte del libro. El lector tiende a buscar el desarrollo de la trama y, en el proceso, llega a estar consciente de la comunicación aparentemente incidental de actitudes sociales.

El problema del artista menospreciado parece estar bien lejos de los modos de vida novelizados en esas tres obras. La publicación de *El mal metafísico* de Manuel Gálvez durante el mismo año llama la atención por la gran disparidad entre la sociedad rural en Hispanoamérica y los grandes centros urbanos. Es la historia de un poeta, Carlos Riga, en Buenos Aires, durante los primeros años del siglo xx. La actitud simpatizante que muestra Gálvez ante este soñador, por medio de técnicas narrativas realistas, produce un contraste muy semejante al que se nota en la escena literaria algo confusa de principios del siglo, y que se extiende por más de una década. Orgambide y Yahni dicen que las circunstancias y los personajes son de la vida real y se les puede identificar.[8] Consideran el libro un documento importante para las letras argentinas. En realidad, tiene una importancia semejante para la literatura hispanoamericana en general. Llevando esta afirmación un paso más allá, la novela es importante como retrato del proceso de enajenación. Las actitudes particulares del autor lo van separando del proceso social común y corriente. Puesto que Gálvez intentaba crear una obra que fuera un retrato de la realidad argentina en su totalidad, bien podemos creer que hay personas de la vida real en la novela. El descubrimiento de equivalencias es fascinante. Sin embargo, si dejamos de lado el juego de las identidades y tratamos el libro como pura ficción, encontramos que el autor ha empleado un tono narrativo cambiante para dar vitalidad a la novela.

La historia de *El mal metafísico* se divide en tres partes. La función de la división es sencilla —da un lapso de cuatro años entre las dos primeras partes y un lapso de tres años entre la segunda y la tercera—. La participación del lector en la vida de la novela no depende de un patrón estructural obvio, sino del establecimiento de un tono particular desde el principio mismo. Gálvez es ligeramente irónico. Carlos, un estudiante de leyes de unos veinte años, espera a sus amigos en un café, donde va a leerles uno de sus poemas. El narrador dice lo siguiente: "Se reunía todas las noches, con

[8] Pedro Orgambide y Roberto Yahni, *Enciclopedia de la literatura argentina*, pp. 212-213.

algunos colegas de literatura y de ilusiones, en una *Brasileña*, y allí, con el penoso gasto de un café inspirador, pasaban largas horas definiendo la Vida, componiendo la Sociedad, maldiciendo al odioso filisteo que les ignoraba, y engañando la pobreza y la sed de gloria con fáciles ensueños vagos."[9] El tono del narrador es algo crítico y también nostálgico. Y aun si el pasado hubiera sido un poco presuntuoso, también fue importante y comprensible.

En una retrospectiva inmediata, Gálvez trata a la familia Riga, luego va a la pensión donde vive el poeta, y de ahí a su vida literaria. El tono de ironía domina toda esta introducción. Posteriormente, en la página 45, uno de los jóvenes define el "mal metafísico" que es el de crear, soñar, pensar. El tono ha cambiado. Es un asunto serio. El lector de Gálvez descubre una sensación de frustración creciente, que elimina la nostalgia agradable. El tono de ironía ligera aparece de vez en cuando, pero la infelicidad llega a dominar. Este cambio da vitalidad al libro. También hace que éste tenga significado para el lector de cualquier edad, porque Gálvez trata la tragedia negra que es otra faceta de esos años de felicidad y sensiblería que suele experimentar todo adolescente.

La primera parte de la novela tiene que ver con los primeros pasos literarios de Riga. Uno de los episodios más perceptivos muestra que su problema con su padre es de doble filo. En primer lugar, Riga, el mayor, cree que los intereses literarios de Carlos son una pérdida de tiempo. Más adelante, después de haber sido convencido por un escritor tradicionalista de que la literatura puede contribuir inclusive a la carrera de un abogado, el padre se opone a los esfuerzos modernistas de su hijo. Gálvez desarrolla este último conflicto para hacer resaltar lo intransigente que puede ser la sociedad para aceptar la innovación en las artes. Cada caracterización, sea principal o secundaria, se relaciona de algún modo u otro con la aceptación o rechazo del artista. El triunfo en la primera parte es la publicación del primer número de una nueva revista cultural, que se supone revitalizará el país.

En la segunda parte Riga se encuentra en dificultades más graves. Tiene problemas para ganarse el pan. Y son pocos los que aprecian su trabajo literario. La tercera parte trata del alcoholismo, la soledad, la enfermedad y la muerte. La novela tiene algunas de las cualidades románticas que solemos asociar con la vida bohemia, pero no hay melodrama a no ser que sea creado por la incomodidad que sientan algunos lectores en particular. La tranquilidad de la prosa de Gálvez presta cierta dignidad a situaciones que pudieran haber sido destruidas por un tono exagerado.

Esta sensibilidad exquisita del modernismo, precisamente el obje-

[9] Manuel Gálvez, *El mal metafísico* (Buenos Aires, Ed. Tor, sin fecha), p. 5.

to de la ironía de Gálvez, todavía se cultivaba en esa época. *El hombre que parecía un caballo* de Rafael Arévalo Martínez, también es un ejemplo por excelencia de la transformación simbolista. Esta novela corta, o cuento largo, es la expresión de una relación humana. Al narrador le encanta su amigo, y más tarde le desagrada. El aspecto positivo de la relación se expresa en términos de joyas; pero aun éstas llegan a ser más brillantes que sustanciales. El aspecto negativo se expresa por medio de la asociación entre los movimientos y ademanes afectados del amigo y los de un caballo. Aunque estas imágenes tienen cierto elemento de bestialidad, también apreciamos su gracia y belleza. Por lo tanto, se supone que los factores positivos y negativos no son absolutos. Cada uno contiene elementos del otro.

Por mucho tiempo se ha supuesto que el amigo de la historia, el señor Aretal, es una ficción del poeta colombiano Porfirio Barba Jacob —también conocido como Ricardo Arenales y Miguel Ángel Osorio—. La veracidad de esta suposición no tiene importancia alguna en la experiencia de la novela. Daniel R. Reedy ha explicado recientemente que el autor habla de dos aspectos de sí mismo.[10] Este argumento depende principalmente de las ideas de Jung. Sin entrar en una polémica acerca de esta nueva interpretación, vale la pena notar que tiene en cuenta la comunicación esencial de la lectura tradicional: una apreciación del contraste entre lo fino y lo burdo. Evidentemente la experiencia del lector se basa en los cambios entre los dos sistemas de imágenes. A pesar de esta *tour de force*, lo que uno recuerda de *El hombre que parecía un caballo* muy probablemente son las descripciones ingeniosas del hombre-caballo. Las asociaciones son entretenidas e invitan al lector a buscar semejanzas de ese tipo en su propio mundo. Ambos efectos —lo serio y lo frívolo— hacen que la novela parezca más innovadora de lo que realmente es. Su frescura es el producto de la manera muy personal en que Arévalo Martínez veía las cosas. Técnicamente, ya resultaba algo anticuada para 1916.

[10] Daniel Reedy, "La dualidad del 'yo' en *El hombre que parecía un caballo*", en *El ensayo y la crítica literaria en Iberoamérica* (Toronto, University of Toronto Press, 1971), pp. 167-174.

## III. DESDE "LOS DE ABAJO" HASTA "DON SEGUNDO SOMBRA" (1917-1925)

Los novelistas fueron cultivando una conciencia de su ambiente inmediato, y este regionalismo creciente se manifestó junto con otros temas heredados desde principios del siglo, y no en oposición a ellos. El protagonista hipersensible y soñador todavía era objeto del mayor interés, pero para ese período se encontraba a menudo en circunstancias bien distintas de las escenas parisienses de los años anteriores. De hecho, la conciencia regionalista descubrió una posible solución a su condición: la beneficencia dulce de la vida sencilla. Esta idealización de la vida rural, a su vez, indica que los problemas del protagonista provienen de la vida urbana en general, en vez de París en particular.

Las características del héroe mismo se volvieron menos restrictivas. No es necesariamente el esteta aburrido cuyas transformaciones simbolistas lo enajenaban de la vida real. Puede estar enajenado por ser intelectual —como es el caso de Tocles, en *El terruño*—. Puede ser sencillamente el hijo mimado e ingenuo de una familia adinerada; y, desde luego, esta condición crea una combinación muy creíble junto con la idea del esteta aburrido.

El traslado al campo no siempre cura a estos personajes. Puede ser una solución pasajera —*Zurzulita* (1920) de Mariano Latorre es un ejemplo. También hay casos en que el agente saludable no es tanto el campo mismo como una mujer rural llena de vitalidad. *Un perdido* (1917) de Eduardo Barrios es un caso de ese tipo; y Joaquín Edwards Bello revela constantemente su cariño por "la mujer del pueblo". Hay que aclarar que estos novelistas no eran miembros del proletariado, ni tampoco proponían la igualdad de clases. Su visión de la mujer robusta y simpática del pueblo es más bien comparable a la visión de un ganado premiado. No se trata de una actitud precisamente ilustrada, pero representa un paso adelante en el sentido de que ahora el pueblo por lo menos existe en la literatura. El pueblo también comenzó a aparecer en las ciudades donde se escribían las novelas de protesta.

La insatisfacción con el estado de la sociedad es patente en un alto porcentaje de novelas. Está implícita, por supuesto, en las novelas en que el protagonista intenta captar la realidad más concretamente al ir en busca de otro ambiente. Es más claro, sin embargo, en las novelas que tratan de la sociedad urbana, como las de Azuela, Gálvez, Edwards, Bello, Carlos Loveira y los cuentos de Elías Castelnuovo. De nuevo en un ambiente rural, la sensación de dolor se enfoca en las penurias del indio boliviano en *Raza de bronce*

(1919) de Alcides Arguedas. Ninguno de estos libros es una especie de cruzada moderna. Mejor dicho, reconocen la existencia y los problemas de unas personas que no son miembros de la oligarquía. Su cauta investigación —un estudio que no se atreve a hacer cambios— está del todo de acuerdo con la situación política de la época.

No es necesario afirmar que las circunstancias políticas no eran las mismas en todos los países hispanoamericanos. En cualquier momento dado, el espectro que nos ofrece una amplia gama de entidades políticas puede mostrar unos extremos muy variados. Suele ser posible, sin embargo, encontrar semejanzas en varios países —suficientes para justificar varias suposiciones con tal de que entendamos que son generalizaciones y no conclusiones definitivas—. De hecho, hubo varios cambios políticos que indicaban una conciencia de la necesidad del mejoramiento social, pero no llegaron a constituir un cambio radical. La Revolución Mexicana fue el cambio más patente y el más eficaz. Se promulgó una nueva constitución en 1917, y por medio de ella se le otorgó a una parte bastante más grande de la población la posibilidad del mejoramiento económico. Mucha de la potencia de la Revolución se perdió porque una gran parte de la energía política fue gastada en luchas por el poder. Para 1925, una insurrección política por parte de Adolfo de la Huerta y una controversia religiosa fortísima destacaron la necesidad de lograr la estabilidad en vez de impulsar programas sociales. En Chile, el sentimiento antioligárquico produjo la organización del Partido Comunista en 1920 y la elección de Arturo Alessandri el mismo año. Fue capaz de llevar a cabo una reforma obrera progresiva, pero no de asegurar la cooperación del poder legislativo. En 1925 lo remplazó un golpe militar. El Partido Radical de la Argentina pudo elegir a Hipólito Irigoyen en 1916. Desafortunadamente, fue un administrador personalista e indeciso. Durante el año de 1919, toleró las estrategias de los que intentaban bloquear las huelgas. Marcelo T. Alvear, un aristócrata que fue partidario de Irigoyen, llegó a ser presidente en 1922. A los tres años, sin embargo, los dos políticos habían roto su alianza, y la influencia del Partido Radical casi se había acabado. La nueva constitución uruguaya de 1917 promulgó un gobierno tipo comisión que incluía reformas laborales y sociales, semejantes a las de la constitución mexicana. No hubo nada referente a la reforma agraria. El presidente Batlle había anunciado en 1910 que este problema sería resuelto sin esfuerzo por el progreso general del país. El ex presidente Augusto B. Leguía, del Perú, tomó la presidencia en 1919. Una nueva constitución con reformas electorales empezó a regir en 1920. Raúl Haya de la Torre, en esa época un joven político en ascenso, fue exiliado. Estuvo en México en 1924 cuando organizó la APRA (Alianza Popular Revolucionaria Americana).

En otros países hubo cambios o tragedias de mayor importancia para la situación social, aunque algunos no estuvieron relacionados con la reforma social. El petróleo fue descubierto en la región de Maracaibo en Venezuela en 1918. Los guatemaltecos se sublevaron contra su dictador Manuel Estrada Cabrera en 1920. Costa Rica soportó a Federico A. Tinoco por sólo dos años, desde 1917 hasta 1919. Ecuador sufrió una masacre de huelguistas en 1922 y una rebelión frustrada en 1925. Gerardo Machado fue elegido presidente de Cuba en 1925. Su administración llegó a ser una dictadura represiva que con el tiempo produjo a Fulgencio Batista.

En cuanto a la situación del cambio social, varía desde la revolución armada hasta absolutamente nada. Muestra la conciencia inadecuada de una sociedad complicada, pero también indica cierto reconocimiento de una nueva época. Los indicios de una nueva época aparecen en la novela bajo la forma de nuevos intereses temáticos y también por medio de la experimentación con la técnica narrativa. Estas dos líneas de innovación pueden cruzarse en vez de coincidir. Es decir, los cambios temáticos pueden ser evidentes en una novela que emplea técnicas bien establecidas. El protagonista de Rómulo Gallegos en su primera novela, *El último solar* (1920), es básicamente un tipo sensible, y tal como lo hemos visto, así tiende a ser el caso con algunos personajes de principios del siglo, pero se lo presenta, en términos técnicos, de una manera bastante tradicional. El autor elabora la materia temática para mostrar bastante acerca de Venezuela durante esa época a través de su héroe. Torres Rioseco apunta que es un país en que la deshonestidad y el oportunismo eran excesivos.[1] También dice que la capacidad artística es una desventaja —una condición palpable en las novelas de Manuel Díaz Rodríguez—. Quizá es demasiado fácil echar toda la culpa a las dictaduras; tenemos que recordar que el problema del artista poco apreciado es tan fundamental en *El mal metafísico* de Gálvez como en cualquier otra parte. De hecho, el cambio temático es tan evidente en *El último solar* precisamente porque Gallegos emplea un tema tradicional como su base, y luego va más allá de ese punto al reaccionar ante su ambiente específico. Esta expansión es una característica fundamental de sus novelas.

No es tan fácil encontrar novelas con contenido temático estático desarrolladas por medio de técnicas experimentales. Se podría hablar de un caso como *Un perdido* de Eduardo Barrios porque el análisis psicológico del carácter funciona como una técnica narrativa importante. La dificultad con esta afirmación —no sólo en el caso de la novela de Barrios, sino en un sentido general— es que la técnica experimental efectivamente cambia el contenido temático.

---

[1] Arturo Torres Rioseco, *Novelistas contemporáneos de América*, pp. 93-94.

Cualesquiera que sean los elementos tradicionales de la historia, una nueva presentación técnica los hace una experiencia nueva. La primera novela de Güiraldes, *Raucho* (1917), es un buen ejemplo. Su aspecto autobiográfico tiende a desviar la mirada de los críticos que no han visto su importancia como novela. No hay para qué dudar que no se basa en la vida del autor. Juan Carlos Ghiano ha apuntado que el subtítulo "Momentos de una juventud contemporánea" sugiere claramente la relación del autor con una situación social en particular.[2] La base de la anécdota es la experiencia de un joven con una afinidad natural hacia la vida de estancia; después de sobrevivir una odisea enajenante en la ciudad y un viaje a Francia, vuelve a la estancia para descubrir de nuevo su identidad.

La vida saludable en el campo salva a este protagonista desorientado, como es el caso de muchas otras novelas. Pero *Raucho* es diferente de las otras. La diferencia principal está en la estructura de la narrativa. La clave está en el uso de la palabra "momentos" en el subtítulo. Hay nueve de ellos, cada uno con la intención de comunicar una sensación y también la realidad objetiva de un momento determinado. Aun el primero, el "Prólogo", es una parte integral de la historia —un juego de palabras que la actitud del típico escritor realista-naturalista probablemente no permitiría—. El enfoque en los nueve momentos separa la vida de Raucho de la realidad cotidiana. No es de ninguna manera una repetición de lo que ha experimentado el lector, y no intenta serlo; por consiguiente, trasciende su valor documental. Es decir, los nueve momentos no pueden ser de ninguna manera una recreación de la vida real. Son una síntesis de ella, como en el caso de la novela de Güiraldes, o no son nada.

La estructura es sorpresivamente como la de *Los de abajo* —una comparación que probablemente ni notamos, puesto que los asuntos son tan diferentes—. Azuela aun anuncia la estructura en su subtítulo, "Cuadros y escenas de la Revolución", igual que Güiraldes. El efecto es el mismo, si tomamos en cuenta la diferencia entre la odisea de un individuo solo y el movimiento de un trastorno social. Es decir, las escenas de Azuela llegan a ser una especie de síntesis de su conocimiento de la Revolución, tal como los momentos de Güiraldes son una síntesis de la juventud de Raucho. También es interesante notar que los protagonistas en ambas novelas cumplen un círculo geográfico, pero cada uno vuelve a ese lugar como una persona bastante diferente, sugiriendo una espiral en vez de un círculo cerrado. Esta última coincidencia, aunque interesante de contemplar, probablemente es de poca importancia en una consideración de técnicas experimentales. No hay posibilidad de influen-

---

[2] Juan Carlos Ghiano, *Ricardo Güiraldes* (Buenos Aires, Pleamar, 1966), p. 36.

cia directa. Su semejanza resulta de la búsqueda, por parte de los dos autores, de una forma de expresión adecuada. Azuela la encontró, probablemente de modo inconsciente, porque su materia misma la sugirió. Güiraldes estaba consciente de la búsqueda. Su trabajo anterior a *Raucho* muestra el deseo de encontrar alguna manera para transformar su actitud personal ante el campo argentino.

En su historia de Raucho, Güiraldes recalca el efecto de la estructura al usar un punto de vista narrativo, que según lo describe Ghiano, técnicamente corresponde a la tercera persona, aunque con la presencia psicológica de la primera persona.[3] En realidad esta posición narrativa funciona como un enlace entre el autor y el protagonista, con el resultado de que el lector de Güiraldes tiende a aceptar esta identidad múltiple. Se crea este efecto cuando el narrador, supuestamente en tercera persona, dice cosas acerca de Raucho que consideramos como el sentimiento de Raucho mismo. Es esta proyección de una personalidad sobre otra lo que casi convierte la narración en una de primera persona. De este modo el autor comunica lo que significa para él un tipo de vida en particular (una serie de circunstancias). Es una significación descubierta por medio de una reacción emocional profunda, más que por observación. Reconocer esta actitud por parte del autor también aclara respecto a su intención en *Don Segundo Sombra* y debe poner fin a esa discusión de si el autor pintó un retrato tan verídico de la vida del gaucho como Benito Lynch, por ejemplo, en *El inglés de los güesos* (1924). Nada podría ser más real que *Raucho* o *Don Segundo Sombra*, aunque ninguna de las dos obras logra esta realidad por medio de la mimesis objetiva. Una de las características extraordinarias de los lectores de la narrativa hispanoamericana fue la aceptación del científico poco probable, presente en la novela de Lynch (una combinación de la caricatura y un concepto equivocado), al mismo tiempo que consideraban las creaciones de Güiraldes como separadas de la realidad en alguna forma.

Están separadas, por supuesto, en el sentido de que son transformaciones en vez de documentaciones. Y Güiraldes no trabajaba así aisladamente. Azuela, después de continuar con la Revolución en varias obras empleando principalmente las técnicas de *Los de abajo*, se volvió aún más experimental en *La Malhora* (1923) y *El desquite* (1925). Intensifica el uso de momentos selectos, y aumenta el efecto al usar un estilo que a menudo parece seleccionar palabras tal como la estructura selecciona incidentes. Este procedimiento minimiza la importancia de la secuencia causa-efecto, y Azuela va aún un paso más allá al emplear un desarrollo anticronológico de la historia. También experimenta con el monólogo interior. El pro-

[3] *Ibid.*, p. 74.

ducto no es siempre logrado, pero estas obras no dejan ninguna duda acerca de las tendencias vanguardistas del autor.

Si Azuela hubiera sido un autor influyente en esa época, podríamos haber considerado su obra la inspiración de otras novelas, o aun otros tipos de novelas, que trascienden la descripción documental al experimentar con técnicas narrativas. En realidad, las tendencias vanguardistas en México y el resto de Hispanoamérica provienen de influencias europeas y de una conciencia global de una nueva época. Un fenómeno mexicano llamado la "novela colonialista" es particularmente interesante porque el tema está determinado por la actitud del autor y porque la comunicación del tema depende en gran parte del estilo de prosa de la narración. Se trata de una novela histórica sumamente especializada, cultivada por Artemio del Valle Arizpe y otros escritores jóvenes que publicaron sus primeros esfuerzos literarios durante los años posrevolucionarios. Esos novelistas tenían más de anticuarios que de historiadores —tratan el pasado con un respeto posesivo—. Ahí se encuentra el tema. No es sencillamente un acontecimiento histórico o un personaje lo que inspira la novela, sino la actitud del autor con respecto a los hechos históricos. El tema cobra vida por medio del lenguaje que llega a ser precioso en su intento de crear el ambiente de un tiempo pasado. Estas obras recuerdan en gran parte *La gloria de don Ramiro* de Larreta. Una diferencia de importancia fundamental, sin embargo, es que los novelistas mexicanos resucitaban el pasado de su propio país, y sus obras servían como medio para identificar su propia realidad. Contienen un elemento de "novomundismo" que no se encuentra en la novela de Larreta.[4]

Al cambiar la experiencia de la novela al pasado, el autor coloca el presente en una perspectiva diferente —para el lector y para sí mismo. La novela histórica, por lo tanto, puede ser un medio para apreciar el presente. El efecto es diferente, por supuesto, de la síntesis de la realidad presente en *Raucho* o *Los de abajo*, pero los motivos de los autores parecen ser bastante semejantes. Otro modo de cambiar la perspectiva es emplear una situación imaginativa como *La reina de Rapa Nui* de Pedro Prado. Al igual que la buena ciencia ficción, le ofrece al autor la oportunidad de comentar su circunstancia en particular. Prado usó otro método, con los mismos motivos, en *Alsino* (1920). Reducida al mínimo, esta novela tiene la fantasía y el encanto de una historia para niños. A un muchacho inválido le crecen las alas, vuela por tierras chilenas y se ve envuelto en situaciones que son bastante ordinarias hasta que él

----

[4] "Novomundismo" es un término usado por críticos hispanoamericanos con respecto a las novelas que recalcan las cosas, personas, costumbres o experiencias que caracterizan al Nuevo Mundo como diferente de Europa.

las cambia por medio de sus capacidades aeronáuticas. Las implicaciones alegóricas profundizan la experiencia de leer la novela. La asociación con el mito de Ícaro es inevitable; y dadas las limitaciones físicas del muchacho, el lector de Prado encuentra múltiples implicaciones relacionadas con la libertad —las restricciones del orden social, el problema del compromiso del individuo y la preocupación por el prójimo—. Para complicar aún más el asunto, Alsino no es de ningún modo poeta, o aun el típico personaje hipersensible; es un muchacho del campo, de raíces humildes. Uno de los aspectos interesantes de la novela es la insistencia por parte de Prado en dar una visión determinista de su protagonista en la etapa anterior al vuelo; expresa la misma visión con respecto a los campesinos en general. Esta visión contrasta marcadamente con la sensación de libertad y también con ciertos pasajes que podrían considerarse ligeramente excesivos en su éxtasis poético. El contraste provoca ciertas consideraciones acerca de la validez psicológica, lo que nos aleja de las implicaciones más imaginativas de la novela.

Algo —quizá varios fenómenos distintos— que llamamos "psicología" va aumentando en importancia durante estos años. En caso de aplicar este término a ciertas novelas hechas alrededor de un esteta de principios del siglo, el término podría ser descartado en favor de "filosóficas". A veces parece significar cualquier indagación acerca de la personalidad de un personaje. Y también se refiere a la validez psicológica de la creación del novelista. Para Eduardo Barrios fue la base de su obra. El análisis psicológico fue en efecto el factor dinámico en algunas de sus novelas. Sobre esta base, construía estudios sin preocuparse por su relación con la sociedad. Mejor dicho, pensaba en términos de los problemas universales humanos y, como suele ser el caso, producía al mismo tiempo algunos comentarios fascinantes sobre su propio sistema cultural. La más conocida de sus novelas es *El Hermano Asno* (1922), cuyo título se refiere a la fuerza interior maligna que describe San Francisco de Asís. Barrios narra por medio del diario de fray Lázaro. La historia tiene que ver con la santidad de fray Rufino y la preocupación por su pérdida de humildad. La tragedia final es un acto expiatorio —algunos prefieren considerarlo como el triunfo del lado bruto de fray Rufino—. La narrativa de fray Lázaro muestra su participación, y su asombro. El lector comparte esta actitud, pero sin la sensación de incredulidad. El concepto básico de esta novela es el problema espiritual de un solo individuo. Surge de una paradoja cristiana —la santidad invita a la reverencia por parte de otros, lo que, a su vez, hace que la persona santa experimente un orgullo pecaminoso—. Además del significado que tiene para el individuo, esta paradoja es significativa en varias culturas nacionales y en una civilización entera. Es una parte de la identidad de Hispanoamérica.

Es posible discutir la validez psicológica o la penetración psicológica en casi cualquier novela escrita durante este periodo. El meollo del asunto es que los novelistas reaccionaban ante la popularidad de la ciencia de la psicología. No obstante, el uso de la psicología como juicio crítico no es muy productivo a no ser que el análisis psicológico sea el factor dinámico de la novela, como es el caso de *El Hermano Asno.* Si el movimiento del libro tiene sus fuentes en otros aspectos —la combinación de imágenes simbolistas y el recuerdo nostálgico en *El embrujo de Sevilla* (1922) de Reyles, o la selección de momentos en la composición de *Raucho*— la discusión de factores psicológicos tiene poco que ver con la apreciación de la obra. Indudablemente la conciencia por parte del escritor de la nueva ciencia promovía, en muchos casos, un entendimiento más profundo de la realidad visible, y prolongaba la influencia del realismo-naturalismo.

A pesar de una variación ocasional como Pedro Prado, la novela chilena fue por muchos años la piedra angular del realismo-naturalismo, y un bloque central contra el vanguardismo. Cuatro partidarios leales de esa tradición durante este periodo fueron Eduardo Barrios, Joaquín Edwards Bello, Mariano Latorre y Marta Brunet. Las novelas de Edwards Bello son un buen ejemplo de la conciencia creciente de los problemas sociales, y entre ellas, *El roto* (1920) ha gozado de un público amplio por su tratamiento casi documental de un tipo.

La novela efectivamente define su título como una parte de su mensaje. Esta definición es más reveladora si funciona como apéndice de un entendimiento previo de lo que significa "roto" en Chile. De hecho, se trata de un término que varía en su significado, pero que se refiere a una persona pobre, a uno de los más marginados de la sociedad. Según sea la actitud del hablante, puede referirse a una persona que tiene la culpa de su situación desastrosa, o que está en tal condición como resultado de las circunstancias sociales. El roto puede ser sencillamente un caso perdido o una persona peligrosa. Generalmente, sus recursos interiores son mínimos. En una reseña de la novela, un crítico francés que había vivido en Chile, Omer Emeth, describió el término basándose casi exclusivamente en la definición que de él se hace en esta novela. De acuerdo con el pedido del autor mismo, esta reseña apareció al final de la edición definitiva de *El roto*, publicada en 1968.[5] El crítico amplía su definición para incluir a cualquier persona que sea moralmente cen-

---

5 Joaquín Edwards Bello, *El roto* (Santiago: Ed. Universitaria, 1968). La reseña de Omer Emeth fue publicada originalmente en *El Mercurio*, 2 de agosto de 1920. Están en las páginas 160-165 de esta edición de la novela.

surable. Sus comentarios probablemente coincidirían con las intenciones del autor de disciplinar la sociedad. El papel del ambiente
es importante en este libro y en la reseña de Omer Emeth, particularmente como se aplica al muchacho Esmeraldo.

La niñez de Esmeraldo fue, muy probablemente, el catalizador de
la historia de Bello. Creció en los barrios bajos, justo al lado de un
burdel. Además de la caracterización de Esmeraldo, el novelista
desarrolla otras para completar su cuadro del barrio. Algunos personajes llegan a ser casi tan importantes como Esmeraldo; y el
burdel mismo, La Gloria, llega a ser el centro de la historia. Los
capítulos retratan principalmente aspectos de la vida en la zona de
La Gloria y con frecuencia tienen el tono propio de un artículo
de interés humano en un periódico. Esta cualidad facilita el que el
lector lea la novela como una obra documental. Subrayando este
efecto está el compromiso de Bello con la realidad visible. Su fuente de información eran datos complicados y detallados acerca de
acontecimientos políticos y del comportamiento humano. Torres
Rioseco, que expresa bastante duda acerca del éxito de Edwards
Bello como novelista, sí nota que el autor evita la sociología en favor de la novelización.[6] *El roto* es de veras un buen ejemplo de
transformación mínima. Es decir, nos indica cuánta novelización
un autor puede efectuar para diferenciar su obra de un reportaje
documental. Esta línea es importante en muchas novelas hispanoamericanas porque la protesta social es frecuente y porque una conciencia del Nuevo Mundo, en su manifestación inicial, es el impulso
documental.

*El roto* comienza con una descripción de un barrio pobre —unas
nuevas construcciones que más tarde se convertirán en las "poblaciones callampas"—. La condición miserable es un escenario apropiado para la miseria de las personas de la historia. Alfonso Calderón, en su prefacio a la edición de 1968, dice que el tiempo de la
novela es anterior al periodo del alessandrismo y se refiere a un periodo de "un caciquismo abominable, de un paternalismo corrupto,
que se encubren bajo la apariencia de un orden constitucional".[7] Es
interesante que la primera escena, aunque detallada, no fija el tiempo con precisión. El autor incluye una serie de comentarios más de
interés humano en general que propios del contenido típico de una
novela —acerca de la influencia extranjera, la construcción del ferrocarril, el provincialismo de Santiago y la apariencia física de los
mestizos—. Suministran cierto ambiente y tienden a generalizar la
situación. En contraste, el sexto capítulo concluye con estadísticas
y referencias a fechas específicas —a saber, la documentación co-

---

[6] Torres Rioseco, *Novelistas contemporáneos de América*, p. 285.
[7] Edwards Bello, *El roto*, "Nota preliminar" de Alfonso Calderón, p. x. Alessandrismo se refiere a Arturo Alessandri, que fue elegido presidente de Chile en 1920.

piosa—. El marco temporal es el periodo 1908-1915, y la edición anotada lleva una nota de pie que explica que la publicación de la novela fue postergada por la primera Guerra Mundial (pp. 26-27). Las estadísticas nos recuerdan cómo es realmente la información documental. En comparación, los comentarios del autor en el pasaje introductorio parecen imaginativos. En realidad, se basan en datos concretos que se complementan con opiniones del autor. Edwards Bello extiende otra invitación a la reacción imaginativa del lector, todavía en el primer capítulo, al introducir un episodio que tiene que ver con personas de ambas esferas sociales. Una mujer de sociedad pierde su bolsa cuando se la roba un muchacho, acompañado por dos cómplices. Nadie puede alcanzar al niño con la bolsa, corre hasta La Gloria. Esmeraldo es el menor de los tres participantes en esta maniobra. Edwards Bello bien pudiera haber sido testigo de tal cosa, y es tan apropiada a su historia de interés humano en general como las observaciones que aparecían antes en el capítulo. Su significado se ve aumentado por dos fenómenos importantes de la novelización en la última parte de este capítulo. Primero, cuando Esmeraldo entra corriendo a la casa situada junto a La Gloria, una de las prostitutas comenta lo que diría la madre —información que no estaría disponible por medio de la simple observación—. El otro fenómeno es mucho más importante para la estructura de la novela: la fuga del muchacho desde el mundo de la gente bien hasta el mundo donde se siente cómodo. Al final de la novela Esmeraldo huye de su supuesto benefactor y va hasta el barrio pobre. Se subraya esta dicotomía social a lo largo de la novela por medio del contraste que Calderón describe como miserias paralelas: una es miseria física; la otra es moral. Se refieren, respectivamente, a los pobres y a la gente bien. Calderón dice que sólo estos últimos desean mantener su condición miserable.[8] Sin embargo, es claro que la protección de Esmeraldo por parte del periodista, Lux, separa al niño de su sentimiento de arraigo. Esta alienación aumenta por la destrucción física de su mundo.

Casi al final de la novela, Esmeraldo sale de la habitación de su benefactor, a altas horas de la noche. En el espacio de una página, Edwards Bello desarrolla la sensación de enajenación por parte del muchacho al expresar tres referencias a su tristeza. La primera es "La calle estaba sola y triste. . ."; luego dice "El invierno se adelantaba triste y monótono"; y por último "Se acordó de Lux y de los días pasados con él como de una cosa triste y extraña a su temperamento" (p. 152). En una especie de epílogo, Esmeraldo se entera de lo que ha pasado a sus amigos, a sus parientes y a la casa en que vivía. Su mundo ha sido destruido; sus raíces, efecti-

8 *Ibid.*, p. 8.

vamente, han desaparecido mientras estuvo en la prisión. Más tarde la policía se acerca a él en su antiguo barrio, y Esmeraldo huye de ella. Luego se vuelve, da una puñalada a uno de sus perseguidores y elude al resto del grupo al correr detrás de un tren que los separa de él. No sabemos más de Esmeraldo, pero nos enteramos de que el hombre al que hirió fue Lux, el mismo periodista que había tratado de salvarlo. En su huida de la policía y de Lux, el muchacho repite la huida del mundo de la gente decente que habíamos visto en el episodio del robo de la bolsa. En su primera huida, Esmeraldo corre de una amenaza hacia la seguridad de su barrio; en la segunda, corre de la posibilidad de una nueva seguridad, pero no hay ningún nido que sirva de refugio en su mundo. Las implicaciones de este contraste constituyen los aspectos sugestivos de la novela.

El tono de protesta no es tan marcado en las novelas que tienen lugar fuera de la ciudad. Los dos problemas rurales y relacionados entre sí en Hispanoamérica, la posesión de la tierra y la justicia social para los indios, se sugieren en varias novelas, y el problema indio es la base de *Raza de bronce* (1919) de Arguedas. La función principal de la novela rural, sin embargo, es clarificar la relación entre el hombre europeo transplantado y el mundo en que el destino lo ha lanzado. Este proceso tiene dos aspectos importantes, uno de ellos básicamente bucólico y el otro heroico. El aspecto bucólico incluye el contraste entre la ciudad y el campo, la idea de la salud y el mejoramiento moral por medio del trabajo duro, y una conciencia de la calidad picaresca de las costumbres rurales. El aspecto heroico incluye la noción de que el hombre tiene que luchar y conquistar la naturaleza; su asombro al enfrentarse a la vastedad de los llanos, la selva, las montañas o los ríos del Nuevo Mundo; su sentido de ser extranjero en una naturaleza cuyos seres no puede siquiera nombrar; y el miedo fastidioso de que le vencerá el enemigo que debe conquistar.

*La vorágine* (1924) de José Eustasio Rivera incluye tanto los aspectos bucólicos como los heroicos, aunque normalmente se le recuerda como la novela del hombre heroico y aventurero que es devorado por la naturaleza. A pesar de las muchas críticas, relacionadas de modo principal con su protagonista hiperdramático, la novela de Rivera permanece tenazmente en la mayoría de las listas de las obras clásicas de Hispanoamérica. La base de la anécdota de la novela es múltiple: una serie de sucesos en la selva y en los llanos de la Colombia de Rivera. El elemento unificador es Arturo Cova, aventurero, poeta y amante. Al principio de la novela, Arturo ha cautivado a Alicia, otro de sus triunfos amatorios, y es presionado por la familia para que muestre sus buenas intenciones con la muchacha por medio de una ceremonia matrimonial. Puesto que prefiere mantener su libertad, y Alicia no quiere destruir su felicidad, Cova decide que deben huir de Bogotá hacia el llano. Esta decisión es nuestra iniciación en la caracterización de Arturo; y, aunque éste cambia en ciertos aspectos a lo largo de la novela, nunca llega a ser más razonable. A la separación de Alicia sigue su escape hacia los llanos. Arturo va a la selva, busca a Alicia y se reúne con ella y desaparece. La acción es mínima. La presencia de ciertas subtramas aumenta la actividad y realza el ambiente de la novela. Sin embargo, es en realidad la caracterización de Arturo Cova lo que hace de la novela lo que es. Él es su acierto principal y su debilidad más notable.

En cuanto a que Arturo es melodramático por ser el poeta pasmado ante la naturaleza, él ofrece el factor heroico que salva la novela. Lo que casi la destruye es el grado de su exageración que llega a un egocentrismo irrazonable. El problema surge de la incapacidad del autor en el manejo de la primera persona. Se supone que la saga de Arturo Cova está escrita en forma de diario. Por consiguiente, narra su propia historia. Pero su creador, por desgracia, no pudo dejar completamente de lado el punto de vista de tercera persona. Por lo tanto, Arturo dice cosas acerca de sí mismo que deberían ser reveladas por lo que otras personas dicen y hacen. De ese modo se hubiera evitado que Arturo diera explicaciones forzadas acerca de su propia sensibilidad, su seudoasombro cuando varias mujeres se ponen a sus pies y sus eternas preguntas retóricas formuladas para revelar la profunda emotividad escondida bajo sus modales afables.

Al llegar a una comprensión del protagonista, sentimos cierta lástima por la novela. La historia se desarrolla en tres etapas principales: 1) la experiencia en los llanos; 2) la experiencia en la selva después de la separación de Alicia; y 3) la reunión con Alicia seguida por su desaparición en la selva. El sueño de Arturo al principio de la historia presagia los hechos. La vitalidad de la novela depende menos de las acciones que constituyen la trama que de lo que observa Arturo en la periferia. La primera etapa de la novela es principalmente bucólica. Los llanos son inmensos y la belleza de la naturaleza, deslumbrante. Las costumbres rurales y las características de la gente rural son los factores más importantes. La idealización no va más allá de lo que normalmente sería el caso de un ciudadano que considera deseable la vida del campo. Griselda, la campesina algo burda, se contrasta con Alicia. En realidad, tienen algo en común: ambas se enamoran de Arturo contra su voluntad. Una técnica narrativa notable es la introducción de Griselda en la historia y la descripción incidental de ella, en vez del bosquejo preliminar de carácter según la manera realista. El efecto poco espectacular de esta técnica hace que la caracterización de Arturo sea aún más ostentosa.

Hay una sensación abrumadora de descubrimiento en la primera parte de la novela; llega a intensificarse cuando Arturo va a la selva. Las cosas de la naturaleza son extrañas; los indios son extraños; Arturo tiene que enfrentarse a una vida donde lo civilizado es mínimo. Sufre de alucinaciones y cree que los árboles le hablan. Se ve disminuido físicamente; y, al final de la novela, un narrador en tercera persona nos informa que él y sus compañeros han sido devorados por la selva. No encuentran cómo vencer la náturaleza ni tampoco pueden enfrentarse a ella de igual a igual. El papel de la selva es importante en la novela hispanoamericana, y *La vorágine* es precursora de muchas novelas en lo que se refiere al reconocimiento del ambiente. En cuanto al significado de la relación entre el hombre y la naturaleza, los novelistas han descubierto para esta época que el hombre no es devorado inevitablemente por la naturaleza. Descubren el significado de la relación por medio de un proceso que es la mitificación o algo bien cercano a ella. El mismo proceso también se aplica a los llanos, y comenzó allí más temprano. Esta característica es la importancia subyacente de *Don Segundo Sombra*.

## IV. EL AÑO DE "DON SEGUNDO SOMBRA" (1926)

LA NOVELA principal de Ricardo Güiraldes, *Don Segundo Sombra*, es una representación narrativa de la actitud del autor ante la vida rural. Es importante notar, sin embargo, que la actitud del autor en este libro no es la base del tono de la novela. El tono es controlado por la actitud expectativa del novato que narra la historia en primera persona. La actitud más general y fundamental del autor es una combinación del concepto de la vida rural benéfica, según se ha visto en *Raucho*, y la técnica de la narrativa poética tal como se ha visto en *Xaimaca* (1923). Es una actitud eficaz en un plano más básico que el tono narrativo evidente de la novela. Hay más de un mito en la creación de Güiraldes. Don Segundo es un mito, pero lo es también el muchacho, el Fabio casi sin nombre. Su casi anonimato es perpetuado por los críticos de Güiraldes, que prefieren usar cualquier apelativo en lugar de Fabio, con tal de no mencionar su nombre.

El protagonista de *Raucho*, la primera novela de Güiraldes, tiene una afinidad natural con la vida de estancia. La complicada vida urbana casi lo destruye. Redescubre su ser auténtico al volver al campo. Los beneficios son físicos y morales. También son espirituales. Güiraldes ve la vida rural como algo noble y que inspira. También satisface el deseo por la actividad física y por la auto-expresión —la especie de expresión que le asegura internamente que está haciendo algo que debe hacer—. Para expresar esto en forma de novela necesita una representación de carne y hueso. Don Segundo sirve, pero tipos como él están en vías de desaparición. Por lo tanto, él llega a ser algo más que real —el mito del gaucho ideal—. Un ideal que se desvanece, sin embargo, no puede corresponder satisfactoriamente a las emociones complejas sugeridas por *Raucho*. Tiene que haber una transmisión de alguna parte del mito de don Segundo a una persona que promete perdurar; tenemos, entonces, a Fabio. Así, también, uno de los problemas de la novela. Fabio no es un muchacho de carne y hueso; es la generalización del muchacho de la ciudad con ideas romantizadas acerca del machismo y la camaradería sólida del campo. Este tipo tiende a marchitarse rápidamente una vez que está en una situación de trabajo verdadero. Pero Fabio perdura; luego, decide además que quiere ser un caballero culto. Esta combinación es muy poco probable, o mejor dicho, va más allá de la probabilidad. En otras palabras, el narrador creado por Güiraldes es una idealización. Este personaje vive las dos vidas y, por tanto, representa proceso ideal para el autor, en vez de una recreación de lo probable. En cierto sentido Güiraldes se ha mitificado a sí mismo.

Según una mirada más bien pasajera —es decir, la opinión del lector ordinario cuya apreciación de factores como el mito, el estilo y la estructura es algo subconsciente— *Don Segundo Sombra* trata de la historia de un muchacho que sale de un hogar aburrido y goza de una vida más aventurera, antes de tomar su papel en la sociedad respetable. Fernando Alegría, comentando la novela del mismo modo, indica que es una novela para jóvenes que los lectores de cualquier edad pueden apreciar.[1] Puede ser cierto, pero parece más probable que *Don Segundo Sombra* sea un libro que los padres quisieran ver leer a sus hijos. Éstos, a su vez, lo encuentran poco auténtico porque sus imágenes ricas y el elemento mítico llegan a ser algo excesivos. La lectura de las novelas de Güiraldes es una experiencia más satisfactoria si uno está dispuesto a suspender sus reacciones negativas para apreciar del todo las cualidades positivas del libro.

La acción de la novela se divide naturalmente en tres etapas distintas. Juan Carlos Ghiano nota que cada etapa consta de nueve capítulos. La primera parte trata de la salida de Fabio de su casa y su compromiso con la vida nómada de don Segundo; la segunda parte trata del aprendizaje difícil de Fabio; los últimos nueve capítulos incluyen la culminación de la aventura y el reajuste a la vida sedentaria.[2] No hay nada extraordinario en esta organización narrativa. Hay algunos lapsos en el tiempo. (Es importante para la apreciación de Fabio como mito que, dentro de esta estructura tripartita, los primeros y los últimos capítulos identifiquen a la novela como un libro de reminiscencias. Ahí estamos conscientes de Güiraldes, el que crea a Fabio.) Imágenes basadas en el movimiento del agua indican la intensidad de la acción en cada parte: la primera es un arroyo, la segunda es un río y la tercera es un lago. Ghiano encuentra una reafirmación de esta división en un pasaje contemplativo a finales de la novela, donde las tres etapas se refieren a la mañana, el mediodía y la noche.[3] Para algunos autores eso sería suficiente afirmación, pero no para Güiraldes. Una página más adelante, para asegurarse de que lo hayamos notado, dice lo siguiente: "Está visto que en mi vida el agua es como un espejo en que desfilan las imágenes del pasado. A orillas de un arroyo resumí antaño mi niñez. Dando de beber a mi caballo en la picada de un río, revisé cinco años de andanzas gauchas. Por último, sentado sobre la pequeña barranca de una laguna, en mis posesiones, consultaba mentalmente mi diario de patrón" (p. 127).

Güiraldes no es sutil. Su clarificación excesiva es una desventaja

---

[1] Fernando Alegría, *Historia de la novela hipanoamericana*, p. 182.

[2] Juan Carlos Ghiano, Ricardo Güiraldes, p. 104. Otra división un poco distinta, todavía en tres partes, consideraría la tercera parte de sólo el último capítulo. Esta división tiene en cuenta los hiatos principales del tiempo.

[3] Ricardo Güiraldes, *Don Segundo Sombra* (México: Ed. Porrúa, 1971), p. 125.

en casi todos los aspectos del libro. Alegría se opone a la pérdida de la cualidad épica después de la primera parte.[4] Nota, con bastante justificación, que el autor simplemente elimina la línea de desarrollo que le hubiera servido mejor —es decir, el compromiso nómada que culmina, al final del noveno capítulo, con las palabras "Caminar, caminar, caminar" (p. 39). La segunda parte de la novela consta de episodios o escenas de la vida gaucha, que alteran el estado anímico del libro. Cualesquiera que sean los aspectos poéticos de la escritura de Güiraldes, la verdad que comunica a través de sus dos protagonistas se relaciona con la realidad de sus deberes diarios. Su devoción a la claridad le exige escribir la segunda parte de la novela del modo en que lo hace, aunque **puede** desilusionar al lector que prefiere el estado anímico establecido.

El estilo de Güiraldes tiende a ser fundamentalmente tan moderado como su organización de la narrativa. No hay problemas. Cuando los gauchos hablan, el autor reproduce sus peculiaridades fonéticamente. Hacía un siglo que se publicaba ese tipo de lenguaje cuando salió el libro de Güiraldes. El narrador en primera persona emplea el habla normal con el vocabulario propio de un estanciero.[5] Las imágenes constituyen el aspecto extraordinario de su estilo. Un sentido visual bien agudo produce descripciones pictóricas que son más naturales dentro del marco de las reminiscencias por parte de un adulto que como productos de Fabio joven. Al principio de la novela: "El callejón, delante mío, se tendía oscuro. El cielo, aún zarco de crepúsculo, reflejábase en los charcos de forma irregular o en el agua guardada por las profundas huellas de alguna carreta, en cuyo surco tomaba aspecto de acero cuidadosamente recortado" (p. 7). Las imágenes suelen estar poco ligadas con la historia, son más decorativas que funcionales. Su presencia se subraya por la tendencia vanguardista de Güiraldes a buscar la metáfora inusitada: "Las espuelas resonaron en coro, trazando en el suelo sus puntos suspensivos" (p. 25). Es una descripción extraordinaria de unos gauchos que caminan hacia sus caballos. El novelista inventa sus imágenes en sus dos estilos básicos —el normal y el de fabricación más bien personal—. Para estas últimas, emplea objetos mundanos, y las imágenes tienden a ser más funcionales.

Muchas imágenes contribuyen a nuestra apreciación de Fabio a medida que él proyecta sus sentimientos en la naturaleza. Fabio, el narrador en primera persona, es nuestro informador, por supuesto, y nuestro nivel de conocimiento del mundo es igual al suyo. La

[4] Alegría, *Historia de la novela hispanoamericana*, p. 187.
[5] Ghiano (en *Ricardo Güiraldes*, pp. 108-109) hace básicamente la misma evaluación. También se refiere a una afirmación interesante por parte de Amado Alonso, que mantiene que en su voz narrativa, Güiraldes no distorsiona el lenguaje literario, sino que trabaja en una dirección opuesta, agregando la dignidad artística al habla normal del *estanciero*.

caracterización de Fabio es realmente la única de la novela. No es posible ofrecer interiorizaciones de otros personajes, puesto que el punto de vista narrativo es congruente con la excepción de la ligera variación observada en los primeros y últimos capítulos. Más allá de Fabio y don Segundo, los otros personajes tienen papeles periféricos y suelen aparecer como apéndices de la narración, al igual que muchas de las imágenes.

El don Segundo que vemos es el mismo visto por Fabio Cáceres. Desde principios de la novela sabemos que tiene una cualidad especial, gracias a una frase ampliamente citada y sutil: "Me pareció haber visto un fantasma, una sombra, algo que pasa y es más una idea que un ser" (p. 17). El noble mito encarnado por don Segundo, sin embargo, no tiene mucha importancia a no ser que esté acompañado por las cualidades que Güiraldes imaginó para Fabio. Ghiano dice que a Güiraldes le interesaba "la relación entre la pampa y el **hombre** que la vive".[6] Esta esencia tiene su relevancia tanto en **Fabio** como en don Segundo. También refiriéndose a la relación **entre el** hombre y la tierra, Iván Droguette Cz. considera a don Segundo Sombra una proyección americana del mito de Antaeus que adquiere su fuerza por el contacto con la tierra.[7] Uno podría decir que este contacto es más importante para Fabio que para su mentor y guía. El *modus vivendi* de este último está en plena desaparición. Fabio es el influido por su relevancia. Fabio es un mito creado por Güiraldes; Fabio, a su vez, hace un mito de don Segundo. Es importante clarificar que don Segundo Sombra es una creación muy diferente de los gauchos psicológicamente válidos de otras novelas y que su caracterización es muy diferente de las oberturas estéticas hechas por Enrique Larreta en *Zogoibi*, una obra que por lo general se considera un fracaso y es recordada principalmente porque el autor ha hecho cosas mejores. Está en la posición cronológica curiosa de haber sido publicada en el mismo año que *Don Segundo Sombra*. La diferencia es ostensible, sobre todo porque la novela de Larreta es absolutamente estática —un intento de pintar un retrato de alguien con una memoria imperfecta—. La comparación pone de relieve la cualidad dinámica de la novela de Güiraldes, aunque sea reminiscencia. Efectivamente se va descubriendo la relación entre el hombre y la pampa a lo largo de la narración.

*El juguete rabioso* de Roberto Arlt es un relato tan interesante de la vida urbana como lo es *Don Segundo Sombra* en lo que se refiere a la vida en la pampa. Aunque es casi antiliterario en algunos aspectos, Arlt emplea algunas técnicas generalmente no cultivadas por

⁶ *Ibid.*, p. 113.
⁷ Iván Droguett Cz., "Antecedentes para la comprensión de *Don Segundo Sombra*", *Signos de Valparaíso* 1, núm. 1 (segundo semestre 1967) p. 28.

novelistas hispanoamericanos antes de su época (los sueños y largos monólogos interiores). El protagonista pasa por una serie de circunstancias que van cambiando y que se relacionan con la comprensión de sí mismo. Éstas sugieren también varios conceptos filosóficos a menudo relacionados con la literatura —el existencialismo, una especie de principio del placer, una conciencia del momento creador—. Las influencias pueden tener un significado particular en el caso de Arlt porque parece que leía ávidamente y bien, aunque un tanto al azar. Silvio Astier es el narrador y protagonista de *El juguete rabioso*, y parece que es en gran parte una novelización de la juventud del autor. En un momento determinado, cuando Silvio explica sus intereses intelectuales tan inusitados, dice que tiene las obras de Baudelaire, Dostoievski y Baroja.[8] Un *collage* de esos tres autores que formamos en nuestra memoria nos suministran una idea apropiada de cómo es la obra de Arlt.

Por muchos años la apreciación de su producción fue insignificante, a pesar de tener siempre un grupito de seguidores fieles. No es sorprendente que su primera novela nunca haya sido de las obras predilectas, aun entre sus lectores más ávidos. Sin embargo, en los últimos años su obra ha llamado la atención por sus características innovadoras, y en este contexto el casi olvidado *El juguete rabioso* se ha vuelto más importante. Una de las críticas más comunes de la obra de Arlt es que su estilo es poco culto y desagradable. Orgambide habla de este asunto, notando el interés que tenía el novelista por mejorar su escritura, y también especificando ciertos logros que contribuyen a su narrativa.[9] Puesto que *El juguete rabioso* es su primera novela, se presenta el problema del estilo, y para tratar los aspectos más interesantes del libro, lo del estilo debe ser considerado y entonces olvidado. Las fallas estilísticas desagradables son las ambigüedades que surgen del empleo poco claro de asociaciones de pronombres relativos con sus antecedentes, y el empleo yuxtapuesto de palabras de la misma familia en tal forma que se crea la rima o la aliteración no deseada. El efecto es alejar al lector de cualquier asociación cercana con el narrador y colocarlo temporalmente en una posición distanciada. Este choque no es deseable, pero tampoco es desastroso. Estos errores no tienen absolutamente nada que ver con el derecho que tiene el autor de emplear un lenguaje poco común en las bellas letras. En realidad, a veces encontramos la yuxtaposición de una afirmación muy mundana junto con un pasaje bien poético. Este contraste también crea un choque, pero los resultados son positivos porque son creadores y colocan al lector en una posición técnicamente aún más cercana al narrador. El empleo del

---

[8] Roberto Arlt, *El juguete rabioso* (Buenos Aires: Ed. Losada, 1958), p. 88.
[9] Pedro Orgambide y Roberto Yahni, *Enciclopedia de la literatura argentina*, pp. 51-52.

diálogo de Arlt es otro asunto, y con respecto a eso los críticos no encuentran ninguna falla. Sus orígenes fueron algo humildes; tenía buen oído para el lenguaje verbal; y reproduce la jerga porteña auténticamente.

Arlt sostiene que no pudo escribir según un plan fijo al crear sus novelas.[10] No obstante, *El juguete rabioso* revela la juventud de Silvio Astier en cuatro etapas que corresponden a cuatro capítulos. El marco temporal es de aproximadamente cuatro años, comenzando cuando Silvio tiene catorce. La narración es en primera persona. Este punto de vista es consistente y del todo creíble. Permite también el empleo de monólogos interiores y sueños, y es casi indispensable como base para la búsqueda del autoentendimiento por parte de Silvio.

La novela comienza con una referencia a un lugar específico en Buenos Aires y a una etapa específica en el desarrollo del narrador. La descripción nos da la sensación del detalle exacto, de una circunstancia dentro de la experiencia del autor (o de la experiencia del narrador), y esta sensación fortifica la supuesta identidad única de autor y narrador. El narrador introduce al zapatero de quien solía pedir libros prestados, y reproduce fonéticamente las peculiaridades del habla de éste. De ese modo, Arlt previene a su lector de las características básicas de la novela, dentro de las dos primeras páginas. El primer capítulo se desarrolla, entonces, a base de la reacción de Silvio al leer libros de bandoleros al estilo de Robin Hood. Él y dos amigos forman el club de "Los Caballeros de Media Noche" y en efecto, roban. Sus planes son considerablemente más ambiciosos que las aventuras mismas —un hecho que contribuye a la sensación de invención juvenil comunicada por este capítulo—. Silvio, el inventor, hace un cañón; uno de sus amigos gana un rifle al falsificar un retrato necesario para una competencia. El tono narrativo en este capítulo es ligeramente irónico, semejante al del comienzo de *El mal metafísico*. Es algo despectivo, pero ligero, humorístico; no obstante, los robos son reales, y este hecho hace que el juego parezca algo distorsionado. El último acto del grupo de muchachos como club es robar una biblioteca (los libros son una preocupación constante a lo largo de la novela). Orgambide nota que toda la obra de Arlt es la búsqueda de una manera de ser feliz.[11] Los libros son importantes a este respecto. No obstante, la importancia de imaginar y de inventar (al fin y al cabo son lo mismo) es igualmente clara.

En el segundo capítulo, la narración adquiere un tono bastante picaresco: la madre de Silvio le dice que tiene que ganarse el pan, y encuentra trabajo en una librería. Varios episodios muestran la

10 *Ibid.*, p. 48.
11 *Ibid.*, p. 50.

frustración de trabajar para un dueño tacaño, que además pelea constantemente con su mujer. Los intentos por parte de Silvio para mejorar su condición son inútiles. Las posibilidades heroicas del primer capítulo desaparecen cuando Silvio es reducido a la función de sirviente. La vida adquiere un aspecto de sufrimiento. Sus amigos del primer capítulo han desaparecido, y la sensación de soledad de Silvio va aumentando.

El tercer capítulo es el episodio de una gran oportunidad. Silvio tiene la oportunidad de ser un mecánico de aviación, pero lo despiden porque un oficial del ejército decide que es demasiado imaginativo para sus propósitos y debe estar en la escuela. Para entonces se nota una soledad completa. Silvio no tiene nada que ver con otros. Descubre que su ambición no es poseer cosas, sino ser admirado por otros. Este sentimiento está perfectamente de acuerdo con el desarrollo de la historia, que lo ha dejado aislado. Una secuencia de sueños (pp. 97-98) es uno de los mejores ejemplos del empleo de esta técnica por parte de Arlt, ya que efectúa una interiorización de Silvio que va más allá del autoestudio por parte del narrador en primera persona. Intenta suicidarse al final de esta tercera parte.

En el último cápítulo, Silvio trabaja de corredor a comisión, se encuentra con uno de sus viejos amigos del primer capítulo y se entera de que el otro está en la cárcel. Así resultan las cosas para sus amigos. La acción significante en esta parte es una invitación que recibe Silvio para participar en un robo. En lugar de eso, traiciona al instigador. La preparación para ese acto aparece en forma de un monólogo interior (pp. 141-142) que refleja la confusión de Silvio, al degenerar en un lenguaje fragmentado que encuentra belleza masoquista en su falsedad. Está absolutamente solo. Después de rechazar una recompensa por su acto, intenta explicar su sentimiento de alivio por haber hecho lo que sabía que era inevitable. En este momento está tratando de explicar su acto a otra persona (la víctima escogida para el robo). Habla de esa sensación de cambio, de haberse realizado recientemente y de experimentar sentimientos en consecuencia de la verdadera belleza de la vida. La soledad surge: "Y yo me digo: ¿qué hago de esta vida, qué hay en mí? Y me gustaría darla. . . regalarla. . . acercarme a las personas y decirles: ¡Ustedes tienen que ser alegres! ¿saben? tienen que jugar a los piratas. . . hacer ciudades de mármol. . . reírse. . . tirar fuegos artificiales. . ." p. 152). Al final del libro, la víctima escogida le ofrece un puesto y Silvio le pide uno en el sur (donde hay poca gente). Al salir, tropieza con una silla.

Aunque Arlt revela bastante acerca de los aspectos menos agradables de la vida de Buenos Aires, *El juguete rabioso* evidentemente no es una novela social. No tiene que ver de modo principal con la organización de la sociedad, sino con la organización de un individuo. Además, Arlt no se preocupa por las peculiaridades de una ciudad americana, sino por toda una serie de problemas universales. Es una característica general de la novela de vanguardia el ser universal en sus preocupaciones. A veces esta característica produce una ficción aparentemente desligada del mundo real. El enfoque de Arlt sobre Silvio tiende a separar esta novela del mundo real, porque el análisis de un individuo, en este caso, prohíbe que la creación ficticia sea un panorama de la sociedad. Algunas novelas de vanguardia tienen el fin de borrar esa línea entre la conciencia objetiva y otros modos de conocimiento. El Café de Nadie de Arqueles Vela borra esa línea al crear cierta equivalencia entre los objetos y las ideas.

Dos procedimientos ficticios son básicos en esta novela corta. Uno es el contraste entre una realidad supuesta y la condición soñadora del café. El segundo contraste está entre dos personajes dudosos (obviamente miembros del movimiento literario, estridentismo, a que pertenecía Arqueles Vela) y la presencia comparablemente realista de Mabelina, una representación de la mujer eterna. Los dos contrastes toman vida gracias a las imágenes inusitadas del novelista, que son atractivas porque sus asociaciones extrañas comunican ideas o sentimientos en vez de retratos mentales bonitos. Puesto que las imágenes son el factor dinámico de la novela, la experiencia de su lectura es algo semejante a la poesía. Una sola palabra o frase puede producir un reajuste drástico en nuestra reacción; la obra total produce sugestiones en vez de proposiciones o exposiciones.

Vela establece la escena primero al separar el café del mundo concreto. Su umbral es como "el último peldaño de la realidad".[12] Su vocabulario descriptivo sugiere una visión a medias, el silencio y la atemporalidad: "Todo se esconde y se patina, en su atmósfera alquimista, de una irrealidad retrospectiva" (p. 11). Todo está cubierto por el silencio. La luz sugiere el amanecer o el anochecer. Dos clientes vagamente visibles entran y el narrador (en tercera persona) desarrolla la asociación de cosas e ideas. Desde el principio, entrar a un café es como entrar "al subway de los ensueños, de las ideaciones" (p. 11). Una vez que los clientes se sientan, "van recorriendo los diversos planos psicológicos del café" (p. 12). El mesero es hipotético, y los clientes no piden nada. "De cuando en cuando llega, desde el otro piso ideológico, una ahogada carcajada femenina que, como el jazz-band, quiebra en los parroquianos las copas y los vasos de su restaurante sentimental" (p. 13).

Después de haber leído aproximadamente una cuarta parte del

12 Arqueles Vela, El Café de Nadie (Jalapa, Ed. Horizonte, 1926), p. 13.

libro, Mabelina entra al café por primera vez, y Vela se vale de su lenguaje inventivo, refiriéndose a "sus vivaces, sus perversátiles ojos" (p. 17). Ella echa una mirada a los posibles candidatos en el comedor, escogiendo uno que corresponde a sus "ecuaciones sentimentales" (p. 17). La sugestión matemática de esta metáfora invita a centrar la atención sobre una serie de imágenes basadas en recursos técnicos. Igual que la referencia al *jazz*, estos recursos muestran cómo los escritores vanguardistas consideraban que la suya era una nueva época.[13] El interés específico en las innovaciones técnicas probablemente tiene sus raíces en el futurismo italiano. Si el uso de esas imágenes es logrado o no, es otro asunto. A veces el efecto conmovedor es más entretenido que significativo. Durante un episodio en que Mabellina se siente más amorosa que su amigo, tiene que limitarse ante su indiferencia y siente como si estuviera en "la silla eléctrica del amor" (p. 22). Esta imagen evoca sorpresa y luego una sonrisa, pero realmente no comunica nada acerca de los sentimientos de Mabelina. Vela, por buena fortuna, no deja el asunto así. Igual que muchos tejedores de imágenes, a un intento frecuentemente sigue otro, esperando así dar en el clavo. En este caso en particular, lo logra admirablemente. Al extender la imagen, el autor retrata a una Mabelina que se siente como si estuviera en una clínica donde un experimento con algún tipo de rayos X desintegrara su espíritu y la separara de su cuerpo (pp. 22-23). Las ideas de la electricidad, de la luz que contrasta con la sombra y de las imágenes de sombra que se juntan son todos los elementos que impulsan la acción del episodio (p. 23).

La frescura de las imágenes de Vela fue el factor que llamó la atención durante los años veintes, y todavía es lo primero que nota el lector. Puesto que es tentador citar un ejemplo tras otro, sencillamente porque dan una nueva visión de la realidad reconocible,[14] podemos perder de vista el hecho de que estas imágenes de veras crean movimiento en la historia porque comunican la diferencia entre un momento y otro. Vela escribe párrafos muy breves, lo cual contribuye a la cualidad epigramática de sus imágenes. También tienden a fragmentar la prosa, de modo que el lector se inclina a pensar en la novela como fragmentos aislados.

Sin embargo, la sensación de fragmentación es importante en la experiencia de la obra. Vela la comunica por medio de las imágenes, mediante la organización de párrafos, a través de conversaciones

---

[13] El uso de la palabra "vanguardista" aquí se refiere a nuevas técnicas usadas por escritores durante los años veintes. Empleo la palabra aquí, no obstante, en el sentido general de "vanguardia", no en el sentido del vanguardismo como un grupo o escuela literaria específica.

[14] Un ejemplo es un artículo por el filólogo Pablo González Casanova, "Las metáforas de A. V.", *La Vida Literaria* 1, núms. 10-11 (noviembre-diciembre 1970), páginas 8-10. El artículo fue publicado originalmente en *El Universal Ilustrado* en 1927.

interrumpidas en un baile (p. 24), con referencias a los cambios
constantes en la condición humana (p. 28), por medio de una serie
de amantes, y finalmente a través de su conciencia de que ella misma es un conjunto de elementos dispersos creados por sus reacciones ante distintos hombres (pp. 38-39). (También hay un segundo
plano, en que ella es la creación de los dos patrones que siempre
ocupan el mismo lugar.) La línea narrativa finalmente cambia a
un periodo de introspección por parte de Mabelina. Ella llega a una
conciencia relativamente objetiva de sí misma por medio de un
proceso que Vela identifica al pedirle escribir su nombre hasta que
no parezca el suyo. Hay una desviación notable de la práctica
normal de este acto universalmente reconocido —cada vez que ella
escribe su nombre, las letras se apartan más—. Este efecto aparece
gráficamente en la historia (p. 40) porque los novelistas vanguardistas favorecían los efectos visuales. La autoconciencia por parte
de Mabelina traduce esta extensión de sí misma a una sensación de
identidad con todo el mundo. Ella clasifica sus memorias, aprieta
un botón para pedir la realidad, y el timbre suena cada vez más
lejano. Cierra sus pensamientos junto con su bolsa y comienza a
salir del café. Mirando hacia atrás antes de partir, se fija en los
dos clientes fieles que están en su lugar acostumbrado; por un momento parece algo indecisa, y luego camina hacia la ciudad ilumi-
nada por el amanecer.

Una línea borrosa entre la realidad objetiva y la de los sueños
—semejante a la línea correspondiente en *El Café de Nadie*— es la
característica predominante de *El habitante y su esperanza* de Pablo
Neruda. Esta novela corta consta de unos quince bosquejos en que
un narrador en primera persona cuenta una historia de amor y de
soledad, de un crimen pasional y de un deseo de venganza. Las
imágenes típicas de Neruda (que nos recuerdan especialmente *Residencia en la tierra*) producen una transición entre la anécdota y
el sueño.

La relación que hay entre estos dos lados de la realidad es clara
desde el principio de la historia; pero la estructura llega a su
punto culminante aproximadamente a mediados de la novela, y la
realidad soñada predomina desde entonces hasta el final. El último
acto de la novela cabe sólo en la realidad soñada; no es capaz de
cruzar al otro lado de la realidad objetiva.

Durante los años veintes, la narrativa de vanguardia en Hispanoamérica tendía a ser breve. Los autores probablemente no podían
mantener un aire tan extraño a lo largo de toda una novela. Quizás
sentían cierta necesidad urgente de mostrar sus últimas creaciones
a sus amigos. Seguramente estaban algo inhibidos por la tendencia
abrumadora de tratar los problemas sociales. Cualesquiera que fue-

ran las razones, no hubo novelas innovadoras de extensión considerable, aunque la influencia vanguardista aparece en algunas novelas de extensión normal —Arlt, por ejemplo—. La novela vanguardista corta era común, por lo menos en los principales centros culturales.

En muchos casos, los volúmenes de cuentos adquirían una unidad especial o progresión dentro de la colección —una característica que, junto con otros aspectos del vanguardismo temprano, es muy patente en la narrativa hispanoamericana reciente—. *El Café de Nadie* apareció junto con dos obras breves, una de ellas publicada en un periódico en 1922. Comparten el interés que tenía Vela en los efectos tipográficos, sus imágenes impactantes, su sentido universal de lo femenino, y un tratamiento del plano de la realidad que aceptamos como la verdad. Los *Cuentos para una inglesa desesperada* de Eduardo Mallea son seis cuentos que van progresivamente hacia una sensación de lo mundano; alternan entre un narrador en primera persona y una en tercera omnisciente, creando una variación rítmica dentro de la progresión total; y en la sexta unidad, "Seis poemas para Georgie", cuenta con su media docena de obras.

El volumen de Mallea es una especie de puente entre ciertos aspectos del modernismo y un nuevo sentido de la época, de los años veintes, aunque el autor muy posiblemente no lo intentaba así. Nos recuerda algo los escritos sugestivos de Darío en "La muerte de la emperatriz de la China", por ejemplo. No obstante, no son del todo iguales. Los tres cuentos narrados en la primera parte tienden a ser algo decadente en su tono; los de tercera persona son más como las obras bucólicas de los modernistas. Aun con estas características, hay asociaciones modernas que los identifican con los cuentos de la época: autos, *jazz*, banderitas de Yale. Estos elementos que representan una nueva época están presentes cada vez más a lo largo del volumen. La narradora en primera persona de "Cynthia" es más mundana, más agresiva que su contrapunto en "Arabella y yo". Georgia, en el último cuento, es una niña moderna, muy *art nouveau*.

La prosa de Mallea tiende a sonar algo *staccato*, un efecto que realza la sensación de la época del *jazz*. Con frecuencia omite verbos conjugados, especialmente en frases que buscan establecer el tono al principio de un cuento. A veces la frase consta de una sola palabra —una técnica más común en "Seis poemas para Georgia"—. (Hay que aclarar: no son poemas en el sentido tradicional de la poesía; son poemas en prosa o bosquejos poéticos.) El sentido agudo que tiene el autor para el valor de las palabras es evidente en dos casos superficialmente semejantes, pero que son en realidad diferentes en lo fundamental. En "Arabella y yo" desarrolla una sensación de aburrimiento al comenzar cuatro frases consecutivas

con "Días. . ." y las tres últimas con "Días en que. . ."[15] Sin embargo,
en "Sonata de soledad" el efecto que desea crear es algo diferente
del aburrimiento o *ennui* —es una añoranza desasosegada por muchos tipos de contacto humano—. El novelista sugiere un tono de
insatisfacción aburrida y el deseo de variedad al comenzar cuatro
frases consecutivas con sinónimos en vez de cuatro repeticiones:
"Ansias", "Voluntad", "Deseos" y "Ganas" (pp. 43-44). También
emplea sustantivos sin adjetivación para crear cierto ánimo o ambiente. Para recalcar la ausencia del elemento femenino, por ejemplo, hace en su historia listas de objetos asociados con la masculi-
nidad (p. 63).

El dinamismo de los cuentos en *Cuentos para una inglesa desesperada* proviene de un cambio de ánimo dentro de cada uno. La
experiencia total del lector, sin embargo, es una sensación de progresión hacia lo mundano, con la presencia constante y persistente
de la soledad. Es importante, para comprender la época y a Mallea,
que en este primer libro el virtuosismo técnico demuestre su conciencia del derecho fundamental que tiene el autor para novelizar.

Dentro del esquema de la euforia inventiva general del año 1926,
*Pero Galín* de Genaro Estrada hace resaltar una autocrítica de tono
ligero que podría contribuir mucho a la literatura hispanoamericana si fuera más ampliamente cultivada. La novela misma no puede
considerarse de relevancia fundamental, pero tien ciertas características que harán que muy probablemente sea una obra "redescu-
bierta" en repetidas ocasiones con el pasar del tiempo.

La novela de Estrada es, en lo esencial, una sátira de la novela
colonialista en México y, en general, del deseo por lo falsamente
colonial: "Por más que el americanismo de jaguares y de selva virgen ha hecho fiasco, debemos convenir en que el color local, tan
buscado en el siglo XIX, se salva por obra del género colonial que,
poco a poco, lo mismo en México que en la Argentina y en Chile
—y en Estados Unidos mediante la arquitectura imitativa— fue cobrando voluntades y descubriendo vocaciones que pudieron haber
fracasado en el ensayo inglés y en la novela rusa."[16] Pero como lo
notamos al principio de la cita, comenta la literatura hispanoamericana en general. Su visión es cosmopolita. El regionalismo es
sospechoso y es justificado como "un vigoroso movimiento hacia
el arte autóctono" (p. 9). Las comillas son de Estrada e ilustran
una de las maneras en que Estrada puede distanciarse de ideas que
no le gustan. Su sátira es penetrante y provocativa, pero nunca
viciosa.

La novela gira alrededor de un joven, Pedro Galindo, que está tan

[15] Eduardo Mallea, *Cuentos para una inglesa desesperada* (Buenos Aires, Gleizer,
1926), pp. 13-14.
[16] Genaro Estrada, *Pero Galín* (México, INBA, 1967), p. 4.

inmerso en todo lo que sea colonial que decide cambiar su nombre por Pero Galín para que suene más de la época. Pero Estrada lo emplea a veces como un mero recurso e incluso suele perder de vista su protagonista hasta el punto de que se olvida de que está escribiendo una novela. En realidad, eso de la novela tiene algo de burla. El autor inventa una solución al tener una mujer que salva al protagonista. Después de la boda, ella le da un tratamiento emocional al llevarlo a Los Ángeles y Hollywood. Encuentra que ese país carece de lo que fue su mundo anterior. Además, llega a acostumbrarse a las comodidades modernas. Al final, lo encontramos curado de su sueño colonialista y activo en el mundo moderno.

El factor dinámico en esta novela es la sátira. Sin embargo, acierta en el control del lenguaje y de la burla por parte de Estrada. Escribe una versión colonialista de un diálogo común (pp. 30-31); nos suministra notas que después explican un verso de poesía regionalista (p. 10); compone un enjuiciamiento lleno de clichés, pero sin sustancia, de la pieza de arte colonial de un experto (pp. 65-66); es vanguardista en cuanto al uso de señales de tráfico y anuncios de hoteles en su narrativa (pp. 99-104); el final de la novela es una sátira de su propia solución a la situación de Pero Galín. Persistentemente es lo bastante agudo para hacer pensar a sus lectores, pero sin llegar a nadie. Más novelistas pudieran haberlo leído con provecho.

## V. DESDE "DON SEGUNDO SOMBRA" HASTA "DOÑA BÁRBARA" (1927-1928)

DURANTE la década de los veintes, la experimentación literaria alcanzó a veces niveles tan superiores de complejidad, en comparación con la cultura general, que provocó una reacción negativa. Puesto que el vanguardismo tendía a ser cosmopolita, la reacción fue regionalista. Los escritores experimentales tendían a dirigirse a grupos muy limitados, y como reacción, muchos escritores hacían esfuerzos especiales por servir a un público más amplio. A veces la búsqueda de ese sector amplio se relacionaba con la ideología marxista. La raíz de todas esas actitudes fue la necesidad persistente de identificar y nombrar los objetos y las circunstancias del Nuevo Mundo y la experiencia de vivir con ellos. La experimentación en la literatura no va necesariamente en contra de esa necesidad. De hecho, en general no fue así, pero el "novomundismo" suele ser sutil y frecuentemente fue pasado por alto, dada la presión de ansiedad que existía durante los años veintes.

El desarrollo del vanguardismo durante este periodo es más visiblemente claro en las revistas literarias.[1] El género obvio, desde luego, fue la poesía. Las revistas de vanguardia fueron fundadas por escritores jóvenes, y la gran mayoría de los autores producían poesía más que otra cosa. La revista *Martín Fierro*, una de las más reconocidas en Argentina, fue fundada en 1924. Para 1925 ya estaba inundada de verso libre. Entre sus colaboradores figuraba Jorge Luis Borges, que también ayudó a la fundación de *Proa* durante la misma época. Aun antes, Borges y sus amigos habían editado *Prisma*, una revista que duró dos números y que circulaba al pegar sus páginas en las paredes. Este medio extraordinario de distribución indica claramente que los editores esperaban alcanzar un público amplio, aunque sus técnicas fueran vanguardistas.

Los escritores cosmopolitas en Argentina llegaron a ser conocidos como el grupo "Florida" —nombre que implica distinción social, buen gusto, riqueza y complejidad—. Otros escritores, Roberto Arlt entre ellos, formaron un grupo conocido como "Boedo" —nombre que indica interés en el pueblo—. Su existencia ha causado ciertos malentendidos de vez en cuando. Los dos grupos no estaban en oposición violenta, había amistad entre sus miembros, tenían dos modos generales de ver la función de la literatura. La reputación de *snobismo* que sufrían los de Florida fue el mismo problema que tuvieron que afrontar los de la revista mexicana *Contemporáneos*.

---

[1] Ver Boyd G. Carter, *Historia de la literatura hispanoamericana a través de sus revistas* (México, Ed. de Andrea, 1968).

69

Las revistas un poco anteriores, *Horizontes* e *Irradior*, órganos principales del estridentismo, fueron menos prominentes y menos mal tratadas. El problema del cosmopolitismo en contra del regionalismo fue patente también en la *Revista de Avance* en La Habana, y la misma polémica en general fue aparente como reacción ante la obra de los escritores peruanos del grupo que incluía a Martín Adán y a Emilio Adolfo Westphalen.

Desde luego, el vanguardismo no se sintió con la misma intensidad a través de Hispanoamérica. La actividad experimental fue mayor en los principales centros culturales. Fue estimulado por el contacto con Europa y desalentado o fomentado por una gran variedad de condiciones locales. En cuanto a su efecto sobre la novela, sería justo decir que los nombres más mencionados eran Proust, Joyce y Benjamín Jarnés. La experimentación más obvia incluye el empleo de recursos como el monólogo interior, a veces la variación en el punto de vista narrativo, el interés en cosas nuevas de índole técnica, las imágenes sorprendentes, el juego con el lenguaje, el interés en los efectos tipográficos y la convicción de que el novelista no tiene ninguna obligación de reproducir en su obra la realidad visible.

Las novelas publicadas durante los dos años entre *Don Segundo Sombra* y *Doña Bárbara* cubren toda una gama que va desde lo muy vanguardista hasta lo sumamente tradicional. Los dos extremos están mejor representados por *Novela como nube* (1928) de Owen y *La marquesa de Yolombó* (1928) de Carrasquilla. La mayoría de las novelas se ubican en algún punto menos extremo, pero al menos dos están precisamente en medio de los dos polos —*Royal Circo* (1927) de Leónidas Barletta y *El pueblo sin Dios* (1928) de César Falcón—.

La novela de Gilberto Owen bien podría ser de interés para un crítico junguiano, puesto que se basa en el mito de Ixion. A nivel de una lectura sencilla, es la historia de la búsqueda, por parte de Ernesto, del eterno femenino, identificado primero como Eva y más adelante como Helena. El movimiento del libro se efectúa por el uso cambiante de imágenes por parte del autor, para comunicar las actitudes de Ernesto. A veces Owen parece haber puesto al revés el proceso normal de observación, seguido por asociaciones múltiples —parece dar primero las asociaciones, dejando que el lector encuentre la observación en alguna parte del laberinto de reacciones—. En algunas ocasiones trata de ser humorístico —qué lástima que un joven sin barba no pueda escribir un poema comparando los placeres de afeitarse con un viaje a Nápoles—.[2] En otras hace sugestiones más directas acerca del estado anímico del protagonista o

_____

[2] "Novela como nube", en Gilberto Owen, *Poesía y prosa* (México, Impr. Universitaria, 1953), pp. 155-209. Esta referencia está en la página 156.

aun de sus acciones. A veces deja de lado las imágenes surrealistas y llega a ser casi realidad.

Hay que leer esta novela con cuidado. La narración es en tercera persona, pero es sólo lo que percibe Ernesto. Las imágenes crean una estructura que va alejándose del aburrimiento de Ernesto con el convencionalismo, que es su condición en la escena inicial. La novela, entonces, pone en tela de juicio la realidad de sus seres humanos, por medio de asociaciones con el cine; borra la línea entre la vida y la muerte; el tiempo secuencial deja de tener sentido; y, en última instancia, el asunto total de la identidad llega a ser absurdo porque Ernesto no sabe si varias mujeres son la misma o personas distintas, y termina por comprometerse con una que no conoce. Se encuentra con una mujer que es como una nube; y nosotros mismos nos encontramos ante una novela como una nube, según nos lo advirtió Owen en el título de la novela.

Hay cierta frustración en la lectura de una novela como ésta, pero también es entretenida. Con respecto a una de las Evas, por ejemplo, la que Ernesto conoce en la playa, dice lo siguiente: "Cabalgando la ola número setecientos, Eva se acerca a Ernesto, naciendo de la concha líquida como una venus muy convencional, inmensa, y le entrega un *carnet* con su nombre, su dirección y el número de su teléfono, que es una procesión de cisnes: 2222222" (p. 174). Se goza de manera semejante al leer *El joven* (1928) de Salvador Novo, especialmente por sus referencias rápidas, casi subliminales, a las luces, los anuncios y el movimiento de la ciudad. *Margarita de Niebla* (1927) de Jaime Torres Bodet es más reminiscente de Proust por sus descripciones muy detalladas de actitudes y el movimiento lento de la historia.

Probablemente no sea muy atrevido decir que la mayor parte de la prosa de vanguardia de los años veintes trata de los ricos o de los artistas creadores. *La casa de cartón* (1928) de Martín Adán es una novela de la experiencia juvenil en Barranco, un suburbio limeño a las orillas del mar. Barranco fue, más precisamente, una ciudad aislada durante la época de la publicación del libro. El ambiente, no obstante, es urbano, y los personajes son precursores dignos de las creaciones de Miraflores de Vargas Llosa.

La característica más visiblemente evidente de *La casa de cartón* es una riqueza casi abrumadora de metáforas inusitadas. Esta riqueza (la frecuencia y la singularidad) casi repugna al lector. No obstante, el autor la controla a satisfacción de la mayoría de sus lectores, y la influencia positiva de las imágenes llega a ser el factor dinámico que impulsa al lector a través de la lectura. Por fortuna, la función de las metáforas de Martín Adán es evidente desde el principio de la novela —emplea la condición física para comunicar un estado psíquico—. Suele haber humor ligero aun dentro de una imagen perfectamente seria de ese tipo: "El desayuno es una bola caliente en el estómago, y una dureza de silla de comedor en las posaderas, y unas ganas solemnes de no ir al colegio en todo el cuerpo."[3]

El narrador emplea la segunda persona (tú), pero su significado no es claramente consistente. Al principio el narrador parece dirigirse a sí mismo; luego, en un episodio referente al anochecer y la Plaza de San Francisco, el "tú" parece referirse a otra persona que no es el narrador (p. 19). El final del pasaje sugiere una unión de personas que hace de las identidades algo impreciso: "Y nadie hay que no seas tú o yo" (p. 20). Inmediatamente después, la voz narrativa menciona a Ramón, empleando la tercera persona. A veces, Ramón parece ser un lado más realista del narrador poético; a veces es otra persona.

La historia también logra la fusión de distintos aspectos temporales: "Ahora estamos pasando por la plazuela de San Francisco, ... No es hoy cuando pasamos por la plazuela de San Francisco, fue ayer cuando lo hicimos..." (p. 19). El efecto temporal creado por esta "condensación" de realidades se halla en tensión con ciertas referencias comunes. Hablando de Nietzsche, el narrador dice que Ramón sabía que "...Superhombre era un alias de Firpo."[4] Otras referencias, como por eejmplo la de Braise Cendrars y la de los autos Rolls Royce, tienden a recalcar una época en particular. Sin embargo, el estilo de Martín Adán sugiere atemporalidad al usar repeticiones cuyo ritmo y sentido hacen que el pasaje adquiera un significado especial que trasciende la narración ordinaria. Tres frases que comienzan con las palabras "Beatas que huelen..." (p. 18); y "tuve que..." son el punto de partida para tres oraciones consecutivas (p. 63).

El autor produce más de un efecto por medio de la repetición. Cuando repite una oración completa varias veces, comunica el aburrimiento (p. 80). Crea una escena estática en un autobús al hacer observaciones con verbos no conjugados, introduciendo una gran variedad de personajes. La metáfora omnipresente llega a acercarse a lo epigramático hasta tal punto que casi no cabe en la novela. Por lo tanto, funciona en contra de la unidad del libro. Sin embargo, Martín Adán busca la palabra exacta dentro de la escritura misma, o se limita al sentido dentro de una serie de aproximaciones. A veces estos métodos de transformar la conciencia objetiva no son nada más que el entretenimiento por el entretenimiento, produciendo episodios en que el encanto del juego llega a ser más importante que la anécdota original.

La novela contiene una sátira aguda de la cultura que representa.

[3] Martín Adán, *La casa de cartón* (Lima, Juan Mejía Baca, 1971), p. 15.
[4] Firpo fue un boxeador argentino campeón.

Hay un pasaje encantador sobre lo que un latinoamericano espera encontrar al visitar París (p. 32). Al mostrar así su orientación cosmopolita, Martín se burla de los gustos anticuados, los hispanófilos y los literatos limeños. Claro que les gusta la literatura de Pérez Galdós "práctica y peligrosa, con tísicos y locos y criminales y apestados, pero que el lector ve lejos sin peligro" (p. 51). Al expresar esta opinión, Martín Adán indica el elemento dinámico de su propia novela, el factor que hace de *La casa de cartón* más que un sencillo relato de la experiencia juvenil. Su comentario acerca de la lectura de Galdós se refiere evidentemente a la posibilidad de buscar más participación del lector. En su propia narrativa, busca este efecto por medio de condensar identidades. Emplea la observación de personas y cosas como una base real. La transformación de ellas sirve de modo principal para identificar al narrador; pero la unión de identidades obstaculiza el que dicho narrador esté claramente individualizado. Por lo tanto, se estimula la activación del papel del lector.

Es importante para comprender la experimentación y el cosmopolitismo que todas estas obras estén específica y obviamente ligadas a un lugar identificable como la patria del autor, a pesar de lo que dicen algunos críticos. Owen escribe con sugestiones poéticas, de índole serio-cómica, de la ciudad de Pachuca; la ciudad de milagros modernos de Novo es la capital de México; la Paloma de Torres Bodet sugiere la cultura provinciana de México; algunas partes de Barranco todavía corresponden al ambiente de *La casa de cartón*. Es cierto que ninguno de estos autores tiene como meta final la representación de las costumbres locales, pero es igualmente verdad que ninguno está enajenado de su cultura. El factor que hizo que algunos críticos los consideraran demasiado europeos tuvo que haber sido la técnica en vez del contenido temático. Se podría argüir que *La marquesa de Yolombó* está alejada de su propia época, puesto que comienza a mediados del siglo XVIII y cubre un periodo que incluye la guerra de la Independencia. Este argumento, sin embargo, también sería algo superfluo, puesto que la historia de Colombia forma parte de su circunstancia actual. Nadie atacó esa novela, desde luego, por ser extranjerizante, ya que uno de los aciertos principales de Carrasquilla fue la sensación de familiaridad que comunicaba a sus lectores sin gran sutileza y sin ninguna innovación técnica.

Carrasquilla cultiva desde el principio un tono narrativo apropiado para la novelización de una leyenda. Más específicamente, crea la impresión del que cuenta oralmente al sugerir la presencia del narrador sin entrar a participar en la acción. Se realza el efecto con una ligereza de estilo que viene de planear cuidadosamente en vez de improvisar. Cuando dice por ejemplo, que "se decía la misa, si había cura, pues éste *llegó a faltar* en ocasiones",[5] las palabras en cursivas sugieren cierta paradoja humorística. Este tono afecta el punto de vista narrativo, que es tercera persona pero no objetivo. En *La marquesa de Yolombó* el narrador regala una historia muy suya a sus oyentes. Esta característica es semejante a algunas de las novelas colonialistas de México. A veces llega a ser quizá un poco excesivo lo familiar del diálogo coloquial y, aún más, el lenguaje anticuado. En algunos pasajes Carrasquilla elimina el tono del narrador tradicional y relata los hechos de la trama de un modo menos comprometido con el "contar". El cambio es muy eficaz en el epílogo porque éste tiene que diferenciarse del resto de la novela.

El libro trata de una mujer extraordinaria, una precursora de las feministas modernas, que negocia con minas; también es una conservadora fiel y por eso le otorgan el título de noble. Su experiencia con un oficial conduce a un final dramático que no debe revelarse en un comentario como éste. Carrasquilla presenta como especie de prefacio un relato breve de la historia de Yolombó. Luego presenta el linaje de su protagonista y sigue con una caracterización detallada de ella durante su juventud. Llegamos a conocerla a través de sus acciones y sus palabras, y por medio de los comentarios específicos del novelista. Después de haber logrado eso, Carrasquilla detiene la acción de la novela para darnos más información acerca del Yolombó colonial. Después de aproximadamente una tercera parte del libro, el narrador comienza el desarrollo de la historia. La causa y el efecto funcionan sin interrupción hasta el final. El epílogo salta unos quince años para aclararnos todo.

Es probable que el cariño con que Carrasquilla se explaya sobre los detalles costumbristas sea lo que ha hecho de esta novela algo tan querido en Colombia, aunque relativamente desconocida fuera del país. Es dudoso que la novela difiera de manera fundamental en su técnica de las que fueron escritas durante los mismos años por Carlos Loveira, Manuel Gálvez y Joaquín Edwards Bello. La diferencia más palpable es el tono familiar de Carrasquilla.

Leónidas Barletta, probablemente mejor conocido como escritor político que como novelista, trata con algunos de los miembros menos afortunados de la sociedad en *Royal Circo*. Al igual que los personajes de sus amigos Roberto Arlt y Elías Castelnuovo, sin embargo, sus caracteres son poco comunes; no se trata de la masa proletaria. Estas novelas tienen más de Dostoievski que de Marx. La experiencia principal de *Royal Circo* es la conciencia de que los que sufren muestran compasión humana entre sí. La narración es

5 Tomás Carrasquilla, *La marquesa de Yolombó* (Medellín, Ed. Bedout, 1968), p. 31.

más bien pesada. Aunque Barletta parece haber sido algo consciente de las nuevas técnicas de la narración, realmente no se daba
cuenta de su capacidad potencial para comunicar un mensaje. Por
consiguiente, la novela está escrita, en lo básico, dentro de los límites del realismo tradicional, aun con la adición de una pequeña
dosis de sentimentalismo romántico algo tardío. Las mismas características nos dan una descripción general de *El pueblo sin Dios* de
Falcón. En este caso el novelista destruye un buen principio al introducir demasiados temas. La novela trata básicamente de una aventura amorosa influida por el contraste entre la mundanidad urbana
y el conservadurismo provinciano. No obstante, la tendencia hacia la
denuncia por parte del autor produce líneas de acción relacionadas
con la explotación de la población indígena, la deshonestidad en la
política y la libertad de prensa. El pueblo mismo llega a ser el protagonista. Este efecto pudiera haber sido logrado con más empleo
de diálogo no identificado. Además, los varios pecados del pueblo pudieran haber aparecido más relacionados. Tal como está,
Falcón depende mucho de los procedimientos realistas, y sus líneas
de acción producen una novela mal unificada.

Seguramente muchos escritores tuvieron que haberse sentido in-
cómodos al desviar sus descripciones de lo que veían. Además, es
claro que la narración casi documental no prohíbe el buen escribir.
Probablemente se encuentra la mejor prosa narrativa de la época
en *El águila y la serpiente* (1928) de Martín Luis Guzmán. En esta
obra el autor narra algunas de sus experiencias con algunos de los
líderes de la Revolución Mexicana. Más que diario son memorias;
y los episodios retratan ciertas personalidades reveladas al autor
por su propia capacidad para apreciar los detalles del comportamiento humano. El don de escribir narrativa de suspenso que tiene
Guzmán es evidente en muchos episodios de *El águila y la serpiente*. La naturaleza del libro exige el desarrollo episódico en vez de
una sola historia unificada. Trata de algunos líderes bien conocidos
y de otros no tanto. Cada uno tiene una imagen pública, y el propósito del libro es revelar la personalidad que está detrás de la imagen. El proceso es interesante para una consideración del arte de
la novelización porque Guzmán obviamente no reproduce la imagen
que por lo general se conoce. Trata de lo que su propia experiencia
le ha revelado, y lo comunica a través de la descripción del personaje y la referencia a la reacción del narrador cuando está en presencia de la figura bien conocida. Un año después, Guzmán publicó
*La sombra del Caudillo*, una novela política que trata de México
después de la Revolución. Se puede identificar a muchos de los
personajes. Su desarrollo, sin embargo, tiene que ser diferente de
*El águila y la serpiente* porque Guzmán no puede estar presente
en la novela. Puesto que se trata de la política, la identificación

de personajes es un juego interesante. Aunque posiblemente menos estimulante, el mismo problema de la recreación y la invención es importante en cualquier novela que versa sobre las circunstancias históricas en que vive el autor. *La sombra del Caudillo* fue publicada el mismo año que *Doña Bárbara* de Gallegos, una novela que siempre ha presentado problemas con respecto a la relación entre la realidad y la fantasía del protagonista. Puesto que muchos han leído la novela como un retrato verídico de la realidad venezolana,[6] la condición ambivalente del personaje, de doña Bárbara misma, ha adquirido un sentido especial.

6 John Englekirk, "Doña Bárbara, Legend of the Llano", *Hispania*, núm. 31 (agosto 1948), pp. 259-270. Este estudio identifica la mayoría de los prototipos de los personajes de la novela. En un artículo enteramente diferente, un sociólogo prominente elogia la veracidad del retrato que ha hecho Gallegos de Venezuela (ver Raymond E. Crist, "Some Aspects of Human Geography in Latin American Literature", *American Journal of Economics and Sociology* 24, núm. 4, octubre de 1962, pp. 407-412.

## VI. EL AÑO DE "DOÑA BÁRBARA" (1929)

Doña Bárbara es la novela del llano venezolano. Gran parte de la obra es un retrato de la región: su apariencia física, el estado anímico que inspira, el tipo de persona que la habita, sus costumbres y sus leyendas. Todos estos factores llegan a ser funcionales en una historia que entreteje las emociones personales con el contraste entre el poder indisciplinado y la ley. La novela de Gallegos, como *Los de abajo*, es una piedra angular en la literatura hispanoamericana y, desde 1929, prácticamente se ha dicho casi todo sobre esta novela. Todos están de acuerdo en cuanto a los logros del autor al pintar el ambiente. Hay opiniones más variadas entre los críticos con respecto a la validez de la caracterización, particularmente la de doña Bárbara misma.

Esta polémica probablemente tiene sus orígenes en el uso por parte de Gallegos de nombres simbólicamente sugestivos. La historia se desarrolla alrededor de los esfuerzos de Santos Luzardo (un nombre que sugiere la honestidad y el progreso) para salvar la estancia de la familia de doña Bárbara (que insinúa primitivismo). Las estancias correspondientes son "Altamira" (con la connotación de idealismo) y "El Miedo" (con la connotación, por supuesto, de temor). Dada esta base, el enfoque de la novela fácilmente llega a ser una exposición de la civilización en contra de la barbarie, un tema hispanoamericano tradicional. Es muy importante porque siempre ha habido una tendencia por desarrollar la cultura —a veces quizás algo excesivamente— en ciertos centros cosmopolitas sin suministrar la difusión necesaria a través de las provincias. El contraste que resulta es patente no sólo en las artes, sino también en la conciencia política y la integración económica. El problema era una preocupación fundada cuando Gallegos escribió su novela, y todavía es importante, aunque la faz superficial esté algo modernizada.

No hay ninguna polémica acerca del tema mismo. No obstante, los lectores que insisten en la validez psicológica pueden encontrar fallas en algunos aspectos de la caracterización. El tratamiento de doña Bárbara molesta a algunos lectores porque su acto de abnegación al final de la novela no corresponde a su caracterización de mujer despiadada que predomina a lo largo de la obra. En realidad, el autor crea la base de esa ambivalencia muy a principio de la novela al mencionar el recuerdo de su amor frustrado cuando fue violada.[1] No todos los lectores se contentan con tales detalles, y

[1] Rómulo Gallegos, *Doña Bárbara* (Buenos Aires, Espasa-Calpe, Argentina, 1959), p. 37.

algunos encuentran fallas en su caracterización y la de los otros personajes —por ejemplo, la característica que tiene Santos de actuar como una especie de soldado de juguete, algo tieso—. Esta discusión acerca de la caracterización en *Doña Bárbara* contribuyó poco o nada a la apreciación de la novela hasta una sugerencia reciente de que doña Bárbara no tiene que ser psicológicamente válida para que la novela diga lo que Gallegos quería comunicar. Además del simbolismo obvio, la crítica reciente nota el uso de animales como medio de comunicar la realidad de la novela. Este procedimiento es más fundamental que el presagio del desarrollo de la historia tal como lo sugiere la comparación de animales con personajes. Es una novelización —todavía no del todo desarrollada en la obra de Gallegos— del mito de los nativos americanos, que supone la capacidad del hombre para convertirse en animal. Esta transformación es de importancia fundamental en la obra de muchos novelistas latinoamericanos —entre ellos Miguel Ángel Asturias y Demetrio Aguilera Malta—.

Sturgis E. Leavitt nota que Gallegos, al hacer de su protagonista un símbolo, también hace de la probabilidad lógica algo de poca importancia.[2] Más recientemente André S. Michalski ha tomado la opinión de Leavitt como un punto de partida y ha revelado además la caracterización extraordinaria de doña Bárbara.[3] Para ser justos, debemos aceptar su análisis con cierto cuidado, porque su entusiasmo lo ha llevado a algunas afirmaciones no muy bien fundadas. No es cierto, por ejemplo, que el desarrollo de doña Bárbara como símbolo destruya el realismo del libro. Además, la descripción de la novela como un cuento de hadas (con príncipe, bella durmiente y bruja) sólo nos indica que Gallegos desarrolla una trama a lo tradicional. El aspecto importante del estudio de Michalski es la exposición de varios modos empleados por el autor para hacer de su protagonista alguien especial, una persona que trasciende el típico personaje de carne y hueso. Por medio de una combinación de elementos fantásticos con ordinarios, Gallegos hace una reconciliación de los dos; y, por consiguiente, la novela misma trasciende su propia base realista. El proceso es un ejemplo de la búsqueda de un modo apropiado para interpretar la experiencia "novomundista".

La narración es en tercera persona omnisciente. Nunca nos revela la psicología de un personaje, aunque a veces nos informa de un

   [2] Sturgis E. Leavitt, "Sex vs. symbolism in *Doña Bárbara*", *Revista de Estudios Hispánicos*, núm. 1 (mayo de 1967), pp. 117-120.
   [3] André S. Michalski, *Doña Bárbara*, un cuento de hadas", *PMLA* 85, núm. 5 (octubre de 1970), pp. 1015-1022. J. Riis Owre (en "The fauna of the works of Rómulo Gallegos", *Hispania* 45, núm. 7 [marzo de 1962], pp. 52-56) trata de animales principalmente como forma de presagio. Michalski subraya el mito de la transformación porque le interesa revelar las cualidades de bruja de doña Bárbara.

estado interior —que no sería evidente para los otros personajes de la novela—. A veces el narrador manipula la historia excesivamente y el lector se siente más identificado con el autor que con la realidad novelizada. Experimentamos la obra total (es decir, la combinación de la trama y el ambiente) en tres etapas que corresponden a las actitudes cambiantes de doña Bárbara y Santos.

La primera de las tres partes funciona en realidad como una introducción extendida. Conocemos al Santos cosmopolita durante su viaje a Altamira para vender sus bienes. Doña Bárbara ha creado su propia ley y va apoderándose de las posesiones de Luzardo. El empleo de la narración retrospectiva revela el pasado de los dos protagonistas. En general, el estilo y la estructura son tradicionalmente realistas. No obstante, el narrador sí sugiere una cualidad especial en doña Bárbara por medio de una especie de repetición mágica (p. 26); también hay pasajes de descripción lírica. En general, el estilo de prosa de Gallegos no funciona en ventaja suya hoy en día. Suena algo anticuado —rígido, raro, porque pertenece a otra época, pero todavía sin el aura del *status* clásico—. Una sensación semejante de lo *passé* aparece cuando los campesinos fieles se juntan alrededor de Santos cuando éste llega a Altamira —tiene algo del sabor de las viejas películas del sur de los Estados Unidos—.

Un subconflicto se desarrolla en la primera parte —una lucha dentro de Santos entre su inclinación a vender su propiedad, por un lado, y su sentido creciente de pertenecer a ella, por el otro—. Otra vez somos testigos del complejo hombre-tierra, como en *Don Segundo Sombra* y otros ejemplos del "novomundismo". El efecto de doña Bárbara en esta parte es el miedo —la amenaza del desorden o aun del peligro físico—. Este factor malévolo llega a ser elemento integrante del campo mismo. En la segunda parte, Santos llega a ser la representación militante de la civilización, resuelto a defender su derecho a la propiedad por medio de la ley. Doña Bárbara es aquí más un ser de carne y hueso y menos una leyenda. La "devoradora de hombres" titubea, no por más respeto a la ley, sino por su nuevo interés en Santos. Esta sección contiene bastante información acerca de la vida y el trabajo en los dos hatos. Gallegos logra integrar la mayor parte de esa información al desarrollar la historia misma. Además, sus capítulos breves —eficaces a lo largo de la novela— son especialmente productivos aquí porque se aprovechan del interés del lector sin abusar de su paciencia. Con respecto a las actitudes de los protagonistas, y la aplicación de ellas, hay poco que prometa el reinado de la justicia.

En la tercera parte, Santos decide que la ley no basta; hay que enfrentar la fuerza con la fuerza. Doña Bárbara pierde y desaparece. Al nivel menos imaginativo, el lector puede interpretar este hecho

como la huida de una amante que ha perdido. Para la mayoría de
los lectores, sin embargo, doña Bárbara habrá sido suficientemente
identificada con la sensación del miedo (en vez del primitivismo) y
su desaparición elimina ese factor de la relación de Santos con la
tierra. Su salida es el desenlace feliz en el desarrollo de esta relación
tal como la comprendemos a través de la caracterización de Santos.
El desarrollo del clímax y el desenlace se presenta algo inhibido
por el tono narrativo, que puede haber parecido perfectamente natural en 1929. Ahora está algo fuera de moda. En un momento
intenso, por ejemplo, Gallegos dice lo siguiente: "En esto, *el Tigre*
había logrado escurrirse hacia el sitio donde estaba un rifle, y ya
se abalanzaba a cogerlo, cuando un disparo certero de Luzardo,
alcanzándolo en un muslo, lo derribó por tierra, profiriendo una
maldición" (p. 229). El lector exigente no reacciona ante una línea
así del mismo modo que el lector ideal de Gallegos lo haría hace
unos cincuenta años. Quizás otros lectores encuentren tales narraciones completamente aceptables.

*Doña Bárbara* es una novela rica en lo que ofrece de posible discusión: el papel del yanqui, Mr. Danger; el rescate y la recuperación
de la prima de Santos, Marisela —según el autor una "Bella Durmiente" (p. 90), pero también tan interesante como Galatea—; la
degeneración paralela de la propiedad y de los parientes de Santos
Luzardo. La comunicación esencial, sin embargo, es la reconciliación entre el Santos urbano y el Santos nuevo al final de la novela.
La aceptación general otorgada a la novela en la época en que fue
publicada indica que tenía significado en ese entonces, o por lo
menos así parecía ser el caso. No es nada sorprendente, dado el interés en la experiencia "novomundista" durante esos años. Una
mirada a las otras novelas publicadas en 1929, no obstante, provoca
ciertas dudas. Aunque varias de ellas ponen de relieve la recreación
de la conciencia objetiva, su preocupación por el Nuevo Mundo no
es nada uniforme.

Martín Luis Guzmán, al continuar su escrutinio de la realidad mexicana, se fijó en la política posrevolucionaria en *La sombra del
Caudillo*. La base de la anécdota de esta novela es la campaña presidencial a fines de la década de los veintes. El tema que controla
el fluir de la acción es la presencia constante de la voluntad del
Caudillo —un tema de significado más general en América Latina
que los detalles de las maniobras políticas—. En la novela de Guzmán, la presencia limitada del líder no corresponde a su importancia
en el libro. Su papel funcional es el ejercicio de su voluntad personalista, detrás de la escena.

Aunque a primera vista *La sombra del Caudillo* parece ser del
todo diferente de *Doña Bárbara*, las novelas comparten varias carac-

terísticas. Una es temática —ambas iluminan el problema del personalismo en contra de la voluntad colectiva—. Es significativo que éste conflicto sea evidente en un contexto posrevolucionario y también en una situación en que no ha habido ninguna revolución. La segunda semejanza es el arte de la novelización. Ambas novelas emplean circunstancias identificables por su base, y los autores se enfrentan al problema de balancear la creación con la recreación. Una vez que se establece ese problema, las dos novelas difieren fundamentalmente. El elemento de fantasía de Gallegos agrega bastante comunicación intuitiva a los hechos básicos. La comunicación intuitiva en *La sombra del Caudillo*, sin embargo, proviene principalmente del tema mismo, es decir, de la sombra persistente. La realización del tema llega a ser casi exclusivamente política. Hay factores no relacionados con la campaña misma que sí funcionan en el desarrollo de la trama —los varios hogares que mantiene uno de los candidatos, Aguirre, por ejemplo—. No obstante, el narrador revela muy pocos detalles de esta vida privada. Las complejidades de la trama son principalmente detalles políticos, y el efecto bien puede recordar a los lectores un *best seller* de los Estados Unidos, *Advise and Consent*.

Guzmán inteligentemente crea un candidato de oposición (la preferencia del lector) que a pesar de no ser ideal, sí es ciertamente más atractivo que el del Caudillo. Pero con habilidad suministra al candidato de oposición un colega que es un modelo de rectitud. De ese modo la novela no depende de una oposición simplista. En vez de eso, el contraste fundamental es una base apropiadamente compleja para el desarrollo de la historia. La novela consta de seis partes. La primera establece la escena política y revela algunos aspectos de la vida privada de algunos de los personajes. No se desarrollan estos aspectos privados después de la primera parte, aunque la información suministrada tendrá una función más adelante. Se puede identificar desde la segunda hasta la sexta parte por medio de algún personaje. De hecho, el autor nombra las partes según el personaje que cataliza el progreso de la novela, con la excepción de la cuarta, y sería bastante apropiado allí si no fuera por la necesidad de subrayar un incidente en particular. Se hace mucho hincapié en personas individuales; pero Guzmán lo hace sin crear *vignettes*, porque los protagonistas mantienen su posición de importancia mientras los personajes claves difieren de una sección a otra. El desarrollo de la novela produce una sensación de frustración. Se maneja a las personas, aprovechándose de ellas para ventaja de otros, cayendo en trampas antes de que se den cuenta de lo que pasa. La frustración va creciendo paulatinamente al mismo tiempo que las relaciones humanas se deterioran. La reconciliación llega a ser imposible; las traiciones vienen luego; entonces

comienza la violencia y finalmente llega la etapa final —el homicidio—.

La prosa de Guzmán es sencilla, perfectamente clara. La acción
misma, aunque complicada a nivel de la política, da la impresión de
ser bien escueta, por la escasez de factores extrapolíticos. La narración es consistentemente en tercera persona; tomando en cuenta
estos factores, podríamos preguntarnos cuál es la fuente del libro.
La trama política bien podría ser las noticias de cualquier periódico; y eso sí es interesante, pero *La sombra del Caudillo* obviamente
tiene algunos otros factores dinámicos. Probablemente uno de ellos
es el uso del punto de vista en tercera persona para lograr por
medio de la descripción lo que normalmente proviene de técnicas
más complicadas. En las dos primeras páginas de la novela vemos
la diferencia entre dos personas en un pasaje analítico. No cabe
duda de que se trata de una narración en tercera persona, pero logra una comunicación excepcional por medio de su organización.[4]
Primero, describe el modo algo informal de Aguirre; segundo, trata
del modo del todo opuesto de su amigo Axkaná; tercero, dice directamente que uno es un político militar, el otro un político civil;
cuarto, señala directamente cómo concibe cada uno su papel. Sabemos no sólo cómo son, sino también cómo se siente cada uno
acerca de cierto aspecto de sí mismo.

Este pasaje temprano es indicativo de una técnica narrativa que
no es ostentosa, sino muy eficaz. En otra parte Guzmán describe la
fusión de dos preocupaciones en el pensamiento de Aguirre durante
un momento contemplativo (p. 12). El efecto, aunque está narrado en tercera persona, difiere poco de un monólogo interior.
A través de la misma técnica se comunica el hecho de que Axkaná
se da cuenta cuando lo engañan sus enemigos (pp. 218-230). En el
momento en que Aguirre comienza a darse cuenta de que una ruptura con el Caudillo es inevitable, los dos hombres están conversan-
do en el Castillo de Chapultepec, y el panorama de los árboles y la
ciudad adquiere una perspectiva completamente diferente (páginas 53-54). A veces una descripción bien precisa y económica comunica igual que muchas páginas. Al describir una conversación
de Aguirre con una de sus amantes, el narrador dice: "Pero habló
al margen de lo que pensaba, como pensó al margen de lo que sentía" (p. 15). Las imágenes interiores pueden ser igualmente eficaces
cuando se las exterioriza para comunicar la experiencia visual:
"Cayó como si la pistola que le daba muerte hubiese disparado, no
la bala que salía para matar, sino el cadáver mismo" (p. 194).

La narración de este tipo agrega un elemento interior, íntimo e
individualista a una novela en otros sentidos exterior. El efecto es

---

[4] Martín Luis Guzmán, *La sombra del Caudillo* (México, Compañía General de
Ediciones, 1970), pp. 9-10.

producir una relación más personal entre el lector y el personaje de lo que es el caso en la típica novela "novomundista" donde el tema exterior y el protagonista mitificado probablemente predominan. La base más íntima también funciona en la segunda y la mejor conocida de las novelas de Roberto Arlt, *Los siete locos*. La circunstancia de pesadilla y casi de locura de esta novela tiende a invertir el efecto de intimismo, haciéndolo centrífugo y originador de la angustia irracional.

Del mismo modo que los locos de Arlt funcionan al margen de la cordura (la condición normal), también funcionan colectivamente al margen de la sociedad. Sus metas son destructivas con respecto a la sociedad y también con respecto a ellos mismos. Son participantes en lo que quieren destruir. El tono se establece por el hecho de que todo el mundo está obsesionado por algún interés, idea o meta que parece completamente razonable para dicho personaje, pero una locura para alguien fuera de su órbita personal. Los "locos" organizan una sociedad secreta —se trata realmente de la obsesión del astrólogo— que cambiará la sociedad (tiene cierto tono fascista) y que será financiada por una cadena de burdeles. Otro espera encontrar oro donde no lo hay, y otro más tiene un método para ganarse un dineral jugando a la ruleta —un sistema que aprendió de Cristo mismo—. A propósito de aquél aun los personajes de la novela reconocen que está loco. Uno de ellos encuentra placer en la explotación de prostitutas, aunque es rico y no tiene necesidad de dinero.

El tono establecido por estas obsesiones tan extrañas nos sirve de base para comprender la caracterización de Erdosaín, el protagonista y supuestamente una novelización de Arlt mismo. Es un hombre angustiado, lleno de dudas acerca del sentido de la existencia y en busca de algún modo de afirmarla. El papel de Barsut en la novela es torturar a Erdosaín sin ninguna razón aparente. Por consiguiente, es una exteriorización de un aspecto de la personalidad de su víctima. Su función es metafórica, y el efecto es semejante al logrado por medio de imágenes usadas por Arlt para crear una sensación de alienación al hacer de elementos abstractos cosas concretas: "cada pesar era un búho que saltaba de una rama a otra de su desdicha".[5] Erdosaín es una especie de personificación de la inquietud. En cierto sentido, incorpora dentro de sí mismo los aspectos absurdos de todas las obsesiones de sus colegas.

Esta novela nos presenta un problema de estilo semejante a lo ya notado en *El juguete rabioso*. La cita es un buen ejemplo de la paradoja estilística que encontramos a menudo en las novelas de Arlt. Algunas de las frases que representan lo más disonante del

[5] Roberto Arlt, *Novelas completas y cuentos* (Buenos Aires, Compañía Fabril Editora, 1963), I, p. 177.

libro a nivel fonético contienen algunas de sus observaciones más perceptivas. Igualmente mal controlado —y quizás menos logrado— es su empleo del fluir de la conciencia. Se puede adivinar cuáles son sus intenciones, pero el pasaje mismo suena más como un telegrama —o quizás una lista de los quehaceres diarios— que como un fluir de conciencia manejado con soltura, pero la novela es interior. La técnica que más relaciona a Arlt con los vanguardistas es su uso del monólogo interior —y también la manera en que suele cambiar de punto de vista sin previo aviso—. En realidad, la confusión imprevista causada por estos cambios realza el sentido de caos, la atmósfera casi de locura. El monólogo interior es el modo narrativo básico. Con esta situación *Los siete locos* llega a ser una caricatura de la sociedad, porque cada personaje considera que su propia obsesión es perfectamente normal, y la totalidad de estas situaciones supuestamente normales es un absurdo monstruoso. El efecto que produce no es humorístico, sino inquietante. La gran diferencia entre Arlt y los vanguardistas de su época es la clase social de la que trata. En general, sus personajes son de clase media poco privilegiada; y, aunque no sea probable que la reforma social ocurra en la manera en que se le propone en *Los siete locos*, sus personajes muestran una insatisfacción profunda tanto con la sociedad como consigo mismos.

Esta insatisfacción dual es otra de las cualidades distintivas de Arlt. Al fin y al cabo Arlt probablemente tiene más en común con sus contemporáneos vanguardistas que con los novelistas más realistas de su época. Sin embargo, la vanguardia literaria raramente se preocupa por los problemas de la sociedad en general, sea cuál fuere la percepción que tenga de la compleja realidad interior del individuo. *La educación sentimental* de Jaime Torres Bodet es un caso tal de interiorización que la novela casi se destruye a sí misma. El narrador-protagonista cuenta de su amistad con otro muchacho, Alejandro. Unas vacaciones de la familia alejan al narrador de la compañía de Alejandro por un rato; luego vuelve y busca a su amigo. Esto es casi todo el cambio exterior de la obra. Algunos novelistas recientes que producen novelas en las que no pasa nada, bien pueden encontrar inspiración concreta en la novela de Torres Bodet. Su intención, claro, es relatar su cambio interior, específicamente con respecto al momento de la madurez emocional del protagonista. La palabra "momento" es particularmente significante en este caso porque hay un conflicto entre el tiempo exterior y el tiempo interior en *La educación sentimental*. La comunicación de la madurez emocional no siempre coincide lógicamente con el proceso de los hechos exteriores.

Torres Bodet organiza su novela al presentar a un "editor" que introduce al protagonista. Su historia es un diario. La interioriza-

ción ocurre con tal intensidad que apenas hay diálogo; y cuando
lo hay, sirve sólo para ilustrar una observación ya hecha. También
hay inconsistencia ligera en la actitud narrativa, que afecta la comunicación de la novela. En la primera parte de la historia —antes
de que el protagonista se vaya con su familia— la narración no es
creíble como diario de un joven. En vez de eso son las memorias
de un viejo que mira hacia su juventud, y el tono resultante tiene
algo de indulgentemente humorístico. Cuando el chico se va, la
actitud narrativa se acerca más a la del protagonista. Es significativo, en la experiencia de la novela, que este cambio ocurra cuando cambia el contexto del problema del narrador. Su reacción a la
amistad de Alejandro sigue siendo el enfoque de la narración, pero
es más independiente en la nueva circunstancia. La conciencia que
tiene el lector de esta independencia creciente está enormemente
apoyada en el hecho de que la actitud ajustada presta una sensación de mayor autenticidad a toda esta parte del libro.

Aun así, la reacción total creada por esta ambivalencia narrativa
es una apreciación del contraste entre la visión joven y la visión
madura de la misma situación. Esto intensifica la complejidad indicada al final de la novela, cuando el protagonista, recién salido
de un lío, se encuentra directamente con otro. Tales problemas de
relaciones humanas formaron la base de la mayor parte de la novela vanguardista, y los novelistas los consideraban más fundamentales que los problemas de la sociedad o de las instituciones. Las
mejores narrativas de ese tipo exigían la participación activa del
lector.

Las técnicas que intentan activar al lector en *La educación sentimental* son la relación entre el editor, el narrador y el protagonista
—que dan al lector la oportunidad de escoger su posición, y hasta
se le sugiere que tome tal decisión— y la conclusión abierta. Esta
última técnica puede considerarse como un modo algo tardío de
conseguir la participación del lector, pero indudablemente extiende
la asociación entre el lector y la novela.

Los escritos (y la palabra se usa deliberadamente) de Macedonio
Fernández invitan a la participación del lector constantemente. La
estructura —si nos atrevemos a llamarla así— de cualquier colección, obra, fragmento o pieza es tan caótica que queda abierta a la
lectura del lector en varios niveles. El básico es la invitación
a participar en el entretenimiento; el próximo paso es preguntarse
sobre qué está escribiendo ese autor; luego llegamos a un nivel más
comprensible. Esta etapa tiende a ser algo filosófica, y probablemente hace que algunos lectores se pregunten cómo comprende el
autor la realidad, o la diferencia entre la materia y la nada. Aun
si el lector no está particularmente interesado en la filosofía, par-

ticipa en ese nivel de un modo intuitivo, sintiendo que la obra nos dice que las cosas reales no son al fin y al cabo tan reales.

Los escritos de Fernández rechazan las categorías; tampoco caben bien en volúmenes de escritos recopilados. *Papeles de Recienvenido* consta de unas cincuenta páginas; tiene ceirto elemento narrativo, pero es más bien como un ensayo que se desvía en varias direcciones. La base de la anécdota es un accidente en la calle poco después de que Recienvenido llega a Buenos Aires. Un capítulo que funciona como prólogo se refiere al accidente. Entonces el narrador en primera persona, Recienvenido, vagabundea por una serie de asociaciones descabelladas, discutiendo cualquier cosa que le sea sugerida. Es gracioso porque la visión oblicua del mundo en que vive coloca todo en una perspectiva inusitada. Aun las cosas más externas son humorísticas por las combinaciones inusuales de estímulos y resultados que forman la base de esas asociaciones. La referencia al accidente, por ejemplo, llega a ser todo un discurso sobre las ventajas de dividir el tiempo en periodos de cuarenta años. De ahí llegamos a la proposición de que se construya una estatua en honor del hombre que inventó la diferencia entre la izquierda y la derecha. Esta posibilidad, a su vez, nos lleva al disgusto que tiene el narrador por las estatuas: odia los pliegues que deben rizarse en el viento, pero que nunca se mueven. De alguna manera estos pensamientos lo llevan a comentar un artículo de *La Prensa* sobre un desastre que nunca fue desastre. De ahí en adelante la narración cubre desde el hambre en Alemania hasta los peligros de viajar, el accidente en la calle y la literatura aburrida.

Un capítulo que versa específicamente sobre el accidente en la calle sigue al prefacio. Los policías y los periodistas que llegan al lugar del accidente son objeto del humor sardónico de Recienvenido. El próximo capítulo es una introducción, por parte del "editor", al resto del libro. A Macedonio Fernández le encanta esta confusión de identidades narrativas. El efecto natural de la trampa es enajenar al lector para que pierda interés o atraerlo en la trampa de la identidad. Estas dos posibilidades se intensifican cuando la voz narrativa habla directamente al lector.

Después de esta introducción del "editor", el libro versa sobre la vida literaria de la época y llega a ser básicamente ensayístico. Los chistes limitados a un grupo específico son un factor importante del humor, pero no llegan a emplearse tan profusamente hasta el punto de desanimar al lector que desconozca el lugar y el periodo de Fernández. El humor, desde luego, es la característica sobresaliente del libro. Nélida Salvador dice que la técnica básica del humor es colocar una variación sobre un molde ya conocido.[6] También

---

[6] Pedro Orgambide y Roberto Yahni, *Enciclopedia de la literatura argentina,* p. 230.

hay otras maneras de describir la escritura de Macedonio Fernández. Llama la atención a lo irracional al subrayar las paradojas. La descripción muy detallada donde normalmente no la esperamos encontrar produce el mismo tipo de humor que logra Cortázar en su manual. Las asociaciones raras empleadas en el prefacio de *Papeles de Recienvenido* son una técnica común; las maravillas sintácticas exigen tanto la inteligencia como el buen sentido del lenguaje por parte del lector.[7] La exageración produce un sentido de incongruencia que se acerca a lo grotesco, pero que nunca cruza esa línea.

Un libro de ese tipo tiene que defenderse del mismo modo que una persona no conformista se defiende en la vida. Frecuentemente se lo deja de lado en favor de un libro más serio que parece más interesante, o aun parece mejor por ser más serio. Los lectores no aceptan tranquilamente el humor como un elemento necesariamente importante. Se apreciaría más a Macedonio Fernández (junto con otros escritores) si los lectores al menos cambiaran esta dicotomía entre lo humorístico-serio a una consideración del problema de lo humorístico ante lo serio. En este libro se emplea la paradoja como medio de unificar (o reducir) el tiempo y el espacio hasta el punto de captar el sentido de origen (p. 39). Esta *tour de force* hace más que proporcionar la materia para los filósofos de la realidad de la nada; es una de las razones por las que Macedonio Fernández es un escritor que leen ávidamente los escritores, puesto que borra los antecedentes para la creación, a saber, hace posible la apreciación del momento anterior a la creación.

Puesto que *Papeles de Recienvenido* obviamente no es una novela según cualquier definición o idea normalmente aceptada de la palabra, surge legítimamente la pregunta de hasta qué punto es útil discutirla en un libro sobre la novela. La explicación es que hay que tomarla en cuenta no por lo que es como obra lograda, sino por su función como experiencia dinámica para sus lectores, especialmente para los escritores mismos. Fernández está más que dispuesto, está entusiasmado por superar los límites de la conciencia objetiva. Tiene una actitud irreverente ante todo lo que no sea la condición auténticamente humana. Se burla de las vacas sagradas libremente. Tiene cierta *joie de vivre*, una condición de espíritu libre, que nos suministra un tipo especial de testigo de la vida. Lo que sabe lo hace rechazar los aspectos represivos de las estructuras, la formalización, la organización. Hay un paralelo sorprendente entre éste y Roberto Arlt. La palabra importante es *paralelo* —no hablamos de *coincidencia*—. Es como si viajaran, algo separados, desde

---

[7] Un buen ejemplo es "Tan es así que si tan es así no fuera todo lo que de él se sabe no se ignora todavía" (Macedonio Fernández, *Papeles de Recienvenido, poemas, relatos, cuentos, miscelánea* [Buenos Aires, Centro Editor de América Latina, 1966], p. 23).

orígenes semejantes aunque no idénticos, a destinos semejantes pero tampoco idénticos.

El contraste entre esta obra y *Doña Bárbara* es muy palpable. No hay para qué ofrecer la observación de que los dos libros pertenecen a dos culturas nacionales distintas, porque hubo novelas semejantes a *Doña Bárbara* que se acercaban a *Papeles de Recienvenido.* La obra de Fernández es una especie de superexpresión del vanguardismo de los años veintes. Afirma un aspecto esencial del arte literario —el derecho del autor a la creación de su realidad ficticia—. Su importancia es aún más evidente cuando nos fijamos en los libros de 1929 al mismo tiempo que nos fijamos en el desarrollo de la novela durante la última mitad del siglo. No hay duda de que una serie de circunstancias especiales (no todas ellas literarias) puso la atención sobre la novela de Gallegos; de igual modo es patente que el desarrollo del género en Hispanoamérica debe mucho —y probablemente muchísimo más— a Macedonio Fernández.

## VII. DESDE "DOÑA BÁRBARA" HASTA "DON GOYO"
### (1930-1932)

EN UN libro publicado en 1939, Arturo Torres Rioseco dice lo siguiente: "La novela psicológica pura, sin movimiento externo, y la novela metapsíquica, que se orienta por las zonas de los sueños, han tenido cultivadores en nuestras tierras (C. A. Leumann, Torres Bodet, etc.), pero son formas de expresión poco apropiadas para pueblos de vida objetiva intensa y de cultura literaria limitada."[1] La legitimidad de la terminología del crítico podrá servir de base para una polémica, pero no hay la más mínima duda acerca de lo que éste quiere decir. Seguramente no está en contra del uso de la psicología en el proceso narrativo. De hecho, su criterio principal para juzgar la calidad de una novela es su validez psicológica. No obstante, el enjuiciamiento de Torres Rioseco de este factor corresponde aproximadamente a lo que el lector común y corriente considera razonable. El tipo de novela que él considera poco apropiado para Hispanoamérica es el estudio interior cultivado por los vanguardistas; y aunque no lo dice, su evaluación probablemente incluía otras técnicas narrativas además del punto de vista narrativo. Su opinión es interesante en el estudio de la historia de la novela porque sugiere, una década después de *Doña Bárbara*, que las obras más originales de ese año no eran apropiadas a la cultura.

La novela de Gallegos es segura, desde luego. Uno de los factores principales en ella es la reproducción fiel de lo típico, lo pintoresco. Durante los años inmediatamente posteriores a la publicación de *Doña Bárbara*, nos encontramos ante uno de los grandes conflictos de la literatura hispanoamericana —el regionalismo ante el cosmopolitismo—. Estos años, desde 1930 hasta 1932, son decisivos con respecto al efecto de este conflicto sobre la creatividad artística. O, para cambiar de perspectiva, son años decisivos con respecto a lo que la novela revela acerca de la cultura hispanoamericana. Si nos fijamos solamente en el año 1929, parece que, además de la novela de Gallegos, lo que se nos ofrece es una serie de obras tradicionales de escritores reconocidos, junto con algunos escritos de vanguardia sobre temas cosmopolitas. Estas obras innovadoras parecen mucho más modernas que *Doña Bárbara*. No obstante, la novela puramente cosmopolita desapareció durante los tres años siguientes. Muchos novelistas empleaban técnicas vanguardistas para revelar deficiencias sociales dentro de un contexto particularizado. La intensidad de la protesta varía entre los novelistas, y la relación de

---

[1] Arturo Torres Rioseco, *Novelistas contemporáneos de América*, pp. 273-274.

la novelización artística con el mensaje social llega a ser de importancia fundamental.

Indudablemente vale la pena considerar la observación de Torres Rioseco acerca de la forma apropiada de novela. Aparentemente reconoce una parte de una situación muy compleja. Su hincapié sobre la novela exterior parece reflejar el impulso "novomundista", la necesidad de ver y nombrar las cosas de este hemisferio milagroso. No obstante, la orientación de la prosa literaria desde 1930 hasta 1932 muestra otra preocupación —el problema de la justicia social—. Con respecto a esto, el apoyo a una posición antivanguardista viene de una fuente interesante, Roberto Arlt. En el prefacio a *Los lanzallamas* (1931), defendiéndose aparentemente de los ataques a su incapacidad estilística, se refiere a James Joyce como una especie de *enfant terrible* de los *snobs* literarios y defiende la urgencia de sus propios escritos: "Mas hoy, entre los ruidos de un edificio social que se desmorona inevitablemente, no es posible pensar en bordados."[2] Obviamente su preocupación difiere del "novomundismo".

El mundo específico de Arlt claramente justificaba su angustia como escritor preocupado por el bienestar de la clase media baja. Hipólito Irigoyen fue reelegido presidente de Argentina en 1928. Este hombre, antes la gran esperanza para el liberalismo antioligárquico, resultó ser muy ineficaz aun durante su primera administración, 1916-1922. Su resurección política resultó ser un error desafortunado. Su personalismo había aumentado y estaba ahora aliado con un nacionalismo poco razonable —una combinación poco productiva. El desencanto con su régimen apoyó un golpe militar encabezado por el general José F. Uriburu en 1930. El Partido Radical se había acabado. La apatía general de la burguesía había impedido cualquier cambio fundamental en la situación argentina. El régimen de Uriburu estuvo caracterizado por su insistencia en el orden, con algunas cualidades de estilo Mussolini que fueron especialmente favorecidas por el principal partidario intelectual de Uriburu, el poeta Leopoldo Lugones. La posición política de Lugones probablemente fue inspirada por todo un complejo de ansiedades morales algo semejantes a la angustia de Roberto Arlt, a pesar de las expresiones muy diferentes de esas reacciones por parte de los dos autores.

*Los lanzallamas* es una continuación de *Los siete locos*. Si hay alguna diferencia destacable entre los dos libros, sería que la sensación de casi locura es más intensa en el libro posterior. Hay una sola salida para la angustia de Erdosaín —es el camino al homicidio y al suicidio—. Probablemente Arlt es el único escritor latino-

---

[2] Roberto Arlt, *Los lanzallamas* (Buenos Aires, Claridad, 1931), p. 2.

americano cuya obra descubre una solución tan individualista a un problema general. La combinación revela una comprensión extraordinaria de la relación del individuo con la sociedad. Es irónico que por muchos años los lectores que más apreciaban las cualidades de Arlt incluyeran a muchos contra quienes sentía la necesidad de defenderse.

Hasta cierto punto el medio caótico de Arlt fue causado —o por lo menos fomentado— por la depresión económica mundial. Generalmente los problemas que surgieron por esta crisis causaron una reacción conservadora en la política hispanoamericana; al mismo tiempo la literatura de protesta social se basó a menudo en las ideologías radicales. La excepción más notable a esta generalización fue México, donde la Revolución se hallaba en una crisis política grave. Al resolverse la crisis, una de las administraciones más revolucionarias se volvió una realidad, con Lázaro Cárdenas de presidente. Un ejemplo opuesto fue el caso del Perú, donde Raúl Haya de la Torre probablemente ganó las elecciones de 1931. Sin embargo, se declaró a Luis Sánchez Cerro como presidente, y éste proscribió el partido de Haya.

Los problemas económicos son uno de los muchos elementos de la novela hispanoamericana de protesta. No se trata de una novela proletaria en el sentido común de la palabra, porque el proletariado no era del tipo clásico. Una clase obrera industrial iba ganando fuerza en algunos lugares. No obstante, un problema mayor fue la distribución de la tierra, y un problema relacionado fue la situación del indio, particularmente en las regiones en que las culturas indígenas avanzadas dejaron poblaciones masivas. Dada esta situación, no es difícil entender que los elementos folklóricos se mezclaran con los de protesta, y que la línea entre el "novomundismo" y la protesta social no fuera siempre clara.

En las novelas en que las circunstancias sugieren la posibilidad del proletarismo, los escritores tienden a enfocar al individuo mal adaptado en vez de a las masas. Esta preferencia, bastante clara en Arlt, es aún más evidente en *Larvas* (1931), un volumen de cuentos de Elías Castelnuovo, que pertenecía al grupo Boedo. El elemento unificador de los cuentos es la presencia de un narrador que enseña en una institución correccional para jóvenes delincuentes. Cada cuento versa sobre un muchacho en particular; cada uno es, en cierto sentido, un desadaptado social. De modo semejante, *La casa de vecindad* (1930) de José A. Osorio Lizarazo se desvía del proletarismo. El narrador-protagonista es víctima de la tecnología en pleno desarrollo, y esta situación fácilmente hubiera podido llevar a una novela acerca de la clase obrera. En vez de desarrollar una novela de esa índole, el libro llega a ser una historia de interés humano a nivel individual. Thomas E. Kooreman, en un estudio sobre los problemas urbanos en la novela colombiana, muestra que la personalidad del narrador explica parcialmente esta orientación —su actitud, que supuestamente provoca cierta desconfianza, es en realidad una revelación de su incapacidad para comprender una sociedad que le resulta demasiado complicada.[3]

César Vallejo se acerca más a lo que normalmente consideramos una novela proletaria en *El tungsteno* (1931); pero aun con ésta, las circunstancias especiales del Nuevo Mundo crean un énfasis especial. La novela ofrece una combinación interesante de factores para los lectores que conocen algo de la literatura hispanoamericana: en primer lugar, la connotación industrial del título; segundo, la ideología de izquierda del autor; tercero, la identificación básica de Vallejo como poeta hondamente afectado por la realización o la frustración de la solidaridad humana. Una vez que entramos a la novela, encontramos que Vallejo nos ha dado una escena alrededor de una compañía minera (de los Estados Unidos, claro) en el Perú, pero se preocupa más por la discriminación de la gente causada por este ogro capitalista, que por la compañía misma. La condición del obrero no es algo muy importante en el libro. En las últimas cuarenta páginas, algo menos que la última tercera parte de la novela, el libro se pone más proletario: hay una rebelión de las masas en contra de la brutalidad de la policía (no directamente contra los industriales). Este movimiento popular crea un líder, el herrero Servando Huanca. Vallejo lo hace un portavoz poco natural de la ideología leninista en las últimas trece páginas de la novela. El efecto es tan desastroso como parece. Afortunadamente la preocupación instintivamente humana por parte del autor hace que toda la novela sea más convincente que esas últimas páginas. No se dedica la mayor parte del libro a la lucha de clases, sino al brutal interés propio de los individuos.

La narración es consistentemente en tercera persona omnisciente; incluso las alucinaciones se describen en tercera persona. A pesar de ese manejo poco diestro del punto de vista narrativo, la novela muestra ciertas técnicas narrativas ingeniosas. Un ejemplo es el empleo por parte de Vallejo de un individuo en vez de la compañía minera para la propaganda ideológica. Otra es la manera en que la novela enfoca el problema indio. De hecho, *El tungsteno* es una novela indigenista importante (que trata de los problemas de los indios en términos de su propia tradición). La combinación de lo europeo y lo indio en el nombre de Servando Huanca es un factor importante en los distintos matices de la novela; otra es la simpatía que evoca por dos reclutas militares. Vallejo muestra que éstos nunca formaron parte del orden económico-civil. Esta revelación

[3] Thomas E. Kooreman, "Urban emphasis in the contemporary Colombian novel" (Tessi doctoral, Universidad de Missouri, 1970), pp. 55-56.

es la culminación de muchos ejemplos que muestran el conflicto entre dos culturas, sin el más mínimo esfuerzo de los intrusos blancos por enterarse de por qué los indios se comportan de un modo diferente. Vallejo no escribe según una perspectiva india, pero es capaz de apreciar las actitudes indígenas.

Es aparente que Castelnuovo, Osorio Lizarazo y Vallejo se preocupaban más por el mensaje que por la eficacia de la técnica narrativa. Esta actitud es una característica de la reorientación de la novela durante el periodo 1930-1932 y continúa siendo importante mucho tiempo después. Las técnicas introducidas por los escritores más innovadores de los años veintes tienden a perderse —no porque no existan, sino porque se quedan en la sombra a causa del conflicto regionalista-cosmopolita—. Una apreciación más amplia de la experiencia de la novela hispanoamericana proviene del reconocimiento de la necesidad de tratar algunas circunstancias específicas o locales y de reaccionar ante la intensidad creadora del escritor —a saber, el punto hasta el que usa las técnicas narrativas no simplistas para hacer de su afirmación algo más que un documento dialogado—. El caso más espectacular de temática localizada fue la novela de la Revolución Mexicana. Tuvo su apogeo a principios de los años treintas. A primera vista es sorprendente que la Revolución no fuera un tema importante durante la primera década después de su fase violenta. Al pensarlo bien, uno se da cuenta de que fue bastante lógico que la Revolución, que fue una serie de rebeliones interrelacionadas, además de una guerra civil, adquiriera paulatinamente el grado de unidad y *status* heroico que necesitaba para ser asimilada a la literatura. Los años entre la actividad revolucionaria y el recuerdo de ella estuvieron marcados por aspectos más abstractos del movimiento: un nuevo sentido de la novedad, el cultivo de las artes, una conciencia del esfuerzo común, por ejemplo. Luego, a fines de los años veintes, la Revolución comenzó a crecer como tema, y pocos años después era casi el único tema de la novela mexicana. Un sinnúmero de escritores querían contar sus experiencias, o las de algún conocido o amigo. Estas fábulas semificcionadas siguen una línea directa de desarrollo narrativo, bien apropiado como expresión del movimiento revolucionario, y tienen el tono urgente del deseo del autor por contarlo. Algunas novelas, no obstante, emplean técnicas interesantes que profundizan la experiencia de la narración sin perder la sensación de movimiento. Gregorio López y Fuentes, en *Campamento* (1931), emplea una combinación de escenas cambiantes para iluminar la realidad de un campamento de soldados revolucionarios. No se trata precisamente del movimiento sino más bien de la otra cara del movimiento —la parada, el descanso, el momento que corrobora al movimiento mismo—. En otra novela, *Tierra* (1932), el mismo autor cuenta la historia de un segmento de la Revolución encabezado por Emiliano Zapata. Su propósito es glorificar a Zapata, protestar por la maldad que tuvo que sufrir el líder agrario. Con ese fin, busca hacer de Zapata una leyenda y lo lleva a cabo al desarrollar una paradoja doble, o una paradoja-contraste. Da a la novela una apariencia documental al usar años como títulos de capítulos: 1912, 1913, 1914, etc. Luego realza este efecto al citar algunas palabras de Zapata mismo sobre la Revolución y la reforma agraria, y al novelizar una versión del asesinato de Zapata. El carisma mítico del jefe hace que el pueblo recuerde sus palabras como si tuvieran alguna cualidad mágica; y después de su asesinato nadie cree que esté muerto. El novelista da la vuelta a la realidad, haciéndola irrealidad. En forma paralela a este desarrollo, trata a un personaje ficticio, Antonio Hernández, de un modo realista, haciendo así de la irrealidad algo real. Las dos líneas van juntándose, y hay tanta razón para creer en la una como en la otra.

Las novelas de la Revolución siguieron la dirección de la lucha misma —es decir, desde el retrato de las batallas hasta la novelización de las consecuencias. Los gobiernos posrevolucionarios y la novela correspondiente tuvieron que tratar algunos problemas sociales bien complicados creados por la reforma agraria —el crecimiento urbano rápido, y la industrialización—. La luciérnaga (1932) de Mariano Azuela trata del provinciano sacado de sus tierras que no puede encontrar su lugar en la sociedad urbana. Este tema es recurrente en las novelas de Azuela y es un aspecto importante del cambio social que tiene lugar en Hispanoamérica en esa época. En esta novela Azuela logra una comunicación particularmente precisa de la situación al distorsionar la visión que el protagonista tiene de la realidad, de tal manera que corresponda a la apariencia desviada de una cultura que está cambiando tan rápidamente que los individuos que la constituyen no pueden adaptarse a ella.

Este novelista emplea una serie de técnicas que fácilmente caben en la categoría de vanguardistas. Crea el efecto básicamente al iniciar la narración a mediados de la acción y también a mediados de la percepción afectada por las drogas que tiene el protagonista. Ambos factores son necesarios. Dionisio, cuyos pensamientos experimentamos, es el chofer de autobús que se encuentra en el accidente. Su comprensión insegura de la realidad se combina con la entrada repentina del lector en la escena para crear una sensación simultánea de alienación y participación.

El recurso principal de Azuela es la interiorización por medio del monólogo interior. Una variación de esta técnica es lo que una persona podría decir en voz alta, pero a sí misma. Además, emplea el fluir de la conciencia que es aparentemente la asociación caótica. La interiorización de Dionisio se contrasta con una visión muy real de la ciudad que se presenta más eficazmente en un estilo que sugiere el movimiento de una cámara —la lista de sustantivos que son la imaginación que va atravesando el panorama urbano. El contraste hace resaltar el fracaso de Dionisio. Un segundo contraste lo yuxtapone a su hermano que se quedó en casa y cuya visión de la realidad está igualmente distorsionada por la avaricia como la de Dionisio lo está por las drogas. La interiorización revela el fracaso de este último aun antes de venir a la ciudad. Azuela crea una correspondencia entre la importancia de la individualidad y la creación de los problemas sociales a consecuencia del rápido crecimiento urbano. Hay una relación entre su visión y los temas bucólicos de algunas novelas de pocos años antes —*Raucho*, por ejemplo. Los saludables valores rurales son semejantes, pero Azuela ha suministrado la excepción ostentosa del hermano de Dionisio. El hincapié también se hace en el aspecto negativo de la vida urbana, en vez de hacerlo en el efecto sano de la vida campesina. Además, el efecto destructivo de la ciudad ya no es el problema de una burguesía decadente, sino de la dificultad que tiene el pobre para ganarse el pan.

La semejanza y la diferencia son igualmente importantes. Una acentúa la continuidad de la insistencia en fenómenos "novomundistas" —los problemas sociales de este campo son aún otra realidad que debe ser reconocida, identificada—; la otra apunta hacia el cambio social —las ciudades latinoamericanas tradicionalmente no han sido la causa de la distorsión palpable en *La luciérnaga*. Aunque en los años posteriores Azuela se preguntaba por la validez de sus técnicas vanguardistas, el hecho es que logró encontrar nuevos modos de comunicar nuevas circunstancias.

El uso imaginativo de la historia es un factor importante en dos novelas venezolanas que tratan de la realidad nacional: *Cubagua* (1931) de Enrique Bernardo Núñez y *Las lanzas coloradas* (1931) de Arturo Uslar Pietri. El papel de la historia en estos dos libros es probablemente más que coincidencia. Venezuela estaba bajo el régimen de Juan Vicente Gómez y tal había sido el caso desde los primeros años del siglo. El país era tan rico en petróleo como pobre en libertad. Su economía produjo profundos cambios sociales —un proceso que suele fomentar el autoanálisis nacional. En una situación políticamente represiva, acudir a la historia puede permitir comentarios sobre la circunstancia nacional que de otra manera no se podrían articular.

La base de *Cubagua* es una mezcla de historia y leyenda alrededor de una ciudad "perdida" cerca de la costa venezolana. Su encanto es semejante al de la ciencia ficción, y Núñez crea el efecto principalmente al intercalar el presente y el pasado. El tiempo "presente" de la obra es alrededor del año 1925. La novela comienza con la presentación de algunas personas de La Asunción, un pueblo en la Isla Margarita, que participarán en la historia. Pronto nos damos cuenta de que el narrador nos ha trasladado a la época de la Conquista y del tirano-explotador Lope de Aguirre. Larrazábal Henríquez considera que esta transición nada inoportuna y otras semejantes son el medio principal por el cual Núñez crea la atmósfera de la novela.[4] Muestra que la mención de un lugar o un objeto puede catalizar una vuelta al pasado. Estas evocaciones no son como narraciones retrospectivas ordinarias, porque no necesariamente explican a fondo una persona en particular; pertenecen más bien a la situación como una totalidad. En vez de aparatarlas como retrospectivas, Núñez las hace surgir naturalmente de los intereses de los personajes, que funcionan a nivel del presente. Una vez presentada la sugerencia, él sencillamente la sigue sin interrumpir el fluir de la narración, dejando que siga siendo el hilo hasta que sea necesario para el desarrollo de la historia.

*Cubagua* está más orientada hacia su ambiente social de lo que se podría esperar de una novela basada en la evocación casi mágica de una leyenda. Las distinciones de clase son patentes, y la explotación de los indios es uno de los factores que contribuye a la noción de que la civilización corrompe, que el sencillo placer se nos ha escapado como si lo hubiéramos cambiado por la angustia.

*Las lanzas coloradas* toma su título de una afirmación de José Antonio Páez, un patriota y general en la guerra de la independencia venezolana. Se refiere a la orden que dio un sargento a sus soldados de que les convenía volver de la lucha con las lanzas ensangrentadas. Uslar Pietri retrata una etapa de la guerra tal como afectó a un grupo particular de personas, empleando la realidad histórica más amplia como fondo y también como instigadora. La novela revela a sus lectores un hecho de la historia que la memoria tiende a borrar: la guerra de independencia fue algo más complicado que tener dos grupos bien delineados, con los españoles en uno y los patriotas en el otro. Amplía la memoria simbólica, la que nos recuerda que Bolívar obtuvo la independencia para Venezuela. La experiencia de la novela es el traslado de esta conciencia de la historia a un estudio íntimo de dos participantes, Fernando y Presentación (hacendado y esclavo), cuyas lealtades paradójicas durante la guerra reflejan la confusión de la lucha. Esta falta de claridad en la guerra por la independencia es indudablemente parte importante de la realidad venezolana, y, con pequeñas variaciones, puede entenderse como típica de Hispanoamérica.

El marco cronológico de la novela es el periodo entre la derro-

---

[4] Osvaldo Larrazábal Henríquez, *Enrique Bernardo Núñez* (Caracas, Universidad Central de Venezuela, 1969), ver especialmente pp. 34-36.

ta del primer gran jefe patriota, Francisco de Miranda, y el comienzo del liderazgo de Simón Bolívar. Los llaneros, encabezados por un español, José Tomás Boves, fueron realistas. *Las lanzas coloradas* revela algunas de las razones personales por las cuales se enfilaban en ese lado —no siempre un paso lógico en términos de la situación general, pero bastante razonable desde su punto de vista limitado. Con el tiempo, José Antonio Páez convenció a Boves de que la batalla no se daba entre los llaneros y los citadinos, sino entre la nueva república y España. Este logro contribuyó significativamente al éxito final de Bolívar. Sin embargo, no resolvió el conflicto entre la capital y las provincias, un problema persistente en toda Hispanoamérica.

Uslar Pietri comienza su novelización de este momento histórico al introducir, en su primer capítulo, tres elementos básicos de la historia. Leemos primero la versión del novelista de una leyenda contada por un esclavo negro. No es en realidad la narración del esclavo, sino la interpretación de ella por parte del autor. El empleo de la repetición de palabras, de ritmos fonéticos y de frases sin verbos produce una impresión de lo supersticioso, los sentimientos de represión y la violencia potencial del esclavo. La segunda parte del capítulo introduce a Presentación Campos, un esclavo que funge como capataz. Es un jefe natural y por eso ocupa una posición más alta que el esclavo típico. Uslar Pietri cambia su modo narrativo, describiendo las cualidades de Presentación por medio de lo que dicen y piensan otros de él. Luego salta de repente a una tercera escena para presentar a Fernando, el joven dueño de la estancia, a su hermana Inés y al capitán David, un joven inglés dedicado a la causa nacional. Es la típica escena romántica; su ambiente tan refinado y estilizado contrasta, por una parte, con la fuerza bruta del capataz, y por otra, con el primitivismo de los esclavos.

Después de establecer el tiempo presente en el primer capítulo, el narrador vuelve al pasado y presenta la historia de la estancia, de la familia y de Fernando mismo hasta la época del primer capítulo. Esta sección de la novela es parcialmente una especie de versión sintetizada de la historia del país, con algo de leyenda. También nos lleva a la Caracas colonial, donde Fernando va a terminar su educación y donde se encuentra con un grupo de jóvenes nacionalistas. En estas escenas el narrador aumenta el número de detalles, dejando a un lado el resumen de historia y creando de nuevo un retrato activo de los jóvenes revolucionarios.

Cuando el narrador vuelve al punto inicial en el tiempo, el sexto capítulo, ha creado una perspectiva histórica que da la sensación de tiempo presente con respecto a lo que ocurrió en la segunda década del siglo XIX. Esta condición, combinada con la interpretación persistentemente intimista, crea la ilusión notada por Alegría, de que es posible determinar la dirección ya tomada por la historia.[5] Desde este momento se desarrolla el contraste entre Fernando y Presentación Campos. Se pone de relieve la circunstancia y la personalidad de éste en un pasaje en que una voz recordada parece su posición inferior. Tiene algunos de los efectos de un monólogo interior, pero deja la impresión clara de que esta otra voz representa algo impuesto sobre Campos, y no es algo que dependa de su propia voluntad. Se une a Boves —el esclavo lucha ahora como soldado realista. Fernando, el aristócrata inconstante, se enfila con los nacionalistas, sin mucho entusiasmo.

El narrador crea la tensión alrededor de la expectativa alarmante de un ataque por parte de Boves y de sus tropas. Se intercalan afirmaciones de distinta índole, todas ellas variaciones sobre el tema de la venida de Boves. No son precisamente iguales, pero sí lo suficientemente semejantes como para funcionar de *leitmotivs*. Esta tensión se refiere a un grupo anónimo, y también intensifica las preguntas de Fernando acerca de la importancia que tiene esta aventura para él mismo. La preocupación por parte de Presentación es tan intensa como la de Fernando, pero lo lleva en otras direcciones. Sus alucinaciones después de quedar herido incluyen una recapitulación de la novela, y la historia va cambiando hacia la venida de Bolívar, anticipada por un *leitmotif* importante sustituido por repeticiones anteriores referentes a Boves.

Para fines de la novela, Uslar Pietri ha identificado el momento histórico bien claramente; al mismo tiempo ha creado la posibilidad de una reacción por parte del lector que no se limita en el tiempo y el espacio, y que se basa en una apreciación del conflicto personal relacionado al conflicto social. Es decir, el factor dinámico de la novela es doble. El conflicto existe tanto en el interior como en el exterior de los personajes y es una realidad más fundamental que la realidad de la guerra misma. La base de la anécdota de *Las lanzas coloradas* es indudablemente una · parte importante de la experiencia "novomundista", pero la novela misma penetra más allá de lo pintoresco.

El esfuerzo por alcanzar alguna base firme para comprender el significado de América resaltó una variedad de enfoques temáticos y empleó formas muy distintas. Temáticamente, *Cubagua* y *Las lanzas coloradas* se alejan del presente en que fueron escritas para captar la realidad de la sociedad en un momento del pasado en particular. Una apreciación de la experiencia "novomundista", no obstante, exige la identificación con otro aspecto de la realidad —el mito. El

5 Fernando Alegría, *Historia de la novela hispanoamericana*, p. 287.

hombre europeo tiende a identificar al mito con la historia porque está atrapado en una pauta de progresión cronológica. El mito, no obstante, es atemporal en términos funcionales, y así lo es el concepto "novomundista" indígena de la realidad. Las novelas de Miguel Ángel Asturias muestran esto persistentemente. Su primer libro, *Leyendas de Guatemala* (1930), es un esfuerzo temprano por recrear material que era casi un factor escondido en la conciencia que tenía de sí mismo. Lejos de su patria, Asturias llegó a estar objetivamente consciente de la cultura nativa de Guatemala y sintió las vibraciones de la solidaridad.

Es importante darse cuenta de que, sea cual fuere la intensidad de la función del mito indígena en la condición psíquica de Asturias, las historias deben poseer una cualidad exótica cuando se las presenta a lectores orientados hacia el Occidente y en una forma occidental; de otro modo no serían auténticas. Es igualmente importante recordar que las historias tienen un significado cosmogónico y, por lo tanto, tienen que diferenciarse de lo cotidiano, lo prosaico por la elegancia estilística. Asturias logra esta separación básicamente al repetir palabras, frases y construcciones sintácticas. En la leyenda del volcán, cuenta sobre los seis hombres que habitaban la Tierra de los Árboles. Tres vinieron por el viento, y tres por el agua y el narrador hace un contrapunto entre estos dos grupos de hombres:

> Los tres que venían en el viento, como los pájaros, se
> alimentaban de frutas.
>     Los tres que venían en el agua, como los peces, se
> alimentaban de estrellas.[6]

La repetición de palabras o frases, particularmente como comienzo de una serie de afirmaciones, produce un efecto mágico. Se realza la asociación obvia con la repetición oral por medio de la equivalencia sintáctica de las dos oraciones. Esta técnica es bien semejante al bifrasismo empleado en la literatura prehispánica. Es una versión ligeramente alterada de la afirmación anterior, posiblemente para asegurar que realmente se está efectuando la comunicación. Una aproximación ligeramente diferente del mismo efecto es evidente en "El árbol que anda... El árbol que cuenta los años de cuatrocientos días por las lunas que ha visto, que ha visto muchas lunas, como todos los árboles, y que vino ya viejo del Lugar de la Abundancia" (p. 41).

Cada uno de los pasajes citados contiene un elemento particularmente estimulante para la imaginación: la alusión a las estrellas en

---

[6] Miguel Ángel Asturias, *Leyendas de Guatemala* (Buenos Aires, Losada, 1967), p. 31.

la cita anterior, y la noción de árboles que venían, ya maduros en el otro pasaje. Este tipo de sugerencia, apoyada por las imágenes sumamente originales de Asturias, permite al narrador colocar a su lector en un mundo muy exótico donde aceptará el animismo como normal, y aun la transformación de una trenza en una culebra. Éste es el aspecto más importante del empleo del mito por parte de Asturias. No siente ninguna necesidad de explicar estos acontecimientos extraños, ni de decir que son mágicos. Sencillamente supone que son un aspecto de la realidad. Esta progresión es el proceso dinámico del libro. Obviamente depende en gran parte del uso del lenguaje, y Asturias nunca vacila en emplear el lenguaje de tal manera que contribuya a sus metas artísticas. Una obra teatral (o una leyenda en forma dramática) llamada *Cuculcán* se publica frecuentemente con las leyendas. Richard Callan sugiere lo apropiado de la combinación, al notar que Asturias no la incluye entre sus obras teatrales.[7] El título se refiere a un dios-serpiente emplumado común a varias culturas indígenas de Mesoamérica. Su estructura y tema tienen su propia fascinación —es una sola pieza en nueve escenas dividida en tres series de tres escenas en cada una; cada serie de tres se identifica por los colores amarillo, rojo y negro, y corresponden a la mañana, la tarde y la noche. No obstante, el factor que los hace un acompañamiento perfecto a las leyendas es su lenguaje. Hacia el final de la obra, el lenguaje racional desaparece y sólo quedan los sonidos.

Otro volumen de cuentos, *Los que se van* (1930), trata del espíritu colectivo de la gente humilde, poniendo de relieve los conflictos culturales y económicos. La colaboración de tres escritores jóvenes hace de este libro una especie de visión generacional de una situación particular. El libro contiene ocho cuentos por tres autores: Demetrio Aguilera Malta, Joaquín Gallegos Lara y Enrique Gil Gilbert. En una breve nota preliminar, dicen que el libro es una unidad, no tres partes aisladas. Esperan que su obra sea coherente, al igual que su sueño fue coherente.[8] El título sugiere la conciencia básica por parte de los autores de que una sociedad progresiva necesariamente marca el final de una vida relativamente poco complicada del estilo del cholo y el montuvio.[9] Temáticamente, los cuentos dependen de los detalles de este estilo de vida, particularmente de su efecto contrastante sobre la formación occidental del lector. Se

[7] Richard Callan, *Miguel Ángel Asturias* (Nueva York, Twayne Publishers, 1970), pp. 123-124.

[8] Demetrio Aguilera Malta, Enrique Gil Gilbert y Joaquín Lara, *Los que se van* (Quito, Casa de la Cultura Ecuatoriana, 1955).

[9] Normalmente se entiende que el "cholo" es una mezcla de indio y blanco, o de un indio asimilado a la cultura blanca. En la región costeña del Ecuador, no obstante, la palabra tiene otro significado. Se refiere a los habitantes indígenas de la costa y las islas cercanas. Por lo tanto, se le distingue del habitante indígena de la región de los ríos, que se llama "montuvio" o "montubio".

trata de una gente fuerte y violenta. La tragedia es un factor natural en sus vidas. Ciertos actos violentos son catárticos y se los acepta como inevitables. Los códigos de honor justifican la muerte en situaciones en que la comunidad blanca no la aceptaría. Las supersticiones y los motivos psicológicos suelen conducir a la violencia. Cuando un individuo no puede aguantar un problema, reacciona físicamente y aun puede destruirse.

Técnicamente también los tres autores tienen algunos elementos en común. Las tramas hacen hincapié en el movimiento físico más que en la emoción, pero algunos cuentos tienden a ser elípticos, subrayando momentos claves. La caracterización tiende a ser estilizada del mismo modo. Los personajes en los cuentos revelan sus sentimientos según lo que dicen, y los autores puntualizan con frecuencia estas emociones al referirse a la naturaleza líricamente. Se realza el efecto cuando el autor personifica la naturaleza y despersonifica al hombre. En el proceso de despersonificación —o de desindividualización— los cuentos emplean el mismo diálogo anónimo que lleva la acción adelante y crea la tensión. Estas técnicas aíslan a los cholos y a los montuvios, enfatizando las cualidades que son originales. Las repeticiones en la forma de estribillos o frases introductorias también realzan la atmósfera de otro mundo.

Hay, desde luego, diferencias individuales entre los tres escritores. Los cuentos de Aguilera Malta son teatrales en su dependencia del diálogo para la intensificación de las emociones. También es el que se vale más de las repeticiones, de las oraciones breves a veces sin verbos y del uso repetido de los nombres completos de personajes. Estas técnicas cambian los temas ecuatorianos en la dirección de las *Leyendas de Guatemala*. También presagian algo de la obra del autor durante los años sesentas y setentas. Al hablar de su propia novela, *Siete lunas y siete serpientes* (1970), y de otras con características semejantes, Aguilera Malta ha notado que él y otros escritores de su generación hubieran escrito novelas de ese tipo cuando eran jóvenes, si hubieran tenido quién las publicara.

Gil Gilberto es el que más uso hace del diálogo anónimo; también es más explícito que los otros acerca del conflicto entre el cholo y el blanco. La trama es más evidente en Gallegos Lara que en los otros porque le encanta terminar con algún desenlace irónico. Volviendo a las intenciones originales del libro, sin embargo, lo importante no son las diferencias sino las semejanzas entre los tres autores. Comunican la sensación de algo que cambia, que desaparece. La creación literaria de esta sensación llega a ser otro acto de nombrar los aspectos de la realidad del Nuevo Mundo, la experiencia de la circunstancia criolla. La mención de la ficción criolla suele sugerir inmediatamente la novela de costumbres de tipo realista. Esta visión, evidentemente, es demasiado limitada para abarcar lo que ocurría en Hispanoamérica. Es bien cierto que durante esos años se daba la espalda a los temas cosmopolitas. No obstante, el intento por parte del novelista para comunicar su realidad en particular no los llevaba al realismo tradicional, sino a muchos tipos de experimentación técnica.

## VIII. EL AÑO DE "DON GOYO" (1933)

Las novelas de 1933 ofrecen una visión considerablemente concentrada de la crisis del cosmopolitismo patente durante los años inmediatamente anteriores. *Don Goyo* de Demetrio Aguilera Malta se enfrenta a este problema con una combinación de arte narrativo y temas regionales. El efecto que logra —bien raro durante la primera mitad del siglo— se aproxima a la trascendencia del regionalismo de la novela más reciente. En este libro y en algunos otros del mismo año, los autores contribuyen a la identidad del Nuevo Mundo al enfocar algún grupo social en particular que es menos civilizado, menos culto (en el sentido europeo de la palabra) que los ciudadanos de la clase dominante.

La definición de este fenómeno hace surgir una serie de problemas porque varios de los grupos de que hablamos no son idénticos. En algunos aspectos son bastante diferentes. Aguilera Malta trata con el pueblo humilde de la costa ecuatoriana. Alejo Carpentier, en *Ecué-Yamba-O*, desarrolla su historia a partir de la cultura afrocubana y la industria azucarera. *Toá* de César Uribe Piedrahita emplea el contraste entre los que recogen el caucho en la región amazónica y el forastero que el gobierno manda. En *El muelle* Alfredo Pareja Díez-Canseco usa un contraste completamente contrario al colocar gente sencilla en una escena urbana y compleja. La tendencia a hablar de estos grupos como primitivos o nativos corre el riesgo de ser una simplificación excesiva o de caer en el error. La cualidad que tienen en común es que revelan características y problemas que son fundamentales de las culturas regionales a que pertenecen. Cuando Carpentier y Aguilera Malta tratan esos dos grupos, tienden a apartarlos y a hacer hincapié en sus rasgos básicamente humanos. De ese modo, los grupos seleccionados parecen más auténticos —más identificados con la naturaleza básica del hombre— que sus complicados opuestos. Este proceso asocia de modo estrecho al hombre con la naturaleza y el acto de nombrar es manifiesto y satisfactorio. En cierta forma es como el botánico que descubre y nombra una planta —un acto todavía bastante común en el Nuevo Mundo.

*Don Goyo* y *Ecué-Yamba-O* tienen una cualidad exótica que no se encuentra en otras novelas de este año. Su fuente es el interés de los autores por identificar las dos estructuras sociales fundamentales que enfocan estas novelas. Estas estructuras son diferentes de la experiencia ordinaria de escritores y lectores de novelas, de modo que Aguilera Malta y Carpentier emplean ciertas técnicas para hacer de las realidades que crean algo fuera de lo común. No obstante, siempre crean en sus lectores la conciencia del papel de lo claramente exótico dentro de la experiencia ordinaria. La función o experiencia de *Toá* o *El muelle* es un asunto del todo distinto. El uso del contraste entre la sociedad culta y el grupo más sencillo sí contribuye a la identidad de cada uno, pero no precisamente en el sentido de descubrir y nombrar. Más bien, el descubrimiento se hace en términos de conflicto, y el medio que provoca la revelación es la protesta con respecto a un problema social. En cierto sentido ésta también es una manera de enfrentarse a la naturaleza de la experiencia "novomundista"; pero su contribución a la autocomprensión es menos fundamental.

Este segundo tipo de novela exige menos en lo que se refiere a la técnica narrativa experimental que los libros que tienen que llevar a sus lectores hasta una situación completamente desconocida. Desde luego, las buenas novelas siempre son el resultado de buenos procedimientos narrativos; pero raras veces llaman la atención por su técnica y suelen ser llamadas novelas tradicionales. Tomando en cuenta estas cuatro novelas, junto con las otras publicadas en 1933, es evidente el movimiento hacia el regionalismo. No obstante, sería un error suponer que el regionalismo y las técnicas narrativas tradicionalmente realistas son las únicas características de la novela en este momento. En realidad, hay un elemento marcado de interiorización que hace resaltar los individuos en vez de los grupos. Esta característica es tan importante en el desarrollo del género, como la presencia de técnicas de vanguardia en parte de la novela orientada hacia la protesta social.

*Don Goyo* trata de un pescador que habita las islas cercanas a la ciudad porteña de Guayaquil. Aguilera Malta establece su novela basado en dos personalidades complementarias. Uno de los personajes, Don Goyo mismo, es una leyenda y un hombre a la vez. El otro, Cusumbo, un montuvio (habitante de las orillas del río) cuyas dificultades lo obligaron a irse de las montañas hacia la costa, es un hombre de carne y hueso. Esta condición, sin embargo, no significa que sea el típico ecuatoriano. La realidad completa que crea el novelista es distinta del mundo de la cultura blanca. Dado este primer paso que nos aleja de la experiencia que normalmente se espera de la cultura blanca, Cusumbo encarna, entonces, las circunstancias creadas por el novelista. Don Goyo es su esencia. A un nivel implícito están todos los abusos que se encuentran cuando un grupo dominado tiene contacto con el grupo dominante, pero no hay una voz de protesta que critique los problemas. La sensación producida por la intrusión del blanco en la vida de las islas es la de la pérdida de algo que no se podrá remplazar.

Por tradición, los isleños son pescadores. El progreso les exige cortar los mangles de su región. La novela trasciende las implicaciones económicas del problema al enfatizar igualmente a Cusumbo y

Don Goyo y al utilizar varios recursos estilísticos que establecen la realidad de este mundo inusitado. La estructura narrativa es una organización equilibrada a la perfección en tres partes. La primera parte versa sobre Cusumbo —su situación actual, junto con una retrospectiva que revela sus orígenes. Don Goyo apenas aparece en la primera parte, sólo en el trasfondo. Pasa en su canoa diciendo "Buenas noches dé Dios"; es más una presencia que una personalidad. Un relato retrospectivo sobre Cusumbo indica el estado degradado del trabajador en la sierra. Luego la comparación entre la vida saludable y natural de las islas, en contraste con la corrupción de Guayaquil, implica un futuro lamentable para los pescadores.

En la segunda parte de la novela, Cusumbo y Don Goyo tienen igual importancia. En esta parte Don Goyo es muy humano y ejerce su influencia como líder del pueblo. Se mantiene la diferencia entre Cusumbo y Don Goyo, sin embargo, porque el viejo, cualquiera que sea su perfil humano, desempeña el papel de héroe; a Cusumbo lo vemos principalmente en el contexto de su relación amorosa con la Gertru. Aun en esta parte las cualidades extraordinarias de Don Goyo son evidentes. Tiene unos 150 años —una condición que no molesta a ningún lector de la narrativa hispanoamericana a partir de la gran popularidad de García Márquez—; circunstancia tal no fue tan común en 1933. El incidente central de la novela surge de una experiencia mística en que un mangle dice al patriarca que los árboles son como los hombres y no deben ser destruidos.

En la tercera parte de la novela Don Goyo domina por completo; esta parte también efectúa la transición definitiva a su cariz legendario, que fue presagiada en la primera parte. En una narración retrospectiva que sirve de contrapeso a la de Cusumbo en la primera parte de la novela, el narrador revela cómo Don Goyo llegó a ser patriarca de las islas. Al final de la novela, permanece en ellas como un espíritu. La sensación con que quedamos, sin embargo, es que los habitantes lo perderán todo ante la invasión blanca. El espíritu de Don Goyo es reflejo de la derrota del líder en la segunda parte.

El dinamismo de *Don Goyo* se produce por la ambivalencia entre lo humano y la leyenda en la caracterización del protagonista. Es un juego peligroso para el autor porque tiene que ver con un movimiento continuo entre la realidad y la suprarrealidad. Aguilera Malta emplea varias técnicas que hacen de esta situación algo creíble. Es muy importante que la precisión fotográfica no sea nunca una de sus metas. En vez de eso capta la cualidad emocional de una situación. Ninguno de sus personajes debe conocerse a sí mismo completamente El poder de la memoria de Cusumbo, por ejemplo, tiene fallas creíbles que no limitan nuestra apreciación de su personalidad. En el pasaje en que Cusumbo recuerda haber matado a la Nica infiel y a su amante, dice lo siguiente:

Hasta aquí —después de tantos años— recordaba perfectamente. Después, todo se borraba en una serie de imágenes superpuestas, macabras, absurdas, dislocadas. A ratos, se veía como con un remolino en la mano. Un remolino de acero, que cortaba y cortaba sobre carne prieta y sobre carne blanca. Después, un diluvio de sangre, sobre el rostro, sobre el cuerpo todo. Gritos de angustia, de dolor, de súplica; insultos, imprecaciones, gemidos. Dos cuerpos que dejan de agitarse. La gran vacilación. Los antepasados, que brincan sobre sangre. Toda una raza que protesta. La carrera loca, a través de la montaña, a través de los ríos. Picado de los mosquitos. Atisbado por las serpientes, por los tigres, por los saínos. El hambre. El hambre, que vuelve loco. El delirio. La furia. La sed. La fiebre. El hambre. ¿Es que hay Dios? ¿Es que todavía se vive? ¿Para dónde ir? El hambre. La montaña pulpo. La montaña vampiro. La montaña y el hambre. ¿Es que se vive todavía?[1]

En este pasaje hay un buen monto de representación lograda mediante la emoción que se va intensificando. De hecho, la variación en esta intensidad es lo que realmente comunica la acción que ocurre. De un modo semejante, Aguilera Malta concibe su narrativa entera como una serie de escenas claves que comunican la acción por medio de la emoción. Este procedimiento da la impresión de una realidad sumamente estilizada, una especie de destilación de los acontecimientos. Aumenta el efecto inusitado por medio del uso de la repetición, y nunca vacila en personificar la naturaleza. Cuando trata de la naturaleza en conjunto con el diálogo, profundiza la cualidad emotiva de las caracterizaciones sin destruir la simplicidad de los personajes. En una escena entre Cusumbo y la Gertru, el narrador establece primero la escena: "Estaban sentados sobre un tronco de un mangle, en plena orilla sintiendo que el agua casi les lamía los pies. Miraban, indiferentes, el cabrilleo de las canoas, iluminadas por un perfil de luna de cuarto creciente. Se apretaban el uno al otro, como si estuvieran incrustados" (p. 71). Conocemos las actitudes de las dos personas; lo que en realidad se dicen entre sí no revela casi nada, pero recalca su imagen de almas sencillas:

—Te acuerdas.
—¿De qué?
—De cuando te dije "eso"...
—Ajá... ¡No me acuerdo!
—Sí te acuerdas. Pero no quieres decírmelo. (p. 71.)

Es sencillo y muy plausible, pero poco informativo. Para poder llenar el cuadro en cuanto a su significado, el novelista vuelve a la naturaleza: "Los mangles simulaban inclinarse sonrientes para oír-

[1] Demetrio Aguilera Malta, *Don Goyo* (Buenos Aires, Editorial Platina, 1958), pp. 44-45.

los. Soplaba el norte franco, torpemente, pegándoles la ropa al cuerpo, sacudiéndoselas, tal que si quisiera desnudarlos" (p. 78).

Al asociar las emociones humanas con la escena, Aguilera Malta adorna la relación amorosa, mantiene la sencillez del personaje y evita una escena posiblemente trillada. La personificación de la naturaleza es significante en particular con respecto a los mangles porque concuerda con la experiencia mística que se tiene de Don Goyo. Por consiguiente, hace creíble que los cholos acepten lo dicho por Don Goyo, quien sostiene que cortarlos es como cortar uno de ellos mismos y acentúa el símbolo cuando la muerte del patriarca coincide con la caída de uno de los mangles más viejos. Es la intercalación persistente de lo no literal, bajo varios disfraces, lo que sostiene el movimiento de Don Goyo entre hombre y leyenda.

*Ecué-Yamba-O* de Carpentier comparte con *Don Goyo* la búsqueda de características culturales básicas —una indagación semejante por medio del estudio de gente aislada de las corrientes de cambio que solemos considerar como civilización—. Es difícil encontrar las palabras precisas, aún más en *Ecué-Yamba-O* que en el caso de *Don Goyo*. En la novela de Aguilera Malta, las raíces de las costumbres, que se encuentran en la apreciación más profunda de la sociedad, son connaturales de la tierra. Las raíces correspondientes en la cultura afrocubana han sido trasplantadas. No obstante, este mismo hecho da a la novela un valor particular, porque muestra que las cualidades básicas del hombre (las cualidades que nos hacen considerarlo el hombre natural) incluyen mucho más que su relación con un lugar en particular. Esta revelación llega a ser especialmente eficaz en *Ecué-Yamba-O* por medio de la repetición de la "iniciación" y la "terapéutica", pasos esenciales en la vida del protagonista, Menegildo Cue.

El tema de la novela supone la existencia de cuatro circunstancias identificables: el mundo natural, el negro natural, el negro urbano y la sociedad blanca. Los valores que se asignan a estas circunstancias son básicos para la novela; los dos primeros son factores positivos, los últimos negativos. Este contraste se relaciona, de un modo interesante, con la caracterización del primo de Menegildo, Antonio Cue: el primo vive en la ciudad y se lo conoce como "el negro Antonio" —un epíteto empleado repetidamente a pesar del hecho de que el adjetivo descriptivo parece gratuito. Es apropiado, sin embargo, con respecto al mundo real de Antonio. Dentro de la sociedad blanca, éste limpia zapatos y es músico para espectadores blancos; su papel revela su color negro como rasgo cultural, además de ser el color de su piel. No obstante, el papel que el blanco le ha asignado es sólo una parte de su experiencia como negro; cuando está con otros negros, especialmente como participante de una organización fraternal, su personalidad cambia y de servil, pasa a mostrarse seguro de sí mismo, aun agresivo. La ambivalencia en la personalidad de Antonio ilustra el contraste de valores en las cuatro circunstancias temáticas básicas, y esto, junto con la conciencia por parte del lector de dicho contraste, es la clave en la apreciación de la caracterización de Antonio.

En general, la caracterización es mínima en *Ecué-Yamba-O*. Con la excepción de Menegildo, los personajes sirven principalmente para revelar al protagonista más ampliamente. Este procedimiento tiene el efecto deseable de mantener la sencillez de las personas cuyas cualidades auténticamente humanas están en contraste, supuestamente, con las de la civilización blanca. El uso ocasional de la naturaleza tiene un efecto semejante, enriqueciendo la cualidad emotiva de una situación sin complicarla. Esta técnica es similar a otra que es de sumo valor en *Don Goyo*. En la novela de Carpentier es menos prominente.

Además del contraste de los valores culturales, el tema de *Ecué-Yamba-O* debe ser entendido en términos de una serie de acontecimientos circulares. Al nacer el hijo de Menegildo le dan el nombre del padre bajo circunstancias semejantes a las que rodearon los años iniciales del primer Menegildo. Esta acción circular sugiere la durabilidad de la cultura negra y la adhesión inevitable del individuo a este modelo. Por otra parte, sugiere que la adherencia total es imposible, que la presión de la sociedad blanca siempre eliminará a los Menegildos, y que la sociedad blanca los destruirá, sólo para que el ciclo se repita indefinidamente.

La organización narrativa visible del libro consta de tres partes: "Infancia", "Adolescencia" y "La ciudad". A primera vista, este título se parece a esos juegos de niños en que el chico tiene que escoger cuál de los tres elementos no cabe en el esquema. En realidad, "La ciudad" también es una época en la cronología personal de Menegildo. Ahí se encuentra con la sociedad blanca y con la muerte. Dentro de esta división tripartita, Carpentier hace unos capítulos muy breves y en algunos casos emplea el mismo título para varios capítulos. Esta técnica es la característica más inusitada de *Ecué-Yamba-O*, y llega a ser la más eficaz. Los títulos repetidos se emplean de dos modos: uno tras otro "Temporal (a)", "Temporal (b)", "Temporal (c)", "Temporal (d)" o los que aparecen una vez en cada una de las tres partes. Estas dos organizaciones tienen funciones distintas.

Cuando Carpentier emplea la serie de títulos en conjunción, sirve para fragmentar una experiencia, de manera que se puedan ver tantas facetas de ella. Por otra parte, los titulares que se repiten (uno en cada una de las tres partes de la novela) se relacionan más estrechamente a la historia que al ambiente. Están distanciados en el tiempo, pero iguales en su referencia temática. Tres capítulos titulados "Iniciación" tratan de tres etapas en la vida de Menegildo: su infancia, su aprendizaje y su entrada a la sociedad negra urbana; cada caso produce un trauma. En las dos primeras instancias, hay capítulos relacionados con el título "Terapéutica" en que Berúa, la negra natural, cura a Menegildo. En el tercer caso, esta autenticidad étnica no está presente, de modo que no hay nada para salvar al protagonista como individuo; sin embargo, la circunstancia étnica continúa en el nacimiento de su hijo.

*Toá* de César Uribe Piadrahita está bastante más estrechamente ligada a la típica novela criollista. También es mucho menos satisfactoria como experiencia literaria, y una parte considerable de su valor estriba en su posible uso documental como revelación de la circunstancia de los trabajadores de la industria del caucho en Colombia. La historia se divide en dos partes y dos fases; en una, Antonio de Orrantia, un representante del gobierno, va a la región amazónica para investigar los problemas de los obreros; en otra, Orrantia se enamora de Toá, una sirena primitiva de un encanto abrumador. Trastorna al protagonista hasta el punto de que no puede cumplir sus labores profesionales.

Aunque el autor no divide la novela físicamente, su efecto establece dos partes, en cuyo centro está el capítulo nueve (de diecisiete en total), titulado "Toá". La primera sección es la más lograda de las dos. Uribe Piedrahita establece el contraste necesario al colocar a su protagonista civilizado en un mundo que le es completamente extraño. Se supone que este mundo también es extraño para el lector; y, de hecho, la narración tiende a sintetizar las identidades del protagonista y del narrador, y aun del lector. A veces el narrador se distancia de Orrantia, pero la distancia nunca es grande, y siempre se hace hincapié en él. En la caracterización del protagonista el autor emplea la descripción por medio de otros personajes y también algunas observaciones breves por parte del narrador. Después de revelar los pensamientos y los sueños de Orrantia, el narrador a veces interviene para comentarlos. Estos comentarios, sin embargo, no son diferentes de las descripciones omniscientes; y, puesto que no son extensos, no son intrusiones que molesten.

De hecho, el complejo total de las técnicas narrativas empleadas en la primera parte de *Toá* funciona de un modo muy sutil. Los procedimientos de Uribe Piedrahita son básicamente los de la novela realista. Las descripciones de la escena, la presentación de los personajes y la acción se particularizan mediante el encuentro de Orrantia con una cultura menos compleja. El encuentro produce tipos regionales, filosofía folklórica y un tipo especial de búsqueda. Hay otra diferencia con la típica novela realista en la que las varias etapas de la narración (la escena, la caracterización, la acción) siempre son visibles. Uribe Piedrahita se mueve rápidamente de un factor narrativo a otro y funde los distintos elementos en vez de aislarlos. *Toá* no es una repetición de *La vorágine*. La comprensión que tiene Orrantia de la selva es mucho más objetiva que la de Arturo Cova, cuya vida se funde con la vida de la selva. (Esto es por lo menos lo que sugiere *La vorágine;* es dudoso que se fundan en la experiencia misma del lector a no ser que ya esté favorablemente dispuesto desde el principio.) La destrucción de Orrantia no proviene de la selva, sino de las presiones de la cultura a que pertenece. La novela misma se desintegra en el momento en que el protagonista muere. En la segunda parte no hay en realidad un protagonista. Orrantia aparece, pero ya no tiene relación con los problemas de los obreros. El acento del narrador, constantemente sobre Orrantia a lo largo de la primera parte del libro, cambia a las luchas de los trabajadores en la segunda. Retrospectivamente, esta desintegración paralela de la novela y el protagonista es desconcertante en vez de estimulante.

La búsqueda de identidad cultural es de suma importancia en la primera parte de *Toá*. La protesta en contra de la explotación de los seres humanos y también contra la apatía institucional llega a ser más marcada durante la progresión de la narración, y termina con un efecto muy semejante al de una novela claramente proletaria. Otro paso de esa índole es *El muelle* de Alfredo Pareja Díez-Canseco: la novela es una protesta contra la injusticia social. El autor desarrolla su mensaje en términos de la discriminación de clases tanto en el contexto social como en el económico.

Puesto que la escena de *El muelle* es Guayaquil, se combina con *Don Goyo* para hacer una pareja de novelas interesantes. Aunque el conflicto en *Don Goyo* surge de la intrusión por parte de la cultura urbana y blanca, la circunstancia básica de la novela está al margen de la ciudad.

El conflicto que se expone en *El muelle* se desarrolla dentro de la ciudad misma. La clase explotada está completamente aislada del ambiente natural que puede suministrar la seguridad básica. Son las víctimas de la derrota sugerida por el desarrollo narrativo de *Don Goyo*, y su condición es efectivamente muy semejante a la del negro urbanizado en *Ecué-Yamba-O*. Para decirlo de otra manera, podemos apreciar en *El muelle* una etapa del desarrollo de la novela hispanoamericana que las circunstancias sociales casi requerían obligatoriamente.

Guayaquil es un centro comercial en vez de industrial, y por lo tanto no tiene el ambiente de la gran metrópoli que solemos asociar con la novela proletaria. Pareja Díez-Canseco compensa esta falta de ambiente al emplear Nueva York como una escena secundaria, es decir, Nueva York, es secundaria en términos del enfoque temático, pero el novelista equilibra la importancia dada a los dos lugares al comenzar la novela en Nueva York. El protagonista, Juan Hidrovo, es un marinero mercantil cesante que participa en una manifestación obrera. Su joven esposa en Guayaquil acepta la adversidad económica de manera práctica y sufre la discriminación abyectante, aunque con una actitud menos estoica que la que asume frente a la pobreza. Los hombres de la clase dominante consideran que el cuerpo de esta mujer es una posesión suya, y su única defensa es una especie de virtud fundamental que se mantiene intacta a pesar de los abusos. La experiencia de Juan en Nueva York muestra que, aun en una sociedad mucho más desarrollada, el respeto humano no abunda. Los dos lados de la novela se juntan cuando Juan vuelve a Guayaquil y consigue un puesto como obrero en un muelle. Luego lo pierde por el rencor de su jefe.

El mensaje del libro es la protesta vigorosa. El autor invita al lector a que simpatice con la clase menos favorecida y es convincente en su defensa de la decencia humana. Los repetidos casos que emplea para ilustrar su tema serían estáticos si no fuera por el dinamismo que suministra la separación de la escena y su unión posterior. Esta organización narrativa muestra un factor común, la discriminación social, y muestra al mismo tiempo la diferencia entre dos etapas de desarrollo económico. Aparte de este recurso estructural, *El muelle* no hace nada que no sea característico de la típica novela proletaria. La prosa llena y directa crea un retrato verbal bastante verídico. A veces el narrador revela la realidad interior de los personajes, pero siempre tiene el control total de sus destinos. En cuanto a los valores, no hay nada que se aproxime a las consideraciones básicas de un Aguilera Malta o un Carpentier; pero hay muchos enjuiciamientos: los pobres son fraternales, los ricos son inhumanos, los políticos son oportunistas e insensibles, la policía es brutal, y así sigue la lista de un modo más o menos estereotipado.

Parece natural que una novela tan dedicada a la exposición de problemas sociales descartara la innovación narrativa. Esto no quiere decir que la innovación sería inapropiada —ni mucho menos— sino que la intensidad ferviente de la novela hace creer al autor que la afirmación directa es el medio más eficaz. Por eso el vanguardismo de la protesta ostentosa de María Luisa Carnelli en *¡Quiero trabajo!* es tan notable. Los mejores efectos se logran por medio del monólogo interior y algunos efectos visuales sorprendentes. Entre ellos está el *collage* de noticias de los periódicos acerca de la cesantía, junto con los nombres de las compañías y los magnates; otro *collage* muestra marcas comerciales. Estas representaciones sugieren la conspiración capitalista contra el obrero indefenso. El recurso gráfico más eficaz es una especie de *mandala*. Tiene la forma de un asterisco y cada brazo de esta figura lleva las palabras "¿Quién me dará trabajo?" La figura produce un efecto astigmático que está de acuerdo con la confusión general del protagonista. También se realza este estado problemático por medio de repeticiones, hiatos, y unas series de frases sin verbos.

Además de esta protesta social, la novela es atractiva por su orientación feminista. La complejidad cultural de Buenos Aires fomentaba no sólo la innovación artística, sino que también creaba una situación ideal para que la mujer se liberara atrevidamente de sus papeles tradicionales. En un contexto social completamente diferente *45 días y 30 marineros* tiene un mensaje feminista. La autora pertenecía a uno de los círculos literarios más cultivados de Buenos Aires. Esta novela es el producto de la efervescencia de una niña bien y no debe considerarse como típica de la obra de Norah Lange; sin embargo, es indicativa de una época. Es la historia sencilla de la experiencia de una muchacha que viaja a Noruega en un barco de carga; es la única mujer a bordo. La autora no emplea ninguna técnica particularmente interesante, pero dentro de la historia muestra su independencia y su hiperrefinación por medio del lenguaje apropiadamente descrito por Nélida Salvador como "irónico y desenfadado".[2] Puesto que el feminismo del libro de Norah Lange no se relaciona de ninguna manera con problemas sociales, subraya la experiencia íntima de la protagonista.

*Laberinto de sí mismo* de Enrique Labrador Ruiz es una novela extremadamente introspectiva, bien lejos de la protesta social de las otras novelas de 1933. Es una especie de autobiografía crítica basada en el distanciamiento de sí mismo creado por el narrador. Por una parte, se ve desde una perspectiva ordinaria, no con la conciencia que tiene cualquier persona de sí misma; por otra, es capaz de distanciarse, de colocar su autoconciencia en una perspectiva completamente diferente. El novelista crea esta dualidad al hacer que su protagonista-narrador, que es un escritor, sea descrito por los instrumentos de su profesión (sus lápices). Los comentarios de éstos son semejantes a una conciencia, si los consideramos como pertenecientes al escritor-narrador-protagonista. No obstante, el efecto es algo diferente porque la separación física de esta voz da la ilusión de objetividad. Los lápices se refieren al trabajo del escritor sin el compromiso que el artista siente con lo que ha creado.

El efecto de esta dicotomia es realzado por el uso de la segunda persona, un "tú" que se supone es un aspecto de un escritor que se dirige a otro. Una tercera técnica narrativa contribuye a la sensación del yo dividido —el conflicto entre lo ordinario y lo grotesco. Dentro de este marco de la vida cotidiana, el narrador enfoca incidentes que parecen distorsionados. Estos episodios catalizan una mudanza desde lo esperado hasta lo inusitado.

El factor dinámico de la novela —la fuerza que crea el cambio den-

[2] Pedro Orgambide y Roberto Yahni, *Enciclopedia de la literatura argentina*, p. 368.

tro de la novela y en la experiencia del lector— es el contraste entre
la unión y la desintegración. El narrador-protagonista es escritor
de profesión —un hecho que lo equipara con Enrique Labrador
Ruiz. Pero esta unificación encuentra inmediatamente el efecto que
desintegra al creador que se mira a sí mismo creando. Algunos de
los mejores momentos de la novela son los pasajes de contemplación lírica que nacen del contraste fundamental del libro. A veces
Labrador Ruiz se pierde en su entusiasmo lírico; de vez en cuando
su estilo se vuelve aforístico; y aunque algunos de estos dichos constituyen buenas citas, tienden a crear un tono didáctico.

El aspecto más interesante de la novela es su cualidad introspectiva, y así llena el cuadro completo de la situación de la novela en
el año 1933: "novomundismo" y cosmopolitismo, técnicas tradicionales e innovadoras, realidad exterior y búsqueda interior. Todos estos
factores existen juntos, a veces en conflicto, pero otras veces en
asociación directa. La característica más palpable de estas novelas
en conjunto es la universalización de algo particular, ya sea de índole
regional o más bien personal.

## IX. DESDE "DON GOYO" HASTA "TODO VERDOR PERECERÁ"
### (1934-1940)

LAS novelas de los años treintas caben en dos clasificaciones muy amplias: las comprometidas con algún problema social en particular y las que tratan de la condición humana dentro de un contexto más universal. Empleando todavía generalizaciones muy amplias, es razonable decir que los libros del primer grupo tratan a menudo de las masas en vez de los individuos y que se preocupan más por los temas que por las técnicas. Los que pertenecen al segundo grupo normalmente versan sobre individuos y se escriben con más conciencia artística.

Las novelas del año de *Don Goyo* y *Ecué-Yamba-O*, sin embargo, muestran claramente que estas dicotomías no van muy lejos. Las categorías no son mutuamente exclusivas y pueden ser muy engañosas con respecto al desarrollo de la novela. Aunque las novelas comprometidas no acentúan la técnica, tampoco son todas iguales. También es importante clarificar que, aunque el periodo es generalmente considerado por los especialistas como una época de novela social, los libros de índole más introspectiva aparecen en cantidad considerable.

No hay ningún rompimiento con la línea de narración establecida por los escritores de vanguardia de los años veintes. Es cierto que la novela comprometida llegó a predominar por varios años, pero esa otra novela no desapareció del todo. El error se halla en la suposición de que hubo un periodo en que se publicaban exclusivamente novelas sociales. Es una sorpresa para algunos, por ejemplo, pensar en el hecho de que *La última niebla* (1935) de María Luisa Bombal fue publicada en el mismo año que *El indio* de Gregorio López y Fuentes. Una es un estudio técnicamente complicado del amor de una mujer; la otra es una súplica por la justicia social. Se podrían hacer contrastes semejantes con otros pares de novelas.

Para crear una perspectiva útil para las novelas de este periodo, es necesario visualizar varios tipos de novelas comprometidas, divididas por sus preocupaciones temáticas en general. Las clasificaciones principales son las novelas indigenistas, los libros que tratan de la distribución de la tierra y las novelas que versan sobre los obreros urbanos. Una vez que hayamos establecido esto, una consideración de las novelas más artísticamente conscientes revelará, a través del análisis de técnicas narrativas, los elementos que tienen en común las novelas de ambas clasificaciones generales.

Entre las novelas indigenistas, *Huasipungo* (1934) de Jorge Icaza es probablemente la denuncia más violenta de la injusticia. Una de

114

sus características es el uso de escenas repugnantes que disgustan al lector hasta hacerlo llegar a un estado de indignación. Estas escenas son las que más se recuerdan de la novela; Icaza también emplea otras técnicas, menos ostentosas, que contribuyen a la experiencia total de fuerte protesta.

La ironía es importante en sumo grado. Don Alfonso, el patrón, pide a algunos indios que trabajen en el pantano, sabiendo que algunos morirán; comenta que los grandes logros exigen grandes sacrificios. Don Alfonso, por supuesto, está dispuesto a sacrificar a los indios. Este tipo de ironía aumenta con la presencia cada vez más numerosa de escenas repugnantes, y hace la ironía aún más punzante. Hacia el fin de la novela, el lector —a no ser que se resista al proceso totalmente— se encuentra atrapado en el funcionamiento de estos aspectos recíprocos de una sola técnica, programados para producir una indignada reacción.

No obstante este factor técnico, Icaza trata a sus personajes de una manera que muchos lectores olvidan. En términos generales, los humaniza mucho más de lo que suele ser el caso en novelas con este contenido temático. En primer lugar, comienza la novela con el enfoque en el patrón, antes que en los indios. Monólogos interiores revelan las fuerzas motrices en las vidas de don Alfonso y su familia. Las revelaciones acerca de ellos están excesivamente simplificadas, y los vemos principalmente en términos de sus defectos, pero al menos tienen sus propios problemas como individuos. No son estereotipos, tampoco un grupo amorfo de opresores. Aún más importante es el protagonista-héroe, Andrés. Icaza lo caracteriza como una persona con una reacción algo complicada ante su esposa y es capaz de fantasear a base de sus emociones. Obviamente, estas cualidades humanas hacen que el lector aumente su indignación. Junto con ellas está la persistencia cuidadosa por parte del autor con respecto al sentimiento profundo que tiene Andrés por su hogar. El título de la novela, de hecho, significa su casa, y el tema aparece a lo largo de la novela.

El narrador mantiene una distancia apropiada a través de todo esto. No agrega comentarios editoriales o moralizantes acerca de lo que acontece. Su efecto es más patente en la naturaleza episódica del libro; cierto, así ha sido planeado. Las introducciones bien elaboradas al principio de la novela indican que Icaza estaba consciente de su estructura. Más tarde, el enfoque en incidentes repugnantes indica una selección bien consciente. Este proceso intensifica nuestra indignación, suponiendo que no le oponemos resistencia, y la emoción es una protesta generalizada en contra de la injusticia, aunque el catalizador es Andrés.

Las técnicas narrativas varían considerablemente entre las novelas indigenistas; y la experiencia de leer varía en consecuencia, aunque las novelas tienden a fundirse en nuestra memoria por sus semejanzas temáticas. En *El indio* (1935) López y Fuentes evita cuidadosamente la individualización que Icaza emplea como base de *Huasipungo*. No emplea ningún nombre, y se refiere a los personajes según su condición física o su papel: "El lisiado", "El cuatitlácatl" (cazador), por ejemplo. Esta técnica aísla a los indios como grupo, y tiende a hacer de su realidad algo diferente de la nuestra. La sustitución de los nombres propios sugiere un tratamiento arquetípico, y esta condición inusitada se combina con un sistema de correspondencias que hace de la novela una alegoría. Todos los acontecimientos en *El indio* se refieren a la vida en el México posrevolucionario, pero sugieren la historia del indio desde la época de la Conquista. Al principio de la novela algunos blancos vienen a un pueblo indio e insisten en que los indígenas les indiquen dónde hay oro. De ahí en adelante el autor desarrolla en líneas paralelas las costumbres indígenas y la influencia de la civilización blanca. La falta de entendimiento es general; el progreso, en términos de los que lo promueven, parece imposible. El efecto de *El indio* es crear una sensación de frustración, en vez de indignación. No obstante, el anonimato de los personajes otorga dignidad a los indios porque son indios, y no porque sea persuasiva la personalidad de un individuo. Tanto Icaza como López y Fuentes emplean una aproximación al habla indígena, principalmente para crear ambiente. Icaza emplea un diálogo rigurosamente sencillo; por lo tanto, sus personajes indios casi parecen no tener capacidad de articulación. A diferencia del diálogo sencillo que emplea Aguilera Malta, el de Icaza no está enriquecido por el ambiente natural. Sí logra un efecto rítmico por medio del uso de repeticiones que lo distingue del habla ordinaria. López y Fuentes también emplea repeticiones, pero con un efecto bastante diferente. Su estilo de repetición, como la paráfrasis que emplea la misma construcción, crea una sensación de nobleza primitiva; Icaza comunica la resistencia estoica ante la adversidad. La diferencia es del todo apropiada en las dos novelas, una funcionando mejor con la generalidad de López y Fuentes, la otra más adecuada para la individualización mayor en *Huasipungo*.

Todas las novelas indigenistas necesariamente encuentran algún medio para hacer de la separación del indio parte de la experiencia del lector. Puesto que la raíz del problema es la existencia periférica del indio con respecto a la organización social, una sensación de tal estado es básica para la novela. En *El resplandor* (1937), Mauricio Magdaleno emplea una comparación de los indios con la tierra árida que habitan. Comunica su mensaje con adjetivos descriptivos y por medio de caracterizaciones, algo generalizadas, que ponen de relieve la dura persistencia por sobrevivir. Magdaleno se interesa más en el estilo de la prosa que la mayoría de los autores de este tipo de novela, y sus experimentos con el fluir de la conciencia y con los neologismos sugieren que estas técnicas serán un factor importante en el planteamiento de la realidad del indio. En realidad, contribuyen mucho menos de lo que la organización del relato lo hace. Magdaleno yuxtapone la miseria de la tierra del indio con la fertilidad de las haciendas contiguas. Al narrar la historia de los dueños de la hacienda, retrospectivamente, desarrolla el contratema de la resistencia que también se refiere a la pertenencia a la tierra. La fuerza de la tradición de la hacienda intensifica la sensación de separación y de falta de esperanza que sentimos por los indios. Luego Magdaleno desarrolla otro contraste —éste en el tiempo presente más que en perspectiva histórica. Esta novela es posrevolucionaria, como *El Indio*, y hay una posibilidad de que el compromiso político pueda disminuir la agonía de los que sufren. De hecho, llegan a ser los títeres de un político que se aprovecha de ellos descaradamente. Aunque la novela de Magdaleno no carece del todo de esperanza, la poca luz que vemos apenas indica una solución verdadera.

Otras dos novelas indigenistas de este periodo tienen un acercamiento diferente al entrar al mundo indígena: *La serpiente de oro* (1935) de Ciro Alegría y *Yawar fiesta* (1940) de José María Arguedas. Ambas novelas indican una tendencia que este tema particular ha seguido en los últimos años —entrar al mundo en vez de mirarlo desde afuera—. El crítico peruano Alberto Escobar realza la experiencia de la novela de Alegría al hacer hincapié en la conciencia de los hombres que han tenido una relación especial con la naturaleza.[1] El que sean indios es menos importante. Ganan su pan como balseros en el río Marañón. Este río es más que una parte de la vida de la gente que vive cerca de él y por él: es un personaje en la novela y muy apropiadamente porque es, en efecto, un miembro de la comunidad. La vida allí es de puros peligros y dificultades, desde la perspectiva del mundo de afuera. No obstante, los lectores que insisten en ver la novela de Alegría de ese modo lo hacen por haber mantenido sus expectativas. Es mucho mejor dejarse llevar por las técnicas narrativas básicas del novelista.

Este recurso fundamental es la invención de un narrador que viene al pueblo como forastero, y que poco a poco va integrándose a la cultura. El lector comparte con el narrador esta condición de forastero. Si continuamos el proceso de identificación con el narrador, apreciamos la cultura nativa como una en que la relación entre el hombre y la naturaleza surge de papeles complementarios, antes que de polaridades. Esta reacción ante la novela depende más de la caracterización del narrador que de la de otros en la novela.

[1] Alberto Escobar, *Patio de letras* (Lima, Ediciones Caballo de Troya, 1965), páginas 180-257.

Hay momentos en la historia en que el narrador puede parecer poco auténtico, y la apreciación más completa depende de la habilidad por parte del lector para suspender tales reacciones negativas. Un problema semejante existe en *Yawar fiesta*, porque Arguedas parece sentirse parte del mundo indígena. Nos invita a participar como forasteros. El próximo paso, casi inmediato, es muy difícil porque el narrador omnisciente obviamente no es un forastero. Su empleo de palabras indígenas, la cualidad especial de su estilo narrativo, y su descripción de lo que el pueblo realmente es, en contraste con lo que ve el extranjero, todos estos factores tienden a identificar al narrador con la comunidad indígena. El estilo de su prosa tiene dos características fundamentales: la repetición rítmica y una sencillez ingenua que puede reflejar la cultura indígena, pero que es más evocadora de un niño sensible que de exotismo. Por lo tanto, es el lector quien se siente ajeno al narrador y las circunstancias. No obstante, hay un tercer paso que revela una ambivalencia desconcertante por parte del narrador. Después de un capítulo introductorio considerable que pinta un retrato del pueblo e identifica al narrador como miembro del mundo indio, de repente el narrador se distancia de él: "Cuando los indios miran y hablan de ese modo, en sus ojos arde otra esperanza, su verdadera alma brilla. Se ríen fuerte, quizá rabian."[2] El narrador obviamente se siente apartado de la realidad del indio en ese momento.

El problema de la tenencia de la tierra se vuelve un tema polifacético en la novela hispanoamericana. En primer lugar, es un aspecto de la indigenista. La injusticia es más que un asunto económico: tiene que ver con el sentimiento de pertenencia. Sin embargo, las complicaciones no terminan ahí, porque el sentimiento de pertenencia evoca las referencias folklóricas y aun el tema tradicional de la vida rural en contra de la corrupción de la vida urbana. La gama de novelas que versan sobre este tema básico varía desde las obras de tipo indigenista a las de los novelistas de la Revolución Mexicana y también a obras intensamente regionalistas en que el costumbrismo es un factor dominante.

*El paisano Aguilar* (1934) de Enrique Amorim expresa cierta duda con respecto a la factibilidad de trabajar en una finca como un estilo de vida en el Uruguay. La narración está enteramente en tercera persona omnisciente y esta técnica realza el tono analítico del libro. La comunicación básica depende de una condición sugerida por el nombre de la estancia, El Palenque. El protagonista de Amorim vuelve de la ciudad para hacerse cargo de la estancia de la familia. Ajusta su modo de pensar para adecuarse, más o menos,

___

2 José María Arguedas, *Yawar fiesta* (Lima, Populibros Peruanos, s.f.), p. 14.

a su nueva situación. No obstante, su única recompensa es cierto nivel de prestigio. En términos económicos, Aguilera va de mal en peor. Se le cierran todas las puertas; aun su intento de salvarse con el robo de ganado se ve frustrado por una inundación que lo hace quedarse en El Palenque. La decadencia, la pérdida de ambición y el espíritu sin rumbo son los únicos resultados posibles. Dos factores actúan en la experiencia del lector de *El paisano Aguilar*: la presentación del personaje central como ranchero que ha vuelto de la ciudad sugiere el tema de la ciudad corrompida contra el ambiente sano del campo, especialmente cuando llega a ser palpable que Aguilar tiene que aprender de nuevo cómo es la vida campesina. Es un tema ya conocido y generalmente bien recibido en la novela hispanoamericana. Hasta cierto punto, representa una nostalgia por un mundo en plena desaparición. No obstante, el segundo factor importante en la novela de Amorim es la incapacidad por parte de Aguilar para superar su situación. Este segundo factor subraya un problema que la sociedad tiene que resolver; el primero se refiere a una especie de mito que es parte del proceso de identificación cultural.

El problema de la tenencia de la tierra en el contexto del cambio económico, claro, es más patente en la obra de los novelistas de la Revolución Mexicana. Hay que emplear el término "la novela de la Revolución" con cuidado con respecto a las novelas de protesta publicadas en México entre 1934 y 1940. No se refieren a las batallas, sino a los efectos posteriores. Mariano Azuela trata la reforma agraria en dos novelas: *San Gabriel de Valdivias* (1938) y *Avanzada* (1940). Ambas novelas quieren mostrar el fracaso del programa —no por falta de una teoría bien concebida, sino por una abundancia de fracasos humanos individuales. El novelista sacrifica algunas de las técnicas de vanguardia de su obra anterior y muestra claramente su disgusto.

La Revolución, para los años treintas, había adquirido una personalidad histórica y podía ser percibida como una entidad total en vez de una serie fragmentada de rebeliones. También fue la época de Lázaro Cárdenas, el más radical de los presidentes posrevolucionarios. Esta situación se prestaba fácilmente al enjuiciamiento de lo que había logrado la Revolución. *Mi general* (1934) de Gregorio López y Fuentes ofrece una comentario sobre la nueva sociedad, que recuerda la carrera de Demetrio Macías en *Los de abajo*. El protagonista de *Mi general* es un rural que llega a ser importante durante la Revolución, pero a quien le falta cierto nivel de civilización para mantener el mismo poder relativo después de las luchas armadas. La novela emplea un marco de primera persona, de tipo autobiográfico; no obstante, tanto en esta novela como en la de Azuela, la comunicación es directa y obvia, con pocas implicaciones que pudieran agregar algo a la experiencia de la obra. El problema económico y la sensación de pertenecer a la tierra llegan a relacionarse íntimamente.

En la periferia de este conjunto de obras que versan sobre las implicaciones económicas y psicológicas del problema de la tierra, encontramos la novela regionalista que tiende hacia lo folklórico. *Cantaclaro* (1934) de Rómulo Gallegos es casi una antología de leyendas, dichos populares e historia venezolana. *Risaralda* (1935) de Bernardo Arias es interesante por su hincapié en la cultura negra. El estilo de prosa del autor es bastante declamatorio, a pesar de la promesa original de técnica cinematográfica.[3] Durante una época en que se podría esperar dicha influencia en la novela hispanoamericana, Arias Trujillo parece haberse dado cuenta de esa posibilidad sin haber descubierto cómo desarrollarla. La novela más interesante de ese tipo, probablemente por ser más introspectiva, es *Cuatro años a bordo de mí mismo* (1934) de Eduardo Zalamea Borda. El libro trata del viaje en primera persona de un joven bogotano que llega a conocer la región costeña de la Guajira y va relacionándose con la gente de allí; es su transición hacia la madurez. La novela es una combinación del aprendizaje con la contemplación; o para decirlo de otra manera, hay la experiencia exterior de percibir los elementos folklóricos que pertenecen al mundo del narrador y la experiencia interior de su contemplación de sí mismo. Estos pasajes introspectivos pueden ser algo aburridos, especialmente al principio del libro, antes de que el narrador establezca una relación con la gente. Afortunadamente, él domina bien las técnicas narrativas para dotar al libro de dinamismo. Un recurso en particular que usa en los pasajes para crear ambiente es una especie de repetición en que se vale de la última palabra, o de una de las últimas palabras, de una frase y las emplea como la primera de la próxima frase. Comúnmente usada en la descripción de una escena, esta línea de repetición suministra al pasaje una estructura fonética particular, y el efecto es semejante al de la línea oscura de un bosquejo a lápiz. A causa de esto el exotismo regional es más intenso. Además, Zalamea Borda realza esta sensación de lo inusitado por medio de una técnica que comunica el entusiasmo del narrador —una lista de las características de la gente en una sola secuencia rápida.

Una técnica negativa se relaciona con los pasajes contemplativos. El narrador se sumerge en un autocuestionamiento que tiende a distanciarlo de la escena de la novela y a colocarlo al lado del lector. El factor compensatorio es la relación creciente con los personajes; lo que él dice de los indios y los negros es el descubrimiento de una sola persona. Su experiencia lo ayuda claramente en la identificación

---

[3] "Película de negridumbre y de vaquería, filmada en dos rollos y en lengua castellana", en la página titular de *Risaralda* de Bernardo Arias Trujillo (Manizales, Casa Editorial y Talleres Gráficos Arturo Zapata, 1935).

de sí mismo, y es semejante de un modo particular a todas las aventuras logradas en el ambiente folklórico-rural, incluso el de algunas novelas indigenistas —ve el contraste entre los hombres sencillos y la civilización tecnológica.

Las novelas que tratan de problemas urbanos pueden ser mejor descritas con referencia a un tono general de insatisfacción que llamándolas novelas de protesta o novelas proletarias. La expresión de proletarismo está suavizada por las circunstancias de economías en desarrollo donde el nivel de industrialización varía de un sitio a otro.

Entre los varios tipos de novela que pertenecen, en general, a esta categoría, una exige atención particular más por su tema que por su ejercicio técnico: *Puros hombres* (1938) de Antonio Arráiz. El autor fue encarcelado durante los últimos años de Juan Vicente Gómez, dictador de Venezuela por más de un cuarto de siglo, hasta antes de su muerte en 1935. El libro es una historia de la vida en prisión, y no hay el más mínimo esfuerzo por disimular la indignación del autor. La protesta como tal es mucho más marcada en esta novela que en la mayor parte de las novelas que versan sobre la organización social, y *Puros hombres* no es de ninguna manera un caso aislado de las letras hispanoamericanas como protesta contra el encarcelamiento político. El género casi constituye un subgénero. Hay —o mejor dicho, hubo— una nota de optimismo mínimo en *Puros hombres* porque la dictadura había acabado y la novela fue publicada en Venezuela. Desgraciadamente, la visión retrospectiva nos informa que pasaron sólo pocos años antes que otra dictadura detentara el poder.

Dentro del marco de la protesta económica —en vez de la protesta política— José A. Osorio Lizarazo es uno de los más comprometidos. En *La cosecha* (1935), el escenario es rural —el mundo de los cafeteros. Sin embargo, *Hombres sin presente* (1935) es enteramente urbano; es una defensa del obrero, una explicación del poder de la huelga y un ataque al orgullo burgués. La narración es del todo obvia. Empleando técnicas tradicionalmente realistas, el narrador describe a la gente y luego la pone en movimiento. Se encuentran el mismo tono didáctico y técnica también en *El criminal* (1935), una relación semidocumental de cómo es la sífilis. Este tratamiento algo clínico es novelizado por lo menos mínimamente por la degeneración paralela de la salud del protagonista y las relaciones con otros. A veces el narrador en tercera persona se deja llevar por las observaciones frívolas e imaginativas de su protagonista.

Las novelas de Osorio Lizarazo son ejemplos claros de obras producidas por el impulso proletario de escribir por el bienestar del pueblo. No obstante, la idea típica de la novela proletaria exige una trama más complicada y una ideología más específica. *Los hombres oscuros* (1938) de Nicómedes Guzmán, se conforma más estrictamente con este modelo. La novela se desarrolla a base de tres líneas narrativas: las escenas entre la gente humilde del pueblo (incluyendo los restos de una herencia rural, aunque la escena es urbana), la teoría y la práctica de la organización de los sindicatos, y la aventura amorosa de Pedro e Inés. Pedro, el protagonista, es el factor unificador. Su presencia reúne las tres líneas, principalmente a través de sus pasajes contemplativos. Guzmán es capaz de usar la narración en primera persona muy convincentemente. Así lo hace en estos pasajes contemplativos y también a principios de la novela, donde el narrador, un lustrabotas, describe su situación y aun emplea el presente inmediato tal como es el caso de la voz narrativa de algunas novelas más innovadoras.

Aunque esta técnica estilística comienza a incorporar al lector en la novela, ello no se aprovecha en realidad y *Los hombres oscuros* llega a ser bastante expositiva. En las páginas preliminares (la dedicatoria, la nota introductoria, etcétera), se habla mucho del hecho de que el autor es un hombre del pueblo, duro, realista y dispuesto a enfrentarse a lo que sea necesario. Hay una fiesta, pero también hay una muerte, un homicidio y una epidemia de tifo. Un episodio en que unos niños observan copular a unos perros agrega un toque de vulgaridad inocente. La línea narrativa que versa sobre la organización de los sindicatos produce la mayor parte de la ideología. La cruzada adquiere cierta perspectiva histórica cuando un organizador marxista recuerda unas reuniones de los años veintes. Adquiere un sentido más amplio en términos sociales porque la novela pone de relieve dos principios de la moralidad pública —la necesidad de moderación en el uso del alcohol y la idea de la mujer fiel, vista principalmente en Inés.

El inmigrante europeo en la sociedad urbana aparece en *Madre América* (1935) de Max Dickman. La novela trata sobre toda una gama de la sociedad argentina, de un modo satírico, empleando tipos en vez de caracterización bien desarrollada. No obstante, Dickman también sabe el valor del monólogo interior y experimenta con otras técnicas que realzan el escepticismo de la novela.

El descubrimiento del petróleo en Hispanoamérica produjo un tipo especial de novela de protesta en obras como *Huasteca* (1939) de Gregorio López y Fuentes, *Mancha de aceite* (1935) de César Uribe Piedrahita y *Mené* (1936) de Ramón Díaz Sánchez. La presentación del problema tiene varias características generales, contiene una protesta contra el imperialismo económico por parte de los Estados Unidos, protesta que se intensifica por la sensación de haber sido vendido —traicionado— por un compatriota. También hay la sensación bien profunda de una especie de choque cultural causado por la invasión de explotadores de los Estados Unidos. La novela de

Díaz Sánchez busca intensamente convertir estas preocupaciones en materia capaz de ser narrada y lo logra hasta cierto punto.

El título de la novela es la palabra venezolana para petróleo. La novela misma no es tan fuertemente dramática como el título pudiera sugerirlo. Díaz Sánchez comienza con un pasaje de diálogo no identificado, las voces de una multitud. El propósito es comunicar una sensación de camaradería, lo folklórico y regional, una época de fiesta. El pasaje general cambia a la realidad específica de la apertura de una nueva calle en el pueblo, Cabimas. El autor continúa con el uso del recurso del diálogo no identificado como medio de mantener la conciencia del pueblo como entidad. Ésta es la trampa para el lector —una imagen del pueblo como lugar amistoso e inocente. Crea esta trampa precisamente al principio y la mantiene en acción a lo largo de la novela. Los explotadores del petróleo invaden esta escena plácida y el narrador compara la invasión con la llegada de los españoles durante la época de la Conquista. No hay ninguna trama que nos lleve a lo largo de la novela. Varios episodios distintos ilustran la explotación y los conflictos culturales provocados por la presencia de la compañía petrolera. No se entretejen los episodios, pero el narrador los unifica al referirse a algunos de los personajes al principio y también al final de la novela.

Una línea teórica entre las novelas comprometidas y las artísticas es algo útil para hacer generalizaciones, pero en los casos específicos esta línea se borra tanto que apenas se vislumbran sus límites. En realidad hay cuatro factores operantes en esta línea: el problema social, la identificación de la experiencia "novomundista", el cosmopolitismo (preocupación por los valores humanos universales) y la innovación técnica. Ninguno de estos factores depende del otro, tampoco son mutuamente excluyentes. El factor que tienen en común todas las novelas de esta época es una sensación de insatisfacción con los valores sociales, sea en términos del problema de la justicia o en términos de la identidad individual y las relaciones personales. En este respecto, es imposible no tomar en cuenta *La vida inútil de Pito Pérez* (1938) de José Rubén Romero, aunque las características de esta novela la apartan de la clasificación general. Romero emplea el modo picaresco para producir un ejemplo extremo, algunas veces divertido, de desencanto con el sistema. Algunos de los actos de Pito Pérez son moralmente censurables desde el punto de vista de la sociedad, pero justificables en el contexto de su inconformidad. Él no puede conformarse porque no encuentra la honestidad fundamental. Algunas de las escenas son abiertamente satíricas y claramente humorísticas; otras siguen la línea delicada de la tragicomedia. Puesto que lo que sabemos de Pito nos llega por medio de un narrador inventado, tendemos a observar sus disquisiciones en vez de experimentar su causa. Los aspectos provocadores de reflexión de esta novela coinciden con una serie de ensayos de este periodo que toman en cuenta la posición del hombre americano, escritos por autores como Eduardo Mallea, Ezequiel Martínez Estrada y Samuel Ramos.

Este tipo de escritura introspectiva, puesto que se relaciona claramente con la experiencia "novomundista", suministra una liga entre dos grupos amplios de novelas durante este periodo; a saber, entre los libros que versan principalmente sobre problemas sociales y los que tratan de la condición humana en general. Una novela satírica inusitada —inusitada en su ataque a la alta burguesía limeña— durante los años veintes también contribuye a esta liga: *Duque* (1934) de José Díez Canseco.

*Duque* satiriza específicamente a los aficionados a cosas inglesas, pero el blanco más general es el grupo que cree que todo lo bueno tiene que ser de origen europeo. La sátira no crea la impresión de un escritor ultrajado, sino asqueado. El tono es humorista en vez de moralista. Esta gente tan bella en la superficie está moralmente degenerada. El narrador es omnisciente, emplea bastante diálogo y un estilo telegráfico crea movimiento en la historia. La historia misma tiene la cualidad de una historieta; es la superficialidad misma de la novela lo que crea el movimiento. La ultrarrefinación se satiriza a sí misma.

Pensando en términos de las novelas que son los mejores ejemplos de la preocupación introspectiva por la condición humana, conviene pensar en una línea creada durante este periodo por la obra de María Luisa Bombal, Jaime Torres Bodet, Eduardo Mallea y Juan Carlos Onetti. Bien relacionadas, pero algo aparte por una u otra razón, están las obras de Enrique Labrador Ruiz, Juan Filloy y Vicente Huidobro. *La última niebla* (1935) de Bombal es básicamente típica de esta línea de desarrollo.

La novela cuenta la historia de la protagonista y su amante imaginario. Amado Alonso, en un prólogo a la edición de 1941, explica que vemos la realidad que gira alrededor de la protagonista solamente tal como la ve ella, que no hay escenas como en la novela realista o naturalista.[4] Considera que este factor es el que atrae al lector. Indudablemente, es de suma eficacia, en especial cuando el narrador en primera persona opera en un presente inmediato, absoluto, efectuando una síntesis del tiempo narrativo con el tiempo del lector. No obstante, hay otras varias técnicas de igual importancia en la experiencia de la novela. Nada parece normal; el movimiento de los personajes en la realidad es rígido, poco natural; y esta condición disminuye el contraste con los pasajes de sueño.

---

[4] María Luisa Bombal, *La última niebla* (Santiago, Nascimento, 1941), pp. 15-17.

La niebla es un *leitmotiv* que cataliza la fantasía; el desarrollo de la historia está marcado por ella, y el final depende enteramente de una alteración de la función de la niebla. En vez de un signo de cambio, ha llegado a ser señal de una condición estática. La protagonista, resignada a la vejez y a un sueño perdido, se refiere a sí misma y a su esposo: "Alrededor nuestro, la niebla presta a las cosas un carácter de inmovilidad definitiva" (p. 85). Su realidad fantaseada se desarrolla en contrapunto con una realidad observada externamente: la cuñada del esposo, Reina, y el amante de Reina. Hay tres etapas correspondientes en el desarrollo ficticio de las dos realidades. La noche de amor de la protagonista corresponde a una escena de Reina y su amante en el salón de la casa veraniega de la protagonista. Más tarde la protagonista cree que ve a su amante, pero en realidad no está segura. Este episodio corresponde a un hecho intermedio en el mundo objetivo cuando Reina no viene al décimo aniversario de bodas de la protagonista y su esposo. Finalmente, los pensamientos suicidas de la protagonista corresponden a las mismas ideas que tiene Reina. El factor que difícilmente se explica bien en el análisis es el espacio común que tienen la realidad y la fantasía —para decirlo de otra manera, los planos de realidad. Por ejemplo, cuando la protagonista no está segura si ha visto a su amante imaginario por segunda vez, la inseguridad coloca esta fantasía en un nivel distinto de la primera.

El grupo de personajes es pequeño y el enfoque es muy fino; éste tiende a ser el caso en novelas de este tipo. *Primero de enero* (1934) de Torres Bodet limita el desarrollo de la novela a un solo personaje y un solo día. Esta novela trata exclusivamente del deseo que tiene Gonzalo Castillo por renovar su vida, por ser una persona diferente de lo que es. El autor se vale del buen uso de la voz narrativa en tercera persona que habla desde el punto de vista del protagonista. Gonzalo Castillo descubre que no puede cambiar su identidad porque ya ha sido identificado por otros; no ve la posibilidad de renovarse al aumentar su conciencia de otros.

La primera novela publicada de Juan Carlos Onetti, *El pozo* (1939), se concentra en un personaje lo más estrechamente posible.[5] Los lectores generalmente están de acuerdo en que el protagonista, que es un escritor, es una extensión de Onetti más que una invención en sí misma. Casi nada ocurre en la novela además de las dudas angustiadas por parte del protagonista acerca de por qué debe actuar en el mundo. El pesimismo tan aburrido y tedioso —y más que el pesimismo, la falta de decisión— sugiere la posi-

---

[5] No es mi intención exagerar la importancia de obras tempranas no publicadas. Bien se sabe, no obstante, que Onetti había escrito hacia 1933 una novela, *Tiempo de abrazar*, y que *El pozo* fue escrito bastante antes de publicarse (véase a Luis Harss, *Los nuestros* [Buenos Aires, Sudamericana, 1968], p. 221).

bilidad de que *El pozo* en realidad va más allá de la revelación de la circunstancia de un individuo y se relaciona con la sociedad asfixiante del Uruguay. La dictadura de Gabriel Terra terminó en 1938 y se instituyó una forma de gobierno de comisión. Tanto Onetti como un novelista muy diferente, Enrique Amorim, sugieren que la sociedad no es nada dinámica. Podemos especular, del mismo modo, acerca de la posible relación de *Primero de enero* de Torres Bodet con la institucionalización de la Revolución Mexicana.

Una de las novelas más interesantes del periodo, especialmente con respecto a la técnica, es *Op Oloop* (1934) de Juan Filloy. Es una de las obras cuyo efecto no puede ser estimado porque, a pesar de ser bien conocida, siempre ha tenido un grupo pequeño y dedicado de lectores.[6] La historia muestra la desintegración de una personalidad dentro de un periodo de veinte horas. Los capítulos, si se les puede denominar así, llevan la hora del reloj, en negrillas, en los intervalos apropiados de la narración. La primera referencia de ese tipo es a las 10:00 a.m.; la última ocurre a las 5:59 la próxima mañana. Estas referencias al tiempo no separan los distintos segmentos de la narración entre sí. Aparecen como parte del texto al lado izquierdo. El efecto es inmediato e importante porque son el primer indicio del proceder metódico de la mente de Op Oloop.

Él es un residente finlandés de Buenos Aires. En el primero de cuatro pasos principales del desarrollo de la novela revela la regularidad de sus hábitos, sus gustos exquisitos, su creencia de que todo cae en una pauta que es igual a la totalidad armoniosa. Acepta el principio de la racionalidad del hombre. Filloy narra básicamente en la tercera persona pero también emplea el monólogo interior, que establece muy eficazmente una cualidad ambivalente en el protagonista. Bajo esta faz se encuentra una actitud rebelde involuntaria. Este problema interior llega a ser intenso, en la reacción del lector, porque Filloy emplea distorsiones tipográficas para clarificar su mensaje. Una expresión de impaciencia ("¡No dispongo de ninguna noche!") va aumentando en el tamaño de la letra en una secuencia de tres repeticiones (p. 33). Comunican la tensión creciente de la impaciencia de Op Oloop. El narrador omnisciente manifesta claramente que su cambio tipográfico representa lo que ocurre dentro del protagonista, no lo que dice. Luego se escribe la misma frase al revés, como vista en un espejo, y en letras mayúsculas; todavía en mayúsculas aparece dividida en sílabas y con el orden de las sílabas alterado, pero ahora en forma de la imagen

---

6 Bernardo Verbitsky escribe sobre este fenómeno en su introducción a la edición moderna (véase Filloy, *Op Oloop* [Buenos Aires, Paidós, 1967], pp. 7-17).

en el espejo de la penúltima versión. La tensión se ha vuelto confusión.

El segundo paso narrativo tiene que ver con el amor que tiene el protagonista por Franziska; debe ser un amor perfecto, pero persiste en superar los límites de la idealización razonable. En esta parte, Op Oloop tiene conversaciones de naturaleza fantástica o trascendente con su amada. Se comunican "telestésicamente" (p. 109). Pocos escritores se comparan favorablemente en la facilidad con el lenguaje que tiene Filloy. Está en la tradición joyceana y es un precursor evidente de Cortázar, Cabrera Infante y otros novelistas más recientes.

El tercer paso es un banquete que da Op Oloop a sus amigos. Está cargado de alusiones filosóficas y artísticas, humor erótico, juego con el lenguaje y juego correspondiente con los números. Mucho de eso es humorístico, pero intercalada está la confusión creciente del anfitrión. Aquí surge una especie de base filosófica para lo que le pasa a Op Oloop. En un mundo racional, parece absurdo que el amor, un estado irracional, sea el único modo de "llenar" la vida de uno (p. 174). Esta actitud es una afirmación parcial de la ambivalencia comunicada a lo largo de la novela, y nos lleva al cuarto paso, que culmina en el suicidio del protagonista.

Se podría justificar la afirmación de que la Argentina naturalmente produjo más literatura complicada durante este periodo que cualquier otro país hispanoamericano. Sus conexiones con Europa eran estrechas, la tradición literaria era robusta y la actividad argentina durante los años veintes de vanguardia era sobresaliente. No obstante, es difícil reconciliar algunas contradicciones evidentes; por ejemplo, María Luisa Bombal publicó *La última niebla* en Buenos Aires. Amado Alonso, en su introducción a la primera edición chilena, casi una década después, critica el establecimiento literario chileno por ser demasiado anticuado como para aceptar la novela de Bombal. Esta opinión hace que Buenos Aires parezca un paraíso para el escritor innovador. Por otra parte, Filloy estaba en París cuando escribió *Op Oloop* y publicó la novela privadamente en la Argentina. Sin embargo, hay muchas posibles explicaciones que tienen que ver con las disputas personales y literarias, tanto como tendencias culturales auténticas. Evidentemente la experimentación era amplia por todas partes en Hispanoamérica, aunque su intensidad variaba enormemente de un lugar a otro, y también tomaba muchas formas. Enrique Labrador Ruiz continuaba haciendo el tipo de literatura que él llamaba "novela gaseiforme". Su obra *Cresival* (1936), es menos innovadora que la más temprana *Laberinto de sí mismo*, pero es del mismo tipo.

*Cagliostro* (1934) de Vicente Huidobro es importante porque reconoce las posibilidades de las técnicas cinematográficas en la no-

vela.[7] Sería una película muda en este caso. De hecho, el diálogo
es sintético y abrupto, tal como lo es el diálogo al pie de la pantalla. La escena cambia para lograr cierto grado de simultaneidad;
el tema, sin embargo, está bien lejos de ser psicológico. Tiene que
ver con una especie de mago que cuenta más de tres mil años, con
poderes notables para hacer el oro y engrandecer las joyas. La historia rechaza los conceptos normales del espacio y el tiempo y se
acerca más a la ciencia ficción que al estudio psicológico. El narrador demuestra la realidad de la imaginación.

La figura literaria más prominente durante el periodo 1934-1940
fue Eduardo Mallea. Sus primeras obras de ficción aparecieron
durante los años vanguardistas de la década de los veintes; luego
varios años pasaron hasta que publicó dos obras relativamente menores en 1935. Una fue una novela, otra un ensayo —una combinación conveniente porque ha continuado escribiendo en ambos gé-
neros, y con una mezcla de las características de ambos. Mallea
se interesa en la novelización del espíritu humano, y ha llevado a
cabo este proyecto dentro de un contexto argentino, buscando lo que
es auténticamente humano. En 1936 publicó un volumen de cuentos relacionados, *La ciudad junto al río inmóvil*, que son penetra-
ciones en la vida urbana. *Historia de una pasión argentina* apareció
en 1937; es una autobiografía espiritual-intelectual que plantea muchas preguntas generalmente puestas en tela de juicio en el mundo
occidental durante los años transcurridos entre las dos guerras mun-
diales. Fue ampliamente leída por toda Hispanoamérica. En 1938
Mallea publicó *Fiesta en noviembre*, una novela bien conocida por
su intercalación de dos historias distintas. *La bahía del silencio* (1940)
es uno de sus libros más ampliamente leídos. Algunos lo consideran
un tratamiento novelístico de los temas de *Historia de una pasión
argentina*. Es un libro imponente y una búsqueda de alguna constante en la experiencia humana y de un medio para articular esa constante.

Mucho del comentario sobre las novelas de Mallea tiende a interpretar las ideas en ellas, en vez de tratar de sus cualidades artísticas. Hay muchas razones para explicar este interés, puesto que
las características del ensayo y la narrativa se mezclan en su obra.
La base de mucha interpretación de Mallea es la distinción entre
una Argentina "visible" y un país "invisible". Para decirlo en términos sumamente simplificados, esta diferencia se refiere a relaciones humanas superficiales en contraste con la preocupación humana
profunda —del tipo que hace al individuo sentirse a fin de cuentas

---

[7] Vicente Huidobro, *Cagliostro* (Santiago, Zig-Zag, 1934). La composición de *Cagliostro* puede datar de principios de los años veintes. Los detalles de la bibliografía son demasiado complicados para exponerlos aquí. La edición contiene una nota
que puede ser de interés para especialistas.

poco adecuado para su papel en la vida. La Argentina visible es una superficie de la sociedad —valores falsos pero aceptados, las formas, los prejuicios—; la Argentina invisible busca los valores más básicos, sabe el sentido de la lucha y de la angustia. El pesimismo de las novelas es generalmente reconocido. En realidad, algunas de sus novelas son más pesimistas que otras; sin embargo, en cualquiera la sensación de pesimismo es más evidente si el lector se da cuenta de que la vida auténtica es una búsqueda en vez de un descubrimiento. El hecho de que Mallea plantea preguntas sin contestarlas tiene poco que ver con el valor de su obra. La experiencia de sus novelas es la experiencia de las preguntas mismas.

La novelización, en el caso de Mallea, incluye comentarios por parte de una voz narrativa que se interesa por la circunstancia que se describe pero no participa en ella. Este aspecto revela la importancia de la forma ensayística; algunos lectores reaccionan ante ella como una especie de editorialización que interrumpe el fluir de la narración. A veces el estilo del narrador llega a ser aforístico, y entonces su comentario es particularmente fastidioso, porque nos distrae en el significado de lo que dice. Es importante darse cuenta, no obstante, de que el autor considera este tipo de voz narrativa una técnica valiosa y legítima en la creación de la novela. Cree que es posible "narrar definiendo", creando una unidad de acción y conocimiento.[8] *La bahía del silencio* es uno de los mejores ejemplos de esta técnica.

La estructura narrativa se basa en tres etapas en la vida de un escritor, Martín Tregua: su compromiso juvenil, la experiencia europea y la vuelta a Buenos Aires. Los detalles de su historia son tan típicos como ese esquema. El joven escritor y sus amigos publican una revista efímera; la época en Europa revela la condición enajenada de muchos de los amigos de Tregua; la vuelta a Buenos Aires trae un periodo de desilusión porque el protagonista no puede descubrir la Argentina que esperaba encontrar. Mallea emplea un narrador en primera persona, el protagonista mismo, que se dirige a un "tú" —una mujer elegante, mundana, que conoce sólo de vista y por su reputación. Él reacciona a su apariencia física y lo que él considera indicios de su profunda sensibilidad. Ella es un símbolo de los valores sólidos que Mallea encuentra en los aspectos más deseables de la Argentina.

La sensación de silencio (la falta de comunicación), que es una parte importante de la experiencia de la novela, viene del hecho de que el protagonista se dirige a la mujer, y también de que en muchas de las conversaciones Tregua mismo es siempre el personaje central. Las conversaciones suelen tratar del arte, la literatura, y la política. Los amigos de Tregua hablan con él, pero casi nunca

---

[8] Attilio Dabini sobre Mallea en Pedro Orgambide y Roberto Yahni, *Enciclopedia de la literatura argentina*, pp. 410-411.

entre sí. El efecto, por lo tanto, suele ser expositorio; es decir, el diálogo tiene una cualidad ensayística. El éxito de esta técnica ("narrar definiendo") depende de dos actitudes por parte del lector: o tiene que dejarse llevar por el concepto de la técnica del autor o leer la novela principalmente como literatura de ideas. Esta última actitud parece ser bastante común, y ha producido muchos admiradores ardientes de Mallea. Lo negativo es que oscurece el proceso estético del novelista. Donde permite que su arte funcione, mucho del mensaje se comunica al lector por medio de asociaciones cuidadosamente elaboradas, un fenómeno que está completamente de acuerdo con la experiencia de preguntas en vez **de** respuestas. La comunicación por medio de asociaciones es el **efecto** de la estructura inusitada de *Fiesta en noviembre*, una de las mejores novelas de Mallea, juzgándola artísticamente, y uno de los reflejos más interesantes del mundo de su época.

Se le recuerda con facilidad por la descripción común de su alternación de dos historias completamente distintas. Esta observación evoca una asociación casi ritual con *Las palmeras salvajes* de William Faulkner, una intercalación de dos novelitas con técnicas por entero distintas de las de *Fiesta en noviembre*, y con efecto también diferente. Faulkner yuxtapone novelas de igual importancia supuestamente, alternando los cinco capítulos de cada una. La experiencia psicológica de una historia es la inversión de la experiencia de la otra. En *Fiesta en noviembre*, una historia es claramente más fundamental que otra, la intercalación no es simétrica y la historia secundaria termina por dominar al final.

La primera escena de *Fiesta en noviembre*, que ocurre en Europa, aparece en letras cursivas. En aproximadamente una página de narración nos enteramos de que algunos soldados han venido a la casa de un poeta para llevárselo. Dos detalles de la escena se destacan: la apariencia física del soldado es desarreglada, poco disciplinada, y el poeta toma un pedazo de pan hecho en casa. Su aura de humanidad esencial contrasta con la condición de los soldados, que más bien desempeñan un papel. Cambiando a una letra normal, la narración también cambia de escena. Se trata de la casa de los Rague en Buenos Aires, la noche de una comida. Eugenia Rague, gran dama, desciende las escaleras. Ella encaja en esta escena al igual que los otomíes en las tierras calcinadas en la obra de Mauricio Magdaleno. Dice lo siguiente: "al llegar a los últimos escalones se detuvo —una mano, casi una garra, apretaba los impertinentes sobre la falda, la otra estaba detenida con imperio en el borde negro de la escalera—. . . aquella máscara agria y estucada barrió los veinte metros por veinte del hall Renacimiento con un mirar en el que había cierta mezcla violenta de austeridad y sorda apatía. Un detalle, una desarmonía —sólo tal vez para su ojo—, una intervención extraña y disonante en el arreglo de aquel ambiente hubieran bastado para poner en movimiento la ingeniería peculiar de su furia, aquel ronco proceso interior que se conocía en la casa desde la antecocina hasta las tristes habitaciones del señor Rague y del que solían salir verdaderos desastres, consecuencias tremendas".[9]

La escena que circunda a Eugenia Rague establece el tono de la trama básica. Los invitados revelan su concepto de la mundanidad. La conversación versa sobre temas artísticos, pero de un modo seudointelectual, con un sustrato de prejuicios y ansiedades oportunistas. Dos expresiones de autenticidad surgen dentro de este marco de presunción. Una de ellas, Marta Rague, la hija de Eugenia, es sinónimo de responsabilidad; la otra es un pintor, Lintas, que se niega a negociar su posición sobre la validez artística. La comunicación entre Lintas y Marta es típica de las relaciones creadas por Mallea en el sentido de que no lleva a ninguna resolución, sino a una experiencia profunda por parte de ambas personas y del lector. Esta historia básica se interrumpe cuatro veces por las narraciones en letras cursivas que continúan la historia del poeta. No hay ninguna relación abierta entre las dos historias. No obstante, en una parte, Lintas cuenta a Marta del incidente en Buenos Aires cuando una banda de fascistas argentinos atacaron severamente a un librero judío. *Fiesta en noviembre* alcanza dos niveles de simultaneidad: uno es sugerido por las dos historias poco relacionadas; otro es producido por la yuxtaposición de episodios que ocurren durante el marco temporal de la comida.

Después de la fiesta Marta está sola de nuevo, y la novela cambia definitivamente a la historia del poeta. El narrador repite todos los segmentos intercalados a lo largo de la historia, y luego continúa el relato por varias páginas. Sigue acentuando el contraste entre los soldados y el poeta, los que vimos en el primer pasaje de la novela. Nos enteramos de que el lugar es Europa. Termina con la ejecución del poeta; de ese modo, la historia secundaria realmente domina el tono de la novela al final. Las asociaciones se desarrollan en el siguiente orden: autenticidad contra representación de papeles en la historia del poeta, representación de papeles en la sociedad bonaerense, añoranza por una autenticidad subordinada en esa misma sociedad, violencia e injusticia en Buenos Aires, y violencia e injusticia en la historia del poeta.

*Fiesta en noviembre* surge durante una época en que la civilización sufría una crisis tremenda. La Guerra Civil española fue un terreno de entrenamiento para los militaristas que más tarde destrozarían el mundo. Tuvo un efecto profundo sobre los artistas e intelectuales hispanoamericanos y en esencia sobre la cultura his-

---

[9] Eduardo Mallea, *Fiesta en noviembre* (Buenos Aires, Losada, 1956), p. 10.

panoamericana. El fascismo creció y precipitó la segunda Guerra
Mundial, fue una época de crisis creciente para toda Hispanoamérica, hubo espías del Eje en varios países. En Colombia su presencia condujo a la reformación de las líneas aéreas y la creación
de Avianca en 1940. De consecuencias políticas más serias fue la
declaración del presidente Eduardo Santos en 1939 según la cual
Colombia protegería el Canal de Panamá, a pesar de la neutralidad
que proponía Jorge Eliécer Gaitán. Esta diferencia fue una instancia temprana de una tendencia política que llevó finalmente a
la violencia. México giró hacia la derecha en lo económico con vistas
a la industrialización, cuando Manuel Ávila Camacho siguió a Cárdenas como presidente en 1940. La cooperación de los mexicanos con
los Aliados no era de ninguna manera dudosa, pero había que frenar
las influencias fascistas. En la Argentina, los elementos fascistas
habían estado activos aun a fines de los años veintes. La fecha deci-
siva en la política occidental fue enero de 1942, cuando Estados
Unidos pidió el apoyo latinoamericano en contra del Eje. La Argentina prefirió una posición neutra, que en realidad favoreció al Eje,
e insistió, en la reunión de Río de Janeiro, en una recomendación
antes que en una resolución. Chile apoyó a la Argentina en esa
reunión.

Estos hechos políticos no aparecen como tal en la novela, desde
luego. El periodo descrito en este capítulo tampoco alcanza el año
1942. No obstante, el hecho es que los problemas de la política internacional exigían una nueva visión internacional por parte de Hispanoamérica. La conciencia artística y la experimentación narrativa
eran suficientes, aun durante un periodo sobresaliente por la protesta social, para asegurar la continuación de la transformación de la
realidad por parte del novelista.

## X. EL AÑO DE "TODO VERDOR PERECERÁ" (1941)

*Todo verdor perecerá* es la quintaesencia de la representación que ha hecho Mallea del ser humano insensible; o si lo vemos desde otro ángulo ligeramente distinto, es su comunicación más clara de la búsqueda angustiada, pero interminable. Aunque la condición humana creada en esta novela puede ser leída como un fenómeno enteramente personal, es mucho más fácil creer que pertenece a un estado cultural más general o que lo refleja hasta cierto punto. Se comunica esta posibilidad por medio del nihilismo de *Tierra de nadie* de Juan Carlos Onetti, una novela cuyo título sugiere una actitud indiferente de los bonaerenses que retrata. Por el hecho de tener características frecuentemente asociadas con la época posterior a la segunda Guerra Mundial, es informativo examinar las otras novelas publicadas durante el mismo año, una especie de panorama de la novela de ese periodo —específicamente el año de la participación de este hemisferio en la guerra.

No se puede destacar como típica ninguna novela de 1941. *Todo verdor perecerá* bien puede ser el libro mejor conocido del año; no obstante, podríamos proponer que *El mundo es ancho y ajeno* de Ciro Alegría ha gozado de igual fama. Su nativismo marcado, como novela indigenista, está bien lejos de la visión civilizada de América en las novelas de Mallea y Onetti. Hay una diferencia igualmente grande entre el tipo de preocupación humana expresada en la novela de Mallea y la preocupación específica por la justicia social en *Mamita Yunai* de Carlos Luis Falla o en *Nuestro pan* de Gil Gilbert, otra novela que trata de un grupo específico de obreros —en este caso, de los que trabajan en el cultivo del arroz en Ecuador. Las actitudes hacia la función social varían desde el nihilismo de los personajes de Onetti hasta la dinámica de la sociedad en pleno cambio en *Nueva burguesía* de Azuela y *El caballo y su sombra* de Amorim. En cuanto a la técnica, la voz narrativa varía desde la primera persona en forma autobiográfica en *Mamita Yunai* hasta la ausencia casi total de un narrador en *Tierra de nadie*. Otros recursos técnicos muestran la necesidad creciente de un desarrollo tradicional de la trama. Mariano Azuela figura entre los más innovadores —un lugar frecuentemente ocupado por este novelista famoso de la Revolución Mexicana, algo en contra de su propia voluntad. Aunque varias de las novelas son narraciones directas de experiencias personales, el grado de ficción en muchas de ellas es considerable; y con respecto a eso, es importante notar la aparición de *El jardín de los senderos que se bifurcan* de Jorge Luis Borges. El cuento titular de este volumen es una combinación de las aventuras de espías y la ciencia ficción. No es de ninguna manera una novela, y el autor jamás ha escrito una, pero sus cuentos han tenido una influencia muy marcada sobre la narrativa más extensa al afirmar el derecho que tiene un autor de inventar su mundo.

El texto de *Todo verdor perecerá* está precedido por dos epígrafes que son normalmente más funcionales que lo supuesto para tales citas. Uno es de Isaías, el profeta, y habla de una época en que la tierra será desierto y "todo verdor perecerá".[1] Esto en sí ya explica el título y el escenario físico. Luego, el segundo epígrafe humaniza inmediatamente la profecía al referirse al hombre y sugiere la impotencia del hombre dentro de su circunstancia. La novela comienza dentro de una escena completamente impersonal —la tierra resecada por la sequía y el fuego. Mallea crea una escena abrumadora al comunicar una sensación de distancia infinita y al mismo tiempo intensifica tal sensación al referirse a los diferentes objetos que se presentan a la vista. Un adjetivo repetido, "blanco", se refiere a cada uno de estos objetos y su sencillez tiende a contrastar con las metáforas de Mallea, que, dada esta modificación, pueden funcionar sin poner en peligro lo parco del pasaje.

Con la primera introducción de una persona, Nicanor Cruz, la cualidad poco compasiva de la naturaleza toma cuerpo y corresponde al espíritu irascible del hombre. "Muy de tiempo en tiempo, tras muchas semanas de espera, se confabulaba en la atmósfera una de esas nublazones que encendían en el corazón de Nicanor Cruz una esperanza colérica."[2] Las palabras claves aquí son "confabular", "encender" y "colérica". Las nubes no sólo se juntan; actúan con malicia. El efecto aquí no es de personificar la naturaleza de un modo romántico, sino de reflejar la manera en que Nicanor Cruz se siente ante las nubes. "Encender", desde luego, es una asociación natural con una tormenta. Se aplica inmediatamente, en este caso, a la condición extraordinaria de la esperanza del hombre, que no es la esperanza pura, sino una esperanza hecha con mala gana por parte de un hombre llevado al límite. En esta oración, Mallea define bien claramente el carácter del hombre y de su relación con la naturaleza; la escena cambia a Ágata, su esposa, que prepara una comida en casa. Un ayudante un poco tonto, Estaurófilo, funciona en la periferia de la escena —una presencia constante de posible violencia que nunca se realiza. Nicanor llega. La relación de marido y mujer está caracterizada por su conversación en construcciones impersonales, evitando pronombres personales y eliminando así la posibilidad de comunicación íntima. Este hecho es básico en la descripción de su relación y tan estéril como todo lo demás. La

---

[1] La cita es de Isaías, 15:6. El segundo epígrafe es del Eclesiastés, 9:12.
[2] Eduardo Mallea, *Todo verdor perecerá* (Buenos Aires, México: Espasa-Calpe, Argentina, 1945), p. 14.

única diferencia entre los dos está representada por los paseos
vespertinos de Ágata —un acto de búsqueda, sin objetivo fijo pero
también sin rencor.

Cuando Ágata observa a Cruz, este hombre extraño a quien está
ligada, la narración entra en una larga retrospectiva. Se inicia por
la memoria de Ágata, pero el narrador es omnisciente. Describe el
pasado tal como afectó a Ágata, pero sabe cosas que ella no hubiera
podido saber. La narración retrospectiva recuerda su etapa de madurez en Ingeniero White, un suburbio de Bahía Blanca. Su padre
fue un médico inmigrante, viudo y alcohólico. No era un hombre
perverso, pero tampoco eficaz como padre y médico. La caracterización de este fracaso humano es el método principal para mostrar la juventud de Ágata. La retrospectiva introduce a Cruz, un
hombre que se consideraba un marido ideal en esos días, y los quince años de vida de casados que precedieron el tiempo presente de la
novela. El modo narrativo, durante la retrospectiva, es bastante
más sucinto que en otras partes. Esta solidez tiende a quitarlo
del marco de la experiencia real, pero las imágenes de Mallea crean
interés en los personajes y despiertan preocupación por lo que les
ocurre. En algunos de los momentos más persuasivos, atribuye
la imagen a un personaje, aunque sigue de narrador. Poco después
de que Ágata se da cuenta del interés que tiene Cruz en ella, el narrador dice lo siguiente: "Ágata entró en su casa riendo —lo recuerda
ahora— dispuesta a olvidarse de aquello o comentarlo entre bromas con Delia. Pero al moverse de nuevo en la casa, al venir de
hablar con la muchacha que estaba en la cocina, al entrar en su cuarto, le parecía, físicamente, que en el interior de aquella casa ce-
rrada se movía con ella una puerta."[3]

La primera parte de *Todo verdor perecerá* podría quedar aislada;
la novela vuelve a la época de la primera escena, un periodo de
desaliento después de cuarenta días de sequía. Cuando por fin llega
la lluvia, Nicanor Cruz se moja y se enferma de neumonía. Ágata
permite que muera y piensa morirse ella misma, pero sobrevive
—la Ágata que sentía la presencia de la puerta y tomaba los paseos
por la tarde. Aquí termina la primera parte.

La segunda parte de la novela comienza con una descripción de
Bahía Blanca, donde encontramos a Ágata. En una narración retrospectiva breve —de nuevo iniciada en la memoria de Ágata, pero
controlada por el narrador— nos enteramos de lo que ocurrió entre la noche de la crisis y la llegada de Ágata a Bahía Blanca. Es importante en su caracterización que no siente ningún deseo de ir a
Ingeniero White; en Bahía Blanca, ella encuentra a una amiga
—una amiga de las fiestas, con los escrúpulos de una persona mo-

3 *Ibid.*, p. 41.

derada. Ágata se encuentra en un mundo social poco conocido, y
brevemente ve la posibilidad de establecer una relación auténtica,
pero ésa también resulta ser falsa. Durante este periodo de esperanza, hay más diálogo que en cualquier otra parte de la novela.
Comunica la posibilidad de que Ágata salga de esa vida tan intro-
vertida. Con esta excepción, el estilo es como el de la primera
parte. El narrador nos cuenta de Ágata y comenta de vez en cuando desde una posición que algunos lectores consideran demasiado
alejada. En realidad, el Mallea narrador emplea tres grados de
distancia con respecto a su personaje. En una ocasión, por ejemplo, Ágata considera su situación poco después de venir a Bahía
Blanca. Primero, el narrador está bien cerca de Ágata, y hasta se
aproxima a un monólogo interior. Ella se observa en un espejo,
y se muerde los labios para dar un poco de vida a la imagen. Se
lee lo siguiente: "Todo lo que existía de adversario parecía materia-
lizarlo en su rostro, el suyo propio. ¿Es que alguna vez se iba a
decir algo a sí misma?" El narrador que hace la pregunta es casi
la protagonista. Ella misma bien puede ser esta persona que plantea la pregunta. Entonces, inmediatamente, el narrador se aleja
a una posición en que obviamente habla acerca de Ágata: "Se pro-
fesaba rencor y lo que habría querido era entregarse cuanto antes
para librarse de sí." El narrador obviamente se ha alejado del monólogo interior. No es posible que Ágata pudiera haber dicho eso.
En la tercera posición, el narrador se aleja de la situación individual
de Ágata para hacer una referencia general: "Al fin, acabamos pa-
reciéndonos a lo que odiamos."[4] Este cambio que tiene que ver
con tres etapas parece más natural en este caso que en una situación
en que el narrador cambia directamente desde la primera posición hasta la tercera. Esta última posición es la que suele evocar
una reacción poco favorable por parte del lector.

Cuando se destruye la ilusión de una relación duradera, Ágata
va por fin a Ingeniero White y sus visitas allí llegan a ser regulares,
son como los paseos por la tarde en la estancia. Al final de la novela, la pobre mujer, aparentemente demente, llama la atención
de unos chicos malvados de la calle que la molestan como si fueran furias desatadas en su ataque. Totalmente desorientada, se
encuentra en su vieja casa. Nada le abre un camino apropiado,
ni la presencia irónica de las palabras, en una iglesia cercana, que
dicen lo siguiente: "yo soy la ruta, la verdad y la vida". Después
de un periodo de silencio, Ágata "se levantó precipitadamente, como
llamada por un rito y, sin dirección ni discernimiento, echó a
correr contra la oscuridad". De nuevo se trata de la Ágata de la
puerta imaginaria y los paseos por la tarde.

4 *Ibid.*, p. 106.

La caracterización de Ágata se desarrolla lentamente a base de nuestra primera visión de ella en la estancia. Ahí comienza la novela. El hecho de que vuelve a la escena de su niñez sugiere una estructura circular, que no es precisamente el caso. La niñez de Ágata ya ha sido establecida. El desarrollo de *Todo verdor perecerá* es un asunto de intensificación.

Si los habitantes de *Tierra de nadie* de Onetti están menos angustiados que Nicanor y Ágata Cruz, es porque la vida les importa menos. De hecho, esta tierra de nadie merece este nombre no porque nadie la pueda poseer, sino porque nadie la quiere. Luis Harss cita a Onetti, que dice lo siguiente: "Pinto un grupo de gentes que aunque pueden parecer exóticas en Buenos Aires son, en realidad, representativas de una generación... El caso es que en el país más importante de Sudamérica, de la joven América, crece el tipo del indiferente moral, del hombre sin fe ni interés por su destino... que no se reproche al novelista haber encarado la pintura de ese tipo humano con igual espíritu de indiferencia."[5] Sería apropiado agregar otra petición: que el novelista no nos reproche por leer su novela con el mismo espíritu de indiferencia, y muy probablemente, sin terminarla.

Hay indicios en *Tierra de nadie* del novelista futuro (el que vendrá con *El astillero*, por ejemplo), pero Onetti todavía estaba en un proceso de búsqueda algo insegura cuando escribió este libro. Trata de una docena de personajes (que recuerdan algo los personajes en las novelas de Roberto Arlt) en una multiplicidad de relaciones. Se encuentran en bares, en corredores y en apartamentos donde siempre parecen estar buscando otra cosa. Llegan a ser amigos, enemigos, amantes o cualquier combinación de estas tres posibilidades. Una relación puede terminar tan abrupta y fortuitamente como comenzó. La narración consiste en segmentos que saltan de un grupo de personajes a otro. A diferencia de algunas novelas segmentadas, *Tierra de nadie* no emplea segmentos para crear una conciencia polifacética de una situación particular. La novela no tiene ninguna situación específica; por consiguiente, el resultado de la segmentación es una sensación de caos, que bien puede ser lo que el autor quería crear. El problema es que a su lector muy probablemente no le importa si es una obra caótica o no; y aquí Onetti se encuentra con problemas, o quizás ésa fue su intención.

En los primeros episodios de la novela, parece que un hombre llamado Aránzuru será el factor unificador. Aparece frecuentemente, pero los segmentos no conforman un todo. Otro personaje, Casal, da cierta base filosófica a la novela al sugerir que él y sus compañeros no tienen nada a qué aferrarse. Admite que uno u otro

---

5 Cita de Luis Harss, *Los nuestros* (Buenos Aires, Sudamericana, 1968), p. 218.

podrían ser capaces de contentarse con algo que ha ocurrido, pero sólo por unos pocos días.[6] Esta sensación es una descripción adecuada de la experiencia por parte del lector de *Tierra de nadie*.

En cuanto al desarrollo de la técnica narrativa, *Tierra de nadie* es de importancia considerable —no porque Onetti tenga mucho éxito, sino porque su interés en la experimentación sugiere posibilidades que podrían realzar la comunicación de la novela. Se consideró como un hecho en 1941, al igual que hoy, que las novelas que no enfocaban la justicia social debían ser más innovadoras en términos técnicos que las otras. Aunque hay modificaciones obvias a esta proposición, contiene cierto grado de verdad. Esta verdad depende en gran parte del supuesto de que la experimentación en la técnica acompaña la invención de la realidad por parte del novelista. Onetti sí inventa, aunque ha señalado que escribe sobre una generación muy real. La influencia de Borges en la creación ficticia adquiere importancia para 1941; además, sería muy injusto omitir el nombre de otro escritor cuyo papel fue semejante: Macedonio Fernández, cuya obra, *Una novela que comienza*, fue publicada por primera vez en 1941. Su estilo es muy semejante a otro que ya hemos visto en *Papeles de Recienvenido*. La estructura de esta obra breve es la de un ensayo dirigido al lector acerca de la escritura del narrador, con observaciones acerca de dos mujeres que ve por casualidad. Lo importante con respecto a ellas es el hecho de que necesitaba que una se pusiera en contacto con él para que terminara la novela. El truco de escribir acerca de la composición llega a ser extremadamente importante en novelas más recientes, particularmente porque se refiere al asunto de la invención, lo esencial del arte creador.

Sería absurdo decir que *Todo verdor perecerá* y *Tierra de nadie* no son novelas comprometidas. Muestran claramente su preocupación por un problema social; y aunque este problema sea importante más allá de las fronteras nacionales, los dos novelistas obviamente desarrollan sus historias dentro de un contexto cultural en particular. La gran diferencia entre sus novelas y *El mundo es ancho y ajeno* de Ciro Alegría es que los problemas que Mallea y Onetti tratan no tienen que ver con asuntos de justicia social, y no especifican grupos sociales en particular como víctimas del problema. La novela de Alegría —su obra más ampliamente conocida— es básicamente la historia de un poblado indígena, Rumi. Los problemas de la injusticia social tienen que ver con el poblado mismo, y también con varios de sus habitantes que salen al mundo exterior. En algunos pasajes, la novela comunica la sensación de la dignidad

---

[6] Juan Carlos Onetti, *Tierra de nadie* (Montevideo, Ediciones de la Banda Oriental, 1965), p. 129.

nativa de los indios. Su efecto general es hacer que sus lectores
sientan que hay que hacer algo. Este mensaje probablemente contribuyó a que ganara el premio que le diera Farrar y Rinehart como
la mejor novela latinoamericana.

La estructura narrativa de *El mundo es ancho y ajeno* es extremadamente dislocada. Su factor unificador principal es la protesta
creciente contra la injusticia. Esta función está implícita en el título,
que nos informa que el mundo es ancho y pertenece a otros. Es una
afirmación justa acerca del tema del libro. Aun el mundo estrecho
de Rumi pertenece a otro. No obstante, si el lector no toma muy en
serio el título, bien puede quedar decepcionado por los primeros
capítulos de la novela donde parece que el enfoque narrativo será
el pueblo. Con el desarrollo de la novela, Rumi llega a ser el sitio
de donde emana la estructura. El cambio ocurre cuando la gente de
Rumi pierde su tierra. En este punto, el mundo exterior aumenta
de importancia. En un estudio del efecto de las varias técnicas
narrativas en esta novela, Alfonso González nota que el estilo de la
prosa cambia en ese punto de la historia.[¹] Muestra que los pasajes
líricos pertenecen casi todos a los primeros capítulos de la novela, cuando los indios todavía pueden vivir en paz y de acuerdo con
sus propias tradiciones. Este retrato de la vida es idealizado, bastante arcaico. Luego el hechizo se pierde cuando el mundo blanco
interviene, y el lenguaje llega ser crudo, correspondiente al cambio
en la fortuna.

La novela comienza con una escena en que Rosendo Maqui, el
anciano y sabio jefe de la comunidad, busca una culebra de mal
agüero. El tono sugiere la posibilidad de excesivo ornamento del
buen-salvaje, pero el narrador nos da cierta seguridad cuando dice
que si algunas de las personas de Rosendo Maqui lo hubieran visto,
no habrían sabido lo que hacía. Esta seguridad es de doble importancia porque indica que posiblemente vemos las cosas tal y como
las ven los indios. Aunque el narrador no habla precisamente desde
una perspectiva interior sobre la cultura indígena, parece conocer al
menos algunos detalles. No obstante, el punto de vista narrativo
resulta ser desconcertantemente inconsistente. Es narrado en tercera persona omnisciente; pero el narrador troca papeles a su
antojo, cambiando a la primera persona plural para ofrecer comentarios editoriales acerca de lo que dice. En el primer capítulo, esta
voz editorial interrumpe para expresar la opinión de que Salomón
es el sabio más famoso del mundo —y esto para justificar el que
Rosendo Maqui sepa quién es. El autor también emplea la misma
voz para poner en duda la caracterización que él mismo ha creado,
y aun se esconde de ella para disculparse por no haber penetrado

¹ Alfonso González, "Las técnicas narrativas en dos etapas del 'novomundismo'
hispanoamericano" (Disertación doctoral, Universidad de Kansas, 1971), pp. 71-72.

más a fondo en la realidad interior de uno de sus personajes. El efecto de esta angustia palpable por parte del narrador es que él mismo es quien se destaca sobre los personajes, a veces apenas notables.

Los primeros capítulos de la novela definen los papeles y las relaciones en el pueblo. Luego un capítulo titulado "Juicio de linderos" presagia la dispersión de la gente de Rumi. Este capítulo es interesante desde una perspectiva técnica: es altamente fragmentado y algunos de los segmentos narrativos son cronológicamente simultáneos. El efecto es describir una alianza de los terratenientes con el poder civil enderezada contra el indio. De hecho, lo que pasa en Rumi tiene todas las características de una conquista y, dada la escena arcaica de los primeros capítulos, la asociación de esta crisis con la Conquista Española del Nuevo Mundo es casi inevitable. Esta sugerencia no se lleva a cabo, sin embargo, como sí ocurre en *El indio*.

El capítulo titulado "El despojo" marca el desposeimiento de las tierras de Rumi. La gente busca un nuevo sitio, algunos se van y sufren la injusticia en varios contextos. Desde este punto de vista, es evidente que no hay ninguna estructura dentro de la obra misma. Lo que crea la unidad es el papel creciente de la injusticia. Un capítulo trata de los que llegan a ser proscritos; otros tratan de obreros en las minas; otros versan sobre los que cultivan la coca; y aun otros describen las injusticias sufridas en la ciudad. Estos senderos no se cruzan; van emanando de lo que fue Rumi.

La novela llega a un punto en que hay una reconcentración de la atención sobre la gente de Rumi, ahora en Yanañahui. Un hijo de la tribu vuelve y tiene cierta capacidad como líder. Inspira a sus colegas a que se rebelen y casi los aniquilan. La angustia patente por parte del autor es un reflejo de la lucha por la justicia social. Había sido partidario de la APRA, sufrió el encarcelamiento y lo dejaron salir del país en 1933. Es razonable pensar, por ejemplo, que las escenas de los prisioneros, en el capítulo en que Rosendo Maqui está en la cárcel, son de la vida real. En un nivel distinto de sugerencia, la multiplicidad de las áreas de injusticia probablemente refleja la preocupación por parte de los de la APRA. Su efecto sobre la novela es cambiar el acento radicalmente. González nota muy acertadamente que, después de que los indios pierden Rumi, *El mundo es ancho y ajeno* deja de ser una novela indigenista y se vuelve una novela de protesta social en general (pp. 64-65). Es una obra consistentemente didáctica, y eso también intensifica su proletarismo.

Entre las novelas de 1941 que versan sobre la posible reforma social, la de Alegría bien puede ser la más proletaria, gracias a la amplitud de su insistencia. *Nueva burguesía* de Azuela trata de un lugar y una gente apropiados, pero su tono es más satírico que compasivo. Obviamente no tiende a idealizar al obrero, tal como lo hace Nicómedes Guzmán, por ejemplo. *Nueva burguesía* es una serie de bosquejos de los habitantes de una casa de vecindad. El lugar es Nonoalco y la ocupación predominante es trabajar en el ferrocarril. La narración salta de un personaje a otro sin ningún sistema evidente. El único elemento unificador es el lugar donde vive la gente.

Los incidentes de esta obra no se relacionan entre sí para formar una trama; la caracterización nunca es profunda y tiende hacia la caricatura. Hasta un punto considerable, esta exageración de tipos refleja el disgusto por parte del autor de que se haya dejado que el mundo moderno corrompa los valores. En un sentido más amplio, la novela refleja la desilusión por parte de Azuela con la Revolución. Quería que la gente tuviera una vida mejor, pero en *Nueva burguesía* muestra nuevas oportunidades desaprovechadas en cosas que realmente no mejoran la condición de la gente —por lo menos según el criterio de Azuela. Critica lo que hoy en día se conoce como la sociedad de consumo.

La novela de Azuela, a pesar de su falta de un unificador estructural, tiene coherencia —una coherencia de tono suministrada por la preocupación desaprobatoria del autor. Este efecto mantiene al lector consistentemente en la misma posición con respecto al mensaje de la novela. Esta posición puede ser antagónica; la sátira siempre tiene ese peligro. No obstante, hay suficiente humor bien fundado (algunos tipos picarescos, por ejemplo) como para ganar la confianza de muchos lectores. Debe aclararse, en todo caso, que Azuela no se burla de la mala fortuna; es cruel con todo lo que le parezca estúpido o deshonesto.

Mauricio Magdaleno presenta una visión bastante distinta de la sociedad mexicana en *Sonata*. El protagonista es un escritor, principalmente poeta, que encuentra que su dignidad está amenazada por todos los segmentos sociales. Como comentario sobre el comportamiento humano, la novela de Magdaleno encaja en alguna parte entre el tono satírico de *Nueva burguesía* y el nihilismo de *Tierra de nadie*. Realmente nunca logra vitalidad porque insiste constantemente en una voz en tercera persona en una novela que necesita desesperadamente de la interiorización en la forma del fluir de la conciencia o del monólogo interior. La ausencia de alguna técnica de este tipo es curiosa, puesto que Magdaleno ya había experimentado con el fluir de la conciencia en una obra anterior, *El resplandor*. Podríamos sospechar que *Sonata* fue escrita antes de su fecha de publicación, como suele ocurrir, pero la fecha de la creación según la indica el texto es 1937-1938. En todo caso, la aproximación más cercana a la interiorización es la asociación de algunas memorias en un pasaje.[8] Se usa otro recurso extensamente, pero con éxito limitado —referencias a la música hechas para crear un ambiente o para corresponder a un estado emocional. La técnica funciona razonablemente bien para lectores con un conocimiento algo profundo de la música. Uno necesita conocer, por ejemplo, *La création du monde* de Darius Milhaud, y al mismo tiempo debe tener una idea de cómo es la música de Erik Satie y recordar los detalles del desarrollo de la Novena Sinfonía de Beethoven. Un lector que no conoce la música a tal grado no ganará nada de la asociación intentada. Sólo le parecerá una novela presuntuosa.

El protagonista de *Sonata*, Juan Ignacio Ugarte, vive a través de una serie de desilusiones: con las relaciones que existen en su propia familia burguesa, con su educación, con su primer amor, con el mundo de los negocios y el servicio civil, y con los hombres de letras. Se integra a un grupo marxista, participa en un levantamiento, pasa tiempo en la cárcel, y finalmente descubre que el líder aparentemente valiente del grupo había hecho un arreglo secreto con el partido ya establecido. Tal arreglo es común y corriente. El hecho de que Juan Ignacio no está dispuesto a convenir con ellos lo priva del éxito, pero no de su sensación de libertad. El narrador nos habla de este conflicto, pero nunca llega a ser una experiencia íntima.

La protesta que más se acerca al espíritu de *El mundo es ancho y ajeno* surge bien claramente en *Mamita Yunai* de Carlos Luis Fallas. La novela contiene dos historias y dos objetos de protesta: elecciones sin sentido y la explotación económica. La "Yunai" se refiere evidentemente a la United Fruit Company. La novela está narrada en primera persona por el protagonista. El tono, por consiguiente, es autobiográfico y hay buenas razones para creer que los hechos son tan autobiográficos como el tono.[9] Los dos cuentos se ligan sólo por la presencia del narrador-protagonista.

La primera historia tiene que ver con un viaje por parte del narrador a un pueblo lejano para observar el procedimiento de las elecciones, como miembro del partido de la oposición. Es posible que lo que ve no deba ser considerado corrupción. Las personas del pueblo son indios, y están muy poco informados acerca de la política de su patria. Los representantes del partido en el poder los manipulan, ganan sus votos y organizan una celebración de victoria que parece mucho más importante para el pueblo que el hecho de votar. Hay varios incidentes que contribuyen a esta historia básica. Tratan principalmente del intento de la oposición por evitar que

---

[8] Mauricio Magdaleno, *Sonata* (México, Botas, 1941), p. 226.
[9] Véase Rodrigo Solera, "Carlos Luis Fallas: el novelista de su propia vida", *Hispania*, 53, núm. 3 (septiembre 1970), pp. 403-410.

el narrador llegue al pueblo, en primer lugar, y luego con algunos tipos del pueblo. *Mamita Yunai* es, hasta cierto punto, una novela indigenista.

Al final de esta experiencia el narrador vuelve a casa. Y eso sería todo si el destino no hubiera favorecido su encuentro con un viejo amigo, Higinio, que trabajaba antes con él en una plantación bananera. Aquí entra la Yunai. El encuentro provoca una retrospectiva que comienza con la juventud del narrador y cuenta sus aventuras como bananero. La protesta tiene que ver con una ocasión en que la compañía se negó a pagar el sueldo a Higinio, al protagonista y a un tercer amigo. Tienen que aceptar un puesto más peligroso; el tercer amigo muere al caerle un árbol, e Higinio ataca al jefe con un machete. Es por eso que el narrador no ha visto a Higinio por tanto tiempo. En una especie de epílogo, el narrador cuenta lo que le ha ocurrido mientras Higinio estuvo en la cárcel.

No es muy positivo el resultado logrado por la conjunción de las dos historias. Mariano Azuela hizo algo semejante en *Avanzada* y tampoco funcionó mejor para él que en el caso de Fallas. El hecho es que sentimos que no hemos leído una sola novela, sino dos obras distintas.

La combinación, entonces, no debe confundirse con la coherencia lograda en *Nueva burguesía*, un efecto que anticipa la escritura más reciente en que la fragmentación manifiesta acaba por producir una sensación inusitada de unidad. Agustín Yáñez también hace algo del mismo estilo en *Flor de juegos antiguos*. Éstas son evocaciones de la niñez —episodios separados que en su conjunto comunican un ambiente, casi revelan una personalidad identificable. Aquí se trata de un caso aislado y especial, sin embargo, que anticipa un desarrollo en la prosa de ficción que viene más tarde. Aunque es fácil describir una diferencia entre *Avanzada* y *Nueva burguesía*, por ejemplo, sin ningún respeto por el efecto de la unidad o la falta de ella, es mucho menos sencillo incluir un libro como *Los muros de agua* de José Revueltas en la misma descripción.

Esta primera novela de Revueltas es otra historia de prisión. *Los muros de agua* se basa en la experiencia personal, pero a diferencia de Fallas, Revueltas emplea un narrador en tercera persona. El autor se asoció con un movimiento de izquierda durante su adolescencia y a la edad de veinte años lo encarcelaron por subversivo en la prisión de las Islas Marías. Éstas se hallan lejos de la costa de México, y su uso como prisión da título a la novela. El libro es en gran parte una serie de episodios acerca de varios prisioneros. Las historias comienzan en un tren que va hacia la costa y la primera trata del líder natural del grupo. Desde luego, se necesita una narración retrospectiva para completar la presentación. Siguen otras retrospectivas; pero al mismo tiempo, la historia básica va hacia adelante en el tiempo, hacia el barco, a la isla misma, y luego a la vida en la prisión.

Uno de los aspectos más interesantes de *Los muros de agua* es que los problemas y las personalidades de los prisioneros no políticos tienden a oscurecer el hecho de que los otros están allí por razones puramente políticas. Una posible explicación de este aspecto es el deseo izquierdista bien conocido de humanizar lo repugnante —es decir, de poner de relieve las cualidades humanas básicas en personas cuyas acciones repugnan a los que los condenan. A pesar de eso, parece que el autor debiera haber aprovechado más este asunto político. También es interesante que Alfredo Pareja Díez-Canseco, en *Hombres sin tiempo*, evitó cuidadosamente la producción de una obra política. Aunque el autor fue encarcelado por razones políticas, hace bien claro en el prefacio de la novela que la obra no tiene ninguna intención política.[10] No disimula su afiliación política en el prefacio, pero inventa a un narrador que fue encarcelado por un crimen que no tenía nada que ver con la política. Es sobre esta base que va desarrollándose la relación de la vida en prisión.

El argumento en favor del cambio está mucho más generalizado en tal presentación que en una novela como *El mundo es ancho y ajeno*. Probablemente hay buenas justificaciones para ambos tipos. De hecho, hay aún otro tipo, o aspecto, de la novela de protesta: un tipo de novela en que el cambio es inevitable. Éste es uno de los aspectos de la experiencia de *Nueva burguesía*; sea cual sea la actitud del narrador, hay cambios que ocurren en la sociedad. La posibilidad de cambio en la novela de Alegría está del todo eliminada, se fuerza a la gente al cambio no deseado y su lucha contra él queda frustrada. El problema se complica por el hecho de que existe la tradición indígena nativa. Donde la tradición es menos importante, el cambio ocurre en otro aspecto. Se suele describirlo en una situación urbana, pero tal no es necesariamente el caso. Enrique Amorim, por ejemplo, en *El caballo y su sombra*, trata de la reestructuración de la sociedad rural.

El tema básico de esta novela es el efecto benéfico de la inmigración europea. Su estructura narrativa depende de dos contrastes importantes. Uno es el conflicto entre la estancia tradicional y una granja organizada por un grupo de inmigrantes; otro es una línea de conflicto entre los terratenientes de la aristocracia y la gente común —una división que, en la experiencia de la novela, estimula la esterilidad. Hay aún otro conflicto, visto a través de la caracterización, que relaciona estos factores: dos hermanos, Nico y Marcelo, representan el tradicionalismo y el cambio. No son figuras

---

[10] Alfredo Pareja Díez-Canseco, *Hombres sin tiempo* (Buenos Aires, Sudamericana, 1941), pp. 7-8.

alegóricas, pero sus acciones indican ideas del todo opuestas. Así, el narrador establece la oposición entre los personajes desde el principio de la novela cuando Marcelo visita la estancia después de haber pasado varios años en la ciudad. Sus expectativas nos suministran toda la información necesaria. Aunque el punto de vista narrativo continúa siendo en tercera persona durante la descripción de lo que Marcelo anticipa, se relaciona estrechamente con la posición de Marcelo. Hay una especie de relación especial entre él y el narrador, aunque el narrador la comenta raras veces.

La razón del regreso de Marcelo es que tiene problemas en la ciudad por haber ayudado a la entrada ilegal de refugiados de Europa. Nico, por otra parte, encuentra que su estilo de vida está amenazado por los campesinos inmigrantes en la región. Se considera una especie de pequeño rey del campo; los campesinos son inferiores a él, es el macho en todo sentido. La diferencia básica coincide con el tema latinoamericano tradicional del progreso en contraste con el atraso rural. Los toques modernos —los autos, los radios, los refugiados de Europa— no cambian el tema básico.

Marcelo no sólo favorece a los inmigrantes, sino que es tolerante con respecto a la división de clases sociales y engendra un hijo con una mujer campesina. Esta unión tiene su paralelo en una trampa que le hacen algunos de los trabajadores a Nico. Cruzan su caballo premiado y más macho (nada menos que "Don Juan") con una jaca que no tiene valor alguno. Es significativo que ambas uniones son ilícitas e igualmente importante que las dos son productivas. Las uniones aristocráticas hechas por Nico y su caballo son estériles. El sistema de contraste indicado por este paralelismo es evidente a lo largo de la novela y reforzado por una característica de estilo que emplea expresiones contrastantes en la misma oración, o entre oraciones cercanas.[11]

Marcelo vuelve a la ciudad —en la mitad de la novela— y la narración se concentra entonces en la granja del inmigrante y sus problemas con Nico. Van acercándose a un punto de crisis: Nico es indirectamente responsable por la muerte de un bebé de una pareja inmigrante, y el padre mata a Nico. Limitando de este modo la acción a lo esencial, el mensaje de Amorim probablemente tiene tanta sutileza como un martillazo. En realidad, el desarrollo de la novela muestra un nivel bastante alto de finura. La acción de Nico que resultó en la muerte del niño, por ejemplo, no es el resultado directo de su conflicto con los inmigrantes, sino de una combinación de factores, algunos de los cuales no se relacionan con los extranjeros.

[11] F. Scott Helwig, "Narrative Techniques in the Rural Novels of Enrique Amorim" (Disertación doctoral, Universidad de Kansas, 1972), pp. 121-122. He utilizado este estudio para otros comentarios sobre las novelas de Amorim.

*El caballo y su sombra* es lo más cercano a la idea típica de una novela decimonónica entre todas las obras del año 1941. Su autor es algo tradicional; aun sus teorías sociales son las ideas progresistas de una generación anterior, a pesar de la modernización de ellas al emplear situaciones más contemporáneas. Una apreciación de este año como una parte representativa de la época debe tener en cuenta el hecho de que Juan Carlos Onetti, otro uruguayo, publicó *Tierra de nadie* el mismo año. Aunque los temas contrastantes entre varias novelas de 1941 son lo suficientemente patentes, las novelas mismas no son tan distintas como lo podríamos esperar basados en los hechos anteriores. Probablemente es justo decir que el gran entusiasmo por describir la experiencia "novomundista" va perdiendo interés en favor del acento en problemas sociales, en esas novelas que describen la realidad objetiva. No obstante, las novelas más bien interiores parecen dar otra visión bastante distinta de la experiencia "nomundista" (*Todo verdor perecerá*, *Tierra de nadie* y aun *Sonata*). Obviamente, las técnicas narrativas se han ido alejando del realismo decimonónico. Las nuevas técnicas todavía no son muy logradas; de hecho, a veces es imposible saber si una característica estructural es una técnica que no logró sus propósitos o sencillamente es el resultado de un plan mal concebido. En general, no obstante, los indicios son que la novela está en un estado de transición en Hispanoamérica para 1941, aunque su futuro no estuviera bien claro para esa época, ni mucho menos.

# XI. DESDE "TODO VERDOR PERECERÁ" HASTA "EL SEÑOR PRESIDENTE" (1942-1945)

Las novelas claves mencionadas en el título de este capítulo pueden ser indicios significativos sólo si las vemos con una perspectiva doble que incluye las características del pasado y el futuro. Hemos visto en el estudio de las novelas de 1941 que no hay ninguna novela que pudiera considerarse como la obra típica del año. *Todo verdor perecerá* y *El mundo es ancho y ajeno*, dos obras notablemente diferentes, son las mejor conocidas. *Todo verdor perecerá*, no obstante, es más importante en el desarrollo final de la novela hispanoamericana. Mirando un poco más allá del periodo 1942-1945, descubrimos que *El Señor Presidente* es la primera de varias novelas que marcan el comienzo de la "nueva novela" en Hispanoamérica. El haber destacado la novela de Asturias no significa necesariamente que es la más importante de varias novelas sumamente relevantes que aparecieron en años consecutivos. Sencillamente es la más temprana de un grupo muy importante. La línea de desarrollo que liga *Todo verdor perecerá* con *El Señor Presidente* tiene que ver con cinco factores: *1)* la conciencia de la identidad cultural; *2)* la libertad del exclusivismo nacionalista; *3)* la interiorización en la caracterización; *4)* el ejercicio del derecho a la intervención por parte del autor; y *5)* la experimentación técnica con el fin de llevar la experiencia de la novela más allá de los límites de la percepción objetiva.

Esta línea de desarrollo y las características que la identifican puede considerarse que establecen un puente entre los años 1942-1945; pero la línea no es exclusiva, tampoco llega a serlo durante el desarrollo notable de finales de los años cuarentas. La línea que describimos es una manera de identificar la línea principal de la novela hispanoamericana en vista de las características que ha adquirido en el último cuarto del siglo. El periodo breve 1942-1945 no es de ninguna manera el que determina el proceso. De hecho, ofrece muy poco que sea nuevo. Al leer los libros de este periodo, tenemos la sensación de algo estático —la pausa antes de un acontecimiento importante—. Cuatro escritores publicaron primeras novelas de interés: *El balcón hacia la muerte* (1943) de Ulyses Petit de Murat, *Babel* (1943) de Jaime Ardila Casamitjana, *Cada voz lleva angustia* (1944) de Jorge Ibáñez y *Juyungo* (1943) de Adalberto Ortiz. Dos escritores publicaron segundas novelas notablemente distintas de sus primeras obras: *El luto humano* (1943) de José Revueltas y *Dámaso Velásquez* (1944) de Antonio Arráiz. Un número considerable de novelistas continuó escribiendo novelas que son importantes en su obra total, pero que no indican cambios significativos en el fluir de la novela como género. Esta variedad indica una continuación de la amplia gama vista durante el año 1941. Incluyen el indigenismo de López y Fuentes, el "novomundismo" trascendente de Aguilera Malta, la angustia de Onetti, el proletarismo de Nicómedes Guzmán, el realismo psicológico de Barrios, la búsqueda contemplativa de Mallea. Las técnicas narrativas tienden a evitar, en general, lo tradicional. Algunas novelas se quedan cerca del concepto tradicional, pero la mayoría de ellas lo experimentan de algún modo. Agustín Yáñez publicó otro volumen de historias relacionadas; la presencia de Borges todavía tenía su efecto dentro del marco de la invención.

*Juyungo* es probablemente la más interesante de las primeras novelas porque combina las características de una novela de protesta con la búsqueda por parte del protagonista de la identidad individual. Trata de la posición de un negro en varios contextos sociales, y la estructura episódica es típica de muchas novelas de protesta. En este caso la novela se salva por la importancia creciente de la búsqueda del protagonista de una explicación de lo que supuestamente debe hacer en el mundo, lo que representa, y cómo se relaciona con otros. El problema del racismo tiende a ser menos importante. Ascensión Lastre se relaciona con negros, con indios y con blancos. "Juyungo" es un término despectivo empleado por los indios para referirse a los negros. (Ascensión tiene tanto amigos como enemigos entre los indios.)

Ortiz precede la acción de cada capítulo con una sección de prosa poética llamada "Oído y ojo de la selva". El efecto de estas piezas no es consistente. Tienden a comunicar una sensación de determinismo —que hay algo más allá de las acciones humanas que es más persistente que ellas. El tono cambia lo suficiente de una a otra como para que el lector se fije en ellas, pero probablemente no entienda la diferencia. La historia de Ascensión comienza cuando tiene diez o doce años, de modo que su búsqueda tiene que ver con su proceso de maduración. Simplificando un poco, podemos decir que la protesta social de la novela nos llegó más abiertamente cuando el protagonista busca trabajo; los episodios que versan sobre la sexualidad son la mejor revelación de su búsqueda personal. No hay, desde luego, ninguna dicotomía clara en la novela. La conciencia racial es un factor notable en los intereses sexuales de Ascensión y sus amigos. La mujer blanca es deseable porque es prohibida; la mujer negra lo es porque se considera que sus cualidades femeninas son superiores.

La importancia de la conciencia racial disminuye en la definición que Ascensión hace de sí mismo cuando comprende que sus alianzas dependen de otros factores además de la raza. Esta preocupación por su propia identidad hace de *Juyungo* una novela mucho más sutil que la mayoría de las novelas que trata de los grupos raciales, y también relaciona esta obra con una tendencia hacia novelas interiores. Hay, no obstante, una generalización social que se relaciona con la introspección de Ascensión. El resultado es una protesta de que se pierden los talentos de los jóvenes a causa de las divisiones de clases sociales, formadas no sólo con base en cuestiones raciales; y esta pérdida se relaciona con la derrota del Ecuador por el Perú en una disputa fronteriza. La guerra llega a ser un modo de terminar la novela.[1]

José Revueltas emplea otro modo de profundizar la protesta en *El luto humano*: es principalmente estructural. La historia básica versa sobre un grupo de gente rural atrapada por una inundación; a través de los ojos de varias personas llegamos a conocer a un jefe, ya muerto. Esta técnica —bien lograda— no es original en Revueltas, pero representa cierta novedad en la ficción hispanoamericana. Los personajes desgraciadamente llegan a ser símbolos en vez de gente real. Encontramos representaciones del futuro del país, de la violencia, del pasado, y la mezcla cristiano-pagana. Puesto que los personajes que hablan en el tiempo presente de la novela revelan el carácter del hombre muerto, una parte considerable de la novela consta de narración retrospectiva. Al final de la historia, no obstante, hay una síntesis de los dos niveles temporales. Todas las luchas de la gente han sido improductivas. Al final, enfrentados a la muerte en el tiempo presente, encuentran que lo insignificante del pasado se junta con el presente.

La comparación de estas dos novelas, *Juyungo* y *El luto humano*, junto con algunas otras novelas del periodo 1942-1945, clarifica algunas tendencias semejantes y diferentes. *Juyungo* tiene aspectos de la novela indigenista, y la historia trata de grupos que están fuera de la jerarquía del poder. *Los peregrinos inmóviles* (1944) de Gregorio López y Fuentes trata del viaje que hace una tribu para encontrar un hogar. Algunas implicaciones de esta novela son como las de *El mundo es ancho y ajeno*. Es importante que la gente mantenga su propia identidad como grupo, y esto es bien diferente del problema de la identidad en *Juyungo*. La novela de Ortiz hace una protesta social, pero en algunos aspectos es como *Para esta noche* (1943) de Onetti. Claro que hay diferencias fundamentales en clase social y complejidad. Un problema personal de identidad, no obstante, es precisamente eso, cualesquiera que sean las circunstancias. El protagonista de *Para esta noche* descubre que realmente es una persona diferente de lo que él mismo se suponía ser. Su vida llega

---

[1] Esta guerrilla fue resuelta en la reunión en Río en enero de 1942. Ecuador fue presionado y perdió bastante territorio. El acuerdo sigue siendo poco satisfactorio.

a ser un paso fugaz hacia la muerte; tal final no es tan distinto de *Juyungo* como uno podría pensar.

También es interesante yuxtaponer *Para esta noche* con *El luto humano*. Hay una semejanza notable en su sentido de futilidad. La novela de Revueltas, no obstante, tiene mucho en común con las novelas proletarias. La tendencia proletaria, nunca muy importante en la novela hispanoamericana, generalmente tiende a disminuir durante este periodo. En *La sangre y la esperanza* (1943), Nicómedes Guzmán emplea la descripción de la clase obrera como base de la novela, pero en realidad sirve como fondo. Las técnicas narrativas de Guzmán son bastante atractivas y muchísimo más refinadas que las de *Los hombres oscuros*.

Establece el tono de los capítulos al comenzar con algunas imágenes vivaces: el otoño tiene la cara agotada del mendigo, el barrio es como un perro abandonado, las campanas son como la risa histérica de mujeres. La narración principal está en primera persona, pero desde el punto de vista de un niño que es el hijo de un tranviario. A través de este narrador vemos las huelgas, los problemas familiares, el honor personal de un obrero. Tanto la estructura lineal de la narración como el acento sobre la vida del trabajador son modificados por una aventura amorosa entre la hermana del narrador y un poeta revolucionario. Esta aventura aparece en forma epistolar, preservando así la autenticidad del punto de vista narrativo, puesto que el niño supuestamente no tendría tal información.

Es posible que el acento hispanoamericano sobre la importancia del individuo siempre haya afectado la expresión del proletarismo. El respeto por el individuo obviamente tiene sus limitaciones en Hispanoamérica tal como en otras partes; pero también hay expresiones extraordinarias —y a veces excéntricas— de su dureza, por ejemplo, como en el caso del personalismo político y en el machismo. Aun así, es sorprendente ver la dirección tomada en una novela como *El hombre bajo la tierra* (1944) de Osorio Lizarazo. Dado el título y la preocupación bien conocida del autor por el hombre común, naturalmente suponemos encontrar una novela de protesta acerca de las condiciones de los obreros en las minas. En realidad, es una novela de transición a la madurez. La historia es en tercera persona omnisciente y con una estructura narrativa lineal. El narrador introduce al protagonista de diez y ocho años, Ambrosio Múnera, muy al principio, con la sugerencia de que no está seguro acerca de la dirección que tomará su vida. El antagonista, Pedro Torres, aparece en el primer capítulo con una actitud de desprecio ante el principiante. En el último capítulo, Múnera mata a Torres y se da cuenta de que ha probado su propio machismo y de que su vida definitivamente está destinada a ser la del minero. No es realmente una novela de protesta aunque es obvio que la vida es dura; es básicamente una novela que elogia el trabajo duro y los hombres fuertes. Hay algo del problema de la identidad en *El hombre bajo la tierra*, pero es más exterior que la angustia acerca del sentido de la vida. Ambrosio Múnera se preocupa principalmente por la cuestión de cómo ganarse la vida. Las dos preocupaciones, claro, no son del todo independientes. *Juyungo* muestra la relación entre ellas; otros factores, no obstante, además de la búsqueda de la identidad, hacen de *Juyungo* algo diferente. Aunque enfoca demasiado la experiencia de madurar, el proceso es influido por las consideraciones raciales; y el uso, por parte del autor, de poemas en prosa preliminares a cada capítulo, sugiere una cualidad de realidad creada por la relación entre el hombre y su ambiente. En este sentido, la novela de Ortiz pertenece a la misma tradición que *Don Goyo* (1933) y *La isla virgen* (1942) de Aguilera Malta. Esta asociación trae de nuevo a cuento el asunto de la experiencia "novomundista" que se refiere a la identidad cultural más directamente que a la comprensión que el individuo tiene de sí mismo.

Muchas de las características que persisten como cualidades particularmente hispanoamericanas forman todo un conjunto en *Dámaso Velázquez* (1944) de Antonio Arráiz. Es una novela de mar, de adulterio, de contrabandistas, de homicidio y de mito; la variedad de temas es lo peor de la novela. Al principio, parece que se trata de una historia de mar: el narrador crea un ambiente apropiado al hacer que el hermano de una familia se pregunte acerca de su propia adaptabilidad al mar. Esta circunstancia, dentro del contexto de lo que ocurre en otras novelas del mismo periodo, sugiere la búsqueda de la identidad, pero debe entenderse que no es el tema principal de esta novela. Se introduce al protagonista, Dámaso Velázquez, indirectamente. Al principio de la novela, algunos contrabandistas escapan de ser detenidos porque su lancha pertenece a Dámaso Velázquez, y descubrimos que es un hombre de poder en círculos oficiales. Las referencias a él aumentan a lo largo de la obra. Luego, al conocer a Fernando Robles, el tenedor de libros del protagonista, nos enteramos más de las actividades de su jefe; y hay un retroceso al pasado del protagonista, por medio de las memorias de otros. Es un verdadero fanfarrón, personalista, muy cercano a sus amigos; mima a su esposa con lujos al mismo tiempo que mantiene una vida más folklórica para sí mismo. Se trata, desde luego, de una vida bien sólida —todo lo mejor, con tal de que no sea demasiado exagerado.

Junto con el desarrollo de la caracterización, el novelista incluye bastante acerca del mar, una buena descripción de la isla Margarita y mucho acerca de la apariencia y las costumbres de la gente. Arráiz inventa metáforas atractivas, pero tiende hacia el uso excesivo de detalles. La trama de la novela intenta evitar desaparecer bajo el raudal de ambiente. En cuanto a la historia misma, a mediados del libro se vuelve más una novela de adulterio que de mar. Durante un momento íntimo, después de haber presenciado un asesinato, Fernando, el contador, y Rosario, la esposa mimada, hacen el amor. Dadas las cualidades extraordinarias de Dámaso Velázquez, sólo el desastre puede resultar de esta infidelidad. Varios aspectos de la obra contribuyen a la apreciación de este periodo. Es claramente una idealización del tipo fuerte. En este sentido, es importante notar que su papel activo en la novela es mínimo. Lo vemos principalmente a través de otros; es de su sombra, de su influencia, de lo que estamos conscientes; el prototipo del jefe suele aparecer así. Puede ser la sombra poderosa del dictador o la inspiración de un líder folklórico, o la fuerza puritana de un hombre de bien. Este arquetipo incorpora el valor (o el *status*) del individuo junto con el deseo por el poder, es decir, la otra cara de la moneda. El significado de su papel de sombra parece ser que existe tanto en principio abstracto como en persona de carne y hueso —una paradoja evidente que hace del individuo una abstracción.

Un segundo factor notable es la conciencia de un lugar poco explotado con connotaciones sobrenaturales. Es la experiencia del Nuevo Mundo —primero geográficamente, luego en términos históricos. Esta conciencia es un elemento importante de la identidad cultural. Ha tendido a volverse hacia adentro —rechazando la realidad visible y objetiva— y buscando la realidad más honda y profunda. Más allá de este punto, la experiencia del Nuevo Mundo llega a ser individualizada y se relaciona con el arquetipo del hombre fuerte. Además, hay un tercer factor con una relación posible con los otros dos. Es una reacción intensa y emotiva que parece desconcertantemente exagerada para el lector anglosajón y aun para muchos lectores hispanoamericanos. Bien puede ser que este tipo de expresión se relacione con el respeto por el individuo; evidentemente se trata de una realidad folklórica. Hay reacciones convencionales que a veces se acercan a la histeria, tanto en la ficción como en la realidad, y que generalmente se reconocen como convencionalismos legítimos, aunque muchas personas que los reconocen no participarían en ellos. Parece haber una diferencia generacional con respecto a esta característica; los jóvenes la rechazan. Este cambio parece ser el resultado de la internacionalización cultural.

En varios sentidos *Dámaso Velázquez* es la novela hispanoamericana más típica de los años 1942-1945, en términos de sus antecesoras; aun novelas tan ligadas a un lugar específico como *Juyungo* y *El luto humano* muestran cambios a normas más nuevas. Tres obras de nuevos novelistas durante este periodo son más introspectivas; una de ellas, *Cada voz lleva angustia* de Jorge Ibáñez, tiene como tema un problema basado en algo externo —la erosión de la tierra y el efecto que esto tiene sobre los que la trabajan. *Babel* de

Jaime Ardila Casamitjana tiene una base introspectiva y se refiere al exterior. El narrador en primera persona ofrece una especie de testamento del papel de la subconsciencia y los factores evidentemente fortuitos que funcionan en su conciencia de ser. Hay muchas memorias fragmentadas, a veces evocadas por sus reacciones a circunstancias del tiempo presente, sueños y divagaciones desorganizadas. Este ser atormentado y proustiano busca algo en qué comprometerse que sea más profundo que la realidad exterior. Piensa en actuar; dedica su tiempo al pensamiento.

*El balcón hacia la muerte* (1943) de Ulyses Petit de Murat se acerca más a lo que normalmente consideramos la novela psicológica; su base anecdótica es la experiencia de un paciente de tuberculosis en un sanatorio. Dentro de esta escena básica, la novela se desarrolla como un microcosmos con una característica inusitada: la vida está acompañada por la conciencia persistente de la presencia de la muerte. Las escenas se mueven alrededor de varias situaciones, pero todas se relacionan; el factor unificador, que también da el movimiento a la novela, es la relación de la salud psicológica del protagonista con su salud física. Las etapas principales son el desánimo, la ira, la esperanza y la curación.

La importancia de la penetración psicológica en la obra de Eduardo Barrios siempre ha funcionado como medio de escape a las limitaciones regionales. Sorprendentemente, *Tamarugal* (1944) contiene muchas de las convenciones de la novela hispanoamericana durante una época en que podríamos suponer que el autor acentúa características más universales. La novela va acompañada en realidad por dos cuentos: el primer cuento lo narra un visitante al sitio de la Tamarugal Nitrate Co. Ltd. El narrador describe, con detalles repulsivos, un accidente que sufrió uno de los obreros. La sensación comunicada es que el hombre está en peligro en el mundo tecnológico. El cuento también introduce "El Hombre", un tipo que podría considerarse como el gemelo de Dámaso Velázquez.

*Tamarugal* misma trata de distintas nociones que hacen de ella una novela de protesta: la amenaza de la máquina (como en la historia que la precede), el imperialismo económico y la corrupción oficial. Hay una sugerencia de proletarismo en la circulación de las ideas del partido entre los obreros. El aspecto más penetrante de la novela es el triángulo amoroso entre El Hombre, Javier y Jenny. La muchacha es realmente la protagonista, y la historia, aunque narrada en tercera persona, ve las cosas tal como las ve Jenny. Los dos hombres tienen personalidades bien distintas: El hombre es bien claro y directo en todo lo que hace, con una sinceridad auténtica; Javier es una persona intelectual y sensible. La mujer puede escoger. En el último capítulo que sirve de epílogo, nos enteramos de cómo se desarrollaron las cosas cuarenta años después.

El asunto amoroso suministra el movimiento y la base para la mayor parte del plano conceptual de *Tamarugal*. La novela llega a ser algo pesada durante las discusiones entre los dos hombres. La historia que sigue el relato central es más típica de Barrios. El protagonista es un empleado de Tamarugal que viaja por la neblina nocturna pensando en los enemigos que se ha creado. Ve dos manchas borrosas que parecen ser hombres que lo esperan pasar y poco a poco su miedo va aumentando. Un final sorprendente disminuye el desarrollo hasta entonces creíble de tensión. No obstante, esta caracterización no es de ninguna manera lo mismo que la introspección angustiada de algunas otras novelas de este periodo. Barrios emplea una caracterización de índole meditativa en la historia básica de *Tamarugal*, pero sigue siendo cerebral y didáctico en su tono. Lo que falta es una combinación de este ejercicio intelectual con la interiorización emocional del cuento final.

Es bien evidente que durante el periodo 1942-1945 la novela hispanoamericana muestra un balance entre dos aproximaciones que son, por una parte, de naturaleza cosmopolita, y por otra, de apego al nativismo o regionalismo tradicional. El balance es evidente en la comparación de novelas selectas y también en la comparación de factores selectos de una novela determinada. Si pudiéramos encontrarnos en la posición de un crítico literario en 1945 —sin el beneficio de la retrospección— probablemente no podríamos adivinar la dirección futura que la novela pudiera tomar. La persistencia de una actitud menos tradicional parece probable, especialmente por ubicarse dentro de los parámetros de la literatura europea, pero siempre hay la posibilidad de una reacción que revitalice ciertos aspectos del método tradicional.

El estado cultural en general en Hispanoamérica, durante este mismo periodo, muestra una semejanza marcada con los distintos factores que establecen un balance en la novela. A la larga, el efecto de la segunda Guerra Mundial fue la internacionalización. Hubo una serie de condiciones, no obstante, durante los años de la guerra, que promovieron el nacionalismo y, a veces, una actitud cultural defensiva en alto grado. La condición indudablemente cierta es que el cambio ocurría a un ritmo más acelerado que el usual. Varios acontecimientos políticos prometían liberalizar la organización social, debilitando la estructura tradicional del poder. El resultado de este amplio dinamismo variaba de un lugar a otro, y aunque no hubo cambios definitivos en los procesos tradicionales, la actividad tuvo cierto efecto permanente.

Un acontecimiento de importancia en la política del hemisferio fue la conferencia en Río en enero de 1942, durante la cual Estados Unidos pidió apoyo en contra de los poderes del Eje. La oposición principal vino de la Argentina, con colaboración por parte de Chile. No obstante, algunos gobiernos que estaban dispuestos a aliarse con los norteamericanos encontraron que una parte considerable de la ciudadanía no estaba de acuerdo. Sus motivos eran hasta cierto punto auténticamente nacionalistas, pero también expresaban una actitud antinorteamericana. La situación más confusa se dio en la Argentina. A causa de la mala salud del presidente Roberto M. Ortiz, el vicepresidente, Ramón S. Castillo, comenzó a ejercer el poder ejecutivo en 1940. La orientación de su administración fue pro-Eje, y esta inclinación se intensificó al fomentar una conciencia de la herencia hispánica, minimizando las otras influencias europeas (la inglesa, la francesa) que hacía tiempo eran importantes en la Argentina. La orientación pro-Eje sobrevivió el golpe militar de 1943, que suplantó a Castillo en favor de una junta que incluía a Juan Perón. El futuro caudillo fungía en esa época como ministro de Trabajo. Los estudiantes de literatura se interesan particularmente en el hecho de que un novelista bien conocido de tercera categoría, Hugo Wast, fue el ministro de Educación.[2] Para 1945, Perón realmente tenía el poder, aunque Edelmiro Farrell era el presidente titular. Perón todavía no había consolidado su poder, pero estaba a punto de hacerlo. Hay que recordar, desde luego, que la dictadura de Perón siempre fue algo desordenada.

En Ecuador, los nacionalistas resintieron profundamente el apoyo que Carlos Arroyo del Río dio a los Estados Unidos, y sus sentimientos fueron estimulados por una guerra fronteriza con el Perú, que no fue resuelta según los deseos del Ecuador en la conferencia de Río. En Colombia, el presidente Santos apoyó a los Aliados, a pesar de la oposición notable de Jorge Eliécer Gaitán y de los líderes nacionalistas. Santos demostró sus inclinaciones liberales al firmar un pacto con el Vaticano que limitó la influencia de la Iglesia sobre la educación. No obstante, en 1942 era patente la división entre los liberales que al fin y al cabo resultó en la violencia. En 1946 la división liberal resultó en la elección del conservador Mariano Ospina Pérez, y el caos llegó luego. Aunque el nacionalismo puede ser bastante contraproducente en varios sentidos, igualmente puede promover una evaluación de la posición de la nación dentro del contexto mundial —esto también tiene sus méritos como elemento del proceso de identificación.

Los movimientos liberales tienen muchos aspectos diferentes. Cualquiera que sea la opinión que tengamos del régimen de Perón en la Argentina, no cabe duda de que recibió más atención de la que había gozado antes. En Bolivia, el presidente tuvo que salir en 1943 a causa de la oposición liberal, pero este acto realmente no fue pro-

[2] Hugo Wast fue el seudónimo de Gustavo Martínez Zuviría.

ductivo. Durante el mismo año Manuel Prado, el presidente del Perú, permitió que Raúl Haya de la Torre volviera a su patria. Para 1946 la APRA, encabezada por Haya de la Torre (fuertemente en pro de los Estados Unidos) fue el verdadero poder en la política peruana. La oligarquía permitió esta situación, sin embargo, por sólo un par de años. Fulgencio Batista, en Cuba, se retiró en favor del presidente Grau San Martín en 1944 —otro acto liberal poco duradero. La Acción Democrática fue formada en Venezuela; Rómulo Betancourt tomó el poder después de un levantamiento en 1945. La elección bien conocida de Rómulo Gallegos a la presidencia en 1947 no llegó muy lejos; su administración duró diez meses. El presidente Alfredo Baldomir, en Uruguay, de orientación liberal, tuvo que seguir una línea delicada de acción, teniendo en cuenta las tendencias pro-Eje de sus compatriotas conservadores, cuidándose del ambicioso Perón en la Argentina, y coqueteando con el gobierno de los Estados Unidos para refortalecer la economía inestable del país. Guatemala se liberó de Jorge Ubico en 1944, después de trece años bajo su régimen. Aun Paraguay, raras veces bendecida con un líder ilustrado, gozó de la administración relativamente aceptable de Higinio Morínigo desde 1940 hasta 1948.

El cambio en México fue distinto: Lázaro Cárdenas, el más radical de los presidentes posrevolucionarios, terminó su presidencia y el presidente Ávila Camacho se instauró en 1940. Con su administración el país entró en un periodo de industrialización y aceptó de nuevo las inversiones extranjeras con los brazos abiertos. El desarrollo industrial fue básico en la administración del presidente Juan Antonio Ríos en Chile.

El periodo 1942-1946 fue, entonces, de cambio pero de ninguna manera revolucionario; la naturaleza del cambio variaba. Las dos nuevas tendencias fueron el internacionalismo cultural y el liberalismo político. No necesariamente corrían paralelos en una situación determinada. Tampoco podemos decir que las tendencias opuestas —el nacionalismo y el conservadurismo, fueran de la mano—, las tendencias de cambio se cruzaban, igual que los cambios que ocurrían en la novela.

Estos años nos llevan al borde de un fenómeno literario que merece ser llamado "la nueva novela latinoamericana"; no todo lo relativo a este fenómeno será nuevo, por supuesto. De hecho, una de sus facetas más interesantes revela los nuevos modos de tratar temas que son bastante viejos. También es evidente que después de la segunda Guerra Mundial la novela libera un impulso cultural que había sido parcialmente mantenido en reserva por media generación.

# XII. LOS AÑOS DE LA REAFIRMACIÓN DE LA NOVELA
## (1946-1949)

LA excelencia que caracteriza esta serie de novelas, publicadas a lo largo de un periodo de cuatro años, marca claramente una dirección para la novela hispanoamericana. Todas tratan del mundo hispánico, pero son ejemplos excelentes de la diferencia entre la personificación y la novelización. Es decir, todas se basan en la realidad objetiva, pero logran más que la mera adición de la vida a los datos de la historia. Transforman la realidad objetiva, creando mundos dentro de las novelas. El autor más joven del grupo tenía cuarenta y tres años al publicar su novela, el mayor tenía cincuenta. Obviamente no se trata de un grupo de novatos. De hecho, ya eran hombres de letras consagrados. Sin embargo, estas obras muestran frescura de actitud y técnica porque los escritores pertenecen a una generación que llegó tardíamente a la madurez en el arte de novelar.

Todos ellos: Miguel Ángel Asturias, Agustín Yáñez, Leopoldo Marechal y Alejo Carpentier, pertenecen a la "generación del 24", según la distinguió José Juan Arrom.[1] Su esquema generacional incluye en este grupo distinguido a los escritores nacidos entre 1894 y 1924. Su periodo de predominio en la literatura debe situarse entre los años 1924 y 1954. Estos cuatro escritores nacieron algo temprano en el periodo asignado a su generación. De hecho, el más joven de los cuatro tenía veinticuatro años en 1924, el primer año de predominio del periodo. Por consiguiente, es razonable esperar que publicaran obras definitivas a fines de los años veintes o a principios de los treintas. Efectivamente estaban escribiendo durante esos años, pero sus obras definitivas fueron postergadas. En la trayectoria de cada uno hubo un vacío en escribir novela, probablemente causado por presiones externas relacionadas con los problemas sociales de la época y por un interés en los aspectos pintorescos de la experiencia "novomundista".

Asturias publicó *Leyendas de Guatemala* en 1930 y no publicó otra obra hasta 1946. Sabemos que había escrito el nuevo libro con anterioridad, que posiblemente estaba trabajando en él ya para el año 1922. Es cierto, desde luego, que las circunstancias políticas en Guatemala hacían poco sensato la publicación del libro, pero eso es sólo parte del problema que creó el vacío. Agustín Yáñez publicó un cuento vanguardista, "Baralipton", en 1931. Escribió un poco de prosa altamente personal a principios de la década de los cuarentas, pero la fecha de su primera verdadera novela fue 1947. Marechal

[1] José Juan Arrom, *Esquema generacional de las letras hispanoamericanas* (Bogotá, Instituto Caro y Cuervo, 1963).

no publicó prosa innovadora en los años tempranos; no obstante, pertenecía a un grupo vanguardista que publicaba la revista *Martín Fierro*; y sabemos que escribía *Adán Buenosayres* ya en fecha tan temprana como 1931, aunque no fue publicada hasta diecisiete años después. Carpentier publicó *Ecué-Yamba-O* en 1933; y aunque él, como Yáñez, publicó un poco de novela corta a principios de los cuarentas, no volvió a la forma de la novela completa hasta 1949.

La experiencia literaria inicial de estos escritores corresponde al vanguardismo promovido por revistas literarias como *Contemporáneos, Revista de Avance, Martín Fierro, Proa* y otras menos conocidas. Los colaboradores de estas revistas no negaban la realidad objetiva del mundo en que vivían, sino que se dedicaban a la prioridad del arte sobre el mensaje social. Las influencias principales sobre ellos —aunque desde luego no todas ellas funcionaban en una situación dada— eran James Joyce, Franz Kafka, Marcel Proust, Benjamín Jarnés, Sigmund Freud, Francis Jammes y André Breton. Frecuentemente los escritores que seguían sus huellas fueron acusados de hiperesteticismo. Las novelas de protesta parecían más pertinentes a la época. Los problemas internos de las naciones hispanoamericanas parecían aún más negativos dentro del contexto de la situación mundial —la depresión económica, la subida al poder de Hitler y la Guerra Civil española. Es del todo comprensible que una novela con las técnicas narrativas de *El Señor Presidente* pareciera crear irrealidad en un mundo que exigía que se fijara la atención en la realidad. La poesía de Asturias escrita entre 1930 y 1940 fue un modo de evitar cuestiones políticas, pero también fue un modo de perfeccionar una combinación de técnicas vanguardistas con mitos americanos. Todos los novelistas cuya obra fue postergada durante esta época pasaron por algún proceso correspondiente de descubrimiento: Marechal en la poesía, Carpentier en el problema del tiempo y la historia, Yáñez en el desarrollo mítico-autobiográfico hacia una conciencia de sí mismo y el arte. Eduardo Mallea, otro miembro de esta generación, difiere de este grupo de cuatro sólo en el modo en que afirma la naturaleza del vacío. Primero publicó narrativa en 1926, con *Cuentos para una inglesa desesperada*. Posteriormente, y durante algunos años, se dedicó principalmente al ensayo y de ese modo pudo desarrollar su visión en la circunstancia argentina dentro del marco de su cultura cosmopolita. Su primera novela de verdadera importancia, *Fiesta en noviembre*, apareció en 1938; aunque esta fecha corresponde a una década anterior a la de la reafirmación de fines de los años cuarentas, la diferencia temporal probablemente es resultado de las características particulares de Mallea como escritor. Su obra suele versar sobre los problemas tratados en sus ensayos. Por consiguiente, la transición a la novela extensa fue un proceso muy normal.

Las cuatro novelas que pertenecen a los años de la reafirmación de la novela establecen el derecho del autor a crear un mundo dentro de la novela. El proceso de hacer esta realidad es de suma importancia, porque lo que dice la novela al lector depende considerablemente de su apreciación del desarrollo de la novela misma. Es por eso que la narración es diferente de la historia. La diferencia, sin embargo, no es tan sencilla como puede parecer. Hay un sinfín de variaciones de técnicas narrativas que producen en el lector distintas experiencias. Leer una novela no exige necesariamente que el lector esté consciente de estas técnicas; un oyente no tiene que leer la partitura para gozar de una sinfonía. No obstante, lecturas repetidas (o sinfonías repetidas) de una obra verdaderamente sustancial siempre revelan algo nuevo, y la experiencia del proceso creador de una obra es un tipo de conocimiento. Estas cuatro piedras angulares tienen a su lado el apoyo de otras varias novelas, publicadas durante los mismos años, en el establecimiento de un nuevo periodo en la novela hispanoamericana. De ahí en adelante podemos referirnos a la "nueva novela" en Hispanoamérica —un término que utilizamos aquí para designar la reafirmación de la novela. Este periodo es distinto de lo que llamamos el *boom*, que data de 1962 o 1963. El *boom* ciertamente es un elemento de la nueva novela; pero el *boom* mismo produjo un interés sin antecedentes a nivel internacional en la novela de Hispanoamérica.

*El Señor Presidente* es una novela inspirada en la dictadura de Estrada Cabrera en Guatemala. El narrador, sin embargo, nunca menciona a Guatemala y tampoco crea un retrato verbal de Estrada Cabrera. Puede ser que lo más cercano al retrato sea la relativa invisibilidad del dictador mismo. En una entrevista con Luis Harss, Asturias afirmó que nadie veía al dictador; se entendía todo a base de rumores.[2] El dictador aparece pocas veces en la novela y solamente en situaciones que realzan el terror de su régimen. La sombra del dictador es un tema persistente en la novela hispanoamericana y Asturias probablemente lo hubiera encarnado así, sin tener en cuenta lo que pudiera haber dicho la historia sobre las apariciones públicas de Estrada Cabrera. La existencia en penumbras del presidente en *El Señor Presidente* —sus intrusiones que de repente agregan materia a la forma— realza el aspecto terrorífico del régimen y de la novela. La cualidad siniestra de este fenómeno contribuye a la sensación de realidad distorsionada que es el factor dinámico de la novela. En vez de ser melodramática, o aun satírica, la realidad creada por Asturias es una distorsión de la realidad objetiva. De hecho, uno puede considerar la realidad objetiva que

---

[2] Luis Harss, *Los nuestros*, p. 92.

nos da la base anecdótica —es decir, la dictadura de Estrada Cabrera— como una distorsión de la función social, y por consiguiente la distorsión dentro de la novela en realidad hace del libro algo más realista.

El recurso técnico más evidente en *El Señor Presidente* es el juego con el lenguaje. La novela desciende claramente de *Leyendas de Guatemala* y emplea el lenguaje para distintos efectos que varían desde la belleza lírica hasta la animalización. La primera escena tiene lugar en las escaleras de la catedral de la capital. El juego con el lenguaje en el primer párrafo consta de palabras que sugieren la luz y que se asemejan al sonido de las campanas de una catedral. La narración que sigue inmediatamente después está en tercera persona, sin ninguna característica notable con la excepción de un tono que sugiere la narración oral. Los pordioseros y los ladrones de la ciudad vienen para pasar la noche. Su sufrimiento no es sencillamente económico; son distorsiones grotescas de seres humanos, enfermos física y mentalmente. Es una escena bastante conocida en países hispanoamericanos. Pelele, que emerge de esta escena, reacciona violentamente a la palabra "madre", mata al hombre que la dice, y luego huye. Mientras avanzamos a lo largo de este primer capítulo, el juego con el lenguaje contribuye a comunicar el estado mental de Pelele y a indicar cómo las bromas de los otros van dirigidas a él.

Sin importar qué tan hispanoamericana sea esta escena, también alcanza universalidad. Muchas palabras en esta primera escena comienzan con la sílaba "al" y así sugieren la llamada del Medio Oriente de Alá. Evidentemente el párrafo es una invocación, también es una distorsión a la petición de luz, una que pide la luz pero cambia la naturaleza de la luz. Vale la pena notar que la novela termina con una parte de la Letanía y el Kyrie Eleison. Estas distintas sugerencias hacen que la escena cambie y de ser la presentación de la pobreza más extremada pase a ser una posibilidad más amplia —a saber, el estado degenerado de la vida humana bajo una dictadura terrorista. Es decir, los pordioseros y ladrones llegan a ser una especie de alegoría que los hace no sencillamente pordioseros y ladrones dentro de una sociedad, sino representantes de dicha sociedad.

La comprensión de *El Señor Presidente* depende hasta cierto punto de si debemos leer el factor de la distorsión como satírico o grotesco. Luis Harss apunta que la "sátira un tanto burda" es uno de los muchos factores que ha vuelto un poco anticuado el libro (p. 99).[3] Posiblemente tiene razón; no obstante, algo de la caracterización contribuye más eficazmente al tono establecido en la primera escena si la aceptamos como algo grotesco en vez de satírico.

---

[3] *Ibid.*, p. 99.

La diferencia es más evidente en la presentación del presidente mismo. Es satírica cuando, al elogiar al jefe, un orador pide "¡un viva que resuene por todos los ámbitos del mundo y no acabe nunca, viva el Señor Presidente Constitucional de la República, Benemérito de la Patria, Jefe del Gran Partido Liberal, Liberal de corazón y Protector de la Juventud Estudiosa! ..."[4] Se desarrolla y se repite este encabezamiento a lo largo de una página; es bastante pesado, y se aligera sólo con un poco de lenguaje humorístico —y aun esto probablemente no sería cómico si no estuviera en una situación en que forma parte de un juego. El orador, por ejemplo, confunde una ave "fénix" con "tenis". Esto es demasiado obvio, pero funciona para Asturias porque el lector lo espera de él. Otra visión del presidente, sin embargo, lo animaliza; y esto es grotesco, no satírico. Durante una escena en que el presidente está triunfantemente borracho, su lenguaje degenera en sonidos guturales y risa idiota (se reproduce el sonido con una variedad de vocales, una serie de "ja", de "jo", de "ji" y de "ju"). Al mismo tiempo caza una mosca en el cuarto, "la falda de la camisa al aire, la bragueta abierta, los zapatos sin abrochar, la boca untada de babas y los ojos de excrecencias color yema de huevo" (pp. 232-233). En esta escena, la distorsión se vuelve grotesca. No es un caso de la sátira que hace de un ser humano algo ridículo. El narrador, en efecto, deshumaniza al dictador, haciendo de él un objeto de desprecio. El tratamiento del presidente de este modo tiene un aspecto de retribución —el narrador hace al dictador lo que éste ha hecho al pueblo.

Esta cualidad grotesca es la esencia misma de la novela. Un factor algo desconcertante es la historia de amor de Cara de Ángel, el consentido del presidente, y Camila. Es una historia seria de amor y se relaciona con la caída del consentido del lugar privilegiado en que lo había colocado el presidente. Sufre un castigo que parece ser excesivo; y podríamos preguntarnos si esto se debe a las preocupaciones que tiene el dictador respecto a la división de la lealtad o si podemos aceptarlo como otro factor grotesco. Se puede ver a Cara de Ángel mismo como perteneciente al sistema de distorsión. Su gentileza diablesca no es de veras convincente en términos de una caracterización normal. Sin embargo, es la aventura amorosa, lo que crea la asociación principal de la novela con la realidad cotidiana.

Esta asociación es frágil. El cultivo de lo grotesco infunde el miedo en la novela. Asturias emplea la asociación libre, habla desde el interior de los personajes, les da independencia o los controla a voluntad y suministra una línea persistente de realidad. El lenguaje, no obstante, destruye la realidad repetidamente, la cual siempre

4 Miguel Ángel Asturias, *El Señor Presidente* (Buenos Aires, Losada, 1959), p. 102.

vemos a distancia; distorsiona lo que tomaríamos como real, dejándonos en una posición vulnerable. El factor mismo del tiempo se desintegra. Las dos primeras partes de la novela se refieren a fechas específicas —un total de siete días consecutivos—; pero la tercera parte se refiere indefinidamente a "semanas, meses, años", dejando la sensación de que no hay escape posible al miedo. El epílogo mismo ofrece una mínima esperanza que desaparece inmediatamente. Los rezos de la Letanía interceden por muchos tipos de personas —por la paz, la justicia, la seguridad y la redención. Las últimas palabras de la novela, sin embargo, no nos aseguran que el mundo nos será gentil, ni mucho menos; es la voz débil de una madre que reza el rosario: "Señor, ten piedad de nosotros."

*Al filo del agua*, como muchas otras novelas publicadas durante estos años decisivos, existió en forma parcial mucho antes de llegar a ser una novela. Se trata básicamente del estudio del ambiente de un pueblo provinciano en México. La esencia de este estudio funciona en el "Acto preparatorio" con que comienza la novela. En el desarrollo narrativo, la esencia se vuelve un pueblo tangible al filo de la Revolución Mexicana. El pueblo es indudablemente real en el sentido de que el autor había conocido un prototipo y también en el sentido de que el pueblo creado dentro de la novela es tan real como el prototipo. El proceso de la transformación es interesante porque en el "Acto preparatorio" Yáñez ya ha esencializado el prototipo: luego, en el resto de la novela progresa desde esta realidad generalizada a una más específica en que las personas no son esencia, sino individuos con nombres y personalidades.

El "Acto preparatorio" emplea varias técnicas estilísticas para lograr la realidad total necesaria para comunicar el ambiente del pueblo. La omisión de verbos conjugados, por ejemplo, evita referencias personales. De hecho, la omisión de toda forma verbal es aún más eficaz. Una sensación de movimiento o duración puede ser creada con palabras no verbales y produce un efecto inusitado. En su primer párrafo Yáñez escribe lo siguiente: "Pueblo de mujeres enlutadas. Aquí, allá, en la noche, al trajín del amanecer, en todo el santo río de la mañana, bajo la lumbre del sol alto, a las luces de la tarde. . ."[5] A pesar de la ausencia de verbos, hay movimiento en el espacio y el tiempo. La sintaxis inusitada, no obstante, crea una sensación de movimiento que también parece poco normal. La referencia a las mujeres vestidas de negro llega a ser un *leitmotif*, y su repetición evoca una serie de reacciones cada vez más complejas. Además, la repetición no sólo del *leitmotif*, sino también de otras palabras y estructuras sintácticas produce efectos paralelos. Uno es el ritmo,

[5] Agustín Yáñez, *Al filo del agua* (México, Porrúa, 1955), p. 3.

que distingue el "Acto preparatorio" de la prosa ordinaria; otro es la semejanza con la encantación, producida por el ritmo y por el hecho de que las frases repetidas dejan de informar, pero comunican sencillamente por lo que son.

Extendido por unas doce páginas, este capítulo introductorio crea la sensación de un pueblo pequeño, aislado del cosmopolitismo. La Iglesia es el punto de referencia para todo lo que ocurre; la moralidad es puritana y los sentimientos de culpabilidad son amplios y profundos. Es un pueblo hermético, colectivamente resistente al cambio, y la mayor parte de sus habitantes se resisten individualmente al cambio. La crisis en la novela surge del hecho de que algunos no son resistentes. Esta crisis no obstante, pertenece a la narrativa. El "Acto preparatorio" no va más allá del carácter cerrado del pueblo, hay algunos elementos en la descripción que evocan retratos mentales de México —el material de que se construyen las casas, por ejemplo—. La sensación general, no obstante, es enteramente universal, y el ambiente básico podría referirse a cualquier pueblo en cualquier parte del mundo en que las inhibiciones han llegado a ser la principal fuerza cultural.

El primer capítulo consta de cuatro episodios que tratan de distintos acontecimientos en el pueblo durante la misma noche; no se relacionan entre sí con la excepción del modo en que todo en el pueblo se conecta. Don Timoteo Limón, una de las figuras prominentes de la comunidad, sufre de la culpabilidad causada por un complicado conflicto interior. Leonardo Tovar, esposo padre de un niño, atestigua el final de la lucha de su mujer contra el cáncer. Merceditas Toledo está aterrorizada porque ha recibido una carta de amor. Micaela Rodríguez vuelve con sus padres de una visita a la ciudad. Se resiente de la necesidad de volver a este pueblo después de haber gozado de la ferviente actividad de la vida urbana. El narrador emplea una voz en tercera persona, pero suele colocarse en la posición de uno de los personajes, revelando las circunstancias tal como aparecerían a una u otra persona en la novela. El efecto es bastante cercano al de un monólogo interior. La intensidad de esta interiorización varía según las necesidades de distintas secciones de la novela.[6]

Después de este capítulo el novelista revela una serie de personalidades y costumbres del pueblo: la penitencia durante la cuaresma; el cura don Dionisio y sus sobrinas que se llaman Marta y María y cuyos nombres les son apropiados; el éxtasis de un joven fanático religioso; la llegada de Victoria, que conlleva todas las cualidades de una mujer cosmopolita y refinada; la memoria fenomenal del viejo Lucas Macías, quien tiene algo de profeta; y la intrusión de

---

[6] Un estudio detallado de esta técnica se encuentra en Samuel J. O'Neill, "Interior Monologue in *Al filo del agua*", *Hispania*, 51, núm. 3 (septiembre, 1968), pp. 447-456.

los jóvenes que han ido al norte a trabajar y que interrumpen el fluir normal del pueblo con nuevos modos y nuevas ideas. Estas escenas son la materia de siete capítulos. Después encontramos un capítulo titulado "Canicas", que liga los acontecimientos del pueblo con la condición del país.

Las técnicas estilísticas usadas por Yáñez en el "Acto preparatorio" le sirven bien cuando desea crear el ambiente. Además, una vez que ha materializado el pueblo, en la adecuada narrativa, emplea el diálogo no identificado para comunicar la actitud del pueblo. Estos fragmentos del habla son como una especie de coro —las voces de la masa o lo que un habitante del pueblo pudiera haber dicho en una situación dada— que contrasta con lo dicho por personas identificadas. Ningún protagonista surge, aunque el narrador da una sensación extremadamente adecuada del pueblo como un todo. Solemos conocer los resultados de una acción antes de su causa. Es como vivir en el pueblo —descubrimos las causas después de haber presenciado los acontecimientos. También es patente, para este punto en la novela, que Yáñez hace destacar a sus personajes al darles cualidades sobresalientes. La memoria estilo computadora de Lucas Macías es el ejemplo más espectacular, pero hay casos como la mundanidad de Victoria y el fanatismo (o locura) de Luis Gonzaga Pérez.

"Canicas", más que capítulo, es un entreacto; su combinación de temas recapitula las características del pueblo y presagia la Revolución. El desarrollo de la segunda mitad de la novela prosigue a un nivel expandido. En la segunda mitad, las implicaciones de lo que ocurre en el pueblo tienen un papel más grande que en la primera. Los obreros que vuelven del norte son la fuerza que irrumpe en la primera mitad; en la segunda, los intrusos son revolucionarios. En muchos casos se amplía el nivel de este modo. "Canicas" presagia el cambio e introduce a un nuevo personaje, Gabriel, que es una encarnación del concepto ampliado. Éste es el sobrino de don Dionisio, el cura, y es el campanero cuya música controla el ritmo de la vida. Es importante que Gabriel esté identificado con la Revolución porque su actividad es creadora. Este papel hace que el cambio no sea solamente resultado de la violencia; también es resultado de la creatividad.

El próximo capítulo, "Gabriel y Victoria", funciona como una obertura a la segunda parte, muy semejante a la función que el "Acto preparatorio" cumple con respecto a la primera. No es exactamente lo mismo porque ya estamos dentro de la historia y no podemos recuperar del todo la realidad del "Acto". El capítulo "Gabriel y Victoria", no obstante, sí llega a ser algo abstracto. El narrador emplea palabras que los personajes pudieran haber usado; son altisonantes en estilo y concepto y poco probables como verdadero diálogo. Lo importante aquí es que no son ficticios; son una representación imaginada de un encuentro sin palabras. Gabriel, el artista, conoce por primera vez a Victoria, la patrona del arte, símbolo de la belleza y la sensibilidad femeninas. A través de ella el arte de Gabriel se extiende hacia un plano más amplio de actividad.

Los siete capítulos restantes corresponden a los siete capítulos de la primera parte, creando una estructura simétrica que corresponde al sentido de ritmo del autor. Los capítulos no corresponden entre sí con una rigidez exacta, pero los temas en general se exteriorizan, dándoles una importancia más amplia. En el primer capítulo de la narración, los cuatro incidentes indican una rebeldía hondamente enraizada, pero ninguna posibilidad de rebelión abierta. En la segunda parte Micaela, en vez de quejarse del pueblo poco animado, atrae a Damián a un encuentro secreto. La pesadilla individual de don Timoteo Limón se convierte en la pesadilla más amplia de don Dionisio que se preocupa por salvar a su gente. La crisis religiosa de Luis Gonzaga Pérez fue dramática, pero tuvo el efecto de un escándalo interesante en vez de un desastre. La crisis provocada por el rechazo de Micaela a integrarse a las Hijas de María, en la segunda parte, tiene las repercusiones que sacuden las fundaciones mismas de la sociedad. Las pequeñas divagaciones de María en la primera parte se vuelven enajenación abierta en la segunda.

La Revolución viene y se lleva con ella una parte de la realidad —María se va con las tropas. El hermetismo del pueblo ha sido roto; puede sellarse de nuevo, pero el contenido ya habrá quedado alterado para siempre en cierto modo. Mientras pasa el huracán, don Dionisio se pregunta, en oración y contemplación, si la Revolución, de algún modo u otro, fue un agente de la providencia que traerá los cambios que él siempre había tratado de efectuar (p. 386). Nos damos cuenta, entonces, de que la obra ha encontrado a un protagonista en el proceso de llegar a ser una novela. Es don Dionisio; una apreciación retrospectiva de *Al filo del agua* nos indica que éste ha sido el elemento unificador, y su preocupación lo ha hecho la fuerza catalizadora de mucha de la acción. Don Dionisio no es un símbolo de la Iglesia, sino un símbolo de la religión y de otros numerosos factores sociales paralelos, de importancia moral. La novela de Yáñez no está contra la Iglesia y tampoco es anticlerical, como algunos han intentado verla; está más bien en contra de las tiranías que los hombres se crean, y luego sufren.

*Adán Buenosayres* es la historia de un escritor argentino durante los años de vanguardia de la década de los veintes. Puesto que el periodo de la reafirmación de la novela, a fines de los años cuarentas, es el heredero directo de estos años, la novela de Leopoldo

Marechal es una reafirmación en sí. Es irónico que *Adán Buenos-ayres* recibiera poca atención crítica aun en 1948. Orgambide nota que la afiliación peronista de Marechal probablemente tuviera que ver con la recepción mínima que se dio a la novela.[7] Su destino en ese momento difícilmente hubiera podido tener mucho que ver con la novela en sí. Hace para los "martinfierristas" lo que *El mal metafísico* de Gálvez hizo para otra generación de escritores. Sin embargo, es un libro mucho más complicado y bastante largo; se trata de uno de esos tomos gruesos con letra pequeña que solemos poner en los estantes con la promesa de leerlo el próximo año.

Una descripción de cómo se presenta la narración puede ser fuente de entusiasmo para el lector potencial que, por desgracia, posiblemente ni tiene la ayuda de un índice de materias.[8] El título mismo da la clave más básica a la novela. "Adán" sugiere el hombre universal; el uso de "Buenosayres" lo hace específico al referirse a un lugar en particular. Esta combinación llega a ser el marco conceptual de la novela. Al abrir el volumen, encontramos una sección titulada "Prólogo indispensable" en que el novelista explica la organización de su obra y establece el punto de vista. Este prólogo, firmado por Leopoldo Marechal, habla del entierro de Adán Buenosayres, a quien suponemos ser el *alter ego* de Marechal. Es un día de octubre de algún año de la década de los veintes. Tomando en cuenta el blanco de la sátira de la novela, se puede afirmar que se trata de la segunda mitad de la década. Marechal es uno de los seis amigos del difunto que participó en los funerales. Entonces Marechal explica que leyó dos manuscritos de Adán Buenosayres y decidió publicarlos. Uno es el *Cuaderno de tapas azules*, una serie de impresiones y memorias escritas por Adán Buenosayres y que corresponden a la vida de Leopoldo Marechal. La segunda obra es el *Viaje a la oscura ciudad de Cacodelphia*, relato de un descenso al infierno donde el autor encuentra los objetos que le desagradan en varias etapas de incomodidad.

Al haberse resuelto a publicar estas obras de su *alter ego* difunto, Marechal decidió entonces que debía presentar primero a su autor, y en la forma de una novela. Para esta narración, Marechal emplea una voz narrativa en tercera persona. Hay variaciones de este punto de vista narrativo dentro del desarrollo de la historia, pero la tercera persona es la posición narrativa básica. Se narran el *Cuaderno*

---

[7] Pedro Orgambide y Roberto Yahni, *Enciclopedia de la literatura argentina*, página 16. Julio Cortázar fue uno de los pocos que comentó la novela (*Realidad*, número 14 [marzo-abril], 1949). El ensayo también fue publicado con *Las claves de Adán Buenosayres* (Mendoza, Azor, 1966), pp. 23-30.

[8] La edición utilizada es la siguiente: Buenos Aires, Sudamericana, 1967. Algunos lectores pueden encontrar la siguiente información útil: "Prólogo indispensable", p. 7 libro I, p. 11; II, p. 63; III, p. 157; IV, p. 249; V, p. 317; VI, p. 369; VII, p. 405 La última página es 644.

y el *Viaje* en primera persona. No hay nada en este artificio que pudiera llevar al lector a creer que Marechal no es de veras el autor; crea, no obstante, una sensación de separación con respecto al narrador. Sentimos que Marechal escribe acerca de cómo eran las cosas, en vez de cómo son; y su actitud revela una combinación de sátira y nostalgia. El volumen titulado *Adán Buenosayres* representa un retrato novelizado de Adán Buenosayres y dos obras de él. Sigue al "Prólogo indispensable" con siete libros numerados, cada uno dividido en capítulos o secciones. Estos cinco primeros libros son una historia en tercera persona de Adán, poeta y maestro. Constituyen algo más de la mitad del volumen. El sexto libro es el *Cuaderno;* resulta ser sólo un veinteavo de la obra total. El séptimo libro es el *Viaje,* aproximadamente una tercera parte de *Adán Buenosayres.*

El relato en tercera persona no pretende abarcar un periodo extenso, pero describe a fondo el mundo de Adán Buenosayres. Es el mundo de los literatos en el Buenos Aires de los años veintes. Más específicamente, es la realidad de esa ciudad transformada por los intelectuales jóvenes y presentada por uno de ellos tal como él veía fundirse la realidad objetiva y la transformada. El tono es suavemente satírico; hay algo de farsa en la obra total, como si nada tuviera alguna intención seria. Marechal crea este efecto en gran parte al escribir en un estilo altisonante interrumpido a cada momento por algún fragmento muy vulgar para crear un contraste. Lo vulgar del estilo de Marechal, a propósito, puede ser pornográfico u obsceno —su humor tiene inclinaciones notables de tipo anal. Es genuinamente humorístico y tiene la intención de acabar con lo preguntuoso.

La presunción que provoca esta reacción irrespetuosa por parte del autor es un reflejo de los intereses de la generación martinfierrista. Marechal comunica todo eso por medio de los amigos de Adán, cada uno de los cuales tiene una personalidad interesante, aunque Adán mismo es el único que se caracteriza a fondo. Incluyen un tipo cosmopolita notablemente no-intelectual, un científico poco imaginativo, un filósofo, un folklorista y un astrólogo que tiene una teoría acerca del superhombre argentino. Estas personas proporcionan el ambiente intelectual-artístico que inspira la sátira y la nostalgia del novelista. Representan las figuras de una época, pero no son retratos de individuos. (El personaje ficticio que corresponde más directamente a una persona real es Luis Pereda, el folklórico-lingüista, generalmente considerado una caricatura de Jorge Luis Borges.) Su función en la novela, sin embargo, no se relaciona con un ataque a los individuos; al contrario, forman un retrato en su conjunto.

Juntos, estos personajes crean su propio ambiente mientras van paseando por la ciudad. Esta circunstancia inducida por el intelecto es la base del estilo de Marechal. A saber, habla de la filosofía y el arte, proyecta esquemas enormes que podrían cambiar el mundo, discute el nacionalismo a lo "Martín Fierro" y comenta las superficialidades del periodo. Todo es bastante cosmopolita porque él sabe de mitos y psicología. De hecho, la historia de Adán es una especie de Odisea, Marechal penetra a fondo en la personalidad de Adán al narrar los detalles de las reacciones del protagonista. La voz narrativa es en tercera persona, pero desde la posición de Adán. A veces el diálogo cambia de un hablante a otro como en el teatro, sin el uso de una voz narrativa. El novelista también divide la personalidad de Adán para que se dirija a sí mismo en la segunda persona. Su ser del pasado habla a su ser del presente y suministra así un presagio del *Cuaderno* (pp. 319-334).

Al acercarnos al *Cuaderno* de este modo, descubrimos que funciona principalmente como un recurso de caracterización para penetrar más a fondo en la psiquis de Adán Buenosayres, en tal forma que es más una confesión que una autobiografía. Funciona como un complemento a las interiorizaciones en tercera persona de los cinco primeros cuentos. Aquí el narrador en primera persona repite algo de lo que aprendimos de Adán en la primera parte, comunicando una mayor intimidad en la versión de primera persona. Una nota por parte del autor explica que las últimas páginas del *Cuaderno* probablemente fueron escritas durante una época que corresponde a ciertos acontecimientos en los cinco primeros libros. Esta nota acentúa la idea de la autonomía del *Cuaderno*.

El astrólogo, Schlutze, es posiblemente el más importante de los amigos en los cinco primeros libros porque sirve de guía a Adán a través de las regiones desconocidas en el *Viaje*. Aunque la narración de este séptimo libro está en primera persona, el tono es semejante al de los cinco primeros libros. Se supone que tiene lugar el día después del tiempo asignado a la primera parte. También comparte el humor creado al usar lo trivial para interrumpir la narración mítica-épica; se recalca este efecto mediante la combinación del mundo cotidiano de Marechal con una narrativa que tiene las características de una obra clásica. El resultado es entretenido, aunque *Adán Buenosayres* contiene muchos chistes en clave que sólo captarán los amigos íntimos del grupo de Marechal. El factor dinámico de la novela es el efecto del contraste; apunta la sátira de un movimiento literario; para fines del primero de los cinco libros, este dinamismo se ha agotado. Los otros libros no quitan nada al libro total, pero tampoco agregan nada de importancia a nuestra experiencia. El *Cuaderno* es algo aburrido con la excepción del interés que adquiere cuando lo estudiamos en función de su presencia como recurso narrativo. El *Viaje* podría funcionar como obra independiente.

*El reino de este mundo* tiene sus raíces en la historia de Henri Christophe, un rey negro de Haití. Las escenas novelizadas tienen un factor unificador en la persona de Ti Noel, un esclavo. No es, sin embargo, el protagonista —la mitificación de la historia por parte de Carpentier no le permite serlo en el sentido tradicional de la palabra—. En realidad ninguno de los personajes está completamente desarrollado, sino que son parte de un mosaico.

Es demasiado importante que el autor se refiera a *El reino de este mundo* como un relato en vez de una novela. Este término probablemente refleja el interés especial que tiene Carpentier en lo maravilloso de la realidad del Nuevo Mundo —un interés que lo ha llevado a subrayar la veracidad histórica de la obra—. También explica el estilo expositivo y sencillo de su narrativa narra la historia en tercera persona y, al evitar el detalle íntimo, mantiene una distancia del sujeto, suministrando al libro un tono que sugiere la investigación objetiva del sujeto. Al mismo tiempo, esta distancia salva al autor de la responsabilidad de los acontecimientos sobrenaturales, tales como la capacidad que tienen dos personajes para convertirse en formas no humanas.

La historia se divide en cuatro partes que se refieren a: *1)* la rebelión encabezada por un líder místico llamado Mackandal, *2)* la masacre Bouckman y la epidemia de fiebre amarilla, *3)* el reinado de Henri Christophe, y *4)* la llegada de los mulatos. La vida de Ti Noel, desde la juventud hasta la vejez, corre paralela a estas cuatro etapas y las lagunas en el tiempo narrativo siempre son evidentes por la edad de Ti Noel. Por ejemplo, pasan veinte años entre la primera y la segunda partes; la información viene directamente y es típica de la actitud distanciada del narrador: "Sobre todo esto habían transcurrido veinte años. Ti Noel tenía doce hijos de una de las cocineras."[9]

El tema de esta novela es la lucha constante contra la tiranía. El hecho de que Ti Noel es el factor unificador en vez del protagonista acentúa el aspecto de la lucha en un sentido general, en vez de la lucha de un solo hombre. Al principio parece tener un factor racial dominante —el negro oprimido contra su explotador blanco—. Esta oposición es particularmente fuerte cuando el general Leclerc, el cuñado de Napoleón, viene para reinstaurar el orden en el país rebelde. El general no es capaz de controlar la parte rural y por consiguiente fracasa en su misión. El reinado de Henri Christophe sigue y con éste disminuye la importancia del asunto racial porque el jefe negro es tan duro como lo fue el blanco. Llega a ser una lucha entre los poderosos y los oprimidos. Después de la caída de Henri Christophe, los mulatos toman el poder, constituyen una oli-

9 Alejo Carpentier, *El reino de este mundo* (México, EIPASA, 1949), p. 74.

garquía mulata y explotan a los pobres como siempre había sido el caso.

El narrador subraya la enajenación de los poderosos —a saber, la enajenación de la realidad del pueblo— al caracterizar a la voluptuosa Paulina Bonaparte y al revelar la vida de la viuda y las hijas de Henri Christophe en Roma. Estos episodios parecen más "novedosos" que el resto del libro, pero son estilizados, no obstante, o mitificados. Además de la distancia que el narrador mantiene entre sí mismo y su historia, la sensación de una realidad especial viene de la presencia persistente de lo sobrenatural. Estamos en la tierra del vudú, desde luego. Después de la muerte de su esposo, el general Leclerc, Paulina se convierte a una religiosidad inesperada e inexplicable. Sirve como el contrapunto, por parte del hombre blanco, de la capacidad de Mackandal y Ti Noel para transformarse en formas no humanas.

El pueblo cree en Mackandal, y cuando lo queman en la parrilla, se convierte en un mosquito y vuela libre. La narración de este acontecimiento combina la estilización y la ilusión del periodismo objetivo. Primero nos enteramos de que la profecía de Mackandal lo salvará, el próximo paso en la descripción es de Mackandal a la parrilla. Luego el narrador describe un movimiento del cuerpo de Mackandal, lo que estimula el deseo de los negros y la gente habla con una sola voz: *"Mackandal sauvé"* (p. 66). Inmediatamente el narrador describe los hechos que pocos negros vieron pero que tratan de la muerte de Mackandal. Los esclavos vuelven a sus casas con gran regocijo; y en el último párrafo del capítulo, el dueño de Ti Noel cuenta a su esposa sobre la insensibilidad de los negros ante la ejecución de uno de sus prójimos, "sacando de ello ciertas consideraciones filosóficas sobre la desigualdad de las razas humanas, que se proponía desarrollar en un discurso colmado de citas latinas" (p. 67).

Esta tendencia hacia la estilización o la creación de arquetipos es una expresión del concepto de Carpentier de "lo real maravilloso", que es importante en su visión del Nuevo Mundo, y de sus novelización.[10] Fundamentalmente, su idea se relaciona con la idea de *le merveilleux* de los surrealistas franceses. Carpentier entiende el sentido de descubrimiento inherente en esta idea —lo absoluto del momento creador cuando dos elementos aparentemente dispares se asocian de tal manera que la asociación misma es algo nuevo. El novelista, sin embargo, encuentra algunas de las yuxtaposiciones naturales en el Nuevo Mundo tan estimulantes en términos creadores como las asociaciones inusitadas en una pintura surrealista. La proximidad de las casas de ópera a tribus medio-civilizadas es tan extraordinaria como una guitarra que cuelga de la rama de un árbol. La experiencia de verlos debe ser más que la apreciación del con-

[10] El prólogo de *El reino* (pp. 7-17) contiene la explicación del término de Carpentier.

traste; debe encarnar la realidad más positiva de la asociación. Carpentier mismo se encuentra en la realidad increíble de Haití. No se trata de una mera cuestión de vudú; toda la gama de asociaciones es estupenda: esclavos negros y elegancia francesa, transformación física, el masaje que su esclavo negro da a la desnuda Paulina Bonaparte, el emperador negro, el fracaso del general Leclerc. Carpentier lo compara con las novelas de caballería como el *Amadís de Gaula*. La diferencia se encuentra en el hecho de que en Hispanoamérica es real —por consiguiente, "lo real maravilloso". La objetividad del narrador en *El reino de este mundo* pone de relieve la realidad. Sin embargo, es importante que el novelista reconozca su semejanza con la novela de caballería, porque esta visión del Nuevo Mundo es enteramente distinta de la catalogación de los objetos y las costumbres en las novelas de Gallegos, por ejemplo. Podemos suponer que es una de las bases de lo que algunos críticos, en los últimos años, han llamado el "realismo mágico". La importancia de este término no radica en su definición exacta, sino en la actitud general que lo encarna —es decir, la reafirmación del derecho a la invención por parte del autor, para crear su propia historia en vez de copiar lo que ha observado. El realismo mágico indica una afirmación de la aceptación de la narrativa *romance*, es decir, esa narrativa de las novelas de caballería.

Carpentier hace una afirmación ideológica en *El reino de este mundo* que parece molestar a algunos lectores. Cuando Ti Noel llega a la vejez descubre que él, como Mackandal, tiene la capacidad de transformarse. Su vida ha sido una lucha por la libertad y dicha libertad le ha sido negada por una razón tras otra. La transformación es una posible salida de este dilema, pero los experimentos con este poder resultan ser insatisfactorios. El narrador plantea el descubrimiento por parte de Ti Noel de que el hombre puede realizar su verdadera grandeza en El Reino de este Mundo donde se compromete con los otros hombres, en contraste con El Reino del Cielo donde no hay batallas (p. 197). Algunos lectores ven ese descubrimiento como una modificación de la lucha por la libertad. Por otra parte, parece indicar la dedicación a una lucha que nunca termina. Cualquiera que sea la manera en que uno la entienda, claramente encontramos todos los indicios de que la visión del autor de "lo real maravilloso" no lo ciega a las cuestiones prácticas de cómo se comporta el hombre. Se puede decir lo mismo acerca de cada una de estas cuatro nuevas novelas básicas. La reafirmación del arte de crear la novela no enajena al artista de la sociedad.

Una de las novelas principales de este periodo es una segunda obra de Asturias, *Hombres de maíz* (1949). Posiblemente la mejor descripción de este libro es que es la plenitud de *Leyendas de Guatemala*.

Su lenguaje inventivo es el factor dinámico de la novela. El autor es tan consciente como cualquier poeta del proceso de crear al nombrar; y la teoría y la práctica por parte de Asturias en este respecto hace una contribución a la novela hispanoamericana semejante a la que ofreció Carpentier con esa narrativa *romance* al estilo de las novelas de caballería. En sus entrevistas Asturias habla largamente de la relación entre su novela y la realidad maya; no obstante, también admite que no habla ningún idioma indígena y que su apreciación de la psiquis india es más intuitiva que científica.[11] La cultura maya significa para *Hombres de maíz* lo mismo que significa la historia de Haití para *El reino de este mundo*. Asturias emplea algunas características del lenguaje que sugieren o corresponden a los hábitos del habla indígena: la fraseología repetitiva y redundante que es característica del habla primitiva y la repetición de sílabas dentro de palabras. El lenguaje en general suena algo oral, es rítmico y parece exótico. Estos factores nos dan la sensación de cambio en la novela. Las historias no están lo suficientemente relacionadas entre sí como para suministrar una fuerza que motive.

La proposición básica de *Hombres de maíz* es que la cultura indígena está en plena decadencia —o, mejor dicho, va desapareciendo bajo el ataque continuo del progreso no indígena. Los "hombres de maíz" que dan el título al libro consideran la planta como un regalo destinado a su uso. Por otro lado están los forasteros que comercializan el maíz profanándolo. Pero la novela no es un desarrollo de ese contraste, al contrario, Asturias compone seis capítulos, débilmente interrelacionados, que revelan varios aspectos de las creencias indígenas. La culminación de la experiencia es un descenso al mundo subterráneo por parte de un hombre que descubre la prioridad del instinto sobre la razón. Esta nueva jerarquía de valores es apropiada porque la experiencia de la novela está en esa línea. El juego con el lenguaje, siempre atractivo y a menudo entretenido, realza la comunicación no-racional; igual efecto tiene la estructura algo abierta que nos hace esperar más unidad de la que encontramos. La novela no es una experiencia sombría. El lector probablemente tiene la sensación de que ha caído en una trampa, aunque sea una trampa divertida. El epílogo realza esa sensación porque no hay absolutamente ninguna necesidad de que haya uno, es bastante inútil y su presencia misma es absurda —y antirracional—.

Hay un elemento de protesta, por supuesto, en esta novela de Asturias. No es tan evidente como en una novela proletaria porque el acto artístico es el factor de control en *Hombres de maíz*. En este respecto está muy dentro de la línea de la nueva ola. Hay que clarificar, sin embargo, que durante el mismo periodo hubo novelas

[11] Luis Harss, *Los nuestros*, p. 56.

de protesta abierta: la campaña continua de Jorge Icaza en *Huaira-pamushkas* (1948), junto con el ataque contra los oligarcas comerciales de la industria del estaño en *Metal del diablo* (1946) de Augusto Céspedes y una especie de desmitificación del indio asturiano en *Entre la piedra y la cruz* (1948) de Mario Monteforte Toledo. Aunque Monteforte Toledo es uno de los miembros jóvenes de la generación de 1924, su novela parece de una época pasada, probablemente porque la riqueza del sentimiento nos recuerda un modo algo anticuado de expresarse.

El estudio de la sociedad, cualquiera que sea su relación con el problema indígena, llegó a ser más contemplativo, a menudo tomando la forma de análisis a través de una caracterización altamente detallada. *El vínculo* (1946) de Eduardo Mallea es un ejemplo; otro es *Los Robinsones* (1946) de Roger Plá, aunque es un libro bastante distinto. Mediante el empleo de un grupo de cuatro amigos, Plá comunica los problemas de los años treintas, en una escena argentina, pero con implicaciones universales. Los amigos tienen formaciones distintas: uno es rural, otro es urbano y rico, otro es burgués judío; el cuarto es judío, pero pobre. La historia básica abarca desde las 5:00 p.m. del 18 de julio de 1936 hasta las 8:00 p.m. del 4 de marzo de 1937. Hay un marco temporal específico que define cada segmento; y el procedimiento es significante porque Plá emplea narraciones retrospectivas a menudo. Los cuatro muchachos han sido compañeros de estudio y observaciones acerca de su pasado son útiles; pero el marco temporal básico de la narrativa marca un punto decisivo y por eso las referencias temporales específicas son importantes.

Plá maneja técnicas narrativas que atraen al lector a la escena misma de la novela. Comienza la narración con un diálogo que Ricardo escucha secretamente; éste es uno del grupo de los cuatro y el verdadero protagonista de la novela. Ricardo empieza una conversación con Leonor, y los dos diálogos se mezclan; uno de ellos va desapareciendo gradualmente mientras se separan. El efecto es cinematográfico. La fecha del comienzo de la novela corresponde al estallido de la Guerra Civil en España; los vendedores de periódicos, un hombre que murmura acerca del fascismo, y un cartel antisemítico saludan a Ricardo mientras camina por la calle. No es una introducción propicia. La primera retrospectiva recuerda el año 1928 y presenta a los cuatro amigos como escolares. La historia vuelve al presente y a Ricardo, tomando en cuenta a los cuatro amigos. En cuanto a su vida futura, no encuentran un camino en común, pero la vida de cada uno ya está decidida. Ricardo logra identificarse con toda la humanidad y convence a su padre de su madurez. El muchacho judío tiene graves problemas personales, pero encuentra cierto camino personal en el misticismo interior. El chico de pasado rural es un fracaso en la universidad y es un activista político. El amigo rico mata a alguien a causa de una equivocación trágica y lo salvan al declararlo loco.

Varias novelas alcanzan dimensiones épicas en ambientes rurales. En *Lago argentino* (1946), Juan Goyanarte cuenta la historia de Martín Arteche, un pastor precursor en la Patagonia. El narrador establece el tema fundamental de la novela en la segunda página: la determinación de Arteche de dominar la naturaleza de acuerdo con su voluntad personal. Después de establecer el presente de la novela, el narrador omnisciente vuelve hacia atrás unos 25 años y regresa al presente aproximadamente a mediados de la novela. Vemos el pasado de cada uno de los obreros de Arteche, y ésta es una parte importante de la novela. El libro es episódico, pero Goyanarte tiene un buen sentido de lo que es interesante, y expande o sintetiza la narrativa según convenga. El tercer punto de importancia es que, cuando Arteche necesita ayuda, no consigue nada de la burocracia y tiene que depender de sí mismo. Este individualismo algo austero es semejante al personaje de *Gran señor y rajadiablos* (1948) de Eduardo Barrios. El sentido de dominio sobre una parte de esta tierra (feudalismo, digamos) es también la base de *Tierra Grande* (1949) de Mauricio Magdaleno. Esta novela trata de la reacción de una familia ante la pérdida de la tierra durante la Revolución. Una de las técnicas narrativas favoritas de Magdaleno es presentar la situación al suministrar el fondo histórico en términos de los antepasados de sus personajes. En *Tierra Grande*, la familia Suárez Medrano controla no sólo una hacienda, sino todo un complejo de ellas. El fondo histórico comunica el aumento en la identificación de los dueños con la tierra. Es casi una relación de sangre, más profunda que las consideraciones económicas. El novelista combina un retrato de la familia con un retrato de una época.

Es posible ver claramente, en este punto del desarrollo de la novela, una tendencia hacia la introspección que afecta todo tipo de preocupaciones temáticas, desde la protesta social hasta novelas de caracterización que no tienen ninguna base en Hispanoamérica. En un extremo, por ejemplo, tenemos una novela como *Shunko* (1949) de Jorge W. Ábalos. Esta obra es una novela semidocumental basada en las experiencias del autor como maestro en una de las regiones rurales pobres de la Argentina. Unos años antes, una novela de ese tipo hubiera tenido una protesta social vehemente. En este caso, resulta ser un libro bastante ameno. El autor revela este mundo empobrecido a través de su relación con un escolar. En otro libro que bien pudiera haber sido una típica novela de protesta social —La *dolida infancia de Perucho González* (1946), de José Fabbiani Ruiz— se hace menos hincapié en la situación económica del niño protagonista que en la angustia que sufre por faltarle un sentido de pertenencia, tal hincapié es mucho más apropiado para la tendencia general de la novela de la época.

Al otro extremo del espectro —es decir, donde el lugar mismo tiene poca o ninguna importancia— hay numerosas obras escritas por una gran variedad de novelistas: Rogelio Sinán, Clemente Airó, Ernesto Sábato, Rodolfo L. Fonseca, Jorge Ibáñez, Andrés Mariño Palacios, Carlos Eduardo Zavaleta y Yolanda Oreamuno. Entre estos novelistas, la importancia del lugar indica la capacidad del novelista hispanoamericano por tratar un terreno completamente extraño a Hispanoamérica, como en *Turris ebúrnea* (1948) de Fonseca o, por otra parte, escribir con referencia a un lugar específico sin limitar la experiencia de la novela, como en *Yugo de niebla* (1948) de Airó. En técnicas narrativas, las novelas en conjunto parecen mucho más sofisticadas que un número correspondiente de obras de una década anterior. El monólogo interior es frecuente; la simultaneidad es útil en muchos casos. El narrador unamunesco —o pirandelliano— en *Plenilunio* (1947) de Sinán emplea no sólo técnicas narrativas que son introspectivas, sino también otras que son más llamativas, como los titulares del periódico o de la radio.

*La ruta de la evasión* (1949) de Oreamuno es una experiencia clarificadora y dolorosa de las relaciones humanas. Aurora, la protagonista, capta la diferencia entre la vida y la muerte a través de relaciones íntimas con otros y consigo misma. El narrador emplea el monólogo interior y también la exposición, en tercera persona, de reacciones muy detalladas. La estabilidad de Aurora contrasta con la desintegración de su marido —un contraste comunicado muy eficazmente por medio del lenguaje de ellos. La angustia de las personas en estos libros —resuelta en este caso por medio de la atención que da Aurora a los detalles sencillos de la vida cotidiana— es un elemento común entre estas novelas introspectivas. Algunas de ellas son existencialistas en un sentido bastante sartreano de la palabra; otras a veces no se definen así, pero claramente son el producto de una época en que la angustia es el *mal du siècle*.

La angustia de la experiencia de la alienación es particularmente fuerte en dos novelas publicadas en 1948: *El túnel* de Ernesto Sábato y *Yugo de niebla* de Clemente Airó. La novela de Sábato ha llegado a ser la típica novela del existencialismo en la literatura hispanoamericana y goza del *status* de una clásica moderna. *Yugo de niebla* no es tan conocida como la obra de Sábato, ni mucho menos, pero es otro ejemplo satisfactorio del estado de enajenación, narrada de un modo del todo distinto. Sábato crea la situación desesperante de un solo individuo; Airó emplea varios personajes en una sola circunstancia para crear una sensación total de desesperación, o al menos de negativismo.

La espina dorsal de la estructura de *El túnel* es el narrador-protagonista, Castel. Esta voz narrativa da una impresión de inmediatez a la revelación de sus angustias —su necesidad de pertenecer a algo, de establecer una relación—. Sus problemas se extienden a través del amor, el celo y el homicidio; ni una relación sexual establece la comunicación. La base de la estructura de *Yugo de niebla* es una pareja de ocasión que alquila un cuarto en una pensión; se supone que pasarán sólo un rato allí; pero no aparecen a la hora indicada, y el narrador, a la larga, termina por revelar su suicidio. Este desarrollo no es un recurso para crear el suspenso. La narración está en tercera persona, pero siempre trata de la realidad tal como la ve uno u otro de los personajes. El primero es Patricio, el marido de la mujer que posee la casa: la conciencia que tiene de su propia pereza y de su dependencia de la propiedad de su mujer establece el tono para su situación deprimente. Luego tenemos los pensamientos y los respectivos pasados de las otras personas que habitan allí —sus frustraciones, su necesidad de realizarse, su falta de cualquier cosa que pudiera considerarse un éxito—. La única persona que ha alcanzado cierto nivel de reconciliación con su destino es la criada Alberta, que ha tenido un hijo. Entre estas interiorizaciones se intercalan los momentos en el tiempo presente de la novela que tienen que ver principalmente con la pareja de ocasión en la habitación número siete.

Normalmente asociamos este tipo de problemas con la sociedad urbana y complicada. El suicidio, desde luego, es la respuesta existencialista por excelencia. Es importante, sin embargo, clarificar el efecto de *Yugo de niebla*. Nuestra preocupación, en la experiencia de la novela, no se encuentra en la relación entre los problemas de la pareja y su suicidio; se trata más bien de una asociación —en vez de relación— de los problemas de los otros personajes con el suicidio de la pareja. *El túnel*, por otra parte, es el desarrollo psicofilosófico de una sola personalidad. La experiencia del lector es comprender una serie de ideas y actitudes, en vez de apreciar una asociación.

En general, estas dos novelas no se preocupan por el lugar —es decir, por un sitio en particular del mundo a diferencia de otro—, posiblemente llegar a ciertas conclusiones en cuanto al papel del lugar. Por ejemplo, si asociamos los problemas de *Yugo de niebla* con la vida en un ambiente urbano, la novela sugiere que la vida en Bogotá ha llegado a ese punto para 1948. Lo principal de la novela, no obstante, tiene que ver con problemas humanos y sin significado regional.

Muchas novelas, como las cuatro que forman la base de este capítulo, tratan de situaciones del Nuevo Mundo de manera universal; otras se dirigen principalmente a un problema humano universal, y la experiencia del Nuevo Mundo es de importancia secundaria. En ambos casos, es obvio que la novela hispanoamericana ha ido bien

lejos de los relatos pintorescos de situaciones típicamente hispanoamericanas. El cambio ha afectado los temas, las técnicas y aun el
concepto de lo que es la novela. Aunque algunos cambios innovadores son algo débiles, las tendencias generales son saludables. El
título de *Adán Buenosayres* nos indica bastante: es simbólico de una
nueva dirección de la novela durante los años de reafirmación en su
incorporación del hombre universal con el hombre regional.

## XIII. DESDE "EL REINO DE ESTE MUNDO" HASTA "PEDRO PÁRAMO" (1950-1954)

LA MADUREZ de Juan Carlos Onetti, en *La vida breve* (1950) y *Los adioses* (1954) es buen ejemplo de lo mejor de la novela de enajenación. Los varios matices de esta condición —la frustración, la angustia, la falta de comunicación, la sensación de inautenticidad, la necesidad de establecer vínculos— son evidentes con completa claridad en libros de Eduardo Mallea, Clemente Airó y Mario Benedetti. Estos escritores, no obstante, no son de ninguna manera casos especiales porque los mismos sentimientos son evidentes en la mayor parte de las novelas de este periodo, aunque sus temas puedan ser planteados en términos distintos. Por ejemplo, el efecto de la lucha político-religiosa en Colombia, la violencia, es la base de *El cristo de espaldas* (1952) de Eduardo Caballero Calderón; pero el autor trata este tema externo por medio de interiorizaciones que revelan la ansiedad típica del siglo xx. Otros temas —algunos de ellos míticos en su naturaleza— revelan los mismos problemas interiores; aun la protesta social llega a ser un factor en este complejo. Cualquiera que sea la circunstancia, los habitantes del mundo de ficción buscan algún momento o condición inefable que se les escapa persistentemente.

En *La vida breve* el protagonista es tiranizado por su concepto de la vida como una realidad comprendida entre dos paredes de la nada. Además, esta realidad depende del sentido de realización por parte del individuo; y la realización es casi imposible en el mundo de Onetti porque sus personajes necesitan recobrar algo que han perdido o que les ha pasado por alto, en vez de descubrir algo que pueden anticipar o crear. Es un mundo sombrío de desilusión. Onetti lo presenta en *La vida breve* al crear vidas que se extienden hacia afuera y desde otras vidas. Digamos que el protagonista es un hombre que se llama Brausen. Esta afirmación es una hipótesis en vez de un hecho porque realmente no sabemos quién es el protagonista. En efecto, Brausen es también dos otras personas, Díaz Grey y Arce. Podríamos decir que son tres aspectos de una sola persona; no obstante, la idea de tres personas tiene mérito puesto que nos permite pensar en términos de más de una sola vida breve. Díaz Grey, por otra parte, es creado por Brausen, se supone que para un guión de cine.

Onetti construye la novela en primera persona y en la mente de Brausen; el monólogo interior es de importancia fundamental. Aun cuando Brausen habla con otra persona, el lector tiene acceso a sus pensamientos, que aparecen entre paréntesis. Lo que le falta al lector a veces es información acerca de quién habla —o piensa—; a saber, si es Brausen, Díaz Grey o Arce. En realidad es posible descifrar estos hechos, pero no suele ser muy fácil; el efecto, desde luego, es no hacer el protagonista ni tres personas distintas ni una sola persona. Esta condición causa problemas con la expresión de la empatía del lector, y para complicar aún más las cosas, el autor también está incluido allí. Onetti suele identificarse con su protagonista; y ese hecho es interesante en *La vida breve* porque su asociación con Brausen es suficientemente razonable y la creación de Díaz Grey funciona bien. La otra identidad, no obstante, no es creada, sino descubierta por casualidad.

La interpretación probablemente no es más peligrosa en cualquier otra novela. Volviendo a la experiencia del libro, conocer a Brausen es como conocer un callejón sin salida. Es por eso que la invención de Díaz Grey es tan importante. Llega a ser la faceta dominante del protagonista y también aparece en otras novelas de Onetti, así librando al autor de la participación. La invención de Díaz Grey, por consiguiente, es un verdadero hito en la carrera del autor como novelista. Aunque Díaz Grey no aparece en *Los adioses*, la novela afirma la independencia del autor. Aquí el narrador es un tendero cerca de un sanatorio de tuberculosos. Se acuerda del caso de un paciente específico que los lectores conocen solamente como "el hombre". Se refiere a todos los personajes principales en términos semejantes; los personajes menores tienen nombres propios. Sabemos solamente lo que sabe el tendero, y éste sabe solamente lo que ve. Después del suicidio del hombre, correo no reclamado suministra un desenlace, explicando —todavía a través del tendero— ciertas circunstancias que habían sido mal comprendidas.

*Los adioses* es una obra menor del autor; pero se combina con *La vida breve* para marcar un periodo de transición. Este cambio, no obstante, es en la técnica narrativa en vez del tema o tono. Las novelas de Onetti siguen siendo desalentadoras, llenas de una sensación de futilidad. No importa hasta qué punto estas cualidades sean puramente personales de Onetti; también seguramente se relacionan con las condiciones sociales de Uruguay y la Argentina durante esa época. El gobierno de comité en Uruguay reinaba sobre una sociedad improductiva y pasiva. A fines de los años treintas, Alfredo Baldomir hizo que el país volviera a un gobierno de tipo comisión como reacción ante el creciente poder ejecutivo bajo Gabriel Terra. Varias circunstancias creadas por la segunda Guerra Mundial ayudaron la débil economía por una temporada. En realidad, la desagradable verdad no fue patente sino hasta la década de los sesentas; mientras tanto, el país se acomodaba a una condición letárgica, satisfecha e improductiva. La república vecina de la Argentina, que Onetti conocía tan bien como su propio país, tampoco sirvió de mucha inspiración. El Partido Radical, que ofrecía esperanzas por lo menos para la clase obrera, había perdido su fuerza motivadora y su influencia para principios de la década de los treintas y la Argentina volvió al gobierno de los oligarcas y los militares. Las novelas de Roberto Arlt son reflejos tempranos del desencanto popular. La misma sensación emana de *Tierra de nadie* (1941) de Onetti. Se semeja a Arlt tanto en concepto como en el descuido con el estilo. Dos años más tarde, Juan Domingo Perón fue el verdadero poder en la Argentina, y controló el país hasta 1955. Su régimen despertó y apoyó la clase obrera como jamás había sido antes; pero dañó seriamente la vida intelectual y cultural del país y, a la larga, su economía. Ni Onetti ni los personajes tenían razón de regocijarse.

Es difícil imaginar personajes menos realizados que los de *Los enemigos del alma* (1950) de Mallea. Aquí no hay trucos acerca de quién inventó a quién; Mallea controla su historia y a los personajes en ella. Los tres protagonistas están desorientados en su búsqueda de satisfacción personal. Son dos hermanas y un hermano que viven en la misma casa, odiándose. Corresponden a las almas de los tres enemigos —el diablo, el mundo y la carne— no de un modo alegórico, sino como personas que multiplican sus propios errores. Uno busca la satisfacción en el amor que otros le dan, el otro en el sexo promiscuo y el tercero en el odio hacia los otros dos. Completamente desligados de cualquier posibilidad creadora, llegan a estar todavía más comprometidos con sus destinos predeterminados, que no los llevan a ninguna parte. Al final mismo de la novela, en un epílogo, el autor intercala una nota de esperanza en la forma de una mirada de compasión, pero explica que esta mirada, que podría cambiar el mundo, no tiene lugar en la historia, puesto que ésta es un caso cerrado. El protagonista en *Chaves* (1953) está tan desilusionado que apenas habla una palabra. Para hacer de esta novela una experiencia razonable, Mallea narra en tercera persona, describiendo las emociones de Chaves y volviendo al pasado de éste para revelar situaciones en que ha hablado. Este hombre jamás ha usado palabras para la comunicación cotidiana, sino cuando se siente impulsado a ello para pedir lo que necesita. Aun en este contexto, no obstante, las encuentra a menudo ineficaces. Experimentamos el sentimiento de que no se encontrará la satisfacción personal a través de ningún medio de comunicación disponible con otros; el menor grado de frustración proviene del aislamiento de uno mismo.

Distintas técnicas producen una variedad de experiencias, pero la angustia siempre está presente. Aunque la participación del lector es intrigante si pensamos en ella, la sensación de participación es muy directa. En *Los enemigos del alma* sí nos sentimos participantes, pero más con el autor que con los personajes. En *Chaves* tenemos la tendencia a estar con el autor, pero en una posición más cercana al personaje. Mario Benedetti, en *Quién de nosotros* (1953) emplea una estructura muy eficaz para desarrollar el juego de actitudes en el triángulo eterno. Cada uno de los tres personajes cuenta la historia tal como la ve, y en una forma distinta: el esposo abandonado escribe una narración contemplativa, en forma de diario; la mujer escribe una carta de despedida a su esposo; el amante crea una ficción, empleando el diálogo, cambiando nombres, y agregando notas de pie que explican por qué emplea ciertas técnicas y cómo su historia se relaciona con la realidad. El resultado es cambiar al lector de una posición a otra, validando así las palabras de la última nota de pie, que pregunta si cualquiera de los personajes puede echar la culpa a otro. El mensaje va más allá del triángulo amoroso. Clemente Airó emplea la narración segmentada en *Sombras al sol* (1951), no para producir historias paralelas, sino para ampliar la escena de su novela de enajenación desde el hotel-pensión de *Yugo de niebla* hasta una escena que incluye toda la ciudad.

*El sustituto* (1954) de Carlos Mazzanti es una combinación interesante de forma e idea. La presentación física del libro es extremadamente amenazante: consta de 136 páginas llenas de palabras de un margen a otro, con la excepción de dos renglones de puntos suspensivos que aparecen trece páginas antes del final. La narrativa es sorprendentemente fluida e interesante. A fin de cuentas, la apariencia tipográfica tiene cierto sentido —Mazzanti cree que los hombres son tiranizados por un fluir constante de pensamiento que constituye una barrera contra su actuación—. La narrativa no interrumpida representa los pensamientos del protagonista, revelados por un narrador en tercera persona que retiene la información a veces para crear suspenso. Mazzanti mantiene un nivel de experiencia completamente universal al dejar a los personajes y los lugares sin nombre. El protagonista, confuso y perplejo acerca del sentido de la vida y del despojo de su familia, decide tomar el lugar de un joven acusado de un crimen. Este proceso nos lleva a una decisión que cubre aproximadamente doce horas. Experimentamos su pensamiento, comenzando con un sueño, pasando a su proceso de despertarse, y continuando entonces a través de los actos de un día. Se rompe el fluir de la narrativa una sola vez cuando el protagonista admite su culpabilidad para salvar al otro. Después de esta interrupción, el narrador suministra más información que había retenido y que hace que la decisión del protagonista sea más aceptable para el lector. El estilo se asemeja al pensamiento. Las frases de Mazzanti son largas y emplean muchas conjunciones. Hay muy pocas palabras habladas y cuando aparecen, sencillamente confluyen con el fluir del pensamiento. Una debilidad de la novela es el hecho de que la narración de los pensamientos demora más tiempo del que exigen los pensamientos mismos. En este respecto la novela viola la realidad, y el autor no emplea ninguna técnica para recompensar esta distorsión. El aspecto de la identidad en cuanto al problema de la enajenación está particularmente claro en novelas que tratan de la transición a la madurez —la historia de la iniciación con distintas connotaciones culturales, dependiendo de la formación del autor. Generalmente contienen algunos aspectos de la novela picaresca, pero el proceso de encontrar el lugar que le corresponde a uno es considerablemente más importante que la crítica social que normalmente esperamos de la novela picaresca. En cuanto a los contextos culturales, pueden ser tan diversos como *Huckleberry Finn* y *Don Segundo Sombra*; la intensidad de la angustia varía, pero la búsqueda de la identidad es constante. Es con una novela de esta índole, *Hijo de ladrón* (1951) que Manuel Rojas volvió a la narrativa, después de un silencio de muchos años. Es aun otro miembro de la generación de 1924 que pasó por un periodo de silencio. Es verdad que nunca fue miembro de un grupo vanguardista; por otra parte, mucho de su obra temprana, aunque no es técnicamente innovadora, es más consciente de la psiquis humana que la mayor parte de la novela criollista con que se suele asociar la obra de Rojas. "El vaso de leche", uno de los cuentos de *El delincuente*, penetra hondamente en el interior de un hombre para mostrar un entretejimiento complejo de timidez, orgullo, hambre instintiva y desorientación. Se desarrolla delicadamente la asociación de la bondad humana con la idea del amor materno y con un vaso de leche, sin fanfarria dramática.

Esta asociación es más impresionante que las connotaciones regionalistas y es la característica que perdura en *Hijo de ladrón*. El tiempo presente en la novela es un periodo de aproximadamente tres días. El protagonista es Aniceto, un muchacho adolescente que acaba de salir libre de la cárcel donde había sido mandado por un robo que no cometió. Al final del periodo, se va con dos amigos que ha conocido, los tres dedicados a vivir como vagabundos. Gran parte de la historia del protagonista ocurre por medio de retrospectivas, algunas de las cuales se narran en tiempo pasado, otras en presente. Puesto que el protagonista es el narrador de todos los episodios, esta diferencia temporal de las distintas retrospectivas resulta en una evaluación por parte de Aniceto de los aspectos de su pasado. El producto de este sistema narrativo es un acento considerable en el cuestionamiento que hace Aniceto acerca de su propio lugar y propósito en la sociedad.[1]

[1] Véase *Historia de la novela hispanoamericana* de Fernando Alegría, pp. 214-215, para una descripción de este tipo generalizado de la novela chilena. El rasgo particular del tipo en *Hijo de ladrón* es el elemento de la angustia comunicada por medio de técnicas narrativas normalmente consideradas innovadoras en la novela chilena. Jaime Valdivieso, en su "Realidad y ficción en Latinoamérica" (inédito al escribir esto), explica que Carlos Sepúlveda Leyton, en su *Hijuna* (1934), empleó técnicas que fueron innovadoras dentro de la tradición chilena como medio de co-

Dos novelas acerca de jóvenes que traen cierta frescura a la literatura de este periodo tan cargado de angustia son *Muchachos* (1950) de Juan José Morosoli y *El retoño* de Julián Huanay. En realidad, por sus temas, no tratan el proceso de la identidad individual, pero no caben en ninguna tradición literaria. *Muchachos* es una serie de bosquejos que muestran la lucha del protagonista por ganar reconocimiento como adulto. El ambiente es un pueblo chico y una parte considerable del libro es ligeramente humorística. En *El retoño* el elemento sobresaliente es cierta ternura —del narrador hacia el chico, y entre el chico y ciertas personas que llega a conocer. Juan Rumi es el chico, un serrano que decide que tiene que conocer Lima. Su viaje a la ciudad es una travesía de experiencia que va ampliándose. La meta es la realización de un sueño; Juan no siempre tiene buena suerte, pero la gente suele ayudarlo. *El retoño* es una novela acerca de la pobreza, tanto como del proceso de madurar, pero no es una novela que trate de la miseria que se aprovecha de lo ajeno. Técnicamente, es una obra sencilla. La estructura narrativa es lineal, el diálogo es creíble, y la presentación narrativa de la mala fortuna, de la preocupación humana y aun de la explotación es prosaica —en la manera que Juan Rumi veía esas cosas.

La sencillez luminosa de una novela como *El retoño* nos lleva a algunas preguntas —no siempre justas— acerca de las obras de autores más literarios. Las preguntas no son justas porque, aunque la historia de Huanay puede ser algo refrescante, la lectura continua de libros de ese tipo sería muy aburrida. La técnica narrativa es la base principal de la variedad en la novela. *El falso cuaderno de Narciso Espejo* (1952) de Guillermo Meneses también trata de la maduración, pero de una manera mucho más complicada. El narrador en primera persona inventa a un *alter ego* quien, a su vez, llega a ser el narrador en primera persona; pero recordamos, claro, que uno es invención del otro. Con esta confusión de identidades, que pone en tela de juicio la pregunta de quién es el biógrafo y quién es el sujeto, nos enfrentamos a la historia de cómo el muchacho comprende las circunstancias en que madura. A veces la novela se acerca a un ensayo. Sin embargo, se desarrolla una cualidad arquetípica porque los incidentes son típicos del proceso de madurar.

El papel del mito llega a ser muy importante para la novela hispanoamericana en este punto. Hay una conciencia de los arquetipos universales, uso de mitos nativos como en las novelas de Asturias, y mitificación de la experiencia "novomundista" (parcialmente el caso

municar el sentido popular (para el pueblo) también evidente en la obra de Rojas. Valdivieso apunta a ese sentido popular en toda una línea de escritores chilenos, incluyendo a Sepúlveda Leyton, J. S. González Vera, Manuel Rojas y Fernando Alegría. También es interesante en la historia del género notar la proximidad de *Hijuna* a *Niebla* en Bombal. Ésta no tenía nada que ver, por supuesto, con el sentido popular, pero la característica de la invención narrativa las relaciona entre sí.

de las obras de Asturias) como en *Los pasos perdidos* (1953) de Carpentier. Esta novela emprende una vuelta al pasado americano, empleando un musicólogo como el instrumento narrativo. Se supone que lleva a cabo una investigación antropológica relacionada con el origen de la música, pero sabemos aun dentro de la novela que su viaje es una excusa para escaparse de Nueva York. Su actitud pone la investigación en segundo lugar. De hecho, el protagonista mismo es de importancia secundaria. La apreciación más completa de la novela viene de su sentido de la historia antes que de la concentración sobre la importancia del protagonista y lo que puede simbolizar. Este libro es otro caso de la reacción asombrada ante lo "real maravilloso" del Nuevo Mundo. La posibilidad de ir hacia atrás varios siglos en la civilización coloca la historia en una perspectiva curiosa. Aquí está la clave de la novela —no es un caso de colocar alguna situación en una perspectiva histórica, sino de ubicar la historia en una perspectiva más amplia que la historia misma—. Para crear este efecto, Carpentier inventa a un protagonista del todo civilizado con gustos ya saciados y ambiciones gastadas (un espécimen del hombre inauténtico) y lo deja narrar su historia. Su aventura va llevándolo hacia atrás en la historia. Pasa por varias épocas que sugieren la conquista del Nuevo Mundo, la Odisea mítica, el redescubrimiento de las relaciones humanas auténticas, la redefinición de la sociedad, y el origen de arte, llegando hasta la expresión más elemental de las emociones.

La sugerencia de la existencia de realidades múltiples, en *Los pasos* perdidos y algunas otras novelas del periodo, se subraya por la invención absoluta de un mundo ficticio en *El sueño de los héroes* (1954) de Adolfo Bioy Casares. En 1940 había publicado *La invención de Morel*, una obra de ciencia ficción a menudo elogiada con la admonición de que los lectores deben tomarla más seriamente que una sencilla fantasía. La novela trata de un hombre condenado que inventa una manera de reproducir, mecánicamente, a las personas que conoce. El efecto es sugerir una consideración metafísica de la realidad y la irrealidad. *El sueño de los héroes* también crea cierta incertidumbre acerca de la naturaleza de la realidad, con preferencia particular respecto a la percepción del tiempo. El protagonista, Emilio Gauna, trata de desenredar el misterio de una parte de su pasado que es un vacío. Hace un círculo: o el evento es repetido exactamente después de un periodo de tres años, o no hubo un lapso en el tiempo. El mentor y guía resulta ser un modelo inapropiado; mata a Gauna. La pregunta es si esto ocurrió en 1930 como realización de lo que debía haber ocurrido en 1927, o si fuera una nueva realización o repetición, de lo que en efecto ocurrió. Bioy Casares maneja las posibilidades cuidadosamente, pero siempre desde afuera. El punto de vista narrativo es constantemente en tercera persona omnisciente. En este sentido y otros, la novela es típica de la narración detectivesca. La historia comienza con algunas sugerencias acerca de los efectos del problema y luego muestra cómo el protagonista alcanza un lugar determinado en el desarrollo de la trama trazada por el autor. El estilo es directo, sin complicaciones metafóricas. Capítulos breves ponen de relieve los puntos progresivos en el desarrollo de la historia. No hay ningún intento por atraer al lector dentro de la historia, pero es atractiva porque obviamente hay un truco y uno quiere descubrirlo. Además, la escena en el Buenos Aires de los años veintes es interesante y a veces humorística.

Es enteramente posible que los acontecimientos más interesantes durante los años 1950 y 1954 —por lo menos entre los autores reconocidos— son la madurez de Onetti y la nueva orientación de Miguel Ángel Asturias. Aunque no deja de lado completamente el empleo del mito nativo, las novelas de Asturias inmediatamente después de *Hombres de maíz* son más específicamente novelas de protesta social. *Viento fuerte* (1950) y *El Papa verde* (1954) denuncian la explotación extranjera —o mejor dicho, la explotación comercial— de los compatriotas del autor. En *Viento fuerte* elimina el estigma del prejuicio nacional, por lo menos parcialmente, al utilizar una pareja idealista de los Estados Unidos que intenta organizar una cooperativa de cultivadores de plátanos; lucharán contra los efectos nefastos de la compañía "Tropbanana". Al plantear el conflicto entre dos bandos, ambos de los Estados Unidos, puede evitar las consideraciones políticas y reafirmar los valores espirituales que le preocupan. Aunque la novela no deja ninguna duda acerca del poder económico de la compañía, la verdadera queja de Asturias es que sus métodos son una negación de la alegría que los hombres deben sentir al cultivar y cosechar la fruta. El elemento folklórico sugerido en esta actitud encaja con la realidad de los obreros, pero no con sus redentores de los Estados Unidos. Estos últimos no son los típicos turistas norteamericanos, son simplemente absurdos. Estas caracterizaciones poco probables crean ciertos problemas con respecto a la credibilidad de la novela ya cuestionada por el desarrollo algo ilógico de la trama que parece aún más extraño en una novela de protesta.

La oportunidad para la reforma se presenta en Guatemala cuando el dictador, Jorge Ubico, fue derrocado por una revolución popular en 1944. La United Fruit Company había sido uno de los beneficiarios de su régimen. Bajo la administración de Juan José Arévalo, desde 1945 hasta 1950, y de Jacobo Arbenz, desde 1950 hasta 1954, Guatemala gozó de una nueva libertad. Un programa de la reforma agraria comenzó en 1952, y bajo sus provisiones se expropió mucha de la tierra de la United Fruit Company. Fue una acción basada, supuestamente, en consideraciones económicas. *Viento fuerte* protesta en un nivel tanto espiritual como económico; fue una buena idea, pero no una novela muy convincente. En el mundo de la economía y la política, la compañía argumentaba que no podía afrontar, económicamente, la pérdida de la tierra, porque en el cultivo del plátano es esencial dejar tierra barbecha. Mucho más eficaz que sus argumentos fue el miedo al comunismo por parte del gobierno de los Estados Unidos. Sus agentes o representantes veían o creían ver la infiltración peligrosa de Moscú en el gobierno de Arbenz, y organizaron un golpe. En julio de 1954, Carlos Castillo Armas se apoderó del gobierno de Guatemala por la fuerza con el respaldo de los Estados Unidos. El mismo año las tierras de la compañía frutera fueron restauradas.

Este incidente político, desde luego, es un momento de crisis. *Viento fuerte* tiene que ver con un periodo mucho más largo. Una novela interesante desde una perspectiva comparada es *Una manera de morir* (1954) de Mario Monteforte Toledo. Con muy poco esfuerzo por la transformación artística, el autor da forma narrativa a la experiencia de un comunista desilusionado. La narración está en tercera persona, y tanto la historia como los personajes se encuentran completamente controlados por el autor. Los puntos ideológicos se precisan en el diálogo; son absolutos en tono y tienden a deshumanizar al hablante. Este efecto es el mensaje de la novela, y también es una definición parcial del comunismo en Sudamérica, donde muchos han sido atraídos por el ideal pero pocos por su dogma. En *Una manera de morir*, el conflicto llega a ser una fuente de angustia por medio de su relación con el sentido y el significado de vivir.

Durante este periodo, probablemente el tratamiento más artístico de un fenómeno social específico es *El Cristo de espaldas* (1952) de Eduardo Caballero Calderón. Es una historia íntima de sacrificio y triunfo, pero el catalizador es la violencia en Colombia. Además, la novela versa sobre la polarización en cualquier parte. La situación no es comprensible sin entender que el país jamás ha podido distinguir entre la política y la religión. En 1946 se eligió a Mariano Ospina Pérez a la presidencia; era conservador y ganó principalmente a causa de la división de los liberales en dos grupos, uno de ellos encabezado por Jorge Eliécer Gaitán. La violencia estalló a tal punto que Ospina Pérez declaró el estado de sitio en algunas partes de la nación. Su administración fue obstaculizada tanto por Gaitán como por Laureano Gómez, un político increíblemente reaccionario. Una conferencia de la Organización de los Estados Americanos en abril de 1948 dio la oportunidad para amenazas y manifestaciones. El nueve de abril Jorge Gaitán fue asesinado y más de dos mil personas fueron muertas al levantarse el pueblo. Hubo violencia por todo el país —una guerra civil sumamente cruel. Laureano Gómez fue elegido presidente en 1950 porque los liberales se negaron a presentar un candidato. Una evaluación escueta de algunas creencias de Gómez surge de su condena a los Estados Unidos por haber apoyado el gobierno anticatólico de México. Sobra decir que poco logró tranquilizar su patria. Gustavo Rojas Pinilla se apoderó del gobierno en 1953; no hubo ningún paso hacia la paz hasta 1957, cuando los liberales y los conservadores se pusieron de acuerdo para alternar el control del poder ejecutivo del gobierno durante los próximos dieciséis años. Este acto no resolvió los problemas, pero invirtió la tendencia hacia el suicidio nacional.

La novelización de Caballero Calderón sobre esta terrible situación emplea como escena un pueblo provinciano. El acusado, del Partido Liberal, es sospechoso de haber asesinado a su padre, conservador y líder de la comunidad. Nos enteramos de los hechos de esta situación trágica por medio del papel del joven cura del pueblo. Fracasa en el intento de salvar a su gente, pero gana una victoria interior. La historia no depende sólo de la crisis; al contrario, hay momentos tanto de la victoria como de derrota. Una carta en que el obispo despide al cura es interrumpida por notas en que éste revela el conocimiento que tiene de los hechos. Puesto que no puede hacer pública esta información, el contrapunto de los hechos con la carta produce una sensación de falta de esperanza.

*La prisión* (1951) de Gustavo Valcárcel, otra contribución a la amplia tradición de literatura carcelaria va mucho más allá de denunciar las condiciones de la prisión y llega a ser una súplica en favor de la dignidad humana. Una novela de este tipo es apenas una sorpresa para esta época y este lugar; vale la pena notar que se hizo la primera edición en México, en vez del Perú.[2] Después de las elecciones de 1945, echaron a Bustamante y a Haya de la Torre y pusieron al general Manuel Odría. Haya de la Torre buscó refugio en la embajada colombiana en 1949 y tuvo que quedarse allí hasta que Odría le permitió salir del país en 1954. No fue un régimen bondadoso.

La novela de Valcárcel es básicamente una narración en primera persona, de modo que es fácil suponer que la historia se basa en la experiencia personal del autor. En realidad, los elementos ficticios son lo suficientemente importantes como para hacer de la posibilidad biográfica algo de relativamente poca importancia. La historia es una combinación de las observaciones, memorias y sueños del narrador. El recuerdo tiene dos papeles en la novela; uno es llevar la historia a un tiempo anterior al presente; el otro recuerda mo-

---

[2] La primera edición fue publicada en *Cuadernos Americanos*. La presente edición corresponde a Lima: Editora Caracas, 1967.

mentos ya experimentados en la novela como partes del tiempo presente. Cuando se experimentan estos momentos de nuevo, son pertinentes a la situación de un modo distinto. Por lo tanto, contribuyen notablemente a dar una sensación de cambio a lo largo del libro. La naturaleza general de este cambio es la deshumanización del narrador. El comienzo es prematuro y muy suave, un fluir de asociaciones con palabras y citas recordadas. Finalmente, la novela llega a un punto en que el narrador ya no es el mismo, y luego el punto de vista cambia a la tercera persona. La sensación de pérdida es abrumadora.

La Argentina estaba bajo el régimen de Juan Domingo Perón. Sin intentar una evaluación de este periodo muy complicado, podemos decir con seguridad que el significado de la estructura de clase se alteró radicalmente. La clase obrera ganó privilegios —aun dignidad— de los que jamás había gozado. La oligarquía, aunque nunca fue eliminada, presenció la desaparición de un modo de vida; fue una época en que desaparecieron muchas de las tradiciones que representaban todo un estilo de vida. Martin S. Stabb nos ofrece un ejemplo de cómo era la época: "...ya no se exigía la ropa formal en la ópera; y muchos de los parques que, por alguna ley no escrita, habían pertenecido a la burguesía y la alta burguesía, se llenaron de obreros que iban de *picnic* con sus familias..."[3]

Gente que pudiera haberse opuesto a cambios de esta índole hizo las paces o por lo menos declaró una tregua. Tales procesos, no obstante, siempre producen un sentimiento complejo que comprende nostalgia, tristeza, resentimiento y alivio. Esta sensación de una época en pleno cambio es evidente en varias novelas del periodo. Hemos visto que en las novelas de protesta la angustia de las fuerzas individuales se une a una expresión de angustia cultural. En las novelas argentinas que podríamos interpretar como una especie de reacción ante un periodo de cambio rápido, la angustia surge de la asociación de la tradición con la identidad.

*La casa del ángel* (1954) de Beatriz Guido, como muchas de sus novelas, trata de las reacciones de la adolescencia. Es el escenario en que operan estas reacciones lo que da un ambiente especial. Guido lo prepara al indicar las inhibiciones que siente Ana Castro, de unos dieciséis años, hacia Pablo Aguirre, un amigo de su padre. Ana misma es la narradora en primera persona, de modo que su autorrevelación es bastante directa. Sabemos que sus sentimientos se relacionan especialmente con acontecimientos del pasado, aunque no nos enteramos de qué fue. En una retrospectiva que nos lleva unos cinco años atrás, Ana recrea el mundo burgués del Buenos

[3] Martin S. Stabb, "Argentina letters and the peronato: an overview", *Journal of Inter-American Studies and World Affairs*, 13, núms. 3-4 (julio-octubre de 1971), p. 435.

Aires de los años veintes. Los bosquejos de su juventud revelan a un padre algo frío y retraído y una madre extremadamente puritana. Se debe entender la naturaleza extrema de esta caracterización como un caso individual antes que como una generalización. La crisis depende de un duelo entre Pablo Aguirre y un antagonista político. Ana sueña con entregarse a Pablo antes de que muera en el combate y efectivamente lo hace; Pablo, no obstante, sobrevive al duelo.

Las memorias son algo excesivas en cantidad para una trama tan escueta. La revelación paulatina de la causa de los sentimientos de Ana, no obstante, cataliza la historia apropiadamente, y hay un ambiente constante de reminiscencia. La romantización que Ana hace de sí misma suministra a la situación total un aura de ficción dentro de la ficción —un patrón cultural que existe en una época cuando fue más imaginación que realidad.

Una novela claramente más nostálgica es *La casa* (1954) de Manuel Mujica Láinez. Es la historia de una casa en la Calle Florida (un símbolo tradicional de la elegancia en Buenos Aires) desde la época de su construcción en 1885 hasta que se la destruye en 1953. La historia es narrada por la casa misma, personificada y actuando de narrador en primera persona. Este recurso causa un poco de dificultad al principio porque no hay ningún estilo de prosa que sea particularmente apropiado para una casa. El tono original es el de una mujer dignificada algo envejecida. La narración, sin embargo, llega a tener el efecto de la omnisciencia en tercera persona, puesto que la casa sabe todo lo que ocurre dentro. La narración básica sucede durante los días en que se destroza el viejo hogar. Los episodios nos llevan a épocas pasadas. Varias invenciones narrativas bien ingeniosas corresponden al recurso de la casa-narradora: los objetos de arte hablan; hay dos fantasmas vistos (no oídos) por la casa, y el edificio muestra una reacción emotiva ante otros objetos no animados. Todos estos factores en su conjunto crean un ambiente atractivo.

Los que habitan la casa son un senador, su esposa y cuatro hijos; la familia se desintegra, la propiedad pasa a manos de uno de los hijos que tiene una aventura amorosa con una sirvienta oportunista. Ésta y su hermana se apoderan de la casa y más adelante un sobrino la vende a una corporación. Es importante notar que no sólo desaparecen la familia y la casa —también se pierde todo un estilo de vida—. Para fines de la novela, Mujica Láinez ha incorporado todos estos factores en la personalización de la casa, y efectivamente comunica su fallecimiento cuando la casa se fija en su propia desintegración, en la desaparición de los fantasmas; finalmente la narración llega a ser incoherente.

*La casa de los Felipes* (1951) de Luis Mercedes Levinson es la historia de la desintegración de una familia hermética cuya casa fue derribada durante la construcción de la Diagonal Sur (ahora una calle principal en el centro de Buenos Aires).[4] El tema, o los temas, tienen facetas parecidas a Bronte: el incesto, una media hermana loca, una amante mulata, algunas muertes extrañas, varios fantasmas, un joven alcohólico y probablemente impotente y un amor perdido. Tenemos que considerar la casa como algo real —uno de esos edificios lo suficientemente alejados de nuestra experiencia como para excitarnos la imaginación. La invención gótica asociada con la casa es un comentario sobre el significado de la casa. La historia aumenta en suspenso —es decir, queremos saber el desenlace. Se la construye de tal manera que sabemos bastante acerca de la situación desde el principio, pero queda mucho por explicar. Luego al enfocar un personaje en particular, Levinson revela o da claves acerca de una parte del misterio. El proceso no es de clarificación continua; hay momentos en que el misterio se profundiza. Esta estructura narrativa es apoyada por la sensibilidad aguda del narrador respecto a la función de los cambios de punto de vista —desde la tercera persona omnisciente, al interior narrado en tercera persona, al monólogo interior.

Lo que la novela comunica va más allá de la acción de su trama gótica. Es casi imposible evitar la impresión de una aristocracia decadente aunque persistente. Esta impresión, no obstante, puede referirse más a la institución que a los individuos dentro de la novela. Al final de la historia, al derrumbar la casa, uno de los obreros pregunta a otro acerca de la familia que vivía llí, y éste contesta que no sabe, porque todo el mundo hablaba más de la casa que de la familia.

Después de la muerte de la esposa de Perón, Eva Duarte, se hablaba bastante de su pérdida de influencia. En abril de 1953 pidió una reunión de sus partidarios. La manifestación se convirtió en una orgía de destrucción. Los peronistas rebeldes destrozaron los centros políticos de la oposición y —el más valioso de sus símbolos— el Jockey Club, junto con su biblioteca y su colección de arte. No se deben relacionar estos acontecimientos directamente con las novelas aquí discutidas. La coincidencia, no obstante, es notable, porque tanto la ficción como los acontecimientos históricos parecen marcar el fin de una época —o por lo menos un cambio drástico.

La popularización espectacular de una ciudad es clara en distintas épocas en más de una ocasión en Hispanoamérica —la transformación de la ciudad de México después de la Revolución o la primera afluencia de andinos a Caracas en 1899, por ejemplo. De un modo semejante, los problemas delineados o sugeridos en otras novelas

---

[4] La segunda edición, con revisiones, corresponde a Buenos Aires: Santiago Rueda, 1969. Se empleó la segunda aquí.

de este capítulo son más generales que el marco nacional asociado
con casos individuales. Otro elemento común a toda Hispanoamérica es el significado más profundo de la realidad social. Combina
al hombre individual con su ambiente en la búsqueda de la identidad —y en la expresión de la angustia. El único camino claro
es una penetración más honda de la realidad interior, tanto individual como colectiva.

## XIV. EL AÑO DE "PEDRO PÁRAMO" (1955)

*Pedro Páramo* de Juan Rulfo —polémica al publicarse, pero nunca sin aficionados enardecidos— ha llegado a ser una de las novelas más prestigiadas de Hispanoamérica. Es la historia de un cacique y la gente afectada por sus obsesiones. Este tema pertenece a Hispanoamérica, en vez de sólo a México; y yendo un paso más lejos, encontramos emociones de ambición, autoconservación, avaricia, venganza y amor obsesivo que son del todo universales. No obstante, también hay cualidades que identifican el libro claramente con Hispanoamérica y, más específicamente, con México. Penetra hondamente en la realidad de una cultura —no tanto al estudiar los personajes complejos de la cultura como al mostrar cómo se relacionan en un patrón cultural. Este patrón, por otra parte, tiene sus propias cualidades particulares, porque no es un retrato de la sociedad en una perspectiva histórica o creada por el análisis psicológico, sino la realidad apreciada en términos de los mitos que toman forma durante la experiencia misma de la novela (aunque sus bases son a veces folklóricas). Se logra el efecto por medio de técnicas narrativas específicas, un proceso bien distinto del que ocurre en una novela de personajes.

Entre los efectos producidos en *Pedro Páramo* están la negación del tiempo cronológico y la intercalación de causa y efecto de tal modo que ni la una ni el otro dominan. Es por eso que difiere fundamentalmente de la novela de personaje. Los procedimientos narrativos que crean este producto son el punto de vista que cambia rápidamente, la línea narrativa segmentada y desordenada y la suposición de que el momento de la muerte no hace nada para inhibir la comunicación. Esta última característica es la novelización de la idea de las almas en pena que andan por la tierra aún después de la muerte. La comprensión de una realidad tan inusitada exige una lectura más cercana a la experiencia de la poesía que a la prosa de ficción. Claves de todo tipo son importantes —imágenes repetidas, referencias a personas y situaciones, cambios estilísticos— no para rehacer la novela en forma de una experiencia racional, sino para establecer las relaciones apropiadas para una apreciación suprarracional de la obra.

Un narrador en primera persona, Juan Preciado, comienza la novela con una sencillez engañosa: "Vine a Comala porque me dijeron que acá vivía mi padre, un tal Pedro Páramo."[1] Entonces Juan Pre-

[1] Juan Rulfo, *Pedro Páramo* (México, Fondo de Cultura Económica, 1ª ed., 1964), página 7.

ciado recuerda la petición de su madre de que visite a Páramo, e
incluye un diálogo entre la madre y el hijo. El narrador nos vuelve
al presente al decir "Por eso vine a Comala" (p. 7). Sin ninguna
transición, ni explicación ni cambio tipográfico, sin embargo, el
narrador pregunta, "¿Cómo dice usted que se llama el pueblo que
se ve allá abajo?" y la respuesta es "Comala, señor" (p. 8). Obviamente, el narrador no habla con su madre, pero ningún otro personaje ha sido presentado, mencionado o aun sugerido. A través de
las próximas seis páginas, descubrimos que el nuevo personaje
arrea algunos burros, y que él, como Juan Preciado, es un hijo ilegítimo de Pedro Páramo; finalmente nos enteramos de que se llama
Abundio. Esta secuencia —o mejor dicho antisecuencia— es un
ejemplo temprano de las características de la novela.

Durante la conversación con Abundio, se presenta otra característica básica. El hombre con los burros indica dónde están las pro-
piedades de Pedro Páramo y dice "Y es de él todo ese terrenal"
(p. 11). En la próxima página el mismo hombre dice "Pedro Páramo
murió hace muchos años." Sin lugar a dudas, el verbo de la
primera afirmación está en tiempo presente. La muerte no es incom-
patible con ser dueño de tierras en esta novela; y el lector con el
tiempo aceptará la negación de la línea clara entre la vida y la muerte, tal como se acostumbra a la falta de una relación lógica entre
causa y efecto en la secuencia de los acontecimientos. Este rechazo
a lo que normalmente consideramos la realidad produce un elemento de inseguridad en la experiencia del lector; y este sentimiento
es un efecto apropiado, puesto que los personajes en la novela no
parecen poder seguir poseyendo nada. Hay un sentido persistente
en la vida en la soledad. En el momento del diálogo entre Juan
Preciado y Abundio cuando éste dice "Yo también soy hijo de Pedro
Páramo", sigue un párrafo aislado, de una sola frase: "Una ban-
dada de cuervos pasó cruzando el cielo vacío, haciendo cuar, cuar,
cuar" (p. 10). Inmediatamente la narrativa comienza de nuevo, sin
más elaboración de la imagen.

Pedro Páramo no es el único que está muerto. El pueblo entero
de Comala está muerto y mientras la novela se desarrolla llegamos
al punto en que Juan Preciado habla de su propia muerte. Algunas
conversaciones ocurren en la tumba, y susurros vienen de las sepul-
turas de otros muertos. Cuarto líneas de importancia surgen de la
historia de Pedro Páramo. Una cuenta la acumulación despiadada
de poder por parte de Pedro Páramo sin ningún respeto por los
principios más elementales; la segunda corre paralela a la primera:
la conservación de su propiedad a través del periodo de actividad
revolucionaria, con la posesión continua como el único motivo. La

tercera línea es la muerte del hijo buscarruidos, Miguel. La cuarta
es su amor obsesivo por Susana San Juan, el recuerdo lírico de

la juventud, inalcanzable para Pedro Páramo porque su espíritu se encuentra en otra parte.

El primer cambio fundamental del narrador ocurre en la página diecisiete cuando observamos la juventud de Pedro Páramo desde una posición en tercera persona. Esta voz narrativa, sin embargo, no provee todos los detalles que esperamos. Intercalados en esta narración en tercera persona hay pasajes en prosa lírica que son las memorias que tiene Pedro de Susana. Están en primera persona con Pedro de hablante y se encuentran apartados de tal manera que se los diferencia del diálogo. Sabemos que son memorias; pero también sabemos que tienen que haber comenzado como memorias en un tiempo posterior a la historia de la juventud de Pedro. Es decir, la novela nos lleva a los años tempranos del protagonista y, al mismo tiempo, nos proyecta en un punto en el futuro. De hecho, la dualidad de estas memorias líricas las hace apropiadas en cualquier tiempo, dadas las características básicas de la novela.

Es posible que la manera más conveniente de apreciar la novela de Rulfo es pensar en ella como una combinación de pasajes-Juan y pasajes-Pedro. Los cambios de uno a otro tienden a combinar los dos hombres, aunque nunca se hace ninguna afirmación de ese tipo. También debemos notar que cuando Juan Preciado es el narrador a veces entrega la narración a otro. Hay por lo menos un pasaje narrado en primera persona que no podría ser la voz de Juan o aun relatado por él (pp. 93-96). Estos cambios en la perspectiva proveen una fuente múltiple de información. Joseph Sommers ha apuntado que nos enteramos de la muerte de Miguel Páramo en cuatro episodios distintos, y desde el punto de vista de tres personas diferentes (dos de los episodios enfocan al cura, el padre Rentería, uno es un evento, el otro es la memoria que tiene de él el padre Rentería).[2] Para comprender el efecto de este procedimiento, tenemos que darnos cuenta de que no tiene nada que ver con la creación de un testigo fidedigno. Es posible crear en la novela relaciones múltiples y paralelas de un incidente, mostrando cómo distintas personas ven la misma cosa, creando, se supone, una conciencia más amplia de lo que realmente ocurrió. Estos relatos de la muerte de Miguel, sin embargo, funcionan de otro modo. Puesto que están separados, e incompletos individualmente, exigen que el lector mantenga en suspenso su reacción. Cuando un episodio posterior ofrece información adicional, recuerda no sólo el episodio anterior con que se relaciona, sino también muchas otras narraciones relacionadas. Dos de estos episodios pueden ser considerados como existentes en la esfera de la memoria, pero los cuatro en su totalidad llegan a ser la realidad de la muerte de Miguel. La manera desar-

    [2] Joseph Sommers, *After the Storm* (Albuquerque, University of New México Press, 1968), p. 75.

ticulada en que nos enteramos de los acontecimientos contribuye a la naturaleza elusiva de los datos concretos en esta novela.

Esta estructura narrativa no produce estudios detallados de carácter. Las varias reacciones ante la muerte de Miguel, por ejemplo, contribuyen a la caracterización de tres personas; pero el incidente mismo parece más importante. El efecto es que probablemente no nos parezca que conozcamos a los personajes, pero estamos conscientes de la angustia de cada uno. El estilo de la prosa de Rulfo contribuye bastante a este tipo de caracterización que es una combinación de retrato y ambiente. El lenguaje es de gente campesina, pero escueto hasta el punto de parecer enigmático. Tiene cierta cualidad natural y esta característica se destaca en contraste con los pasajes líricos acerca de Susana. Es un estilo que no parece pertenecer a ninguna persona específica, pero parece admirablemente apropiado para la situación.

Al final de la novela, la reaparición de un personaje bastante secundario, doña Inés Villalpando, da un factor unificador a la historia. A principios de la novela, en uno de los pasajes que caracteriza a Pedro Páramo como niño, su abuela lo manda a la tienda para comprar algo de doña Inés Villalpando. A fines de la historia, encontramos a la misma mujer barriendo cerca de la tienda de su hijo, Gamaliel, cuando Abundio entra y compra un trago. Esta escena es el primer paso en el episodio final. Abundio se emborracha para soportar el dolor que le causa la muerte de su esposa. Luego encuentra a Pedro Páramo y a Damiana Cisneros, que cuida al hombre viejo. Los hechos que tienen lugar desde este punto hasta el final de la novela rechazan cualquier esfuerzo de descripción. Decir, como han dicho muchos, que Abundio mata a Pedro Páramo, es tan adecuado como una descripción del mar que indica que tiene agua —y bastante menos preciso. En primer lugar, el narrador no dice lo que pasa, por otra parte, los detalles de la narración rechazan cualquier conclusión lógica y pausada. Nos enteramos de que Abundio ha vendido sus burros, se supone antes de la muerte de Pedro Páramo (p. 149); por otra parte, recordamos que todavía los tiene, se supone después de la muerte de Páramo (p. 12). Esta paradoja nos recuerda que la secuencia de causa y efecto no es un factor en la novela de Rulfo. Dada esta condición, no hay una base racional para suponer que haya habido un asesinato.

La experiencia de las últimas páginas de *Pedro Páramo* es una síntesis de la experiencia de toda la novela. La gama de emociones (los estados psíquicos comunicados) incluye la pesadumbre ciega por parte de Abundio, la falta total de comunicación entre él y la pareja Páramo-Damiana, la intransigencia de Pedro Páramo, su miedo, su recuerdo obsesivo de Susana (hay un pasaje lírico al final) y la conciencia de su propia muerte. Todos los factores estilísticos funcionan aquí: la memoria lírica, el habla rural, el diálogo breve. El sistema de imágenes es muy sencillo pero tiene un efecto visual fuerte. La ausencia de causa y efecto es importante en los episodios finales, tal como ocurre en varios episodios de toda la novela. Abundio parece haber matado a Damiana Cisneros (p. 150), pero ella rcaparece para cuidar a Pedro Páramo (p. 152). Este último paso comunica no la intensidad dramática de la muerte por un acto de violencia, sino el sentido que tiene el protagonista de su propia desintegración. Mira a sus hombres y a Abundio mientras caminan hacia el pueblo. Luego siente una mano sin sensibilidad, se fija en las hojas que caen de un árbol, entonces su pensamiento vuelve a Susana, reconoce la muerte, comienza a caminar hacia su casa y cae —"Dio un golpe seco contra la tierra y se fue desmoronando como si fuera un montón de piedras" (p. 152).

El punto de vista narrativo variable es la técnica básica en otras dos primeras novelas importantes del año 1955. Una es *El pentágono* de Antonio Di Benedetto, un novelista de primera categoría que merece mucha más atención de la que ha recibido, y cuya obra muestra muchos puntos de contacto con las novelas de Juan Filloy. La otra es *La hojarasca*, de Gabriel García Márquez, un primer paso hacia su famosa *Cien años de soledad*. La novela de Di Benedetto toma su título de un pentágono amoroso —es decir, una aventura con cinco participantes—. Para decirlo de otro modo, se trata de dos triángulos amorosos que se entrelazan en un punto. El punto de vista narrativo salta caprichosamente de una posición a otra, y el movimiento entre dos esferas (real e ideal) es igualmente activo. Aunque el libro tiene un aspecto contemplativo, su seriedad está afectada por un tono ligeramente sardónico. Algunas técnicas estilísticas enriquecen este efecto porque las aliteraciones y palabras aglutinadas de Di Benedetto combinan la exactitud con el humor en la expresión de los sentimientos del autor.[3]

Es difícil adivinar cuál sería la reacción ante *La hojarasca* como introducción a la novela de Gabriel García Márquez. Bien podría parecer algo pesado. Considerada como una lectura retrospectiva para el lector que ya conoce *Cien años de soledad*, sin embargo, es fascinante por lo que revela del pueblo mítico del autor, Macondo. La historia trata de la vida allí durante el periodo 1903-1928. La escena básica es la casa de un médico que se ha suicidado. El primero de tres narradores es un niño de 9 años. Emplea el tiempo presente para describir lo que acontece alrededor de sí mientras se sienta incómodamente vestido con su ropa dominical, y su inercia es casi inaguantable. Luego la madre del niño llega a ser la voz narrativa, y por ella nos enteramos de que ella misma y el niño están

[3] Ángela B. Dellepiane, "La novela argentina desde 1950 a 1965", *Revista Iberoamericana*, 34, núm. 66 (julio-diciembre de 1968), pp. 275-276.

allí porque el abuelo les ha pedido mostrar respeto en esta ocasión. El tercer narrador es el abuelo del niño, que lleva la historia de la vida del médico al pasado y cuenta la mayor parte de lo que sabemos de la vida del médico en Macondo. El efecto de esta situación narrativa es diferente a la intercalación de pequeños segmentos de la narración. *La hojarasca* nos lleva hacia atrás en el tiempo y más hondamente bajo la realidad latente de una situación. Provoca el interés del lector porque el efecto es patente antes de la causa. Ese es un aspecto del encanto de la novela; otro es la invención increíble del autor, comunicada directamente y luego dejada —exasperantemente inexplicada. El cura lee del Almanaque Bristol en vez de la Biblia, y la palabra es tan aceptable como los pronunciamientos de cualquier profeta. El médico recién llegado come hierba. Los que conocen Macondo se sentirán cómodos con esta gente.

La primera novela de David Viñas, *Cayó sobre su rostro*, forma parte del cambio cultural en la Argentina que se relaciona con el fenómeno político del peronismo. Viñas pertenece a la generación de escritores llamados "parricidas".[4] Las actitudes de estos escritores (y, por consiguiente, los tonos de sus novelas) varían considerablemente entre individuos. No obstante, si intentamos llegar a cualquier tipo de entendimiento de sus actitudes, es necesario recordar que el régimen de Perón produjo una sensación de fracaso o de error de la sociedad argentina, cuando se la examinó retrospectivamente. Esta actitud fue común tanto entre peronistas como antiperonistas porque éstos vieron el nuevo régimen como un resultado desagradable de errores del pasado y aquéllos lo consideraron una compensación por injusticias del pasado.

Estos escritores y críticos son revisionistas con respecto al entendimiento de lo que es la realidad argentina, e intentan clarificar los sueños no realizados para descubrir la realidad. La nueva jerarquía de estrellas literarias llamó la atención sobre Roberto Arlt y otros escritores de la tradición realista. Al mismo tiempo muchos escritores prominentes de las letras argentinas fueron condenados por su falta de relevancia. Jorge Luis Borges a veces sufrió este oprobio, pero los ataques más amargos fueron los dirigidos hacia Eduardo Mallea. Fue acusado de esnobismo burgués, intelectualismo sin emoción y cosmopolitismo poco patriótico. La fuerza de este ataque contra Mallea es importante porque revela la reacción de contragolpe de esta nueva generación. Esta crítica tiene muy poco que ver con su proceso creador, y se concentra principalmente en su definición de ser argentino. Desde el punto de vista de sus compa-

⁴ Véase *ibid.*, Emir Rodríguez Monegal, *El juicio de los parricidas* (Buenos Aires, Deucalión, 1956); Martin S. Stabb, "Argentina letters and the Peronato: an overview", *Journal of Inter-American Studies and World Affairs*, 13, núms. 3-4 (julio-octubre de 1971), pp. 434-455.

triotas, había cometido un pecado imperdonable —Mallea estaba tan angustiado por el dilema argentino como cualquiera de los jóvenes, pero no los salvó de la crisis moral que había sido enfocada por el régimen de Perón—. La obra de Mallea, desde luego, no fue el único blanco de ataque; fue el caso extremo en el contexto literario. Se atacaron del mismo modo figuras históricas y tradiciones aceptadas. La nueva insistencia en ver las cosas tal como realmente eran incluyó una nueva conciencia nacional. No fue *chauvinista* sino bastante humilde. Un aspecto de ella lo constituyó claramente una búsqueda de identidad algo diferente de las tendencias relacionadas —los revisionistas intentaban poner de lado la hipocresía, el patriotismo falso, y el culto a los héroes para que los argentinos pudieran enfrentar su verdadero pasado.

Uno de los blancos de Viñas es el general (más tarde presidente) Julio A. Roca. La leyenda de Roca se basa en su campaña contra los indios de la Patagonia en 1879. Este movimiento es, en algunos aspectos, como la historia del Oeste de los Estados Unidos. Después de las grandes conquistas, nos damos cuenta de la violencia inhumana y la falta de honradez personal. *Cayó sobre su rostro* tiene como protagonista uno de los caudillos regionales de Roca; la novela es un ejemplo de denuncia de los militares. No es sorprendente que el autor sea más conocido por esa cualidad y por su posición entre los revisionistas que por su capacidad técnica. La desproporción no es justa porque Viñas es un técnico hábil que sabe cómo utilizar sus capacidades al servicio de la imaginación.

El primer capítulo de *Cayó sobre su rostro* sirve como introducción a la novela (y hasta como prefiguración de ella) en dos modos: primero, define el carácter y las circunstancias del protagonista, Antonio Vera; segundo, las técnicas empleadas en este capítulo constituyen un ejemplo del procedimiento narrativo de Viñas en la novela como totalidad. La acción del primer capítulo comienza cuando Juan, un ranchero, y su hijo ven a alguien que se va aproximando a caballo. Juan le pide a su esposa, Teresa, que permanezca en la casa; ella desobedece y se queda afuera con el perro. La persona que se acerca es Antonio Vera, que viene a pedir el dinero que Juan le debe, Juan no lo tiene, pero promete que su hijo se lo entregará dentro de un mes. Vera insiste en que Teresa traiga el dinero. Por tal insistencia el hijo se enfurece y se adelanta hacia el caballo. En este momento el perro comienza a correr alrededor de los cascos del caballo. El caballo se encabrita; Vera se cae y hiere su dignidad.

El capítulo comienza en mitad del incidente. El narrador en tercera persona no ofrece ninguna explicación anterior, sino que suministra toda la información necesaria por medio de la narrativa. Viñas emplea un diálogo seco y poco adornado para crear tensión mientras se acerca Vera. Aunque la narrativa se queda en tercera persona, el enfoque cambia desde la situación entre Juan y el hijo a la de Vera. Este cambio contribuye a un *tempo lento* que bien recuerda la lentitud de algunas escenas de una novela o película del oeste americano. El narrador intensifica esta escena al comenzar cada serie de frases sucesivas con la palabra "la plata", y luego insiste en esta repetición haciendo que la mano de Vera, resplandeciendo en el sol, parezca plata desde la perspectiva de Juan; más tarde, la saliva de Vera parece ser plata.[5] Todos estos factores, junto con las referencias mentales al dinero y la anticipación de lo que el otro dirá, contribuyen al correr lento de los segundos mientras se acerca Vera. Cuando el caballo se encabrita, la narración abandona su *tempo mesurado* y se convierte en una serie de acciones precipitadas, cambiando rápidamente pero siguiéndose una tras otra en una secuencia ininterrumpida en la misma frase. Hace un párrafo que es como el reportaje jadeante de una crisis.

Las técnicas narrativas empleadas en este capítulo crean dos efectos principales. Uno es el resultado del cambio constante en el enfoque de la narrativa. Aunque la voz narrativa no cambia y no hay monólogo interior, Viñas nos coloca dentro de los dos lados de la tensión. Por consiguiente, la experiencia incluye la situación total en vez de una parte de ella. El segundo efecto, bien relacionado con el primero, es que la acción externa y visible funciona como un símbolo de lo que pasa a la gente interiormente. Una acción externa cataliza una narración más analítica e interna.

El título del primer capítulo es "El día del juicio". Los datos básicos de que nos enteramos con respecto al protagonista son que es un jefe local, que se fija en las mujeres y que se está envejeciendo. El título del segundo capítulo es "Los años" y va hacia atrás en el tiempo hasta la campaña de Roca en contra de los indios. Aquí encontramos a Vera como el soldado muy macho y el disciplinario estricto, por lo menos en lo que se refiere a los otros. Estos dos títulos de capítulos aparecen alternativamente a lo largo de la novela. Los que se titulan "El día del juicio" tratan del presente básico de la novela —los principios del siglo xx, antes de la presidencia de Hipólito Irigoyen. Los capítulos con el título "Los años" son retrospectivos que siempre cuentan de la carrera de Vera, de su dureza, de sus éxitos, de su reputación como viejo luchador. También hay un elemento del tiempo pasado en los capítulos "El día del juicio", sin embargo, porque el presente sugiere un pasado. Tal como la acción externa cataliza revelaciones internas en el primer capítulo de la novela, la conversación en el tiempo presente puede catalizar recuerdos asociados. En algunos pasajes,

[5] David Viñas, *Cayó sobre su rostro* (Buenos Aires, Jorge Alvarez, 1955), pp. 11, 12, 14.

el diálogo es mínimo y está en letras cursivas mientras la evocación está en letra normal. Aquí otra vez el diálogo externo es una especie de símbolo de la realidad interna. Estos capítulos van revelando paulatinamente a Antonio Vera como un hombre que ya ha gozado de los mejores momentos de su vida y que detesta los signos de su edad avanzada. Sin embargo, su dignidad disminuye en estos capítulos para que sirvan de contrabalance, y finalmente dominan sobre los capítulos de "Los años" en que su dignidad aumenta. Su muerte en un burdel, bocabajo sobre una mujer, es un símbolo de sus sentimientos acerca del envejecimiento; también es la realización de la condición presagiada por su pérdida de dignidad en el primer capítulo.

El lector experimenta una sensación creciente de lo antiheroico que llega al punto del sarcasmo para fines de la novela. El mensaje trata de la perfidia de los valores falsos —el pasado debe admitir que es obsoleto. El resultado inevitable de la experiencia de leer *Cayó sobre su rostro* es que la historia de la Argentina es, en el mejor de los casos, burlesca y en el peor de los casos, corrompida. Hay una fuerza conmovedora notable en la asociación de este ataque al orgullo nacional con los sueños frustrados de la burguesía en *Los viajeros* de Manuel Mujica Láinez. En este libro, como en *La casa*, el autor noveliza un orden social en el proceso de desaparecer. El vehículo específico en *Los viajeros* es el sueño evanescente de una familia por volver a Europa. La familia inmigrante ha tenido grandes éxitos y debe contar con dinero para un retorno triunfante; pero el valor decreciente del peso separa el sueño de la realidad.

Es interesante que la actitud revisionista de los jóvenes escritores argentinos haya producido aún una preocupación indigenista —algo de novedad en una cultura que ha tendido a dar la espalda a sus provincias, y sin mencionar las minorías aisladas. En *Donde haya Dios*, Alberto Rodríguez (h.) construye una novela alrededor de la desolación progresiva de una región, bajo el estandarte del progreso. Lo que cuenta tiene cierta base histórica. La escena es una región de lagos en la provincia de Mendoza donde viven los indios huarpe. Una presa construida con el fin de regar los viñedos de otra región tiene el efecto de secar los lagos, dejando a los huarpes en un desierto. La indiferencia oficial ante su situación apurada es absoluta. Como ha apuntado Ángela Dellepiane, la novela pone en tela de juicio los programas "civilizadores" de los políticos argentinos desde Alberdi y Sarmiento hasta Roca.[6] Esta actitud plantea preguntas acerca de la base misma de la imagen nacional, que surgió del concepto decimonónico del progreso. En muchos sentidos, este desenmascaramiento de la herencia nacional se asemeja a las

<hr>

[6] Dellepiane, "La novela argentina", p. 266.

nuevas prioridades que comenzaron a salir en el primer plano de los periódicos norteamericanos durante los años sesentas.

Una comparación entre *Donde haya Dios* y *Huasipungo* es tentadora, pero demasiado simplista. Alberto Rodríguez (h.) pertenece a una generación posterior y trata un problema diferente. La presencia de la injusticia, en *Huasipungo* y en muchas otras novelas de su época, representa una característica bien evidente y dominante de la realidad social. *Donde haya Dios* trata un problema de la injusticia cómodamente escondido en un pasado lejano de la conciencia nacional. Las técnicas narrativas también muestran que es el producto de otra generación. El uso del monólogo interior, por ejemplo, suministra una dimensión que no es común en novelas de tales temas. La acción es episódica y enfoca distintos personajes. En términos muy generales, la historia trata de la esperanza de la intervención divina, siempre dejada sin realización. Los principales hilos unificadores son el intento persistente por parte de Cristino por mantener la vida en una región y los intentos repetidos del médico para irse. La narración es básicamente en tercera persona omnisciente y el diálogo profuso emplea la representación fonética del lenguaje regional. El monólogo interior aparece en letras cursivas. A veces el monólogo interior es fundamentalmente una técnica de caracterización; en otras ocasiones contribuye al movimiento de la historia hacia adelante. La narración es considerablemente más elaborada que la de *El indio*, por ejemplo; sin embargo, el autor ve la situación desde afuera y no se acerca a la percepción profunda de Rosario Castellanos en *Oficio de tinieblas* (1962).

Es posible decir que la protesta social en *Donde haya Dios* es vigorosa pero sutil; una afirmación semejante sería justa con respecto a *Casas muertas* de Miguel Otero Silva. La novela se ubica en el pueblo moribundo de Ortiz —infestado de malaria, casi abandonado e ignorado por las autoridades políticas. Es una condición triste que puede ser vista como una protesta contra el gobierno dictatorial. Sin embargo, la relación entre el pueblo y la condición del país va desarrollándose lentamente. No aparece ninguna afirmación obvia acerca del simbolismo de las "casas muertas" sino hasta más allá de la mitad de la lectura del libro. Hasta ese punto, el sentido general de la desesperanza crece, pero a base de la economía pobre y la salud miserable del pueblo. Luego un autobús lleno de jóvenes prisioneros políticos se detiene en el pueblo. Al salir, algunos de ellos hablan de las casas arruinadas. Uno de los prisioneros jóvenes dice: "Yo no vi la casas ni vi las ruinas. Yo sólo vi las llagas de los hombres." Otro contesta: "Se están derrumbando las casas, como en el país en que nacimos."[7]

---

[7] Miguel Otero Silva, *Casas muertas* (Santiago, Ed. Universitaria, 1968), p. 76.

Este episodio es resultado natural en una historia que depende fundamentalmente de la retrospectiva larga. La novela comienza con la ceremonia funeraria de Sebastián, un joven que ha sido la chispa de vida dentro de un ambiente general de muerte. La persona principal que está en duelo es su novia, Carmen Rosa, un segundo factor de vitalidad. Otero Silva reafirma su papel de dos maneras principales: mantiene un jardín en un pueblo en que morir es más palpable que crecer, y busca a la gente que recuerde el pueblo tal como era antes de ser asociado por la malaria y otras enfermedades. Al enforcar a Carmen Rosa, el narrador nos lleva atrás en el tiempo —al pasado inmediato (la muerte de Sebastián), el pasado que corresponde a la niñez de Carmen Rosa y a un punto en la vida del pueblo antes de que naciera la muchacha. Luego lleva la historia hacia adelante al punto del comienzo y un poco más allá.' La repetición del tiempo en el primer capítulo ocurre precisamente en el comienzo del último capítulo (p. 116), y de ese modo el resto del libro tiene el efecto de un epílogo.

Esta estructura retrospectiva de la novela establece, desde el principio, una sensación de muerte. Cuando Carmen Rosa conoce a Sebastián, dentro de la retrospectiva larga, ya sabemos que ella representa la única posible esperanza de reacción contra la derrota de Sebastián. Vemos su lucha de dos modos: al principio, es una personalidad fuerte, nada más. Cuando unos prisioneros políticos se detienen en Ortiz, se vuelve rebelde. El plan para liberar a los prisioneros, en que él participa, fracasa pero mantiene viva su esperanza. Experimentamos la lucha de otro modo cuando está delirante con la fiebre. Se ve a sí mismo como jefe, pero sin ningún plan específico para el gobierno del país. En el epílogo (el último capítulo), Carmen Rosa convence a su madre de que salgan de Ortiz y que vayan a la provincia de Oriente donde se ha descubierto el petróleo. En términos de la acción específica, ésta no es de ninguna manera una solución al problema planteado en la novela. Es consistente, sin embargo, con la caracterización de Carmen Rosa, porque ella representa el dinamismo en un pantano de resignación.

La caracterización no es particularmente profunda en *Casas muertas*, y no hay duda alguna en la distinción entre los héroes y los malvados; sin embargo, los personajes son interesantes como individuos. La estructura narrativa establece una relación entre los personajes y el lector antes de que la protesta social sea aparente. Es por eso que la novela de Otero Silva es más convincente que la típica novela comprometida. Apreciamos la circunstancia al conocer la gente; entonces nos damos cuenta de la denuncia vigorosa de la injusticia. Los recursos estilísticos del autor son poco ostentosos, pero eficaces. Las repeticiones reafirman una característica personal —Celestino, por ejemplo, siempre tiene miedo de declarar su amor a Carmen Rosa porque teme el rechazo de ella, y casi las mismas palabras describen sus titubeos más adelante. La repetición también puede terminar un capítulo o una sección de un capítulo, haciendo hincapié en algún aspecto de la narración; y en algunas ocasiones, las repeticiones se combinan con estructuras sintácticas paralelas para crear efectos especiales, como el pasar del tiempo (p. 62) o el deterioro de la condición física de Sebastián (p. 112). Estas técnicas nunca son notables; sirven su propósito sin llamar la atención a la técnica narrativa en sí. A fines de la novela, el narrador ahonda más en la conciencia interior de Sebastián y Carmen Rosa. En el caso de Carmen Rosa, el narrador selecciona las cosas que han tenido más influencia sobre ella y las emplea en una especie de recapitulación mental que hace Carmen Rosa, pero en tercera persona. Con el tiempo el autor nos ha llevado a una apreciación más amplia de los dos personajes principales, y dentro de este desarrollo hay una intensificación sutil de la protesta social. Ambas líneas del cambio provienen de dos contrastes que tienen que ver con Carmen Rosa. Una contrasta la victoria de ella con la derrota de Sebastián; otra contrasta su persistencia en oposición a la resignación de Celestino.

La actitud revisionista entre los escritores argentinos inspiró una gama amplia de narración, incluyendo las novelas ensayísticas y filosóficas de Héctor A. Murena. Su *La fatalidad de los cuerpos* podría ser usada como ejemplo de una lista extensa de las cosas que el novelista no debe hacer; sin embargo, es interesante porque se relaciona con sus ensayos y porque adquiere un sentido especial como corolario a la novela de Viñas publicada el mismo año. Una de las proposiciones de Murena, en sus ensayos acerca de la condición de ser argentino, es que la experiencia "novomundista" (específicamente argentina, pero más generalmente en toda Hispanoamérica) puede ser caracterizada por una sensación de estar desposeído.[8] Esta condición parece ser una versión especializada de la enajenación existencial. En el contexto americano tiene que ver con una separación de la historia; y el aislamiento resultante conduce a la fabricación de imágenes falsas, de murallas detrás de las cuales se esconde uno. Como ejemplos de este fenómeno, tenemos el acento exagerado en el bienestar material que es comparable a la superficialidad intelectual. Es en esta sensibilidad a lo inauténtico de la cultura argentina (o americana) que la obra de Murena complementa la de Viñas.

[8] Se encuentra esta idea en *El pecado original de América* de Héctor A. Murena. Para una discusión de esta obra, incluyendo su relación con ideas semejantes, véase Martin S. Stabb, *In Quest of Identity* (Chapel Hill, University of North Carolina Press, 1967), especialmente pp. 178-181.

*La fatalidad de los cuerpos*, el primer volumen de una trilogía, trata del autoanálisis de Alejandro Sertia, un industrial adinerado. Sufre un infarto y por consiguiente se enfrenta a una serie de preguntas acerca del sentido de la vida —lo que debe a otros seres humanos, lo que ellos le deben, los derechos que tiene a la felicidad terrestre, y cómo tiende a encontrar un punto entre los dos extremos—. Es interesante notar que su enfermedad lo ataca después de que sus bienes materiales comienzan a perder su encanto. La muerte de Sertia ocurre al comienzo de un viaje, después de que ha decidido aislarse en una isla tropical.

En un capítulo preliminar, un narrador —siempre en tercera persona— cuenta del principio de la enfermedad del protagonista y de las circunstancias alrededor de ella. Los capítulos siguientes emplean dos líneas de interés para ilustrar las reacciones de Sertia. Una tiene que ver con sus negocios, y es vista principalmente a través de su subalterno, traicionero, Hussey; la otra línea es personal y se desarrolla principalmente alrededor de Clotilde, la hija del protagonista por un casamiento anterior. La relación con Clotilde tiene que ver con un problema de distancia entre las generaciones, a saber, la falta de interés de la muchacha en casarse a pesar de estar embarazada. Esta línea se vuelve tradicional al final. Los dos intereses de Sertia, sus negocios y lo personal, se juntan en el personaje de Fernando, un empleado fiel para quien el protagonista es una figura paterna. Esa relación termina trágicamente.

Aunque Murena emplea algunas retrospectivas, el desarrollo de la historia es básicamente lineal; no hay recursos técnicos que hagan trascender su naturaleza expositoria. Algunas buenas imágenes sirven para crear atmósfera y ocasionalmente para definir el carácter. Los personajes, no obstante, nunca se separan del todo del narrador, que prefiere narrar acerca de ellos en vez de dejarlos actuar. El diálogo es semejante en su función. Es algo rígido cuando aparece; pero a menudo nos enteramos de lo que dice la gente, en vez de oírla decirlo. El factor dinámico de la novela, entonces, es una actitud ante la vida, que se plantea para ser considerada por el lector, en vez de ser experimentada por él. Aun así, los conceptos son elusivos.

A fines de la novela —y especialmente al final mismo— comprendemos la futilidad del protagonista y el disgusto del narrador. A través del libro, las preguntas que se hace Sertia a sí mismo crean la imagen de un hombre que siempre ha jugado el juego a medias, nunca comprometiéndose, a pesar de su evidente éxito. Este éxito no tiene ningún significado verdadero, no tiene nada que ver con sus fuerzas vitales. Cuando la historia termina, parece que su muerte no se relaciona con la secuencia de acontecimientos en su vida. Tendría más sentido si él muriera en otra época; pero su vida tampoco tenía mucho sentido, al menos tal como lo explica el narrador. Sin embargo, hay una sugerencia de un tipo de victoria por medio de la derrota —si uno realmente llega a un entendimiento de su soledad, alcanza una comprensión de sí mismo—. Esta expectativa trascendente puede estimular al lector a una participación más activa en el desarrollo de la novela, pero esta experiencia se ve prohibida por la naturaleza discursiva y expositoria de la obra de Murena. Dos novelas de 1955 requieren una breve mención, aunque no se relacionan con ninguna otra novela del año. Una es una novela detectivesca altamente sofisticada, *Rosaura a las diez* de Marco Denevi. La estructura consta de cuatro versiones del mismo hecho, narrado por cuatro personajes distintos, junto con una carta clarificadora escrita por Rosaura. Este procedimiento narrativo no es único de Denevi, por supuesto, pero lo maneja tan eficazmente como cualquier otro escritor que lo haya empleado. Es muy probable que la novela haya sido tratada algo injustamente por los críticos. El autor pertenece a la misma generación que Viñas y Murena —una generación cuya obra contiene normalmente algún significado profundo. Denevi ofrece solamente una historia bien contada —una experiencia de tensión y liberación. No obstante, la técnica narrativa da una apreciación de la realidad que bien puede ser una experiencia más profunda (aunque no un ejercicio intelectual más profundo) que una novela como *La fatalidad de los cuerpos*.

La segunda novela es *Los Ingar* de Carlos Eduardo Zavaleta, que publicó la altamente contemplativa *El cínico* varios años antes. Las relaciones humanas son importantes en *Los Ingar* tal como en la novela anterior, pero la circunstancia es mucho más vital. La historia es narrada en primera persona por el miembro quinceañero de una familia luchadora, difícil y provinciana. El punto de vista funciona bastante bien mientras el joven narrador anticipa la serie de hechos que a veces corresponden a lo que realmente ocurre. Hay problemas con la ley, acusaciones y cosas por el estilo, pero las relaciones dentro de la familia son de igual importancia temática. Este equilibrio de factores apoya la defensa más general del valor del individuo sobre la organización social.

Una de las características más notables del año de *Pedro Páramo* es la aparición de las primeras novelas de Rulfo, Gabriel García Márquez, David Viñas, Héctor A. Murena, Marco Denevi y Antonio Di Benedetto. Ahora se considera a cinco de estos escritores entre los principales de Hispanoamérica; el sexto, Di Benedetto, merece mucho más reconocimiento del que le han otorgado —probablemente más como resultado de la comunicación cultural limitada entre las Américas que por malquerencia de los críticos. El compromiso de esta generación argentina es el fenómeno literario más atractivo porque nos da una visión del régimen de Perón y los patrones culturales asociados con él. No obstante, la fascinación por esta combinación literaria y política no debe oscurecer la importancia artística de *Pedro Páramo* y *La hojarasca*. En cuanto al dominio de la técnica, las diez novelas discutidas en este capítulo revelan a escritores que tienen confianza en sus habilidades, cualesquiera que sean los fracasos que pueden ser notorios en casos específicos. La estructura narrativa multifacética o segmentada que emplea cambios en el punto de vista es común y se la maneja con facilidad. El uso de temas regionales alcanza una profundidad aun raramente sugerida en las novelas de hace un cuarto de siglo. En fin, este conjunto es una muestra de narrativa madura y moderna.

# XV. DESDE "PEDRO PÁRAMO" HASTA "RAYUELA"
(1956-1962)

AUNQUE los términos "nueva novela latinoamericana" y "boom" a veces parecen ser sinónimos, en realidad indican distintos aspectos de un solo fenómeno —la madurez de la novela en América Latina. En cuanto a los países hispanoamericanos en particular, es conveniente pensar en la nueva novela como algo que data de la década de los cuarentas, los años de la reafirmación de la novela. El así llamado *boom*, por otra parte, describe mejor el interés jamás visto que despertaron los novelistas hispanoamericanos en la década de los sesentas, y el incremento espectacular de novelas que produjeron. Aunque nadie lo consideró un *boom* sino hasta años después, el cambio es bastante palpable en los años que siguieron a *Pedro Páramo*. Se había establecido una base: los novelistas hispanoamericanos eran refinados técnicamente y estaban seguros de que la novela era una expresión artística válida. La cantidad impresionante de buenas novelas publicadas entre 1956 y 1962 fácilmente podría justificar una división en varios capítulos. Pertenecen, sin embargo, a una muestra de un periodo insigne —en que dos generaciones son notablemente productivas, en que hay una variación amplia en las técnicas y los temas, en que los autores hispanoamericanos escriben con más confianza en su arte que en cualquier otra época.

Para organizar el panorama, el presente estudio tratará primero algunos novelistas de la generación joven, los que más se relacionan con el *boom*. Luego un repaso de las obras publicadas en 1956-1962 por escritores reconocidos mostrará la relación entre el *boom* y la nueva novela. Por último, una clasificación general en términos temáticos ilustrará la diversidad de la novela durante esos años. Algunas novelas tratan de escenas nacionales y específicas; dentro de esta clasificación hay algunas obras basadas en la política actual mientras otras tratan de la herencia cultural de una nación o una región.

Otra clasificación amplia es la de una novela mucho más íntima, más preocupada abiertamente por la gente que por lugares o por la política; dentro de este grupo hay algunas que son angustiadas hasta el punto del nihilismo mientras otras son más bien estudios objetivos de las relaciones humanas. Tales clasificaciones, desde luego, son simplificaciones algo exageradas de lo que son las novelas mismas. Todas las clasificaciones de este tipo deben ser consideradas como recursos de organización, nunca como opiniones críticas.

Si alguien hiciera una encuesta, preguntando cuáles son los mejores representantes del *boom* entre los novelistas hispanoamericanos, indudablemente los nombres más frecuentemente citados serán los de Julio Cortázar, Carlos Fuentes, Gabriel García Márquez y Mario Vargas Llosa (mencionados en orden alfabético). Además de su excelencia obvia como escritores, comparten otras varias características asociadas con el *boom*. Pertenecen a un grupo literario internacional, viajan extensamente, viven bastante en el extranjero (en algunos casos la mayoría del tiempo), pero encuentran la inspiración en su herencia cultural. Hasta cierto punto se consideran incapacitados por un ambiente cultural indiferente en sus propios países. Hay razones prácticas para esas actitudes; no obstante, la reacción a veces se semeja a la tradición del *poéte maudite*. La conciencia del acto creador de narrar hace que los novelistas del *boom* comenten libremente (y a veces ansiosamente) sobre la naturaleza de la narrativa. Juntos hacen una declaración impresionante, en el foro de la literatura mundial, de la excelencia de las letras hispanoamericanas; y lo que puede ser aún más importante, han estimulado la comunicación entre escritores de los países hispanoamericanos —una condición que nunca ha sido tan productiva como en los años sesentas—. Un efecto indeseable del *boom* es que unos pocos escritores tienden a ser alabados, mientras que se ignoran muchos otros de calidad. Tal efecto no es de ninguna manera la intención de los escritores mejor conocidos, y aunque su fama está más difundida que la de sus colegas menos conocidos, es igualmente cierto que han atraído la atención sobre un cuerpo de la literatura que necesitaba realmente de publicidad. El *boom* no es cuatro novelistas, ni seis ni siete. Un gran número de escritores participaban en las actividades, las actitudes y los beneficios del *boom*. De hecho, los beneficios han convenido a muchos novelistas que nunca se hubieran considerado parte del *boom*.

Tres o cuatro de los grandes nombres aparecen como novelistas durante el periodo 1956-1962. El cuarto, Vargas Llosa, publicó un importante volumen de cuentos, *Los jefes*, durante este periodo, pero su primera novela, *La ciudad y los perros*, no apareció hasta 1963, el año de *Rayuela* de Cortázar. Cortázar mismo publicó *Los premios* en 1960, una buena novela que ha sido algo ignorada por la fama de *Rayuela*. García Márquez publicó dos obras, *El coronel no tiene quien le escriba* (1961) y *La mala hora* (1962), que se semejan a *La hojarasca* de dos maneras: están básicamente en algún punto intermedio entre el cuento y la novela, y son creaciones precursoras de lo que va a ser el gran acontecimiento, *Cien años de soledad* en 1967. El más activo de los cuatro fue Carlos Fuentes, quien se afirmó como escritor de primera categoría a través de la excelencia y la variedad de cuatro obras producidas en un lapso de cinco años: *La región más transparente* (1958), *Las buenas conciencias* (1959), *La muerte de Artemio Cruz* (1962) y *Aura* (1962).

La primera novela de Fuentes es complicada en su estructura, extensa, a menudo discursiva, pero también altamente divertida. Es un panorama de la vida en la moderna ciudad de México y, al mismo tiempo, un análisis de lo que significa ser mexicano, incluso lo que tiene que ver la Revolución con esa condición. Es difícil que haya un lector que no encuentre el libro interesante, aunque casi todos sienten la necesidad de señalar las imperfecciones. La reacción negativa puede tener que ver con la adaptación abierta y libremente admitida de los estilos de otros novelistas, en especial de John Dos Passos. Otros pueden reaccionar negativamente a la definición del mexicanismo, a base del hecho de que el asunto de la identidad nacional está fuera de moda. Otros pueden oponerse a los poemas en prosa algo melodramáticos que abren y cierran la novela. No son pocos los lectores que consideran la novela demasiado ambiciosa. Todos estos reparos, y otros, tienen cierta validez. Al fin y al cabo podríamos decir que Carlos Fuentes es un novelista presuntuoso, y lo decimos sin hablar despectivamente de su obra. Es presuntuoso en el sentido de que no vacila un momento en poner en práctica lo que le viene a la imaginación; tal vez sería más apropiado decir que es un novelista ostentoso. Sea cual sea la descripción apropiada, en muchos sentidos su novela se acerca peligrosamente a lo excesivo, y esta excesividad brota por todos lados, dependiendo de dónde resulte ser más bajo el nivel de tolerancia del lector.

En *La región más transparente*, Fuentes segmenta la narración para lograr la simultaneidad en las relaciones del tiempo y el espacio. Por medio de referencias que relacionan un segmento con otro, sabemos que dos acontecimientos que están separados en el espacio ocurren al mismo tiempo. El punto de enfoque al principio de la novela es una fiesta a la que asisten los que frecuentan los cocteles en la ciudad de México. La escena básica es más que una visión de la vida en una ciudad particular; es una revelación de algunos de los aspectos más superficiales de la cultura occidental. El retrato total, sin embargo, incluye todas las clases sociales de la ciudad, con paralelos económicos y morales.

El personaje central en la estructura básica de la novela es un viejo revolucionario llamado Federico Robles. Es un magnate, el hombre humilde que triunfa en la vida por esfuerzo propio, cuyo poder provenía de la Revolución. Sin embargo, mientras lo vamos conociendo en la novela, su posición entre la *élite* del poder no tiene ningún sentido porque le sirve solamente para mantenerse dentro de tal grupo. Robles tiene que encontrar relaciones especiales para mantener algún contacto con la realidad. Su historia es una de ruina financiera y posiblemente de autodescubrimiento. Si esta historia fuera el incidente central de la novela, sería una obra bastante más compacta de lo que es. La importancia de Robles —de la historia de Robles— consiste en suministrar un factor unificador que relaciona muchas vidas y problemas para que formen un mosaico de la vida en la ciudad de México; es en este sentido que Robles es un personaje central. No es por medio de él, sino en relación con él, que apreciamos la realidad del México posrevolucionario —una sociedad que cambió en varios sentidos desde los años anteriores, pero que evidentemente no era revolucionaria, según cualquier uso de la palabra.

A pesar de la caracterización muy cuidadosa de Federico Robles y el uso de técnicas narrativas útiles a lo Dos Passos, la estructura básica de *La región más transparente* al parecer no sirve para crear los sentimientos complejos y las ideas deseadas por el autor. Por consiguiente, agrega dos personajes importantes, Manuel Zamacona e Ixca Cienfuegos, que se entrelazan en la estructura narrativa sin ser factores esenciales. Son interesantes e importantes para lo que Fuentes aparentemente quiere decir, pero la historia de Robles podría funcionar aisladamente. Zamacona es un poeta intelectual que se desarrolla y cobra fuerza a través de las discusiones sobre el significado de ser mexicano. Sus discursos —y el diálogo en que participa, son más ensayos que novela. Cienfuegos es más difícil de definir. Él es el representante de la influencia indígena sobre la vida mexicana. Parte hombre y parte mito, sufre de algunas limitaciones humanas, pero va más allá de estas limitaciones en su capacidad por estar en todas partes, inexplicable aunque innegablemente. Nunca sabemos con precisión quién es, y esta cualidad es un elemento importante en su valor simbólico; es decir, el factor indígena en la cultura mexicana es generalmente reconocido pero poco definido. Cienfuegos, aún más que Zamacona, parece existir para hacer alguna afirmación que el autor consideraba esencial pero no podía expresar de otro modo.

Fuentes prosigue con muchas de estas mismas ideas y actitudes en *La muerte de Artemio Cruz*, su mejor novela. Su virtuosidad técnica es tan evidente como en *La región más transparente*, pero está más controlada en una novela cuya estructura es esencial para su sentido. El protagonista, Artemio Cruz, es semejante en muchos sentidos a Federico Robles. La novela comienza en una época poco antes de su muerte y crea una biografía multifacética del hombre, empleando voces narrativas en primera, segunda y tercera persona. La narrativa en primera persona es el presente absoluto —Artemio Cruz está tomando en cuenta su verdadera situación. La voz de segunda persona (el "tú") se mueve hacia atrás y, desde ese punto, mira hacia el futuro. El futuro es, desde luego, ya pasado en términos del presente básico de la novela. El uso de la voz narrativa en segunda persona, aunque bastante común en la novela muy reciente, todavía tiende a ser una técnica que distrae algo y por consiguiente exige un acto de aceptación generosa por parte del lector. El efecto que crea parece depender no sólo del intento del autor, sino también de la reacción individual del lector ante la sorpresa. Para algunos lectores, el tono imperativo de las secciones del "tú" es fastidioso en esta novela. El hecho es que son posibles varias lecturas. Una lectura razonable y satisfactoria de esta perspectiva es que Artemio Cruz está apartado de sí mismo, observando sus acciones como una personalidad normalmente integrada. Además de este uso del narrador, los pasajes del "tú" explotan el factor temporal como medio de caracterizar al protagonista. Esta voz narrativa no mira hacia atrás; la visión es hacia el futuro. Este impulso es uno de los factores principales en el carácter de Artemio Cruz. Explica algunas de sus acciones, ilumina la tragedia del momento de su muerte y resulta ser un comentario moral.

La voz en tercera persona pertenece a un narrador omnisciente que cuenta los incidentes del pasado en la vida de Cruz. Se coloca cada episodio en un lugar específico de la cronología. Hay momentos importantes en vez de una narración completa, y su colocación no es en orden cronológico, sino en una secuencia que produce asociaciones con sentido. Fuentes alterna las tres voces narrativas para crear un personaje fascinante cuya vida representa el México moderno —no como un símbolo, sino como un personaje real—. Las connotaciones de la caracterización de Artemio Cruz son casi sin límites. En términos generales, es probablemente acertado decir que el poder es la meta del protagonista, la única cosa que de veras estima. Hay muy poco sentido de pertenecer a otra persona, a otro lugar, a otra cultura. La poca inclinación que muestra en esa dirección siempre resulta en su caída ante la tentación por el poder. Esta actitud —y todavía hablamos en términos generales— es una manera de describir la sensibilidad de Fuentes ante el fracaso de la Revolución. Estas novelas fueron publicadas durante un periodo que presenció la huelga de los trabajadores del ferrocarril, disuelta por el ejército en 1959, y el encarcelamiento del pintor David Alfaro Siqueiros por "disolución social" en 1960. No es necesario tomar partido por un lado u otro sobre estos asuntos específicos para comprender cómo podrían simbolizar el ejercicio del poder a costa de la injusticia social como una función del ideal revolucionario.

Fuentes es tan hábil como técnico que fácilmente podemos identificar ciertos procedimientos narrativos como factores dinámicos en sus novelas —la fuente de cambio en sus novelas, o el agente que transforma la anécdota en arte. Estas observaciones, no obstante, podrían dejar todavía bastante por explicar, porque no necesariamente indican lo interesante que son estas obras. Es un hecho lamentable, en la narración reciente, que algunas de las técnicas narrativas más impresionantes producen algunas de las novelas más aburridas. Éste no es el caso de la obra de Fuentes —por lo menos entre los años 1956-1962. Lo que el análisis de la técnica no puede revelar de ninguna manera es el gran placer de un diálogo entre madre e hija que versa sobre la pronunciación del apellido de Joan Crawford, la presencia del viejo verde Artemio en Acapulco con su jovencita, o la combinación de la diversión o la crueldad entre algunos aficionados en una corrida de toros. La sensibilidad del autor ante el interés del lector lo hace un novelista igualmente competente de obras íntimas y de obras más amplias, panorámicas, muralistas.

Un buen ejemplo de escritura intimista es la segunda novela de Fuentes, *Las buenas conciencias* (1960). En vez de la ciudad de México, la escena es Guanajuato, un pueblo de provincia. Jaime Ceballos, un personaje menor en *La región más transparente*, es el protagonista. El libro trata de gente de buena voluntad que se siente reprimida por la costumbre y la tradición hasta el punto de estar inadvertidamente frustrada. *Las buenas conciencias* es en varios sentidos lo contrario de *La región más transparente*, casi como si Fuentes intentara mostrar a sus críticos cómo puede organizar una novela escuetamente y emplear técnicas narrativas tradicionales eficazmente. *Las buenas conciencias* fue escrita originalmente para formar parte de una serie, para ser luego abandonada y, desgraciadamente, casi olvidada. Es una liga interesante entre las novelas heroicamente proporcionadas y las obras íntimas de escritores como Sergio Galindo, Pedro Orgambide y Haroldo Conti.

*Aura* (1962) es una novela corta que revela otro aspecto importante de Fuentes como novelista —su atracción al misterio. En este respecto, *Aura* recuerda varios de sus cuentos y también el elusivo Ixca Cienfuegos en *La región más transparente*. En la novela, un joven intelectual-narrador es empleado por una mujer cuya vida alcanza hasta muy atrás en la historia. No obstante, ella también es una mujer joven —el producto de su propia voluntad. No es sorprendente para muchos lectores el que este narrador se enamore de Aura (la versión joven) y descubra al final que ha sido engañado. Precisamente aquí se encuentra la debilidad de la novela: no sorprende a muchos lectores. Es una historia de misterio y fracasa porque el autor revela su secreto. Los intentos por encontrar otros sentidos en la historia incluyen una lectura de protesta social en que se considera a la mujer vieja como un representante de los obstáculos fosilizados que impide el progreso social en México, una especie de ceniza que cubre el fuego y se niega a irse.[1] Un aspecto

---

[1] Salvador Reyes Nevares, "Una obra maestra", *La cultura en México*, 22 de julio, de 1964, p. 19.

más interesante de la personalidad doble es la cuestión que surge con respecto a la identidad, y la narrativa en segunda persona tiende a incorporar al lector en el problema de la identidad, a no ser que rechace esta técnica narrativa y se ausente de la participación. A Fuentes le encanta este juego con identidades y lo maneja bien, aunque tal vez demasiado frecuentemente, en su obra posterior. Este interés en particular, sin embargo, muestra la relación de Fuentes con algún otro grupo de novelistas recientes: los que hacen trampas con la realidad, casi siempre produciendo un problema de identidad.

Las dos novelas cortas de García Márquez continúan la historia de Macondo que comienza con *La hojarasca* y culmina con *Cien años de soledad*. La cualidad épica de esta obra proviene de un sentido profundo de la historia que mitifica una cultura, en vez de una visión panorámica como la de Fuentes. El coronel retirado de *El coronel no tiene quien le escriba* es una combinación de patetismo y dignidad. La historia se enfoca en él, pero sugiere mucho más de lo que dice. Es una víctima de la burocracia deshumanizada, por ejemplo; pero aun así mantiene la esperanza a pesar de ocultar esta actitud ante los otros. Esta serie de circunstancias sugiere —y repito sugiere— una biografía detallada del protagonista. *La mala hora* es una síntesis del miedo y la falta de confianza que son elementos esenciales de la violencia en Colombia. Alguien coloca pasquines por todo el pueblo, poniendo en duda la seguridad de todos los que viven allí. Lo que realmente dicen esos pasquines no es de tanta importancia. Equivalen al chisme común y corriente. No obstante, dos factores les dan una importancia especial: el mensaje es escrito y nadie sabe quién los coloca en las paredes. La posibilidad de una guerra civil llega a ser bien probable.

Con la excepción de algunos recursos como la voz narrativa múltiple en *La hojarasca*, las técnicas narrativas de García Márquez tienden a ser bastante conservadoras. Su imaginación es la fuente principal de la creación. No tiene la más mínima duda acerca de su derecho a la invención. Mucha de la irrealidad de la obra, la mayor parte de la sensación del mito y una parte considerable del humor provienen de esa invención desenfrenada. Suele tratar lo extraordinario como si fuera completamente cotidiano. El coronel tiene un gallo en su cuarto, y lo mantiene ahí tan naturalmente como sirve una taza de café. Algunas de sus invenciones son ridículas. El médico recién llegado en *La hojarasca* pide yerba para la comida, a lo que nunca encontramos explicación, tampoco se sigue explotando el uso de este apetito curioso. Cada vez que se emplean las invenciones (y aun donde se esconde la información en la forma de la exageración) se crea una atmósfera especial —una nueva realidad que surge de otra más reconocible.

*Los premios* (1960) de Julio Cortázar es un paso importante hacia

*Rayuela* (1963) aunque ya había escrito muchos cuentos. Su primera novela es una consideración juguetona pero también seria de una serie de destinos humanos. La situación básica es bastante artificial —un grupo diverso de porteños hace un viaje como premio de la lotería. Son interesantes como tipos reconocibles en la sociedad porteña. Luis Harss ha apuntado que este hecho es de interés secundario para el autor.[2] Sin embargo, no tendría sentido pasar por alto el factor de la identidad en una novela que versa precisamente sobre el problema de la identidad. En cualquier obra de este tipo, hay un contrapunto de dos cualidades; una que emana de la experiencia de pertenecer del autor y otra que viene de su experiencia creadora. No son elementos completamente aislados, desde luego, sino que funcionan paralelamente. Carlos Fuentes, por ejemplo, podría decir que le interesa menos la definición del carácter mexicano que la realidad humana que está más allá de esa definición. Por otra parte, podría decir todo lo contrario y ninguna de esas dos afirmaciones modificaría lo que ha escrito. Así también con Cortázar: se puede apreciar *Los premios* como una galería de tipos. Mudándonos a otro nivel, experimentamos la autoidentificación inconclusa de gente que no entiende su destino. Mientras la novela se desarrolla, también se incrementa el sentido de misterio impenetrable. Se prohibe la entrada a la popa a los pasajeros. Hay algo extraño —probablemente malévolo— que ocurre, pero nunca nos enteramos de qué se trata.

Esta información retenida es una técnica principal que García Márquez emplea en menor escala. En *Los premios*, éstos crean una atmósfera que debe bastar como mensaje en sí misma. Cortázar, sin embargo, como Fuentes en *La región más transparente*, por lo visto considera que la estructura básica de la novela no es suficiente, y por eso incluye a un personaje, Persio, que funciona como narrador inventado. En pasajes de exposición que se semejan algo a un monólogo interior (y en letras cursivas), Persio ve el grupo total. El efecto unificador es deseable en términos estéticos; Persio es un intruso presuntuoso, una no-entidad que no corresponde al autor, al personaje, o al lector y sus divagaciones metafísicas son muy aburridas. La diversidad de los pasajeros es un factor interesante, sea cual sea el nivel de apreciación. Entre las varias posibilidades, una algo descabellada tiene cierta atracción inmediata: que estos tipos porteños, considerados colectivamente, pueden representar la visión del mundo de una cultura particular en el entendimiento limitado de su propia realidad, con la acumulación resultante de dudas y presagios.

Sean cuales sean las debilidades de obras particulares de estos tres escritores que llegaron a ser famosos con el *boom*, no hay duda de que son novelistas excelentes. Es importante notar, sin embargo (y

---

[2] Luis Harss, *Los nuestros*, pp. 274-279.

puede ser sorprendente para los lectores aficionados a la narrativa hispanoamericana), que no son muy notables por su innovación técnica. Para ser justos, los novelistas mismos jamás han pretendido serlo; los críticos y académicos han tendido a subrayar sus aventuras técnicas a causa de la tendencia universal por ignorar a sus precursores en Hispanoamérica al mismo tiempo que elogiaban algunas de las novelas menos imaginativas que ha producido la región. Carlos Fuentes admite libremente lo que debe a novelistas no-hispanoamericanos, particularmente algunos de los Estados Unidos. Lo que no apunta es que prácticamente todas las técnicas narrativas que aprendió leyendo novelas norteamericanas también habían sido empleadas en la narrativa hispanoamericana, por autores a menudo no tan bien conocidos y, en muchos casos, no tan dotados como Fuentes o los escritores principales que influyeron en él.

Varios de los escritores reconocidos que eran productivos durante el periodo 1956-1962 pertenecían a la generación interrumpida que se estrenó en la vanguardia de fines de la década de los veintes y principios de los treintas, y luego pasaron por una época tranquila antes de participar en la reafirmación de la novela a fines de los años cuarentas. Algunos escritores reconocidos muestran poco o ningún cambio con relación a su obra temprana; otros son marcadamente diferentes. Algunos participan en el *boom*, aunque no tan intensamente como los escritores más nuevos.

La obra de Miguel Ángel Asturias durante este periodo pertenece al lado negativo. Domina la protesta —protesta perfectamente justificada contra el imperialismo económico y político de los Estados Unidos—; sin embargo, la protesta justificada no hace necesariamente el arte; en algunos casos la ansiedad de Asturias hace de su obra algo ridículo. Agustín Yáñez continúa produciendo su retrato de México comenzando con *Al filo del agua*. Nunca más logra tal excelencia, pero llega bien cerca con *Las tierras flacas* (1962). Es una novela de las zonas áridas —la tierra es pobre y la gente es siempre persistente y sufrida. Una de las técnicas principales consiste en caracterizar a esta gente con el proverbio, y el refrán tradicional, no solamente en el diálogo, sino también usados como base de la narración del fluir de la conciencia o del monólogo interior. Estos proverbios crean una sensación de la escasez de la tierra. El elemento más representativo de la modernidad tecnológica, una máquina de coser, sirve para iluminar las frustraciones y la fe de la gente. En una estructura narrativa cuidadosamente equilibrada, el autor yuxtapone esta tecnología primitiva contra otra más complicada, y también el concepto general del progreso tecnológico contra la dureza primitiva de la gente.

Tanto Yáñez como Eduardo Mallea escribieron novelas sobre el acto creador: Yáñez con *La creación* (1949) y Mallea con *Simbad*

(1957). *La creación* versa sobre un músico —una manera muy difícil de tratar la creatividad cuando el autor se encuentra limitado al lenguaje escrito. La novela contiene alusiones interesantes acerca del proceso de crear una obra artística, pero no hay una comunicación satisfactoria de la sensación del proceso mismo. La novela es más interesante por su retrato del mundo artístico del México posrevolucionario. Mallea inteligentemente crea a un protagonista que es escritor. *Simbad* es un libro enorme, una especie de contemplación de la relación del escritor con el mundo. En este sentido recuerda algo *La bahía del silencio* —en principio, no en lo específico. El protagonista de Mallea, Fernando Fe, imagina una obra en que Simbad terminará su búsqueda, descubriendo su mundo de los sueños. El autor emplea uno de sus recursos narrativos favoritos: las dos líneas narrativas. En este caso las dos están claramente relacionadas, aunque crean impresiones completamente diferentes de la duración del tiempo. Las cinco secciones de la novela cuentan la vida de Fernando Fe; sin embargo, cada una de esas secciones tiene un preludio que trata de la acción del protagonista durante un periodo breve pero clave en su vida. Aquí, como en sus novelas anteriores, Mallea narra definiendo. Puede ser que los hábitos y las costumbres de los personajes (principalmente burgueses intelectuales) tengan algún interés intrínseco, pero la comunicación principal del libro es una búsqueda infinita del hombre como artista y como ser ordinario.

Tanto Alejo Carpentier como Juan Carlos Onetti produjeron sus mejores novelas entre 1956 y 1962. *El acoso* (1957) de Carpentier es una novela breve generalmente reconocida como un *tour de force* técnico. La trama, básicamente la caza de un hombre, se desarrolla en tiempo y tensión de acuerdo con la Tercera Sinfonía de Beethoven. La tensión creada por esta exigencia estructural armoniza con la tensión emocional de la trama. Los personajes son tipos habaneros reconocibles, pero este hecho, como en *Los premios* de Cortázar, es secundario a no ser que el lector busque esta característica en particular.

*El acoso* es la actuación de un virtuoso, pero *El siglo de las luces* (1962) es la mejor de las obras de Carpentier. Encuentra la base de su magia en la historia, como en *El reino de este mundo*. Tiene lugar durante la época de la Revolución Francesa y de Napoleón. El protagonista es una figura algo vaga en la historia francesa, Víctor Hugues. Sus aventuras lo vinculan con una familia aristocrática en La Habana colonial. Su historia trata de la familia y también de la parcialmente separada línea de las aventuras de Hugues. Cuba, la región del Caribe, Francia y España se juntan en la historia, de manera que el concepto de la herencia cultural se desarrolla junto con la idea de la revolución. Todo esto es una parte de la experiencia del

Nuevo Mundo. La manera en que Carpentier trata la historia aquí, como en otras partes, le da una cualidad mágica. Hugues es un hombre de acción, de ideas en movimiento. El principio de la revolución, junto con su relación con la ambición y el éxito, aparece en un marco histórico, pero la mutación a implicaciones contemporáneas es bastante lógica. Indudablemente Carpentier considera la Revolución Cubana una repetición de una constante histórica.

La falta de sentido que angustia a los personajess de Onetti llega a ser una especie de juego en *El astillero* (1961), una de las mejores novelas —posiblemente la mejor— escrita por el uruguayo austero. *El astillero* del título se encuentra en Santa María, el pueblo mítico del autor. El protagonista, Larsen, vuelve al pueblo dispuesto a darse a conocer. Un puesto como gerente general del astillero parece ser la oportunidad perfecta. Su dueño, Petrus, es un hombre de negocios que está envejeciendo y que finge que los asuntos del astillero están a punto de mejorar. El hecho es que se trata de una colección de maquinaria del todo oxidada, un mero esqueleto de lo que antes existía. No hay ningún negocio a excepción de la actividad ilícita de vender lo que queda de la maquinaria, sin el permiso del dueño. El gerente Larsen tiene dos empleados: un administrador técnico y un administrador fiscal que estudian minuciosamente planos que se están desintegrando y mantienen cuentas imaginarias de transacciones que nunca tuvieron lugar. Todo el mundo sabe perfectamente que sólo están participando en un juego, llevando a cabo una serie de movimientos. Larsen inclusive sale con la hija del jefe, una retardada mental que vive en una casa mohosa que ofrece un ambiente semejante al del astillero.

El narrador cuenta la historia de *El astillero* tal como si fuera testigo de parte de ella y aprendiera el resto de otros. Este punto de vista hace consciente al lector de que los personajes de la novela no ven algunos hechos que deberían serles evidentes. Por lo tanto, reaccionamos ante Larsen y los otros no como posiblemente lo haríamos ante gente que está siendo engañada, sino como reaccionaríamos ante gente que se engaña a sí misma. Una reacción es la de sentir que deben aferrarse a esa pretensión porque es lo único que tienen. Otra es que la vida no llega a ser nada más que un juego que no tiene ningún sentido fuera del juego mismo. Es imposible dejar de lado *El astillero* sin pensar en la política uruguaya, que permitía que el gobierno por comité promoviera la inercia cívica y la corrosión material y espiritual del país. El desenmascaramiento de la vida como un juego exige más que una respuesta política, pero no se encuentra esta respuesta en la novela de Onetti.

*Sobre héroes y tumbas* (1962) de Ernesto Sábato tiende a abrumar a sus lectores. Una experiencia inicial con esta novela crea la impresión de un gran mural retratando el presente (los últimos años del régimen de Perón) y el pasado de la Argentina, con otra dimensión agregada por la tercera de cuatro partes, una interiorización penetrante de Fernando Vidal, posiblemente el protagonista de la novela.[3] Aun después de varias lecturas muchas preguntas quedan sin respuesta, y los lectores fácilmente pueden quedar absortos preguntándose qué quiere decir Sábato con tal personaje o acto. Ángela Dellepiane ha hecho la mejor labor para relacionar sus ensayos con sus novelas y es a través de su análisis que comenzamos a ver *Sobre héroes y tumbas* como un estudio de valores, un intento por individualizar de nuevo los seres humanos dentro del contexto de la sociedad contemporánea.[4]

Sábato contrasta dos personajes, Alejandra y Martín, particularmente en las dos primeras partes de la novela. Ella es impura y pertenece a una familia que incluye un número sorprendentemente alto de nombres famosos en la historia argentina. Martín, por otra parte, es inocente y casi sin raíces o tradición familiar. Estas dos personas antitéticas parecen estar irresistiblemente atraídas. De hecho, uno de los rasgos menos atractivos de la novela es la insistencia por parte del autor en esta relación determinista. Es una aventura amorosa más propia de la novela de principios del siglo pasado que de la de fines de éste. No obstante, el disminuir el efecto tempo-espacial es una de las técnicas narrativas de la novela. Un relato de la retirada del general Lavalle, un hecho histórico de hace un siglo, funciona como un elemento de la muralla de la Argentina contemporánea y es particularmente significante en la comunicación de un sentido del honor y la lealtad. Hay una sugerencia de la decadencia de la tradición, planteada en el personaje de Alejandra y las relaciones dentro de su familia; pero el retardo de Lavalle es fuertemente afirmativo. Martín, por otra parte, carece de tradición aun hasta el punto de que su madre lo rechaza; pero él es el personaje que lleva la chispa de optimismo en la novela. Es posible suponer que Sábato quiere plantear los valores humanos de tal manera que no puedan ser confundidos con el proceso del pasar del tiempo. Tal lectura estaría bien lejos de la inicial, porque la historia de los amantes fatalmente atraídos junto con un desarrollo melodramático digno de *King's Row* (incesto, asesinato, suicidio) descarta cualquier apreciación más sutil.

Un crítico proporciona opinión unificada de la novela por medio de la explicación arquetípica de Fernando como héroe.[5] Ve cierto

---

[3] Para un análisis de su papel en la novela, véase Raymond D. Souza, "Fernando as hero in Sábato's *Sobre héroes y tumbas*", *Hispania*, 55, núm. 2 (mayo de 1972), pp. 241-246.

[4] Ángela B. Dellepiane, *Ernesto Sábato; el hombre y su obra* (Nueva York, Las Américas, 1968).

[5] Souza, "Fernando as hero".

paralelo entre el general Lavalle y Fernando, la visita de éste al
infierno como un paralelo contemporáneo del acto heroico de Lavalle. El núcleo de esta lectura es la tercera parte de la novela, "Informe sobre ciegos", que puede ser leída como un viaje a través del
mundo subterráneo —una experiencia interior que recuerda el viaje
de *Adán Buenosayres*. Es posible encontrar en la experiencia de
Fernando los principios de la salvación de Martín. Este análisis es
bastante más escueto que la novela; puede iluminar el libro, pero no
considerarse un equivalente de la experiencia de la novela misma.

Manuel Mujica Láinez, ya conocido por sus intereses estéticos y
sus novelas nostálgicas basadas en la estructura social cambiante
de Buenos Aires, publicó *Bomarzo* en 1962. Este libro proporcionó
la historia para la ópera de Alberto Ginastera. Es una novela histórica que crea el sabor del Renacimiento. El autor ha sido crítico de
arte para *La Nación* y a través de varios años estuvo asociado con un
museo. Su sensibilidad no es sólo el disfrute de las creaciones
artísticas, sino que incluye también una reacción de encanto con el
acto mismo de evocar una época pasada. Esta evocación es uno de
dos factores importantes que hace de *Bomarzo* una novela interesante. Otro es la incorporación de varios personajes históricos bien conocidos: Cervantes, Miguel Ángel, Lotto, Cellini, Carlos V y otros.
La obra de Mujica Láinez revela su actitud aristocrática y también es
representativa de la complejidad del mundo literario argentino. El
autor es un miembro contemporáneo del grupo de la Florida; su obra
contiene muchas de las cualidades que provocaron la rebelión de los
"parricidas", los escritores revisionistas del grupo de Viñas.

Otro escritor importante, Ezequiel Martínez Estrada, puede parecer un nombre algo extraño en un grupo de novelistas constituidos,
puesto que normalmente lo consideran ensayista. En realidad ha
hecho contribuciones distinguidas a la literatura también como poeta y narrador. Aunque ninguna de estas últimas ha sido considerada
como una obra de primera línea, bien pudieran haber llamado más
la atención si sus ensayos fueran menos destacables. La excelencia
de sus cuentos y sus novelas cortas es el resultado de varios factores
de gran importancia en el desarrollo del género: el cambio de actitudes filosóficas en el relato, la asociación de la inventiva narrativa
con el impulso creador, y el uso de variaciones estilísticas para comunicar la experiencia de la historia.

Su "Viudez" (1956) es el retrato de la confusión, la indecisión y
el reconocimiento consiguiente de su estado de aislamiento.[6] El

[6] Esta obra es una de tres piezas de prosa de ficción en *Tres cuentos sin amor*
de Martínez Estrada (Buenos Aires, Goyanarte, 1956). El título indica que "Viudez"
es un cuento; no obstante, sus tres etapas de desarrollo producen una trayectoria
complicada de cambio emocional que resultan en una obra nada breve. Son 57 páginas en esta edición.

factor dinámico en la novela es la cualidad de pesadilla cada vez más intensa de los tres episodios. La escena es rural —la casa y la familia de un campesino. El primer episodio contiene una experiencia laberíntica cuando una mujer se pierde entre el ganado (es de noche) mientras va a buscar la ayuda de un vecino. El segundo episodio hace que Carnival se convierta en un payaso muerto. El tercero trata de parientes que vienen y, en vez de ayudar, hacen una fiesta que estorba el trabajo que la mujer tiene que hacer. El lector se identifica fácilmente con la protagonista porque la narrativa, aunque está en tercera persona, ve la situación como la vería ella. También es interesante que desde esta posición el narrador pueda hacer preguntas y contestarlas. No parecen inoportunas porque son las preguntas naturales de la mujer. Esta ventaja es un factor que contribuye enormemente a la transformación de una actitud filosófica en una experiencia de ficción.

*Marta Riquelme* es una pieza borgiana que esconde su subjetividad con una supuesta objetividad. La historia finge ser un prólogo escrito por Martínez Estrada para las memorias de Marta Riquelme. Se supone que el libro mismo se ha perdido. Arnaldo Orfila Reynal, quien fue director de la editorial Fondo de Cultura Económica en México, se lo dio supuestamente a Martínez Estrada para que lo editara. Este arreglo agrega cierto toque de autenticidad. Además de esto, *Marta Riquelme* es una sátira múltiple: de la novela de historia familiar, de la investigación literaria de tipo "detectivesca", y de la crítica literaria interpretativa. Es un *tour de force* estilístico porque Martínez Estrada dice la mayor parte de lo que quiere sencillamente al cambiar de un estilo a otro. Emplea al menos cuatro tonos: la exposición académica, el estilo usado por el editor cuyo interés personal hace del prólogo una introducción más íntima, el estilo mismo de Marta Riquelme, y un estilo que posiblemente no sea el de Marta.

Los novelistas reconocidos que escriben durante el periodo 1956-1962 revelan pocos cambios importantes en la técnica narrativa. No les hacía falta la innovación: su obra de hace diez o quince años los había establecido como novelistas modernos. Aun los más conocidos de los escritores jóvenes empleaban las mismas técnicas. Si es posible —y evidentemente es peligroso— establecer una diferencia entre las novelas como murales, de grandes dimensiones, y la novela intimista, se puede afirmar que la novela más amplia, muralista, es más común entre los novelistas reconocidos. Es dudoso, sin embargo, que esta preferencia indique una diferencia generacional. Entre los novelistas jóvenes, el concepto muralista es muy común. En todo caso, los novelistas reconocidos de este periodo constituyen una generación curiosa, porque los frutos de su periodo productivo fueron demorados de modo que parecen más jóvenes de lo que son.

La separación entre los nuevos novelistas de este periodo y las estrellas del *boom* no significa de ningún modo que sean escritores inferiores. Las figuras bien conocidas del *boom* sirven para definir el fenómeno; no lo dominan artísticamente. Otra trampa en que se puede caer fácilmente es la de separar los escritores que pertenecen al *boom* y los que no figuran con este grupo; o, lo que es aún peor, la de construir una escala complicada de relativa popularidad. Si consideramos el *boom* como algo más que la mera reacción ante personalidades, todos los novelistas actuales en Hispanoamérica participan en el fenómeno de alguna manera u otra.

Entre los novelistas más nuevos del periodo 1956-1962, un número considerable escribió novelas que caben en nuestra categoría general de grandes dimensiones o murales. Casi siempre estas obras tienen que ver con algún entendimiento o explicación de una situación nacional (o regional o cultural), desarrollándola en sus propios términos y por medio de técnicas que hacen de ella una experiencia vital de una serie de estadísticas o una relación objetiva de un hecho ya acabado. Haciendo una clasificación subordinada dentro de esta más amplia, parece que algunas novelas son principalmente políticas, mientras otras se preocupan más por la herencia, la historia o la tradición de un lugar. La preocupación política parece destacarse en tres países: Colombia, Argentina y Cuba.

Una de las novelas políticas más vitales es *La calle 10* (1960) de Manuel Zapata Olivella. La base real es el asesinato de Jorge Eliécer Gaitán y las revueltas consiguientes en 1948. La novela probablemente fue escrita en una época más cercana al hecho que la fecha de publicación. Crea la sensación de la inmediatez; esta vitalidad particular, no obstante, persiste a través de lecturas repetidas, probablemente porque la impresión fuerte de la insurección masiva que se crea, opera en balance con retratos de individuos que son genuinamente atrayentes; un sentido natural de solidaridad humana. La asociación elimina la necesidad de hacer exhortaciones por la solidaridad, y el resultado es mucho más convincente.

El narrador comienza con una escena matutina: un cadáver, una familia que se despierta, un hombre con una carreta, un burro y un perro. La prosa es clara, directa, escueta. Crea una gran sensación de ternura cuando el narrador habla de las emociones, siempre con una sencillez que es convincente porque no tiene adornos. Suministra vida a la masa al usar el diálogo no identificado. La narración salta de una escena a otra. Hay suficiente relación entre las escenas para crear un sentido de la unidad del grupo, pero el narrador no crea una trama tradicional. Es decir, siempre hay personas o situaciones que ligan una escena con otra, pero estas relaciones pueden ser de poca importancia en la acción total de una escena determinada. Hay momentos que recuerdan a *Los de abajo*. Se desarrolla el ímpetu de la novela en tres etapas: la circunstancia vista en términos de un individuo, luego en el movimiento de una insurrección de masas, y finalmente vuelve a un individuo. Zapata Olivella no retrata la pobreza abyecta con protesta dramática, sino con ternura. Las diferencias de clase llegan a ser obvias, pero el acento de la novela está en el contraste en vez de la indignación. El tono se vuelve de disgusto cuando los políticos destruyen el ímpetu de la rebelión al declarar, por la radio, que son la voz del pueblo y que el pueblo ha triunfado. Finalmente, otra vez al nivel de la comunicación de un individuo, un rebelde desilusionado comienza a romper su rifle, pero otro lo detiene diciendo que dentro de poco tendrá qué hacer con él. Este presagio —algo dramático en el ambiente frío semejante al diario reportaje periodístico— es una promesa del todo verosímil, aun una consolidación, dentro del contexto de la novela.

Este sentimiento de frustración producido en *La calle 10* tiene un contrapunto en otra novela colombiana del mismo periodo, *La rebelión de las ratas* de Fernando Soto Aparicio. Es una novela de protesta social y, aunque no está basada en un incidente o problema político en particular, trata del efecto deshumanizante del poder. La circunstancia es la explotación de un obrero por parte de una compañía minera. Soto Aparicio establece el tono, sin gran sutileza, al principio de la novela: la llegada de una compañía minera interrumpe la tranquilidad bucólica del lugar. Soto Aparicio se mueve desde la escena general a la familia de Rudecindo Cristancho y luego cambia a las ideas de Rudecindo, su protagonista.

El tiempo en la novela es muy específico, con divisiones narrativas indicadas por los días del 10 de febrero hasta el 19 del mismo mes. Durante este periodo, la familia de Cristancho sufre todo tipo de pobreza y explotación por parte de la compañía. Rudecindo se reduce a un mero número, ve destruida su felicidad y pierde su vida en una revuelta contra sus explotadores. La narración está constantemente en tercera persona, pero desde el punto de vista de varias personas. Este procedimiento relaciona la protesta social y la cuestión de la dignidad individual. Por consiguiente, *La rebelión de las ratas* no sufre de los efectos doctrinarios que estorban la experiencia ficticia de muchas novelas proletarias.

La crisis de conciencia en Argentina es todavía aguda durante los años 1956-1962. David Viñas produjo tres novelas que muestran que es tan capaz en los estudios íntimos como en los libros muralistas. *Los años despiadados* (1956) es la historia, posiblemente autobiográfica, de un escolar que se siente prisionero de las tradiciones familiares. Es importante notar que no son aristócratas sino de clase media. Aun así, se siente tan limitado por su modo de vida que le parece de otra época. Viñas afirma su mensaje por medio del desarrollo de un antagonista. El amigo y antagonista del protagonista es el hijo de inmigrantes, y hasta lo que puede ver el protagonista, no está inhibido por sus tradiciones. No tiene ninguna necesidad evidente de crear una imagen en particular o de ganar la aceptación de ninguna persona. Es proletario, peronista, aun algo cruel; y su necesidad por la amistad del protagonista es primitiva. Aunque la novela trata sólo de su situación personal, apenas podemos evitar la referencia al cambio en la sociedad argentina.

Algunas veces la idea está preconcebida y la técnica está designada a hacerla resaltar. El autor arriesga ser didáctico cuando lo hace, pero normalmente es lo suficientemente hábil como para hacer que la vitalidad de sus personajes enmascare sus planes. Tal es el caso del desarrollo del antagonista. Por la misma razón, Viñas emplea efectos tipográficos, especialmente letras cursivas.[7] Las tres primeras partes (hay seis en total) de *Los dueños de la tierra* (1959) están en letras cursivas, lo cual las distingue por ser el fondo histórico. La novela trata de la expansión hasta Patagonia, un movimiento fronterizo algo semejante a la conquista del Oeste en los Estados Unidos. En las tres partes introductorias de la novela, Viñas escoge tres momentos importantes en la historia de la expansión al sur: las guerras con los indios, el desarrollo de la industria de la lana durante la primera Guerra Mundial, y los problemas laborales entre los terratenientes y los campesinos en 1920.

El tiempo presente de la novela —es decir, la acción que tiene lugar en las tres últimas partes— coincide con el tercer momento histórico. El presidente Irigoyen manda a Vicente Vera a Patagonia como conciliador. El cambio de las letras cursivas señala el cambio del narrador del fondo histórico a la novela misma, y Vera llega a ser el símbolo de lo que Viñas encuentra censurable en el régimen oficial. El tono creado por la historia de Vera es sorprendentemente parecido a la reacción del protagonista en *Los años despiadados*. Vera, como el protagonista-niño de la otra novela, está tan controlado por las fórmulas que hay poca o ninguna esperanza de que logre algo. Sus intenciones no son importantes. La diferencia entre él y el niño es que Vera ni siquiera sabe que está perdido. En la penúltima sección Viñas encarna al antagonista en el personaje de Yuda, una maestra con ideas progresivas. La aventura amorosa entre Vera y Yuda modifica el contraste, tal como la amistad matiza la diferencia entre los dos niños en *Los años despiadados*. No es productiva en lo que se refiere a la misión de Vera. Su gobierno está demasiado distanciado de la realidad del país para que él pueda lograr algo.

[7] Ángela B. Dellepiane, "La novela argentina desde 1950 a 1965", *Revista Iberoamericana*, 34, núm. 66 (julio-diciembre, 1968), pp. 255-256.

*Fin de fiesta* (1958) de Beatriz Guido es un retrato logrado aunque desalentador de la persistencia del caudillismo. Guido, que suele usar jóvenes como protagonistas, cuenta la historia principalmente a través de cuatro primos que maduran en la casa de su abuelo caudillo. El punto de vista múltiple contribuye al efecto de la novela, que alterna entre pasajes de primera persona y narración en tercera persona omnisciente. La presentación de los cuatro primos se desarrolla desde sus relaciones durante su adolescencia temprana y continúa hasta cuando adquieren conciencia política. La muerte del viejo caudillo se ve seguida por la subida de otro (Perón, aunque no se lo identifica en la novela). La historia sugiere el posible cambio en la calidad del caudillismo, pero también sugiere su indestructibilidad como institución.

La concentración del poder en un individuo es el tema de *La alfombra roja* (1962) de Marta Lynch. Es un estudio psicológico sobre lo que pasa a varias personas durante una campaña electoral en que el protagonista, el doctor Aníbal Rey, gana. Se enfoca en su uso de la gente y en la reacción de ésta ante él. El punto de vista narrativo es el factor técnico más importante. Es constantemente primera persona, pero la identidad del narrador en primera persona varía según el capítulo. El título del capítulo indica quién es el narrador en cada caso. La perspectiva del tiempo es también importante —la narración es retrospectiva, pero se refiere al pasado inmediato. El tono generalmente tiene un efecto semejante al de un diario. La narración produce una secuencia más lógica de hechos de lo que es característico en un monólogo interior, pero las revelaciones hechas por los narradores son más íntimas de lo que normalmente esperamos de un narrador en primera persona que funciona en la novela en un nivel semejante al plano en que se desenvuelven los otros personajes.

Cada capítulo hace hincapié en la persona que habla, pero siempre aprendemos algo de los otros. El candidato mismo narra el primer capítulo (también narra otros) y revela su placer creciente al manipular las masas. En el mismo capítulo este demagogo eufórico introduce a algunos de sus partidarios, de modo que es bastante natural que uno de ellos actúe de narrador en el segundo capítulo. La técnica de cambiar de un narrador a otro produce cierta simultaneidad en el tiempo cubierto por los varios capítulos. Mientras la campaña presidencial se acerca, Lynch lleva la novela a su clímax. En un capítulo (Beder), el hombre encargado de la publicidad de Reyes, estudia el cambio que ha tomado lugar en el candidato. Este episodio es uno de varios donde una narrativa en primera persona produce el efecto de la omnisciencia en tercera persona. Es la descripción de la transformación de un intelectual en un mito de poder: "Aunque el retrato de Rey que circula entre la gente no tenga nada real, ya su mito ha sido puesto en marcha, a medias creado por él, a medias por la historia."[8]

Los capítulos restantes de *La alfombra roja* realmente constituyen un epílogo. Todos ocurren el día de las elecciones; y en el último, en que Reyes es narrador de nuevo, se le llama "El Señor Presidente", en vez de "El doctor". Los datos básicos de la campaña y las elecciones son muy ordinarios, así que la penetración psicológica en varios de los personajes es más interesante que el hecho mismo. Este hecho, no obstante, hace que la mecánica de la campaña parezca tan fría e impersonal que su significado en la vida de los seres humanos adquiere una cualidad aterradora. Rey usa a su gente más y más para alcanzar sus propios fines, a medida que se considera cada vez más a sí mismo como un hombre con un destino. Cuando Beber describe la transformación del candidato, lo describe como irreal. Al final de la novela, la circunstancia y el hombre quedan deshumanizados —es decir, no son lo que esperamos que sea la humanidad. Los capítulos finales revelan el sacrificio de los individuos ante el destino y al final de la novela Aníbal se encuentra bastante solo en su nueva residencia.

La experiencia de la preocupación política en estas novelas es principalmente una de reparo a la concentración del poder. También hay un sentimiento fuertemente revolucionario —no en cuanto a una amenaza específica o al presagio de una revuelta, sino en el sentido de que los sistemas políticos establecidos tienen que cambiar. Dominando la escena, sin embargo, está la presencia del caudillo, el líder que estará encargado del país. La contribución de Marta Lynch a la vida literaria de este mito es el retrato del cambio que tiene lugar en el hombre y que corre paralelo a la concentración del poder. *La alfombra roja* merece un lugar con *El Señor Presidente* y *La sombra del Caudillo* en el retrato literario del fenómeno.

Las novelas que tratan de la herencia nacional, en vez de una situación política específica, son aún más como murales. Entre las novelas bien conocidas del *boom*, *La región más transparente* y *La muerte de Artemio Cruz* son buenos ejemplos de esta tendencia. La narrativa es una búsqueda histórica que encuentra maneras de iluminar la realidad actual. *Los dueños de la tierra* tiene algo del mismo efecto, pero la experiencia principal de la novela llega a enfocarse bastante en un problema. La diferencia entre ésta y *La muerte de Artemio Cruz* es interesante, porque dos semejanzas obvias atraen nuestra atención —ambas novelas miran hacia el pasado y ambas desarrollan la trama alrededor de un solo hombre. La diferencia está en que Artemio Cruz es el equivalente de la historia en que vive;

[8] Marta Lynch, *La alfombra roja* (Buenos Aires, Losada, 1966), p. 204.

Vicente Vera es un actor que desempeña su papel contra un fondo histórico. Viñas crea la escena cuidadosamente e indica con claridad la diferencia entre el fondo histórico y la historia de la misión de Vera. Fuentes, por otra parte, mientras tiene cuidado por hacer de Artemio Cruz alguien creíble, nunca lo separa de la historia. El uso de tres voces narrativas garantiza este resultado. Los pasajes de "yo" crean de Cruz una persona completamente individualizada; los de "tú" le dan un pasado y una conciencia especial; las secciones de "él" lo tratan históricamente, pero nunca lo separan de la historia. Por consiguiente, el efecto muralista es más marcado en la novela de Fuentes que en la de Viñas.

No se emplean procedimientos específicos para lograr el efecto muralista, pero generalmente estas novelas encuentran alguna manera de llevar el pasado al presente, y suelen usar segmentos que se relacionan entre sí por asociaciones más periféricas que las relaciones exigidas por la trama tradicional. Augusto Roa Bastos crea un sentido de la historia trágica del Paraguay en *Hijo de hombre* (1959), empleando nueve capítulos que se relacionan, pero que son capaces de funcionar independientemente (con un poco de trabajo editorial en algunos casos). Las historias, no obstante, significan algo diferente cuando se asocian entre sí. Hay algunos elementos objetivos que ligan algunas o todas las historias: el narrador inventado, la figura redentora de Cristóbal Jara, referencias al lugar; pero ninguno de estos factores es tan importante como agente unificador como el sentido general de opresión, de perduración y de la dignidad humana —siempre vulnerable, pero también siempre dura—.

Las referencias a *Hijo de hombre* nos llevan a la época colonial. Un factor importante en el efecto total creado por la novela es la sensación de que la colonización inicial de la región fue producto de la casualidad, cuando un virrey peruano puso el dedo sobre un lugar en el mapa y mandó a uno de sus oficiales que fuera allá. Sin embargo, las historias se refieren principalmente al siglo xx e incluyen la Guerra del Chaco y los años treintas. Roa Bastos no crea héroes bien delineados, su actitud profundamente humana lo prohíbe. Los valores que plantea llegan a ser aparentes dentro de un marco folklórico que depende del sentimiento de provincialismo que surge de las relaciones entre los personajes, el uso de repeticiones para crear efectos especiales, y el uso inteligente de palabras guaraníes. Esta última característica es importante porque representa una solución bastante lograda a un problema casi sin resolución. El escritor paraguayo debe reconocer el hecho de que pertenece a una cultura bilingüe, y de que es imposible escribir en ambas lenguas. Roa Bastos emplea muchas palabras guaraníes, pero las coloca con tanto cuidado que el lector interesado normalmente entiende lo que significan. Nunca emplea el guaraní de una manera presuntuosa; más bien las expresiones extrañas suenan apropiadas. Esta capacidad extraordinaria armoniza bien con su actitud poética ante la gente y sus problemas. Está bastante dispuesto a inventar, a base de un incidente histórico, y su uso de la metáfora hace algo especial de una cosa ordinaria. Nos recuerda a *Don Goyo*, tanto como a otros novelistas que indagan en la experiencia del Nuevo Mundo (Vargas Llosa y García Márquez, por ejemplo).

Antonio Di Benedetto trata la relación pasado-presente de una manera completamente distinta en *Zama* (1956). La base espacial es mucho más restringida —en principio si no como medida objetiva— porque la escena de la novela es la provincia argentina de Mendoza. Tiene lugar en la última década del siglo XVIII. Di Benedetto parece dar por sentada la constancia del comportamiento humano y el cambio de las circunstancias históricas. Su protagonista, don Diego de Zama, es un héroe antiexistencialista ubicado en una escena provinciana del siglo XVIII. De este modo el pasado se relaciona con el presente, la yuxtaposiición ilumina ambos componentes. El autor emplea fenómenos inexplicables (algunos los llamarían "realismo mágico") para intensificar el ambiente de inseguridad creado por el carácter titubeante del personaje. Estos acontecimientos extraños contribuyen al sentimiento de enajenación de la realidad, y esta reacción se transfiere a la alienación sintomática del siglo XX.

En *La casa grande* (1962) de Álvaro Cepeda Zamudio, la profundidad de la experiencia tiene sus fuentes en la comunicación de un hecho tal como ha quedado en la memoria, pero siempre en el contexto de pertenecer a una familia y un pueblo. El hecho es una huelga bananera en la Costa Atlántica —la misma huelga que ocurre en *Cien años de soledad* (1967) de García Márquez—; la suprime el ejército. La novela de Cepeda Zamudio supone el hecho de la masacre, pero no la presenta. Dos técnicas narrativas le dan a la novela su cualidad especial. Una es el uso de nombres genéricos: Los Soldados, La Hermana, El Padre, El Pueblo, El Decreto, Jueves, etcétera. Son títulos de capítulos y son la única identificación. La otra técnica narrativa es realmente un complejo de técnicas porque el autor cambia su manera narrativa de capítulo en capítulo, creando distintos efectos.

El primer capítulo, "Los Soldados", es una descripción, en tercera persona, del movimiento de las tropas. El diálogo entre dos soldados cabe en esta descripción. Uno de ellos dice: "La patria no es el gobierno: la patria es la bandera. Robarle al gobierno no es robar, eso lo sabe cualquiera."[9] Y más adelante: "Los cuarteles y las iglesias siempre están en las plazas" (p. 38). Como individuos, los soldados no tienen por qué oponerse a los huelguistas.

---

[9] Álvaro Cepeda Zamudio, *La casa grande* (Bogotá, Plaza y Janés, 1974), p. 20.

Ellos son individuos, no obstante, sólo hasta cierto punto. Puesto que no tienen nombres, tienden a ser identificados al fin y al cabo con un cuerpo colectivo de soldados, que es más receptivo a las órdenes emitidas por los oficiales.

El segundo capítulo introduce la familia de la casa grande. La narrativa se dirige a un "tú" no identificado y el tono varía desde ser acusatorio hasta explicatorio. Varias alusiones a las relaciones familiares sugieren que el narrador suministra información parcial que más tarde será ampliada. El efecto general es cómodamente familiar para los lectores que gozan de William Faulkner o de cualquiera de varios novelistas de historias familiares. El siguiente capítulo es "El Padre" y cambia completamente de estilo narrativo para crear primero una ilusión de objetividad y más tarde la tensión de una crisis creciente. Las primeras frases son como acotaciones de una obra teatral: "El Padre está sentado en una silla rústica hecha de madera y cuero... El Padre tiene sesenta años y es fuerte y duro" (p. 69). Una sección de diálogo al estilo de un drama sigue esta introducción; los hablantes son El Padre y La Muchacha. Por varias páginas este tipo de diálogo se alterna con pasajes de descripción al estilo de acotaciones de teatro. Sólo El Padre y La Muchacha (su hija) participan, y la información planteada es que el primero está por morir y ella es la heredera de su testamento. El capítulo termina con diez segmentos de diálogo (no se identifica a los hablantes), que crean una atmósfera ferviente de crisis. El décimo segmento vuelve al tono de las acotaciones, pero este último pasaje incorpora la acción con la descripción que verifica la muerte de El Padre.

Las técnicas narrativas siguen cambiando a través de los diez capítulos, siempre contribuyendo a nuestra apreciación de la situación. Varían desde la terminología legal del decreto que suprime la huelga, como ejemplo máximo de la supuesta objetividad, hasta una reminiscencia en primera persona de la ruina de una familia. La constante obvia es el balance poco común de lo particular y lo general —o de la identidad individual y del anonimato. Aunque una cosa puede dominar sobre la otra en distintas partes de la novela, la fuerza equilibrada llega a ser casi inmediatamente clara. El efecto es dar al lector una sensación de identificación personal con la gente —y aun con el hecho—; pero la familia y el hecho también alcanzan un significado más genérico. La principal preocupación emocional tiene que ver con el papel de la familia y su gente en el conflicto entre los obreros y las fuentes del poder.

La historia familiar es de gran importancia en la novela colombiana reciente —un posible reflejo de una cultura muy conservadora que es llevada por las olas del cambio. Al leer *Respirando el verano* (1962) de Héctor Rojas Herazo, pensamos de nuevo en Faulkner y García Márquez. Es una novela de hombres violentos y mujeres persistentes, y de una aceptación despreocupada de lo extraordinario que nos recuerda especialmente a *Cien años de soledad* y sus novelas satélites. Una de las mujeres de *Respirando el verano*, Julia, se ausenta de su casa por un periodo de 38 meses, en la compañía de un buhonero, "el libanés". Luego vuelve de repente, sin explicaciones; sencillamente se sienta y se abanica furiosamente.

La novela tiene lugar principalmente en el siglo XX, pero mira hacia atrás hasta 1871. Una parte significante del libro trata de la guerra civil a principios del siglo —una de las luchas eternas en Colombia entre los conservadores y los liberales. Un abuelo, lector de la *Ilíada*, se encuentra prisionero durante este conflicto, y los soldados vienen a la casa, el centro de la historia. Experimentamos la casa como algo viejo, provinciano y con una gloria pasada —una casa antes distinguida. Su decadencia es el resultado de una violencia que varía desde una guerra civil hasta el odio encarnizado de dos hermanos, Horacio y Jorge. Mirar hacia atrás es el medio que emplea Anselmo para entender la realidad en que vive. Los hechos del pasado no aparecen en secuencia lógica. Conocemos a Anselmo cuando tiene nueve años y la novela es hasta cierto punto una búsqueda de identidad por parte de una persona.

El problema de la identidad adquiere un significado étnico en particular en la novela indigenista de José María Arguedas, *Los ríos profundos* (1958). Es la historia de un muchacho, Ernesto, que pertenece al mundo blanco por nacimiento, pero al mundo indio por su experiencia cultural. Ernesto es el medio ficticio que expresa la herencia doble del autor que, a la vez, es una característica del Perú.

La primera parte de la novela establece la vitalidad de la cultura india en la reacción de Ernesto al mundo que lo rodea. La narración en primera persona da la oportunidad de que éste apunte a aspectos de su sensibilidad que podrían no ser aparentes a un observador objetivo. Sus actitudes muestran una relación estrecha con los seres vivos y una preocupación por ellos que es semejante al respeto que se tiene por un ser humano. Más allá de esta identificación, el chico encuentra vida aun en objetos inanimados si tienen un significado especial para su herencia cultural —las paredes de piedra de Cuzco, por ejemplo. El muchacho y su padre hablan de cosas en el mundo semirreal como si fueran cosas del mundo cotidiano. El autor también revela su gusto por las escenas sorprendentes: cuando el padre y el hijo entran a Abancay, la mayor parte de la población está de rodillas, rezando ante el cura.

Estos elementos en su conjunto sugieren la creación de mitos a lo Miguel Ángel Asturias; no obstante, la novela de Arguedas cambia de dirección después de la sección introdctoria de treinta a cuarenta páginas. El padre de Ernesto lo deja en la escuela en Abancay. Desde este punto, la narrativa básica es la típica historia del escolar: el forastero que se siente incómodo con los otros muchachos, el episodio de la masturbación, el darse cuenta cada vez más de las muchachas, el bruto sin cultura, el estudiante literario que puede escribir cartas dignas de un poeta. Lo especial de Ernesto es que su sentimiento de forastero va aliado con su liga con la cultura indígena; por consiguiente, el problema de adaptarse es también un contraste étnico. La herencia quechua se expresa de varios modos: el uso de palabras quechuas y la explicación ocasional de términos quechuas, la intercalación de *huaynas*, paralelismos verbales, el choque cultural que surge de relaciones humanas no familiares, y una visión más penetrante (o al menos diferente) de un objeto. Un ejemplo es esto último —indudablemente la manifestación más eficaz de la diferencia cultural de Ernesto— es un trompo, un juguete hecho por los artesanos nativos. En la realidad de Ernesto, se vuelve vivo, un pájaro, una canción, algo que adquiere vida mientras lo miramos. La sensación de creatividad es fuerte. Las relaciones personales pueden mantener el interés porque muestran que una cultura no se encuentra con la otra directamente, en lo que se refiere a los significados. Un contrapunto a este efecto, sin embargo, es nuestra familiaridad con la sensación de sentirse forastero, algo que es real dentro de una sola cultura. Las canciones y las expresiones idiomáticas son adiciones folklóricas.

Una característica de la nueva novela en Hispanoamérica es que los autores que tratan del indio se acercan mucho más a una visión del mundo desde el punto de vista del indio, protegiendo así la integridad de su cultura y poniendo de relieve las cualidades fundamentalmente humanas de los indios como individuos. Arguedas lo hace en *Los ríos profundos* porque en realidad se siente como parte de la cultura quechua. Rosario Castellanos logra efectos semejantes con *Oficio de tinieblas* (1962), pero no por medio de un narrador étnico, sino porque crea personajes indios que son auténticamente individualizados —no son símbolos o elementos de una masa étnica.

La ubicación geográfica de la novela de Castellanos es Chiapas, entre los tzotziles. El tiempo tiene dos facetas: un primer tiempo es la época de los años treintas, cuando la reforma revolucionaria estaba en su apogeo. La segunda faceta del tiempo ocurre durante una rebelión indígena de hace más de un siglo. Algunos hechos de esta rebelión son parte de la historia del siglo xx —una síntesis que tiene sentido completo porque los indios tienen una visión atemporal del mundo—. Esta historia trata de las relaciones entre los tzotziles y sus vecinos ladinos. Enfoca a Catalina Díaz Puilja, una tzotzil cuya esterilidad la pone en una situación extraordinaria.

En sus caracterizaciones de los tzotziles, la autora acepta la cultura india como algo normal en vez de exótico. El desarrollo psicológico tiene lugar dentro de un marco cultural y con respecto al papel de cada individuo dentro de él. La cultura tzotzil en sí no es un rasgo de caracterización de los personajes. Vemos a la gente en tres circunstancias principales: las relaciones que tienen que ver con la vida cotidiana, el culto religioso y la rebelión.

La concepción total de la novela de Castellanos no es más importante que cualquier técnica narrativa, con respecto al efecto logrado. Las dos facetas temporales, desde luego, son absolutamente fundamentales. El autor emplea algunos recursos estilísticos que producen el efecto de una cultura o circunstancia diferentes: las repeticiones, el ritmo sintáctico, las oraciones breves para crear la ilusión de sencillez. La estructura narrativa es esencialmente lineal con algunas retrospectivas. Estos pasajes retrospectivos no tienen nada que ver con el episodio del siglo XIX que es una de las facetas del tiempo de la novela, sino que sirven para clarificar el fondo de algún personaje en la historia.

*Oficio de tinieblas* tiene tres etapas obvias: una introducción al mundo tzotzil, una introducción al mundo ladino, y el conflicto entre los dos. Mucho más sutil es la revelación de semejanzas y diferencias entre ellos, porque no se oponen del todo. De hecho, hay un punto en que ni son paralelos ni están en conflicto completamente —se juntan. La Semana Santa es la época en que esta síntesis se vuelve una crisis.

Las implicaciones míticas de este periodo durante el año cristiano se combinan con las funciones semieclesiásticas de Catalina y suministran una cualidad trascendente a la realidad de la situación. El tiempo de dos planos en la novela también la distingue de una obra realista; y la narración de la leyenda de la *ilol* (Catalina) a fines de la novela crea la impresión de algo que ocurrió hace mucho tiempo. Hay una crítica implícita de la Revolución Mexicana en *Oficio de tinieblas* porque muestra la persistencia de los problemas de los indios, y la ubicación de esta historia durante la época de la presidencia de Cárdenas, el más revolucionario de los presidentes mexicanos, elimina la posibilidad de discusiones basadas en tendencias más conservadoras que vinieron después. Entre las revelaciones efectuadas por la síntesis de los mundos del tzotzil y del ladino, es importante notar que se experimentan estos tres fenómenos sociales en personajes paralelos que representan dos culturas: la injusticia (Winiktón-Ulloa), el fanatismo (Catalina-Mandujano) y la decadencia (Rosendo-Cifuentes).

La creación novelística más nueva y profunda de la realidad india parece más relevante, naturalmente, a la cultura de las zonas con concentraciones altas de población indígena. Estas novelas, no obstante, son ampliamente aceptadas a través de Hispanoamérica, porque el conflicto entre culturas es un elemento vital de la experiencia "novomundista". Considerando estas novelas muralistas como una expresión de la realidad hispanoamericana, sólo hace falta pensar en cómo la novela de Castellanos o la de Arguedas complementan y clarifican el papel de Ixca Cienfuegos, en *La región más transparente*, para encontrar la síntesis de una herencia que tienen en común.

En contraste con las novelas que tratan de la herencia cultural, los escritores durante el periodo entre 1956 y 1962 publicaron un número considerable de obras que enfocan las relaciones humanas. No evitan referencia a culturas específicas, tampoco pasan por alto sus peculiaridades. Es un hecho, sin embargo, que el lector no hispano se interesaría principalmente por los problemas humanos y universales experimentados en estas novelas intimistas, a pesar del hecho de que las diferencias regionales y culturales son obvias en ellas. El mismo lector, por otra parte, probablemente estaría impresionado por el mundo diferente que encuentra en las novelas muralistas —a pesar del hecho de que cada una de ellas contiene caracterizaciones literarias válidas. *Coronación* (1957) de José Donoso tiene características de ambos grupos, pero cabe mejor con las novelas intimistas por el enfoque en el desarrollo psicológico de los personajes. La protagonista es una gran dama chilena que se acerca a su centenario pero se niega a morir. Se podría decir con justificación que jamás ha vivido, pero envejece mientras va muriendo. Ella y su hijo frustrado representan una vieja familia famosa. Las relaciones que tienen entre sí producen nada más que perduración porfiada; en sus relaciones con otros, fuera de su clase social, aparecen ridículos y vanos, a pesar de su persistencia. Donoso emplea algo del monólogo interior para realzar la caracterización, y es la caracterización, en efecto, lo que suministra el dinamismo de la novela. Con la excepción de una persona que parece estar a la mano para comentar la situación, los personajes son estudios interesantes. Su función obvia como comentario sobre la oligarquía chilena, no obstante, dirige la atención del lector hacia una situación política específica, del mismo modo que *Los años despiadados* de Viñas.

En muchas novelas no se cambia la atención del lector de ese modo. Su efecto es el de enfocar la manera en que los seres humanos reaccionan entre sí, dentro del enfoque de la novela limitado de alguna manera (en el espacio, en el tiempo, o en el número de personajes) para que el estudio de una serie de relaciones sea más penetrante. A menudo la angustia característica del hombre del siglo xx llega a ser una parte importante de la experiencia. Hay muchas novelas, sin embargo, que son más positivas en el tono pero que todavía resultan ser intensamente intimistas. Escritores como Sergio Galindo, Pedro Orgambide y Sara Gallardo han creado novelas en que la insistencia está en la realidad —no en el sentido del realismo del siglo XIX, sino con la intención de penetrar en las reacciones de personas que no son ni mitos ni héroes. No hay una división, claro, entre las novelas de angustia y las más afirmativas. En el caso de las obras individuales, se trata de una diferencia de grado. Es posible, sin embargo, dejar de lado por algún momento algunas de las visiones más negativas del mundo mientras uno examina lo afirmativo.

Sergio Galindo publicó tres novelas en el periodo comprendido entre 1956 y 1962, incluso *El Bordo* (1960), una historia limitada en su enfoque a las complejidades de vivir dentro de una sola familia —que es económicamente segura, pero que no son miembros de la vieja aristocracia. La fuente principal de sus ingresos es una hacienda y la fortuna heredada de una tía viuda. La escena rural y provinciana no se relaciona con los problemas agrarios de México. En realidad los personajes principales son personas bien sofisticadas, pero la escena es importante porque la distancia de los patrones normales de la vida urbana cambia la perspectiva desde la cual vemos algunos problemas universales.

Galindo comienza los episodios en medio de la acción y clarifica la situación mientras la acción avanza. Así el comienzo de *El Bordo* se ubica en medio de una escena ya existente que revela ciertos rasgos básicos de varios personajes y crea una sensación de anticipación. Este hecho anticipado es la llegada de uno de dos hermanos con su nueva esposa, una forastera en la región. El resultado de haber establecido la base de la historia es semejante a las novelas realistas que muchas personas consideran tradicionalistas. La semejanza, sin embargo, se halla solamente en el resultado total; el efecto creador es enteramente distinto. En la novela de Galindo, la influencia del narrador no es evidente; su selección de los detalles es extremadamente perceptiva y contribuye tanto a la caracterización como al cambio de la trama; el uso de diálogo retrospectivo (el diálogo tal como ocurrió en el pasado, pero colocado en el tiempo para mostrar su relevancia en el presente) suministra profundidad en el tiempo sin crear una sensación de retrospectiva; el narrador está dispuesto a aceptar darle una introducción breve a un personaje si esto basta. Estas técnicas son más activas que los procedimientos de novelas tradicionales, y el dinamismo resultante es atractivo desde el principio, especialmente porque promete no solamente un estudio de un personaje, sino también de la interacción.

En este primer capítulo, el narrador —en tercera persona o al ceder la voz narrativa a un monólogo interior— introduce la gente, el lugar, y también el patrón de tensiones en que se construye la historia. Incluye una línea que funciona entre los viejos aristócratas y el materialismo vulgar de los nuevos ricos, entre la ternura familiar y el rechazo de los parientes, entre la necesidad de amar y la necesidad de envidiar, entre la generosidad y la tacañería castigadora, entre la voluntad de perdurar y la tentación de dejarlo todo, entre la deliberación y la pasión, entre el placer y la imposición voluntaria de la tristeza. Bien temprano en la elaboración de las tensiones, el narrador presagia una tragedia futura, pero no destruye el suspenso. En esta elaboración, el novelista frecuentemente cambia a una esfera poética, trascendiendo la realidad objetiva de una circunstancia al evocar el pasado, anticipando el futuro, o brindando una apreciación especialmente profunda y amplia de un momento en particular. Aunque tres planos de realidad funcionan en la novela, el narrador no los confunde a propósito, sino que informa al lector al referirse a objetos materiales.

La historia llega a un clímax de importancia secundaria, que se relaciona principalmente a la línea de tensión que gira alrededor de la aristocracia ante los nuevos ricos. El desenlace que sigue a esta crisis nos lleva a otro clímax principal, que tiene sus orígenes principalmente en la tensión amor-envidia. Dos pasajes, ambos con características de un epílogo, muestran dos series de reacciones ante la tragedia. Una es superficial, la otra perdura. Debe ser claro que nunca hay ninguna duda acerca de dónde ocurre todo eso. Hay muchas referencias a lugares mexicanos, costumbres, a instituciones sociales y a la política. No son el enfoque principal de la novela y no tienen nada que ver con el dinamismo. El catalizador de la historia es una combinación de caracterizaciones encarnadas en tensiones y lo constantemente apropiada de la selección de detalles, esto último teniendo un efecto semejante a la selección de la palabra justa en un poema.

*El encuentro* (1957) de Pedro Orgambide es una novela engañosamente sencilla que emana de los valores particulares del autor. En lo que Orgambide ha escrito y dicho acerca de la literatura en prosa, suele parecer agresivamente anticosmopolita.[10] Sus novelas, no obstante, se basan en valores universales. Esta contradicción aparente tiene su explicación que es importante para apreciar la manera en que la generación de Orgambide comprende la realidad y la particularidad regional. Parece que lo que realmente no le gusta es la falta de raíces encontrada en obras como las de Borges. La literatura, si tiene un papel social, debe hacer más que una hábil estructura imaginaria —esto es una aproximación a la posición de

---

[10] Dellepiane, "La novela argentina", p. 266. Orgambide también ha comentado este asunto en una entrevista el 17 de abril de 1971.

Orgambide. El asunto, sin embargo, tiene que ver con más que una cuestión de compromiso; también depende de una definición de lo que es la realidad argentina. Según el criterio de Orgambide y muchos otros argentinos de su edad, algunos escritores que están claramente comprometidos parecen completamente aislados de la realidad argentina. La obra de Mallea, por ejemplo, a pesar de la preocupación del autor por la Argentina, parece poco familiar, por lo menos a veces. Es decir, la Argentina vista en ellas no es como la Argentina que parece real a los escritores jóvenes. Roberto Arlt, por otra parte, parece escribir acerca de una Argentina conocida. Y a Orgambide mismo le gusta volver a la obra costumbrista y satírica de escritores como Roberto Payró y Fray Mocho. Es un miembro de la generación revisionista, pero no trata del panorama de la historia. Habla de la realidad y la relevancia social; y parece que otra palabra —tal vez mejor— podría ser la familiaridad.

*El encuentro* trata de los miembros de una familia venida a menos y de su ajuste a la vida en una casa nueva, con las nuevas circunstancias que la rodean. El novelista desarrolla esta historia a través de retratos literarios de cada uno de los personajes. Emplea una combinación de la narración en tercera persona y del monólogo interior. Un aspecto básico del ajuste es la decisión del esposo, Aldo, que tendrá que trabajar. Es un *bon vivant* y esta decisión implica un cambio social drástico. El personaje más importante, sin embargo, es Ernesto, el tío de la esposa. Hace tiempo que esta persona jovial sabe que la vida consiste en la alegría en vez del conflicto. Es una especie de *hippy* cincuentón y se enamora de Cora, que trabaja en el bar de su hermano.

Es la alegría en la vida de Ernesto lo que produce el cambio en esta novela, y su caracterización es importante de dos modos. Primero, es una especie de pícaro, un tipo que encanta a Orgambide (recordemos su Fray Mocho) porque el escepticismo o la posición disidente suministra el terreno de prueba para las ideas generalmente aceptadas. Hay algo de ese pícaro en Ernesto, aunque ciertamente no tiene todos los rasgos clásicos. La otra cosa importante de Ernesto es que es realmente más que un optimista; es la encarnación del principio del placer. Mientras la novela en su totalidad dice algo acerca del cambio social y la transición de una sociedad vieja a nuevos patrones, el carácter de Ernesto nos muestra un contraste aún más básico: la diferencia entre la alegría y la existencia banal. *El encuentro* puede tener una significación especial en la Argentina donde bastante gente, incluso Orgambide, deplora la solemnidad del país. El valor general de la experiencia, no obstante, no se limita a cualquier región. Lo que destaca, al fin y al cabo, es la relación entre la actitud de Ernesto y la manera en que la gente se relaciona.

*Enero* (1958) de Sara Gallardo es un estudio preciso, perceptivo y notablemente escueto de una adolescente embarazada, la escena es la Argentina rural. Nefer, de dieciséis años, es seducida más por la intensidad de la situación dramática que por una atracción sexual específica. Esta novela relata sus pensamientos y actuaciones durante el avance de su embarazo, mostrándola en distintas situaciones relacionadas con su dilema: una visita a su madrina, una visita a un abortista en que decide no hacerse el aborto, una misión religiosa y la decisión que hace Nefer de no confesarse, su enfrentamiento con la madre, una visita a un médico y el arreglo de un casamiento por la madrina. Se resuelve el problema al casarse Nefer con el padre de su hijo, y no con el que ella preferiría considerar como el padre. Su fantasía es el factor interesante de la historia.

Las voces narrativas incluyen la tercera persona y el monólogo interior. Estos últimos contienen pocas asociaciones sorprendentes; aquélla no es omnisciente, sino que muestra lo que ve Nefer. Hay diálogo en el que Nefer no participa, sino que es solamente lo que ella oye. Ambas voces —o actitudes— son tan claramente de Nefer que la identificación del lector con la protagonista es extremadamente fácil —más fácil que con el monólogo interior constante, porque la actitud en tercera persona exige menos control del *yo* por parte del lector. Los episodios de la trama tienden a aumentar en intensidad dramática, con el incidente del aborto que suministra un subclímax. El ambiente cultural que rodea estos hechos retiene su identidad regional (particularmente interesante es el papel maternalista de la madrina de Nefer); pero todo esto es de interés secundario, como en *El Bordo*. La trayectoria de los contactos exteriores tiene su paralelo en su actitud emocional ante el embarazo. Primero rechaza ese algo que crece dentro de ella; más tarde no quiere perderlo, y entonces es ambivalente en su aceptación y su rechazo. Esta trayectoria interior se relaciona con las fantasías acerca del padre del niño, y llega a ser la pérdida total de un ideal. Le gustaría pensar que un gran caballero la haya seducido, pero tiene que resignarse al torpe Nicolás. El arreglo del casamiento ocurre precisamente cuando se resigna a aceptar el nacimiento del niño. El romance y el drama del verano se han ido. La referencia al principio de la novela (Nefer está embarazada cuando la novela comienza) habla de su soledad y el oprobio que sufrirá; la del final revela la resignación de una muchacha que pronto será esposa.

La novela crea la impresión de tratar de cosas esenciales, probablemente porque no trata de mitos, héroes o el drama de la historia, pero también casi seguramente porque su alcance reducido permite que el autor enfoque problemas humanos particulares. A veces el reparto limitado de personajes nos recuerda una obra teatral. **Emilio** Carballido, dramaturgo, es el autor de *El norte* (1958), una novela que trata solamente de tres personas, aunque otros existan como sombras en el fondo. Bastan para crear las relaciones entre una mujer madura y su amante adolescente. La novela de Carballido, no obstante, es mucho menos afirmativa que las de Galindo, Orgambide o Gallardo. La angustia que sufren sus personajes —en su búsqueda por la realización— se aproxima más al estado psíquico de la gente creada por Mario Benedetti o Salvador Garmendia.

*La tregua* (1960) de Benedetti es la historia de un momento efímero de realización. Su protagonista, Martín Santomé, cuenta la historia en la forma de diario en primera persona. Trabaja en una oficina; se acerca a la cincuentena y la jubilación. También es viudo; y aunque vive con tres hijos, realmente no comparte nada con ellos. Está solitario y siente su inutilidad. Luego se enamora de una mujer que trabaja en la oficina, pero esta remisión en su mal psíquico termina en una tragedia. Así su historia comienza y termina con la soledad y la pasividad con que acepta esta tragedia. Benedetti agrega un toque de profundidad a *La tregua* al mostrar que el período de felicidad no sólo abre el futuro, sino que recuerda la potencia pasada de Santomé. El diario del protagonista también agrega a la dimensión de la profundidad al revelar íntimamente los valores de Santomé. Los asuntos de poca importancia que le interesan no están en relación proporcional con lo que su vida pudiera ser si fuera menos pasiva. Esta condición es una afirmación por parte del autor no sólo sobre un hombre en particular, sino sobre el pueblo uruguayo.

El oficinista aparece frecuentemente como encarnación de la enajenación, la soledad o la falta de autoidentificación del siglo xx. El personaje típico de su obra —tal como se lo caracteriza generalmente en su novela— comunica una falta apropiada de distinción. La sociedad tecnológica produce muchos puestos, desde luego, que son igualmente aburridos y distanciados de las causas y los resultados de valor, pero lo principal parece ser colocar a un individuo en una situación en que se pone en tela de juicio su identidad. *Los pequeños seres* (1959) de Salvador Garmendia es la historia de Mateo Martán, cuyo problema no es sólo saber quién es y qué papel desempeña, sino a quién conoce. Se ha dicho, con considerable justificación, que esta novela marca el comienzo de los problemas urbanos en la narrativa venezolana, trayendo la novela desde los llanos y la selva para enfrentar los problemas que van intensificándose rápidamente en este siglo.[11]

[11] Se ha hecho esta observación en varios lugares. Una buena explicación es la introducción por Francisco Pérez Perdomo en *Los pequeños seres* de Salvador Garmendia (Montevideo, Arca, 1967).

Un elemento externo —digamos, la muerte del jefe de Martán— cataliza la pérdida de la conciencia objetiva por parte del protagonista. Hay que hablar del elemento externo con cuidado porque en las revelaciones posteriores de la psicología de Martán hay momentos en que su identidad equivale a la del muerto. Garmendia emplea un narrador en tercera persona cuando es necesario, pero depende bastante del monólogo interior que a veces sale a la superficie para oírse. Los monólogos de Martán revelan las intrusiones del pasado en la realidad presente y de un segundo factor del pasado en el primero. Algunos elementos en una situación hacen recordar a otros, de modo que Martán se encuentra en una situación de tiempo múltiple. Esta narración logra un grado considerable de simultaneidad, pero no a un nivel tan completo como el cultivado por algunos autores recientes.

Este empleo del monólogo interior es el factor determinante en el control de la estructura narrativa. Trabajando dentro de ella, Garmendia emplea un sistema de insistencia que enriquece nuestra conciencia de las preocupaciones de Martán. La presencia de una mano sobre el hombro, durante una discusión de los problemas de la compañía, llega a ser de gran importancia. La mano misma llega a ser una entidad independiente por un rato. Estos detalles subrayados pueden funcionar para desarrollar la caracterización, para iluminar el problema que es el tema de la novela, o asegurar una orientación en particular que guiará la reacción del lector. Un ejemplo de este fenómeno es el uso de la palabra "declive" en el primer párrafo de la novela para indicar la manera en que una puerta aparece en un espejo. Emplea esta palabra e "inclinado" repetidamente a lo largo de la novela para mantener una conciencia de la dirección descendente de la saga de Martán.

En otra novela, *Los habitantes* (1961), Garmendia trata una clase social completamente distinta; el protagonista, Francisco, es un camionero, hay que clarificar desde el principio que encuentra satisfactorio este trabajo. Los camioneros tienen una identidad; los empleados de oficinas en *Los habitantes*, como en otras partes, no la tienen. El problema es que Francisco está desempleado y la novela se desarrolla alrededor de esa situación en vez de la alienación de un individuo. Los varios episodios, relacionados principalmente con los distintos miembros de la familia de Francisco, se relacionan pero no siguen un desarrollo de causa y efecto. El tiempo presente de cada segmento narrativo pertenece al mismo día; por lo tanto, se combinan para crear una apreciación de la situación de Francisco.

Dentro de cualquier episodio, el pasado puede ser recordado o el futuro anticipado. El cambio a otra esfera temporal es sumamente fluido, pero nunca engañoso. Narrando en el tiempo pasado,

Garmendia señala una proyección en el tiempo —un momento de fantasía— al cambiar al tiempo condicional (pasando así de lo que hacía Raúl a lo que haría). Luego, dentro del momento proyectado, el tiempo cambia al pasado de nuevo, y aunque leemos lo que hacía Raúl, sabemos que es realmente lo que haría. La sensación, sin embargo, es diferente de la creada por el condicional; el cambio al pasado, aunque es un pasado proyectado, parece más real.[12]

Como en la mayor parte de las novelas de este tipo —es decir, novelas de la angustia del hombre del siglo xx, los hechos en *Los habitantes* son antiheroicos y las personas son gente del pueblo. Sin desviarse realmente de este patrón, Engracia, la esposa de Francisco, adquiere una dimensión especial. Sus intentos de ayudar a su esposo, aunque no sepa qué hacer, le confieren la belleza de la afirmación. Aún en su fracaso, en su confusión, comprendemos que es un acto necesario.

El ambiente urbano es fundamental para la creación de un tono de angustia, y la narración segmentada es útil para relacionar la angustia de una circunstancia a la angustia de un individuo particular. Clemente Airó, en *La ciudad y el viento* (1961), crea un retrato de Bogotá en transición. Los factores principales que se presentan de la ciudad son el cambio de la aristocracia a un centro cosmopolita y moderno, y el reflejo de la violencia en la actitud colectiva de la ciudad. El aspecto particularizado de la situación depende de la presentación de varias condiciones humanas distintas —el político, el aristócrata intelectual, el alcohólico fracasado, la profesional atractiva, el viejo mendigo, y otros— para ejemplificar los factores de la transición. La penetración interior en estas personas enriquece, entonces, nuestra apreciación de los factores que operan en la transformación de la ciudad.

Una manera bastante distinta de reafirmar la complejidad de la sociedad es *Para subir al cielo* (1958) de Enrique Lafourcade. Los protagonistas (amantes) pertenecen a dos extremos contrarios en la escala social e intentan, sin éxito, romper las barreras entre ellos. El empleo de símbolos por parte del autor —el libro es casi una alegoría— es excesivo y tiende a distanciar al lector. El castillo y el burdel, por ejemplo, o las escaleras (la escena es Valparaíso) para subir a altitudes notables. En otra novela, *La fiesta del rey Acab* (1959) —también recargado de simbolismo— Lafourcade relaciona una época de crisis con la vida de un dictador, César Alejandro Carrillo. Dar el nombre de César Alejandro a un dictador funciona si la intención es la creación del humor, pero no contri-

---

[12] La escena a que se refiere, demasiado larga para citar, está en las páginas 72-75 de *Los habitantes* de Salvador Garmendia (Caracas, Monte Ávila, 1968).

buye mucho a una novela seria. Si podemos de alguna manera suspender nuestra reacción ante este tipo de sugestión dolorosamente obvia, *La fiesta del rey Acab* comunica la sensación de un hombre fuerte que sufre. El tiempo de la novela se limita a un periodo de veinte y cuatro horas y la conciencia sensible por parte de Carrillo acentúa su soledad. En este respecto, la novela de Lafourcade es un complemento interesante a *La alfombra roja*.

Hablando en términos amplios y generales, las novelas de los años 1956-1962 son un grupo sombrío, aunque muchas de ellas son excelentes. Inician una autoflagelación intensa por parte de la burguesía que todavía continúa en la década de los setentas. No obstante, los años que siguieron a 1962 vieron varias innovaciones e intensificaciones de tendencias ya iniciadas y relacionadas con la angustia del siglo. La más cultivada es la narración segmentada; esta técnica es valiosa para crear nuevas apreciaciones de la realidad. También refleja la naturaleza fragmentada de la sociedad contemporánea, y la narración segmentada llega a ser a la vez centrífuga y centrípeta.

Sin duda algunos lectores se preguntarán qué ha pasado con la narración. Con esta reacción en mente, es importante puntualizar que el arte de narrar no ha desaparecido. Un testigo importante de este hecho es *Caballo de copas* (1957) de Fernando Alegría, una historia de un caballo de carreras importado a los Estados Unidos desde Chile. Es lo que Graham Greene denomina un *entertainment* —escritura fluida, profesional, un gusto para leer, sin implicaciones profundas pero con bastantes revelaciones verídicas acerca de cómo es la vida. Muchos novelistas, especialmente los innovadores, se aprovecharían bien de una lectura de *Caballo de copas* o novelas semejantes, y entonces podrían innovar. Los resultados podrían ser valiosos, como en el caso de *La muerte de Artemio Cruz*. En realidad, la variación del orden esperado de la narración cambia en su naturaleza; muchos novelistas contemporáneos cuentan la historia de una manera bastante directa, pero sin explicaciones. Otros hacen lo no esperado, pero de una manera bien clara para el lector, y hay otros que dejan sufrir a sus lectores.

Hay una historia o, si no, algún sustituto. Lo que ha pasado es que han cambiado los modos de presentar la historia y, además, una circunstancia puede haber sustituido la historia. Para 1962 el novelista es sumamente consciente de su función creadora, aunque habla más sobre esto después de esta fecha. Puesto que está tan consciente de la creación, la experiencia llega a ser más importante que el desenlace. Desde luego, la experiencia de cualquier novela es siempre la consideración más importante, pero puede ser confundida o aun escondida por la secuencia de la trama tradicional. Los novelistas después de 1962 dependen en gran parte de la importancia de la experiencia.

## XVI. EL AÑO DE "RAYUELA" (1963)

AUNQUE la novela hispanoamericana obviamente ya era bastante sofisticada en cuanto a lo que se refiere a la técnica narrativa antes de 1963, la publicación de *Rayuela* de Julio Cortázar puso hincapié en este aspecto de una manera jamás vista antes. *Rayuela* sí es algo especial porque, en cualquier descripción probable de la novela, un comentario acerca de cómo Cortázar la construye precederá a cualquier afirmación sobre lo que en ella se trata. La novela invita a hacer comentarios generales acerca de cómo es —a menudo impresionistas y casi siempre mal relacionados entre sí. Esta reacción crítica es sumamente apropiada por lo menos en un sentido: la novela misma es un rechazo de los conceptos aceptados del orden. Luis Harss ha escrito que *Rayuela* es "a la vez un manifiesto filosófico, una rebelión contra el lenguaje literario y la crónica de una extraordinaria aventura espiritual".[1] Para ser justos, hay que puntualizar que la afirmación de Harss es notablemente más significante para alguien que conozca la novela que para el que no haya tenido contacto con ella. No obstante, las tres características que apunta sirven bien como orientación general. Además, ayuda a saber que el aspecto rebelde del libro afecta más que el lenguaje literario. *Rayuela* muestra una falta general de respeto por todo tipo de normas aceptadas que se siguen despreocupadamente. La actitud subyacente en el libro no rechaza la racionalidad, sino que revela lo absurdo de la razón cuando se lleva a un extremo. Esta actitud produce muchas incongruencias dentro de la novela.

El título se refiere al juego infantil. Es importante por varias razones, pero la primera y de básica importancia en la experiencia de alguien que lea la novela, es que establece la idea del juego. Luego llega a ser aparente que el título también se refiere a la estructura de la novela. Más adelante apreciamos su relevancia en la búsqueda de la realización por parte del protagonista. Al principio, sin embargo, la sugerencia del juego es más importante.

Luego de pasar la página titular pero todavía antes de llegar al primer capítulo, encontramos una hoja que dice "Tablero de dirección". Aquí el autor nos informa que *Rayuela* es varios libros, pero principalmente dos. El primero de estos dos libros principales, nos dice, consta de los cincuenta y seis primeros capítulos, leídos en el estilo tradicional. Esta noticia es alentadora, porque difícilmente habremos dejado de fijarnos en el hecho de que el libro tiene unos

[1] Luis Harss, *Los nuestros*, p. 259.
[5] Para una discusión de la relación entre esta novela y la chilena en general, en Cortázar", *Letras nuevas*, núm. 4 (junio 1970), pp. 4-5.

155 capítulos y unas 635 páginas. Pero la promesa de una lectura rápida y fácil desaparece cuando Cortázar anuncia sarcásticamente que "tres vistosas estrellitas" aparecen al final del capítulo 56 y que equivalen a la palabra "fin". El tono condescendiente de la observación sugiere que cualquier persona que lea la novela a lo tradicional es bastante débil de imaginación. El segundo libro principal contenido en *Rayuela* es una lectura estilo rayuela de todos los capítulos, en el orden indicado por Cortázar en el "Tablero de dirección" (73-1-2-116-3-84-4, etcétera). Al final de cada capítulo, hay un número que indica el próximo capítulo el que se supone que el lector ha de saltar.

El juego puede ponerse divertido. El lector probablemente se encuentra intentando comprender *Rayuela* de ambos modos a la vez, o al menos tratando de imaginarla de ambas maneras simultáneas. Está condenado a enfrentar una imposibilidad, a no ser que tenga suficiente disciplina para leer la versión de 56 capítulos primero para luego comenzar de nuevo. *Rayuela* está organizada a base de tres partes. Las dos primeras partes constituyen la versión de 56 capítulos. Narran la historia de Horacio Oliveira y se titulan "Del lado de allá" (Oliveira en París) y "Del lado de acá" (Oliveira en Buenos Aires). La tercera parte se llama "De otros lados" y lleva el subtítulo "Capítulos prescindibles". Estos capítulos no son necesariamente capítulos. Algunos son narrativa, pero muchos son sencillamente fragmentos del fichero del autor, muchas veces citas de otros autores. Tales citas a veces no son más que una sola frase breve. En general, el efecto de esta tercera parte es ampliar la historia narrada en las dos primeras secciones y cultivar una conciencia del acto creador. Esta característica —una conciencia del acto creador, dentro del acto mismo— es ampliamente cultivada en la narrativa reciente.

La trama de *Rayuela* trata de los intentos que hace Horacio Oliveira para encontrarse, o, para decirlo más específicamente, para comprender lo que es Horacio Oliveira, sin referencia a ninguna otra cosa además de él mismo. Sus relaciones con la Maga en París y con varios tipos de aficionados al *jazz*, algo bohemios —entre otras— no producen nada a lo que él pueda aferrarse. Al volver de Buenos Aires, se encuentra de nuevo con su amigo de la juventud, Traveller, que jamás ha estado en París, pero a quien esto no le preocupa. Siempre se ha ocupado en una variedad de profesiones y nunca le ha importado el sentido de su existencia. Traveller es una especie de complemento de Oliveira —la otra cara de la moneda. A lo largo de la novela Oliveira y Traveller tienden a ser uno; o podría ser más preciso decir que es lo que pasa en el curso de la búsqueda de Oliveira. También justifica a la esposa de Traveller, Talita, con la Maga, de las jornadas parisienses. Este proceso culmina en una episodio a menudo citado como uno de los más humorísticos del libro. Oliveira vive en una casa directamente frente a la de Traveller.

En el proceso de instalarse en casa, Oliveira pide unos clavos y un poco de mate de Traveller, y éste se los manda por medio de Talita, que atraviesa un tablón que extiende de la ventana de una casa a la de otra. Este acto no tiene ningún sentido (sólo que la razón nos informa que es la ruta más directa); y la incongruencia de la situación —Talita a medio camino, suspendida varios pisos sobre la calle, entre dos hombres que compiten por ella— es cómica y reveladora. La reacción tardía que produce es típica de mucho del humor de Cortázar. Se producen efectos semejantes con el uso del latín y la jerga porteña en la misma frase, de la palabrería presuntuosa y redundante de Ceferino Piriz, y de nombres como Talita Nightingale. Provocan una mirada a la realidad revelada por medio de la apertura creada por el contraste —una apertura que ocurre se rompe un patrón aceptado—.

El papel de la tercera parte de *Rayuela* puede entenderse simplemente como distintos tipos de adenda, o puede ser más ampliamente apreciado por sus varias funciones en la novela. O sea, los "Capítulos prescindibles" lo son sólo si así lo permitimos. Algunos capítulos pertenecen en realidad a la historia de Oliveira; la completan. La lectura de la "segunda novela" agrega una dimensión importante —es decir, comenzando con el capítulo 73 en vez del primer capítulo. Leyendo de esa manera, la conciencia del acto de escribir —el momento creador, del asunto de la invención y de realidad— está con nosotros desde el principio. El orden tradicional de la "primera" novela comienza con la búsqueda de Oliveira por la Maga. Se realza esta dimensión con la invención del escritor, Morelli, que comenta la escritura creadora. Además, hay fragmentos que suelen aparecer sin relación a su ubicación en la novela.

La incongruencia ciertamente es una de las características principales de la novela y la asociación surrealista es común. Es importante comprender, sin embargo, que la "segunda novela" —es decir, la lectura con la intercalación de los capítulos en la tercera parte— no produce sencillamente una serie de asociaciones extrañas. El aspecto más importante de la experiencia es la participación del lector en la estructura del libro. No es que el lector de veras cree la estructura —la secuencia "desorganizada" de los capítulos en realidad está estrictamente ordenada. No obstante, este acto extraño de saltar durante la lectura crea otra fisura con nuestro comportamiento común y nos permite ver un poco más (en realidad, apreciar un poco más) tal como es el caso con todas las incongruencias de *Rayuela*.

La activación del lector —un intento por incorporarlo en el proceso de hacer la novela— también depende del uso de la voz narrativa. Ana María Sanhueza, en un análisis de cómo funciona la voz narrativa, apunta que hay tres narradores obvios: uno en tercera persona que narra la mayor parte de la primera parte, uno en primera persona que narra algo de esa parte, y un tercer narrador en la segunda parte.[3] Pero esta observación básica es sólo un comienzo. Sanhueza muestra el gran número de cambios en la identidad del narrador y hace una observación esencial: en *Rayuela* la narrativa no es un factor unificador, y las múltiples voces narrativas no controlan la novela. Concluye que se exige al lector que lleve a cabo la función tradicional del narrador. Otra vez se activa al lector, transformándolo en participante.

Esta transformación no es sencillamente una manera de leer la novela, sino una parte vital de la experiencia de la obra. Al integrar al lector en el acto de crear, lo coloca al filo de llegar a ser. Por lo tanto, invierte el proceso que crea la apreciación de lo que ha sido experimentado, y hace de la experiencia algo real. Este acto es la esencia de la rebeldía de Cortázar. Las incongruencias de esta novela desafían al lector constantemente; el sentido general de irrespeto ante el comportamiento razonable prohibe tener expectativas respecto a los acontecimientos tal como pudieran ocurrir razonablemente; los experimentos del autor con el lenguaje mismo indican una voluntad por comenzar de la nada y construir.

Hay momentos en que Cortázar parece haber lanzado una especie de campaña contra el lenguaje mismo; el hecho es que le repugna la perfidia del lenguaje. Nunca hace lo que de veras necesitamos que haga. Los experimentos incluyen varias técnicas extrañas que suelen ser divertidas. Además del monólogo interior y la asociación libre, Cortázar experimenta con un pasaje con una grabadora; en otro alterna lo que un personaje piensa con líneas de un libro que ese mismo personaje lee. El caso más extremo y más divertido es la invención del lenguaje en el famoso pasaje que comienza "Apenas él le amalaba el noema, a ella se le agolpaba el clémiso y caían en hidromurias, en salvajes ambonios, en sustalos exasperantes."[4] Estos juegos con el lenguaje sirven sobre todo para desafiar lo ortodoxo.

Es fácil olvidarse de Horacio Oliveira, un pobre diablo. Llega a ser la víctima de la intensidad de nuestra propia experiencia y nuestra fascinación con el porqué de nuestras reacciones y actuaciones. Su búsqueda nunca termina, aunque en un punto parece que será absorbido por Traveller, su doble. Esto no ocurre y, de hecho, nunca nos enteramos de lo que le pasa, tal vez se suicida; quizás es un demente. Los lectores de la "segunda" novela ni saben dónde termina el libro, porque el penúltimo capítulo, el 58, dirige al lector al último capítulo, 131, pero el último lo envía al penúltimo, y así infinitamente.

[3] Ana María Sanhueza, "Caracterizaciones de los narradores de *Rayuela*", *Revista chilena de literatura*, núm. 1 (otoño de 1970), pp. 43-57.
[4] Julio Cortázar, *Rayuela* (Buenos Aires, Sudamericana, 1963), p. 428.

*La ciudad y los perros* de Mario Vargas Llosa nos presenta un contraste interesante con *Rayuela* porque, aunque es completamente moderna en su técnica narrativa, el desarrollo de la trama es la base de la experiencia de esta obra. Es decir, Vargas Llosa crea un mundo, presenta un problema, desarrolla personajes interesantes y termina con un clímax y desenlace que mantiene el suspenso para sus lectores. Varias técnicas narrativas excelentes controlan las reacciones y pintan la realidad. Una de las características preeminentes de *La ciudad y los perros* es que es una novela moral, del mismo modo en que *Rayuela* es una novela filosófica. Muchos de sus admiradores más fieles pasan horas comentando sus implicaciones morales, y bien puede ser que se trata de una novela que ofrezca bastante a ese nivel, con tal de que este comentario no destruya la experiencia del llegar-a-ser de la realidad de la novela.

El título requiere cierta explicación: la ciudad es Lima; el término "perros" se refiere a los nuevos alumnos en Leoncio Prado, una escuela militar. Es un término despectivo. La mayor parte de la acción tiene lugar en la escuela misma. Algunos incidentes concomitantes tienen lugar en la ciudad, y la narración retrospectiva nos lleva allá para descubrir el pasado de algunos de los cadetes.

Un narrador omnisciente abre la novela en la mitad de un episodio. Casi inmediatamente nos damos cuenta de tres cosas: estamos observando un grupo selecto, se planea algún acto peligroso, y el líder del grupo es un cadete llamado "El Jaguar". La primera revelación en cuanto a la caracterización es el conocimiento de que El Jaguar es un tipo fuerte, duro, brutal e intrépido.

El grupo "selecto" que hemos encontrado es sencillamente "El Círculo", organizado y controlado por El Jaguar desde sus días de "perros". Ahora a punto de graduarse, los miembros ya no necesitan el tratado de defensa mutua que los protegía, pero encuentran útil esta organización para abusar de las reglas. La operación peligrosa de que estamos conscientes es el robo de un examen de la materia de química.

Esta aventura puede parecer, a primera vista, algo juvenil. Las acciones de los cadetes, sin embargo, se expanden para incluirlos en la sociedad total. Esta escena limitada, básica —manejada de tal manera que revela claramente un grupo de relaciones— hace de *La ciudad y los perros* algo semejante a las obras de algunos escritores intimistas especialmente a las novelas que se salen de una situación limitada para desafiar los valores de un segmento más amplio de la sociedad. Varias novelas de Galindo, por ejemplo, se ensanchan con este tipo de implicación. En *La ciudad y los perros*, el movimiento no es de inmediato evidente. Tan pronto como se plantea la situación básica, el autor presenta otros varios hilos de la historia y, como resultado, el primer capítulo bien puede ser algo desconcertante, después de esto, la novela comienza a mostrar la interrelación entre sus elementos.

Dos personajes principales, además de El Jaguar, toman su lugar en la historia. Uno es El Esclavo, la víctima tímida de múltiples problemas personales; el otro es Alberto, el escritor en potencia. Los tres cadetes representan, hasta cierto punto, tres clases de la sociedad.[5] Jóvenes de distintas regiones del país también contribuyen a la noción de un panorama de la sociedad peruana. El problema moral, no obstante, trasciende las fronteras nacionales; los oficiales de la escuela descubren el robo del examen, pero no al culpable. Declaran un castigo colectivo al quitarles los privilegios normales. El Esclavo no aguanta las presiones y se vuelve soplón. Cuando los cadetes van al campo para llevar a cabo una práctica militar, el Esclavo muere de un balazo en la cabeza.

Esta acción constituye la primera mitad de la novela; sigue una segunda parte de aproximadamente la misma extensión, y luego un epílogo breve. La primera parte, una vez que todos los hilos llegan a ser evidentes, es bastante compacta. A Vargas Llosa le gusta dividir los capítulos en segmentos, y estos segmentos se dividen más o menos igualmente entre la acción del presente y el trasfondo que tiene que ver directamente con el presente. La mayor parte de la narración está en tercera persona. Hay otras voces narrativas —una de ellas una persona no identificada. Estas dos voces se hacen progresivamente más importantes en la segunda parte, y el efecto es un factor en el hincapié creciente de la novela en la diferenciación entre individuos. También el sistema representando por la administración de la escuela parece cada vez más vulnerable —por lo menos por un rato. La segunda parte trata del accidente, o posible asesinato.

Los administradores del Leoncio Prado están muy dispuestos a registrar todo este asunto en los archivos como un accidente y a olvidarlo lo más pronto posible. Aquí llega a ser importante el papel de Alberto, éste sospecha de El Jaguar por la muerte de El Esclavo, y así lo informa al teniente Gamboa, el más duro pero también el que inspira más confianza entre los oficiales. Gamboa comunica el problema a sus superiores en la jerarquía, pero no se interesan en buscar la verdad, sólo esperan evitar el escándalo.

La cuestión general de la justicia ante la conveniencia adquiere ciertos significados especiales que surgen del papel del soplón y de la función de un subsistema, como El Círculo, que existe dentro de la estructura en poder, viviendo y aprovechándose de ella simultáneamente. El mismo sistema, no obstante, es fuente de justicia en algu-

[5] Frank Dauster ubica esta representación dentro de una perspectiva apropiada en "Vargas Llosa and the end of chivalry", *Books Abroad*, 44, núm. 1 (invierno de 1970), pp. 41-42.

nos casos.[6] Claro que una observación mínima es que las acciones de Alberto muestran la futilidad de decir la verdad. El novelista matiza esta observación al hacer de Alberto una persona que no es totalmente admirable.

El factor dinámico en *La ciudad y los perros* es la participación del lector en estas cuestiones morales por medio del interés sostenido en la trama. El autor captura al lector al dejar que los personajes actúen de maneras que repetidamente complican un asunto. En general, el desarrollo de los personajes es el resultado de técnicas que son del todo verosímiles. Uno de las factores molestos es el "yo" narrador. El epílogo revela que El Jaguar mató a El Esclavo y que éste es el narrador anónimo en las secciones en primera persona. Confiesa su crimen en una nota al teniente Gamboa, poco antes de que éste salga con un nuevo puesto poco atractivo en un pueblo de provincia. Gamboa, lógicamente, está hastiado del asunto, y destruye la nota. En cuanto a la identificación del "yo" narrador, es posible que un lector adivine de quién se trata antes del epílogo, pero no es posible que esté seguro. Respecto a la técnica narrativa, es interesante especular cómo hubiera sido la novela si se hubiera identificado al "yo" desde el principio. En ese caso, el carácter de El Jaguar habría revelado marcados contrastes a lo largo del libro. Esconder la identidad permite al lector apreciar primero los métodos que emplea El Jaguar para acomodarse al sistema; luego la revelación del carácter total reafirma el hecho de que estaba fuera del marco. La incorporación parcial de éste al sistema es tan frustrante como la futilidad de Alberto al decir la verdad.

Al final de la novela, en la última de las tres escenas del epílogo, encontramos a El Jaguar en un puesto mediocre y, de algún modo, adaptado a la sociedad. Ya no es el hombre de hierro. La cualidad más notable de esta última escena es que el autor funde dos niveles temporales, logrando no la simultaneidad en el mismo tiempo en distintos lugares, sino la coincidencia de distintos puntos en el tiempo. Esta técnica aparece sólo al final de *La ciudad y los perros*, pero será fundamental en las novelas posteriores de Vargas Llosa.

Miguel Ángel Asturias vuelve a las implicaciones míticas de *Hombres de maíz* en su nueva novela, *Mulata de tal*. Está aún menos cuidadosamente estructurada que *Hombres de maíz* —una característica que la hace difícil de describir— pero todavía logra una fusión

---

6 Una de las discusiones más interesantes de estos asuntos es *"La ciudad y los perros*, novela moral"*, de Jorge Lafforgue en *Nueva novela latinoamericana*, Ed. Jorge Lafforgue (Buenos Aires, Paidós, 1969), I, pp. 209-240. Véase también George R. McMurray, "The novels of Mario Vargas Llosa", *Modern Language Quarterly*, 29, núm. 3 (septiembre de 1968), pp. 329-340. José Miguel Oviedo vale del artículo de McMurray y muchas otras discusiones de esta novela en el mejor análisis completo de la obra (*Mario Vargas Llosa: la invención de una realidad* [Barcelona, Barral, 1970], especialmente pp. 80-121).

semejante entre la realidad mítica y la material. El autor dice que
esta novela es una versión del mito del sol y la luna.[7] Es una idea
amena; pero si tratamos con la novela directamente en vez de fijarnos en lo que el autor piensa que ha hecho, es mejor decir que la
novela se basa en un pacto del hombre con el diablo. Esta historia
no pertenece necesariamente al folklor guatemalteco, pero la imaginación de Asturias nos suministra toda la individualidad que el
libro pudiera necesitar. Su protagonista, Celestino Yumi, vende a su
esposa al diablo y se vuelve enormemente rico. Una de sus nuevas
riquezas es una mulata exquisita cuya presencia resulta ser una
bendición de doble filo —tiene algo de bueno y de malo. De esta circunstancia proviene el título del libro.

Mientras este pacto puede proveer la base de la historia, el verdadero sentido de la novela se comunica mejor por medio de la primera escena donde se presenta a Celestino como el Brujo Bragueta, así
llamado porque asiste a misa con la bragueta abierta, dando ocasión
a pensamientos impuros entre los comulgantes; todo esto es parte
de su acuerdo con Satanás. Es este tipo de humor lo que hace que
el lector siga adelante. La experiencia del lector es la participación
en la invención de Asturias, especialmente sus juegos de palabras.
La historia toma diferentes rumbos sin tener una meta fija: algunas
cosas ocurren como resultado de otras, pero eso no importa tanto.
A veces no está tan claro lo que pasa —hasta cierto punto por la
fusión del mito y la realidad, y parcialmente porque a Asturias no
le preocupa.

La imaginación del autor controla la novela; tal afirmación es
igual que decir que el autor la controla. No hay problemas con la
voz narrativa, los segmentos o la simultaneidad: la voz narrativa
sencillamente nos cuenta la historia con completa libertad. Los
personajes y los hechos, sin embargo, no dan la impresión de estar
controlados por un autor que no está dispuesto a dejar escapar sus
creaciones. Al contrario, las invenciones de *Mulata de tal* impulsan
la imaginación del autor para elaborar otras invenciones.

Varios episodios son dignos temas de conversación porque esti-
mulan la discusión entre dos o más lectores. Cuando el pacto de
Celestino con el diablo se vuelve un desastre, por ejemplo, el hecho
paralelo en la realidad material es una explosión volcánica. El resultado es una pérdida de la propiedad. Es la manera en que Asturias combina el mito y la materialidad. El paralelismo sugiere la
posibilidad de una lectura interpretativa de la novela. Otro incidente
estimulante es la recuperación de su esposa, en la forma de una
enana. El simbolismo y la alegoría parecen inútiles en este caso, sin
embargo. El tamaño reducido de la compañera del protagonista

[7] Véase Harss, *Los nuestros*, pp. 103-114.

parece tener sus orígenes en la frecuencia de los enanos en el folklor guatemalteco, sin más importancia. Un tercer tipo de episodio contiene la crítica social, tal como la lucha entre los demonios cristianos y los demonios indios, pero ninguna de estas líneas domina la novela.

Transformaciones del cuerpo son comunes en *Mulata de tal*, y las acompañan cambios de nombre. Es aconsejable que el lector se someta a un fenómeno correspondiente en su propio papel. Es decir, la novela se experimenta mejor si el lector se adapta mientras lee, permitiendo así que el humor exuberante de Asturias evoque una reacción libre que corresponde a la estructura de la novela. Este proceso ofrece la posibilidad de que el factor mítico funcione en una manera que sería imposible si estuviera limitado por un concepto definido.

El efecto de la creación de mitos es la base de otra novela de este año, *Los recuerdos del porvenir* de Elena Garro. Es una obra interesante pero mucho menos humorística. Es posible leerla como un relato de la rebelión cristera (guerras religiosas que siguieron la Revolución Mexicana) y encontrarla así satisfactoria. La violencia de la novela, sin embargo, llega a generalizarse, a ser aun una abstracción; al fin y al cabo esta violencia es el fracaso del amor. El tema principal de la novela es el amor —el concepto del amor, particularizado en casos de celo posesivo, frustración, éxito y violencia.

Garro emplea un recurso narrativo que no funciona del todo bien: su pueblo, Ixtepec, cuenta su propia historia. El problema inmediato es la caracterización del pueblo de una manera suficientemente clara para otorgar a la voz narrativa un tono auténtico. La autora nunca logra de veras esta meta ideal, afortunadamente, otros aspectos de la novela son suficientemente interesantes para compensar esta deficiencia. Un efecto positivo de esta personificación de Ixtepec es el tiempo condensado que funciona en sólo uno de los aspectos, el presente.

Dada esta condición de eternidad, no es muy sorprendente que algunas cosas milagrosas ocurran. Es un mundo en el que la gente puede llevar lámparas durante las tormentas como si no hubiera ni viento ni lluvia; fuman cigarrillos sin prenderlos; se convierten en piedra. Estos incidentes pueden pertenecer a la categoría del realismo mágico; sin embargo, son bastante diferentes de la magia con base histórica de Carpentier o la magia de Asturias que tiene sus raíces en los mitos nativos. Su corroboración existe en la forma de un personaje inexplicable, Felipe Hurtado. Aparece en el pueblo sin aviso y siempre es "el extranjero". Es él quien experimenta la mayor parte de las cosas mágicas. Es él, significativamente, quien enseña el sentido del teatro a los nativos —es decir, cómo representar una pieza teatral. Este acto de inventar coloca la realidad en una perspectiva enteramente diferente para la gente afectada por ella. Cuando sale, se lleva consigo el amor y se desvanece ante los ojos de sus seguidores.

Sin embargo, Hurtado es el único personaje que logra la realización personal. El general Rosas está atrapado y destruido en una trampa entre un amor no correspondido y otro que él no acepta. Ninguna de las dos mujeres principales alcanza un amor satisfactorio, con la excepción de la posible satisfacción que gana Julia al ser raptada por Hurtado. Éste —Hurtado, el creativo—, es quien se mueve desde la esterilidad de la frustración y la violencia.

Aunque el narrador-pueblo es a veces desconcertante, sí realza el sentido de leyenda —uno de los mejores efectos de la novela. La habilidad que tiene Garro para desafiar la imaginación del lector es un factor importante. Al principio del libro, el narrador mira hacia atrás en el tiempo, viendo el presente anticuado y recordando el pasado dinámico: "Sólo olvido y silencio. Y sin embargo, en la memoria hay un jardín iluminado por el sol, radiante de pájaros, poblado de carreras y de gritos."[8] Las palabras "radiante" y "poblado" catalizan la imaginación. En la parte final de la novela, las imágenes de Garro inspiran una contemplación más profunda; al pueblo-narrador le gustaría ofrecer a los participantes en la historia una visión más amplia de la realidad: "Extraviados en sí mismos, ignoraban que una vida no basta para descubrir los infinitos sabores de la menta, las luces de una noche o la multitud de colores de que están hechos los colores. Una generación sucede a la otra, y cada una repite los actos de la anterior. Sólo un instante antes de morir descubren que era posible soñar y dibujar el mundo a su manera. . ." (p. 249).

Un segundo factor principal en la creación de un ambiente de leyenda (o posiblemente de mito) es la presencia de gente extraordinaria. Felipe Hurtado, el mensajero de la ilusión, no es el único personaje extraño. Juan Cariño, el bobo del pueblo, vive en una habitación de un burdel, se viste extrañamente e insiste en ser llamado "Señor Presidente". Uno de los oficiales de la fuerza militar que ocupa el pueblo tiene amantes gemelas. Hay cosas en esta novela que son como en la obra de García Márquez: la historia y la personalidad de todo el pueblo, los acontecimientos fantásticos, aunque parezcan menos normales que en las novelas de García Márquez, y la gente extraña. Juan Cariño se considera el guardián de las palabras, y las guarda en su cuarto. Es significativo que él sea el único personaje en *Los recuerdos del porvenir* que tiene fe en la razón.

A pesar de la tendencia obviamente atractiva para crear mitos, la característica más regularmente aparente en las novelas de 1963 es

[8] Elena Garro, *Los recuerdos del porvenir* (México, Joaquín Mortiz, 1963), p. 11.

la narración segmentada en distintos modos. Después de haber tratado el "Tablero de dirección" en *Rayuela* es fascinante descubrir el siguiente anuncio al principio de *Invención a dos voces* de Enrique Lafourcade: "Esta novela... puede leerse al modo tradicional, es decir, siguiendo la numeración progresiva de sus páginas. También pueden examinarse las dos líneas de acción —la primera en las páginas impares: 9 a 241; la segunda en las pares: 10 a 242— como dos tramas diferentes, continuando luego desde la 243 hasta el final en la forma acostumbrada. Es posible leerla de atrás para adelante. El sistema de saltar páginas —que usan algunos críticos— es igualmente recomendable."[9]

Aparentemente se hacen estas dos últimas sugerencias en broma. No obstante, este anuncio básico, en lo que se refiere a la intercalación de dos tramas, es una descripción correcta de cómo el lector puede apreciar esta novela. Su efecto es desarrollar dos líneas de reacción ante un mundo materialista —una desde el punto de vista de la ciencia pura, la otra desde el punto de vista de la religión. Mucha de la sátira se dirige contra la vida en los Estados Unidos. Se la debilita bastante con la comunicación demasiado directa de la noción fundamental, especialmente por medio del simbolismo excesivamente obvio.

La segmentación es completamente distinta —y logra otro efecto diferente— en *La feria* de Juan José Arreola. Esta novela es un retrato de Zapotlán, el pueblo natal del autor, y es una especie de autobiografía porque el libro contiene la manera muy particular que tiene Arreola de ver la realidad —con cariño, pero con una sensibilidad aguda para lo absurdo. La novela abre con el pueblo hablando colectivamente de sí mismo —de sus treinta mil habitantes y de su comienzo. Sin embargo, consta de centenares de fragmentos, y la voz narrativa depende de la naturaleza de cada pieza. El tamaño de los segmentos varía desde un par de líneas hasta varias páginas.

Bien temprano en la lectura de *La feria* nos damos cuenta de que el autor está combinando el presente y el pasado de Zapotlán. Es el acto del autor —es decir, una fuerza organizadora fuera de la novela— porque no hay un patrón interno de la voz narradora. Luego descubrimos que es posible juntar los fragmentos para hacer líneas narrativas que tratan de varias personas distintas. Una vez que hayamos hecho este descubrimiento, hay un contraste entre este juego y la apreciación de mosaico de Arreola. Si leemos la novela como un mosaico, el pueblo total es más importante que cualquiera de los individuos o las situaciones.[10]

9 Enrique Lafourcade, *Invención a dos voces* (Santiago, Zig-Zag, 1963), p. 7.
10 Emmanuel Carballo dice que le es atractiva la idea de que Arreola concibió la novela con una estructura tradicional, y que luego la recortó para crear el efecto de

El retrato es de un pueblo de provincia con bastantes individuos interesantes. Constituyen lo que los escritores del siglo XIX llamaban una "galería de tipos". Separados del tratamiento artístico de Arreola son sencillamente gente ordinaria; pero en el contexto de su magia, parecen especiales. Lo mismo ocurre en el pueblo total —es a la vez ordinario y distintivo—. La novela culmina en una celebración que marca el punto culminante del año —una gran fiesta, una explosión enorme, con alegría, fuegos artificiales y muerte. Más que una celebración y una tragedia, es una señal, un indicio de que el pueblo existe y se ha reafirmado.

La función de la historia en *La feria* es más como parte de un sentido atemporal del presente. En *La situación* de Lisandro Otero, la función de los episodios históricos es explicativa y suministran al libro cierto sabor de novela histórica. El efecto de un pasado recreado pone de relieve la naturaleza segmentada de la novela y sugiere la posibilidad de reconstruir más que una secuencia ortodoxa. La reorganización cambiaría el enfoque de la novela, desde luego, y así destruiría la experiencia básica —un sentido de cómo era la vida en Cuba poco antes de la segunda dictadura de Fulgencio Batista.

Batista había dejado el poder ejecutivo en 1944 después de diez años de dictadura. Lo siguieron dos presidentes civiles cuyas administraciones no producían las reformas esperadas. Batista volvió al poder en marzo de 1952 y otra vez estableció la dictadura por medio de un golpe de estado. El 26 de julio del año entrante, Fidel y Raúl Castro encabezaron un grupo de estudiantes en un ataque contra la barraca militar de Moncada en Santiago. Los capítulos del tiempo presente en *La situación* se refieren al medio año inmediatamente anterior a la vuelta de Batista.

Otero emplea capítulos alternados en vez de fragmentos pequeños como los de *La feria*. Los capítulos básicos son identificados por una fecha o una referencia a una temporada. Con el uso de una combinación de la narración omnisciente en tercera persona y el monólogo interior, ofrecen un retrato de la clase dominante en Cuba durante la época. El narrador depende principalmente del diálogo —rápido, ligero, y lleno de anglicismos ("contri clob")— pero hay pasajes introspectivos. La intercalación de los titulares de periódicos, a lo Dos Passos, realza el sabor de una época particular. El primer capítulo insinúa el tono de la novela al desarrollar una escena panorámica de la vida en la playa el último domingo de las vacaciones. Este sentido de estar al filo de un cambio corresponde a la experiencia de toda la novela.

Hay dos tipos de capítulos del tiempo pasado. Cada uno tiene un título que identifica la línea narrativa, como en "Los años" y "El

mosaico ("Cada quien habla de *La feria* según lo que leyó en ella", *La cultura en México*, 11 de marzo, 1964, p. xix).

día de juicio" que aparecen repetidamente como títulos de capítulos en *Cayó sobre su rostro*. Una de las líneas en la novela de Otero es "Oro blanco"; la otra es "Un padre de la patria". Ambas aparecen en letras cursivas y siempre son claramente identificadas. Vuelven al principio del siglo y, en efecto, proveen el fondo para los capítulos del tiempo presente. Los capítulos "Oro blanco" tratan de la familia de un hacendado adinerado; los capítulos "Un padre de la patria" tratan de la adquisición del poder a través de la política. Estas dos líneas constituyen la base del poder de la burguesía vista en los capítulos del tiempo presente.

Dos factores proporcionan el dinamismo de *La situación*: uno es lo atractivo de la narración que dice las cosas tal como son en la vida de los que gozan de una situación privilegiada; el otro factor es la estructura de los capítulos alternados, que alcanza mucho del efecto de una novela histórica sin perder el acento en el presente. Es importante reconocer, sin embargo, que las dos líneas de los capítulos históricos son verdaderos capítulos —no son reminiscencias ligadas a la experiencia de un personaje en particular. Otero sí crea personajes interesantes y parecen muy reales; no obstante, los capítulos históricos no solamente realzan la caracterización: explican la situación.

*El paredón* de Carlos Martínez Moreno es un caso en que el factor retrospectivo se liga a una persona. La novela trata de un periodista uruguayo, Julio Caladoro, que va a Cuba como reportero, durante la Revolución Cubana, y luego vuelve a su propio país. La historia se desarrolla en estas tres etapas porque la novela no es tanto sobre Cuba como sobre Uruguay. *El paredón* comunica una realidad uruguaya que está estática, o peor —una sensación poco sorprendente para los que hayan leído *El astillero*. Los pasajes retrospectivos se relacionan con Calodoro, y aunque no tienen que ver con la historia y la política, apreciamos todo a través de un hombre; este hecho no tiene nada que ver con la validez de la novela. Ilustra un efecto diferente logrado por otro método. Como los acontecimientos en Cuba tienen importancia inmediata aún válida para los periódicos, tienden a imponerse sobre el tema de la novela. Idealmente, la perspectiva temporal en que se caracteriza a Calodoro debe suministrar un factor equilibrante. No obstante, es una reacción que nos indica que la novela en realidad trata de la condición letárgica de la patria de Calodoro.

El empleo de segmentos con distintas voces narrativas puede producir una apreciación general de un grupo. Éste es el caso de *El hostigante verano de los dioses* de Fanny Buitrago. El narrador-controlador (autor) permite a varios personajes contar acerca de otros, por turnos. El tema de la novela es el aburrimiento —como los jóvenes sin nada que hacer (sin ninguna meta fija) se malgastan espiritualmente. Buitrago organiza la historia alrededor de la presencia de una periodista que va a una ciudad provincial para hacer una entrevista al autor anónimo de una novela escandalosa. Cada capítulo de *El hostigante verano de los dioses* lleva, como título, el nombre de la persona que actúa de narrador. "Una forastera" (la autora-narradora) es la voz en los capítulos alternados, y en cada uno de los otros ella concede la posición narrativa a una de las tres mujeres que son personajes en la historia. La técnica no es tan lograda como hubiera sido posible, porque las personalidades de las mujeres tienden a fundirse. El punto de vista alternado es capaz de producir una sensación de las circunstancias en que viven los jóvenes, como generación; y la intercalación de los capítulos "Una forastera" provee un factor de equilibrio y externo de la visión que el grupo tiene de sí mismo. También relaciona la novela-en-progreso de Buitrago con la novela inventada que inspiró la visita.

La experiencia del lector con la novela de Buitrago será probablemente de simpatía ambivalente. La forastera-narradora, Marina, permite la entrada a la situación; puesto que ella misma entra con un grupo extraño de gente, el lector tiende a identificarse con ella. Las personas que ella descubre son, en general, poco amenas, desde lánguidas hasta depravadas, son aceptables sólo por la actividad de la narradora —una despreocupación ligera que parece cuidadosamente cultivada.

El panorama de la novela en 1963 sería gravemente incompleto sin alguna referencia a la escritura menos experimental, la que está comprometida indudablemente con una causa social evidente. Este tipo de narrativa es menos aparente en 1963 de lo que era el caso hace dos décadas, pero todavía tiene un papel importante. *Camino de la sombra* de José A. Osorio Lizarazo ganó el Premio Esso en Colombia. Vuelve al siglo XIX para crear una sensación del conflicto civil eterno, y para acentuar los apuros de individuos desafortunados. Osorio Lizarazo emplea una técnica casi documental.

Aunque no ganó ningún premio, *Acto y ceniza* de Manuel Peyrou es un ejemplo digno de mención de la buena narrativa y también de la protesta contra el peronismo. El autor es bien conocido por sus historias detectivescas; y varios cuentos, además de otras dos novelas, expresan su oposición al dictador anterior. La anécdota de *Acto y ceniza* se basa en el cierre de la fábrica de dulces de Samuel Liberman, bajo las órdenes de Eva Perón, y el efecto de esto sobre varias personas distintas. El enfoque principal recae en Liberman.

La historia comienza con el cierre de la fábrica. En una segunda etapa, unas retrospectivas nos cuentan la historia de la juventud de

Liberman, su éxito creciente y su familia. En una tercera etapa, los acontecimientos que culminan con el cierre de la fábrica nos llevan al momento cuando empieza la novela. La protesta más directa surge con la compañía contra Liberman. Le piden contribuir con una suma enorme a una obra de caridad de Eva Perón. La pregunta de si debe someterse, rechazar, o hacer algún acuerdo complica bastante este problema. Su decisión disgusta a los que están en el poder y lanzan una campaña contra sus productos.

Luego la narración estudia los efectos sobre Liberman (es una ruina ambulante), su esposa que tiene una aventura amorosa y un empleado anterior que se enfrenta al régimen. Peyrou emplea el diálogo para revelar una posición claramente antiperonista y también una actitud que propone esperar hasta que el peronismo se desvanezca. El asunto político se complica por el hecho de que Liberman rechaza su propia identidad judía. De hecho, la cuestión del antisemitismo sirve de puente entre la protesta política y el problema personal. Es esta unificación de elementos lo que lleva a cabo la transformación que hace de *Acto de ceniza* una buena novela. Peyrou narra en la tercera persona y controla la historia claramente. A veces describe las circunstancias y a los personajes, pero también es capaz de dejarlos presentarse. Esta combinación mueve la historia con un buen balance de diálogo y narrativa descriptiva. Una sensación de frustración —el tipo que viene del conocimiento de los que están en el poder también son injustos— es inevitable.

*Acto y ceniza* es de varias maneras como una novela histórica: crea el sabor de una época ya pasada —o que normalmente consideramos como el pasado—. Es demasiado evidente, sin embargo, que Peyrou ve el peronismo como un peligro constante. Publicó novelas sobre el tema en 1960, 1963 y 1966, y los hechos actuales ciertamente no han refutado su preocupación, aunque algunos no estarían de acuerdo con su interpretación de la política de Perón.

## XVII. DESDE "RAYUELA" HASTA "CIEN AÑOS DE SOLEDAD" (1964-1966)

EL SIMPLE hecho de la aproximación a la narrativa reciente crea problemas de organización y síntesis que no se presentan al discutir obras más distanciadas en el tiempo. Estas dificultades se agravan, en el caso de la narrativa hispanoamericana, por la gran productividad durante los años recientes. La calidad generalmente alta de las novelas hace que la selección entre ellas sea un proceso necesario y penoso. Es posible, desde luego, que el haber lanzado *Rayuela* y *Cien años de soledad* como obras claves sea un error. La combinación de los gustos actuales y el juicio crítico imparcial, sin embargo, las hace candidatas predilectas. En los tres años que separan sus fechas de publicación, no es posible definir ningún movimiento literario. La función de este periodo, en la historia del género, es la de señalar una serie de corrientes que identifican la narrativa reciente. Pueden identificarse varias características de significación genérica: *1)* la invitación al lector a que participe en la composición de la novela; *2)* un interés en hacer que tanto el lector como el autor observen al autor en el acto de crear la narración; *3)* un tipo especial de realismo en la narrativa de la juventud alienada; *4)* un incremento en la variedad de técnicas empleadas para comunicar las sugerencias revisionistas de las novelas intimistas; *5)* la novelización de un concepto; *6)* la transformación del regionalismo. Estas seis características son sólo observaciones. Hay que entender que no son movimientos y no son clasificaciones de novelas. Bien lejos de ser grupos exclusivos, varias de estas características pueden encontrarse en una sola obra.

*Rayuela* es el tipo de novela que normalmente invita a la participación del lector, más específicamente porque su estructura siempre está en proceso y no está ya predeterminada, y porque la novela no tiene un final definitivo. De hecho, es una obra sin final en dos sentidos distintos. Por una parte, nunca sabemos con seguridad lo que pasa al protagonista; por otra, la novela de veras nunca termina (es decir, en la versión que incluye todos los capítulos) porque los dos últimos saltos en la rayuela se refieren a sí mismos indefinidamente. *La ciudad y los perros* invita al lector de manera completamente diferente, y menos ostentosa. La apertura más obvia al lector es la conversación en dos niveles al final de la novela. La otra invitación al lector es la identidad escondida del yo-narrador. En este último caso, hay cierta duda acerca del efecto de la técnica. Si el lector adivina descuidadamente o se siente antagónico ante el autor, su experiencia de la novela se ve afectada. Por otro lado, si la apreciación del yo-narrador aumenta gradualmente —sin referencia a un personaje específico, sino en sí misma— la revelación subsiguiente hace de la apreciación de la caracterización del "yo" una parte del desenlace de la novela.

Siempre existe la pregunta válida de si una técnica narrativa determinada de veras contribuye a la participación del lector o si simplemente constituye un rompecabezas. Entre las novelas recientes indudablemente hay novelas que son exhibiciones de virtuosismo técnico, aunque no ofrezcan nada más allá de esa técnica misma. Cuando este es el caso, la experiencia de la técnica tiene que ser satisfactoria en términos del esfuerzo creador agotado. La única razón para solicitar la participación del lector es para aumentar el valor de su apreciación del proceso artístico de la obra.

Vargas Llosa incrementa las posibilidades de la participación del lector en *La casa verde* (1965) de varias maneras, incluso mediante la intercalación de escenas, como en *La ciudad y los perros*. También logra fundir varios puntos distintos en el tiempo al usar varios tiempos verbales en la misma frase. El efecto es semejante a la repetición de motivos en distintos niveles de tiempo en *Farabeuf* (1965) de Salvador Elizondo. En *La casa verde* los puntos en el tiempo pueden ser el momento de la narración y el momento que se narra. La técnica es una combinación de diálogo con narración en tercera persona para que lleguen a ser uno: "El doctor dijo la fatiga no le deja hablar, siéntese un rato, doña Juana, cuéntenos y ella dónde está Antonia".[1] Un pasaje como éste puede activar a un lector atento para que enlace elementos que normalmente aparecen separados: *1)* la cita indirecta de lo que dijo el médico; *2)* una cita directa de lo que el médico dijo a doña Juana; *3)* la referencia elíptica de lo que dice doña Juana ("y ella"), pero omitiendo el tiempo verbal, y *4)* la cita de lo que dice doña Juana al médico. El lector de Vargas Llosa puede estar algo confundido al principio, después se vuelve algo analítico, y finalmente puede apreciar el efecto de la inmediatez creada por medio de esta narración. El proceso mismo nos elimina la limitación del tiempo.

En el caso de Vargas Llosa, el respeto persistente del novelista por el desarrollo de la trama opera como un factor modificante en la apertura de su obra. *La casa verde* consta de al menos cinco líneas narrativas identificables. La relación entre ellas no es una opción del lector; una apreciación activa del proceso de juntarlas es necesaria para tener una experiencia más completa de la novela. Sea cual fuere el grado de participación en el proceso mismo, las técnicas de Vargas Llosa dan la sensación de los contrastes enormes de la sociedad peruana. Éstos son los contrastes en las con-

---

[1] Mario Vargas Llosa, *La casa verde* (Barcelona, Seix Barral, 1965), p. 161.

diciones que deberían estar separadas en el tiempo pero que existen concomitantemente (el feudalismo y el progreso tecnológico, por ejemplo); el manejo del tiempo por parte del autor hace de ese hecho algo más comprensible que lo que pudiera ser una presentación objetiva del mismo.

Usos especiales del punto de vista narrativo pueden ser extremadamente útiles para activar al lector. *José Trigo* (1966) de Fernando del Paso emplea un narrador en primera persona (un foráneo, pero con un compromiso especial con la situación de la novela) y un personaje, José Trigo, que actúa pero nunca funciona como un protagonista ortodoxo. Funciona más bien como una abstracción, y, de hecho, se cultiva una incertidumbre estimulante desde el principio de la novela a causa del título del primer capítulo, "¿José Trigo?" La relación de este personaje misterioso con la trama (algo sencilla) depende de la cooperación del lector con las técnicas narrativas del autor, y aun así se deja mucho a la imaginación del lector. El lector debe organizar las fuentes de la voz narrativa en *Gozapo* de Gustavo Sainz (1965). De hecho, la mención de una voz narrativa en esta novela es una observación en sí dudosa. La novela emplea varios auxilios narrativos: conversaciones telefónicas, una grabadora, diarios, sueños y cartas. En gran parte se elimina al narrador de la novela y el lector toma el control. Este fenómeno no es tan completo en *Gazapo* como en algunas otras novelas (*La traición de Rita Hayworth*, por ejemplo), pero es suficiente para involucrar al lector en el proceso que normalmente es la responsabilidad del narrador que controla. La resolución de la trama de *Gazapo* —la aventura amorosa de un par de muchachos en el proceso de hacerse adultos— depende enteramente de la experiencia de organizar las fuentes narrativas. No hay ninguna resolución en el sentido tradicional, sino una afirmación que resulta no tener sentido o ser trivial si no tomamos en cuenta las asociaciones múltiples que constituyen la novela.

La estructura segmentada de *Los albañiles* (1964) de Vicente Leñero activa al lector y termina con una pregunta, tal como es el caso de *Rayuela*. La novela de Leñero comienza con el conocimiento de un asesinato, luego examina los motivos de varios posibles asesinos. Nunca nos enteramos de quién fue el culpable; pero este hecho es fundamental para la experiencia del libro, que no es una novela detectivesca, sino una consideración del sentido de la justicia. El proceso de la sospecha y la defensa tiene que ver con el tejido de hechos y personalidades, y un aspecto de la cuestión moral es el conflicto entre la verdad y la conveniencia, algo que se pone en tela de juicio en *La ciudad y los perros* también. La diferencia principal en la experiencia de *Los albañiles* es que construimos la novela con la esperanza de clarificar un asunto, pero nunca se identifica al culpable.

Uno de los problemas relacionados con las novelas que exigen la participación activa del lector es que la experiencia debe valer el trabajo que exige. No hay mucha gente que pueda leer *La casa verde*, por ejemplo, y apreciarla completamente a menos que se le haya dado una buena orientación previa a la lectura de novelas, o que estén dispuestos a leerla dos veces. Para algunos lectores una segunda lectura de una novela de centenares de páginas es una exigencia bastante severa. En general, el novelista debe hacer de sus personajes seres lo suficientemente interesantes y visibles como para que el lector se preocupe por ellos. El que no lo haga probablemente no gane muchos lectores. *Gazapo*, *La casa verde* y *Los albañiles* logran crear personajes interesantes en las primeras etapas de la novela, aunque la cantidad de información concreta sobre ellos varía en cada caso. *Gazapo* logra la atracción necesaria más rápidamente que las otras dos. *La casa verde* establece el interés, pero el lector tiene que soportar unas cien páginas de complicadas técnicas narrativas hasta sentirse seguro de que no se trata de mero tecnicismo. No todas las novelas tienen tanto éxito como ésta de Vargas Llosa, y suelen mostrar poco respeto al lector.

Bastante relacionada con la participación en la composición de la novela —o la activación del lector— está la fascinación por parte del autor con el acto de novelar. Hay novelas que comentan la vida y las ambiciones literarias, emplean el acto de escribir como una base de la estructura narrativa, contienen críticas de modos literarios, plantean una teoría de la novela en la composición de la obra misma y hasta observan el acto de la creación de la obra dentro de su creación. Esta fascinación por parte del novelista reafirma el factor de la creación en progreso, y es el vínculo más palpable con otras técnicas que activan al lector.

*Los geniecillos dominicales* (1965) de Julio Ramón Ribeyro describe la ambición literaria dentro del marco general de la búsqueda de algo significante. La novela de Ribeyro trata de un joven que rechaza un puesto rutinario; luego desarrolla el problema de si esta renuncia tendrá más sentido del que tenía ese puesto. La narración es en tercera persona, pero se ve el mundo tal como lo ve Ludo, el protagonista. Su búsqueda de algo significante incluye bastante actividad literaria, incluso la fundación de una revista. El punto máximo de la actividad literaria en la novela es la lectura pública de cuentos de algunos escritores novatos. El incidente es una sátira de las técnicas narrativas exageradas, pero más importante es la conciencia por parte de Ludo de hacer algo que no quiere hacer, y para gente que no está interesada.

La sátira también es un factor importante en la caracterización de un escritor en potencia en *El buen salvaje* (1966) de Eduardo Caballero Calderón. La experiencia de esta novela, no obstante, supera la caracterización del protagonista, porque en realidad es la historia de las ambiciones literarias de éste. Hay que entender que el tono general de la novela no es satírico y que mucha de la sátira se dirige a los hispanoamericanos en el extranjero. El protagonista es un joven escritor colombiano que reside en París e intenta escribir una gran novela. Lo que escribe en realidad es su autobiografía, llenando sus "cuadernos" que son capítulos de *El buen salvaje*. Escribe acerca de lo que le pasa y de sus planes para la novela. La gran obra propuesta cambia según las circunstancias en que el joven autor se encuentre. En un punto es una novela histórica acerca de su país; luego se vuelve una obra maestra sobre el tema de Caín y Abel; más tarde, una novela basada en una ideología política, y finalmente, pinta escenas de la vida cotidiana. Las descripciones de estos proyectos son siempre presuntuosas y nunca llegan a nada. Los planes para la supuesta novela son, sin embargo, el factor que controla la estructura narrativa de los "cuadernos".

También es importante notar que cualquier uso de un sustituto para la voz narrativa pone el acto de novelar en una perspectiva diferente. La grabadora en *Gazapo*, por ejemplo, hace algo más que tan sólo enriquecer la caracterización de su dueño, Menelao; se la coloca en el puesto de organizadora de la historia. No hay nada satírico acerca de este fenómeno, aunque hay elementos satíricos en la novela. La activación del lector a través de éste y otros recursos lo integra al proceso de la invención y ése es el núcleo de una gran parte de la fascinación del novelista por observar su propia función. En *Rayuela*, Cortázar efectivamente plantea ideas acerca de la teoría de la novela a través de su autor inventado, Morelli. Estas observaciones aparecen en los "Capítulos prescindibles"; por lo tanto, llegan a ser funcionales cuando el lector está en el acto de realizar la lectura de acuerdo con las indicaciones del autor. Las ideas de Morelli apuntan hacia la negación de los procedimientos aceptados y racionales, reafirmando el derecho que tiene el novelista para hacer de la experiencia de la narración un asunto de la invención absoluta.[2]

Muchas de las técnicas usadas para invitar al lector a componer la novela parecen expresar a veces una falta profunda de respeto por las convenciones. Este efecto es la característica básica de novelistas jóvenes que escriben de la juventud alienada, a menudo de una manera serio-cómica. La definición precisa es imposible. El

2 Luis Harss, *Los nuestros*, pp. 250-299.

establecimiento de una serie de características invita a una enumeración de excepciones observadas en una novela u otra. Probablemente la característica más fundamental es el uso de un lenguaje que pertenece a la juventud, de tal manera que distingue una generación de la anterior. La honestidad en el lenguaje es un aspecto de la actitud de "decirlo-tal-como-es" que llega a ser tanto confesional como crítica.

No hay duda de que la influencia de J. D. Salinger ha sido notable en este tipo de escritura. La sombra de Holden Caulfield, el protagonista de *The Catcher in the Rye*, es aparente en la caracterización del protagonista-narrador de *De perfil* (1966) de José Agustín —y es mucho más aparente que la influencia de *Ulysses* de Joyce, que ha sido mencionado a menudo, presumiblemente porque la novela trata del narrador en el proceso de llegar a ser un hombre. La diferencia básica entre la novela de Salinger y *De perfil* es que Holden Caulfield es creación de un artista que entiende a un grupo de edad diferente a la de él mismo, mientras que el autor de *De perfil* de hecho pertenece a la generación cuya realidad crea. Una pregunta que se puede hacer acerca de este tipo de novela es si tiene valor duradero, o, más específicamente, si un libro como *De perfil* tiene valor perdurable, puesto que tanto el autor como su sujeto han pasado más allá de la juventud.

No se puede contestar muy bien esta pregunta con una respuesta que satisfaga a un tradicionalista en asuntos de arte, y este no es, evidentemente, un lugar apropiado para una polémica sobre el arte. Podría ayudar, sin embargo, pensar en los *posters* que han adornado las paredes de los jóvenes por una década o más. No tienen la intención de ser duraderos; no obstante, trascienden lo cotidiano de la experiencia. Su cualidad efímera es la esencia de su universalidad. Pertenecen a la época del cambio rápido, de la experiencia dinámica. El mismo tipo de dinamismo promueve las técnicas narrativas que activan al lector.

El aspecto inmediatamente atractivo de *De perfil* es su humor —una característica poco frecuente en la narrativa hispanoamericana, pero una tendencia creciente en los años sesentas. El estilo conversacional e increíblemente realista es una fuente principal de humor en *De perfil* y en otras varias novelas de la enajenación juvenil. José Agustín tiene buen oído para el diálogo, y su lenguaje es tan acertado —tan desenvuelto— que es cómico. Además de este homenaje fundamental a la realidad, también aglutina palabras, haciendo adjetivos de lo que normalmente serían cláusulas; se refiere a personas con nombres que describen las reacciones del narrador ante ellos (hacedor de plática). El aire de franqueza creado por estas técnicas es intensificado por la tendencia que tiene el narrador a poner palabras entre paréntesis, o a insertar un adjetivo entre paréntesis; siempre sugieren la posibilidad de la honestidad ingenua. Hay cierta objetividad, posiblemente ilusión, en los resultados de estas técnicas. El narrador mira bajo la superficie y descubre la verdad absoluta —tanto en sí mismo como en otros.

De perfil y Gazapo tratan de la búsqueda de la autenticidad. Las personas comprometidas con esta búsqueda suelen encontrar inaceptable lo convencional. Su reacción puede ser amarga o pueden reírse. Las dos reacciones pueden, incluso, mezclarse. El comportamiento del protagonista en ambas novelas puede designarse como con un aire casual. En realidad, la experiencia de ambas novelas es una apreciación de las dificultades que tienen ambos protagonistas para comportarse según ese ideal. El tono narrativo, no obstante, mantiene ese aire casual que cualquiera de los dos protagonistas puede perder con cualquier incidente. Este tono hace bastante razonable que ambas novelas terminen en un tono bajo —de hecho, un final que no es un final.

La trama básica de Los geniecillos dominicales es un rompimiento con la rutina, y la honestidad que permea la novela también revela cómo son las cosas en el mundo de la juventud. El autor es mayor que su protagonista; es posible que vea retrospectivamente su propia vida. Sin embargo, no vemos el mundo tal como lo ve el protagonista. En la primera escena de la novela, Ludo sale de su puesto en una oficina después de tres años aburridos. Invita a sus amigos a una "orgía" de Año Nuevo en la casa de su tío, a quien Ludo cuida. La fiesta resulta ser extremadamente aburrida y la descripción de ella es tan detallada y franca que llega a ser humorística. Hay un factor ligeramente condescendiente en el tono del narrador, tal vez porque el autor está más distanciado temporalmente de las cosas que Agustín y Sainz.

Una repugnancia semejante ante el orden establecido es ampliamente evidente en En octubre no hay milagros (1965) de Oswaldo Reynoso. Probablemente la mejor expresión está en un pasaje de un monólogo interior cuando Manuel describe cómo fracasó intencionalmente en un examen oral para no ser admitido en la Universidad de San Marcos.[3] Se siente ofendido por la distancia que se crea entre él y sus examinadores, por sus preguntas que él considera personales, y por preguntas académicas que son, en su opinión, demasiado obvias o demasiado difíciles. El pasaje es humorístico porque es satírico y parcialmente verdadero con respecto a tales situaciones. También es inquietante porque revela el ego enorme de Manuel —no en el sentido de hacer ostentación, sino en su dedicación a su propia lucha e intereses.

---

[3] Oswaldo Reynoso, En octubre no hay milagros (Lima, Wuaman Puma, 1966), pp. 25-26.

Reynoso, aunque tenía sólo treinta y dos años cuando su novela fue publicada, ocupa una posición bastante distanciada de los que describe. Hay otro factor que hace de *En octubre no hay milagros* algo diferente de las otras novelas de la juventud: su compromiso con actos políticos. El mensaje de la novela surge del desarrollo paralelo de dos líneas narrativas. También es evidente por medio de la rebelión de Manuel. La familia de Manuel es de clase media modesta en todo sentido. La crisis trata de la búsqueda, por parte del padre, de un lugar dónde vivir después de que su casa ha sido destruida y remplazada por un edificio moderno. La línea paralela enfoca al negociante rico que es el poder que cataliza la crisis. El autor nos hace sentir simpatía ante los personajes en la primera línea narrativa a través de varias técnicas de interiorización; la segunda línea parece removida, intocable, porque la narración en tercera persona nos mantiene a distancia. El título se refiere al hecho de que el último día en que el padre de Manuel tiene que encontrar una casa coincide con el día de la procesión de Nuestro Señor de los Milagros.

El compromiso social obvio de *En octubre no hay milagros* no quiere decir que novelas como *De perfil* están exentas de todo compromiso. Al contrario, están hondamente comprometidas con el anticonvencionalismo; sin embargo, su protesta es menos específica —y probablemente más fundamental— que la sugerencia en la novela de Reynoso de que el sistema debe ser reformado. *De perfil* y *Gazapo* sugieren una revisión más radical de los valores. Puede ser de alguna importancia que otras dos novelas peruanas (a saber, además de *En octubre no hay milagros*) enjuicien el sistema en vez de burlarse de él, aunque contienen elementos de humor: *Los geniecillos dominicales* y *Una piel de serpiente* (1964) de Luis Loayza. La novela de Loayza asocia la juventud con el radicalismo —o, tal vez mejor dicho, el idealismo revolucionario. El autor organiza la narrativa en dos partes, la primera estableciendo un impulso revolucionario (principalmente a través de la publicación de un periódico), la segunda revelando la inevitable victoria del establecimiento burgués cuyos numerosos mecanismos de defensa subvierten el impulso revolucionairo fácilmente.

Es una especulación interesante, y muy probablemente infinita, de que la naturaleza del compromiso social en estas novelas peruanas puede ser un indicio de las condiciones especiales en el país. Fernando Belaúnde Terry llegó a ser presidente en 1963 y llevó a cabo muchas reformas sociales que eran urgentemente necesarias. Se oponía a los oligarcas, a las fuerzas conservadoras del ex dictador Manuel Odría, y a la izquierda representada por los apristas. Éstos estaban de acuerdo con los programas de reforma de Belaúnde, pero aparentemente no querían apoyar las reformas instituidas por otros.

En 1968, antes del término del gobierno de Belaúnde, el poder ejecutivo fue tomado por una junta militar, que procedió a efectuar reformas agrarias. La idea de un gobierno militar reformista es sorprendente; no obstante, puede explicarse hasta cierto punto por el hecho de que los militares peruanos eran sometidos a un programa de concientización social instituido, sorprendentemente, por Manuel Odría.

La posible relación entre esta situación y las novelas aquí discutidas no quiere decir que estos libros favorezcan este tipo de reforma. De hecho, *Una piel de serpiente* y *En octubre no hay milagros* obviamente no muestran mucha fe en la posibilidad de la reforma dentro del sistema. Sin embargo, suponen que se puede discutir el asunto. Otras novelas comunican un desafecto que ni siquiera reconoce la posibilidad de la polémica. En este sentido, es importante recordar que el mismo periodo vio no sólo el desarrollo del régimen de Castro en Cuba, sino también el crecimiento de las leyendas de Fidel y del Che Guevara. Las leyendas difieren de las discusiones de ideología política; mejor dicho, son leyendas de la libertad de la convención, y del rechazo de la autoridad paternal o paternalista. Se relacionan con el impulso revolucionario que trata del cambio radical, no con la reforma de sistemas. Su arma más fácil es una actitud irrespetuosa.

La preocupación social de autores de novelas intimistas es patente en su tratamiento de la burguesía, sea cual fuere la situación económica del grupo en particular. Si los escritores jóvenes son irrespetuosos, sus mayores reflejan un sentimiento de culpabilidad. *La comparsa* (1964) de Sergio Galindo capta un momento específico en la vida de la gente de Jalapa, la capital y centro cultural de Veracruz. El estudio controlado de las relaciones humanas en este caso funciona de un modo diferente a *El Bordo*, donde se enfoca a una familia en particular. *La comparsa* trata de todo un pueblo, pero se centra en la celebración del carnaval —un periodo de dos días que nos permite ver a personas enmascaradas. Esta visión panorámica proporciona varios contrastes: las diferencias generacionales, las variaciones en el *status* social (es decir, la familia tradicional en contraste con los arribistas), los universitarios y los del pueblo. Esta época en particular, se combina con los mencionados factores de contraste, para revelar cómo la gente es en realidad. Galindo se vale acertadamente de su capacidad especial para presentar los detalles significantes.

La experiencia del lector en esta novela comienza en la casa de Alicia Esteva, hija de padres evidentemente burgueses. Escuchamos sólo su intervención de una conversación telefónica con sus padres, que pasan las vacaciones en Nueva York, es su aniversario de bodas.

Alicia es una muchacha universitaria, y la conversación revela una mezcla de amor y de impaciencia. Le molestan las hipocresías que existen dentro del marco de su vida. Esta condición es básica para su caracterización y, mientras la novela se desarrolla, apreciamos su situación como prisionera de la convención, aunque al mismo tiempo encuentra seguridad dentro de sus confines.

Este caso es sólo uno de los muchos que constituyen el mundo de *La comparsa*. Es un ejemplo de la visión penetrante de los valores burgueses. La presentación suele ser humorística, un producto de la sátira delicada, pero perceptiva, que desenmascara a los personajes. Puesto que la narrativa de Galindo trata de tanta gente, dentro de ciertos límites temporales, tiene que usar la narración segmentada cuidadosamente. Las narraciones varían desde una sola línea hasta varias páginas, y aunque muchas parecen tener la calidad de buenas selecciones de antologías, pocas funcionarían aisladamente. El autor las relaciona intrincadamente, y los cambios rápidos entre escenas son más verosímiles gracias a una transición en tres etapas, que va desde la narración en tercera persona hasta el monólogo interior, en que una especie de interiorización en tercera persona opera entre las dos voces narrativas.

La relación entre el tiempo y el espacio es de gran importancia en *La comparsa* —el tiempo es limitado y el espacio es prácticamente infinito. La extensión geográfica de la novela es, desde luego, relativamente pequeña porque sólo trata de Jalapa y un lugar fuera de la ciudad. Sin embargo, el espacio funciona en realidad igual que el diverso grupo de personajes, y aunque el marco básico hace referencia a la gente de un solo pueblo, su variedad amplía su realidad hacia ondas de identificación humana que aumentan infinitamente. El tiempo, por otra parte, se limita rígidamente —no a dos días, sino a los dos días cuando los seres humanos pueden ser revelados en los dos estados— de enmascarados y de desenmascarados.

Las relaciones de tiempo y espacio también son importantes en la experiencia íntima de *Cuerpo creciente* (1966) de Hernán Valdés. En este caso, el espacio es estrictamente limitado, pero el tiempo se desarrolla hacia afuera. Es la historia de la conciencia creciente, por parte de un joven, de la gente que lo rodea, principalmente en términos de su abuelo. Hacia el final de la novela, es lo suficientemente maduro como para tener una vida más rica que la de su familia, y el tiempo (es decir, su vida) se extiende sin límites visibles. Aunque el factor del tiempo y del espacio es casi lo opuesto al caso de *La comparsa*, sirve en ambos casos para iluminar una serie particular de relaciones humanas, revelando cualidades que podrían estar escondidas si la novela tomara en cuenta la gama completa de estas dos dimensiones. Esta combinación es la base de *El peso de la noche* (1965) de Jorge Edwards. En realidad, el elemento del tiempo funciona como un punto básico: la enfermedad final y la muerte de la matriarca, "La señora Cristina" (la oligarca chilena de nuevo). Los dos puntos en el espacio son su nieto, Francisco, y su hijo derrochador, Joaquín, el tío de Francisco.

En la novela de Edwards, cada uno de los dos protagonistas masculinos es, en cierto sentido, una proyección de la matriarca. Cada uno es rebelde a su manera, y cada uno está ligado a una tradición. El desarrollo espacial de la historia alterna entre el enfoque sobre Joaquín y el enfoque sobre Francisco. El tiempo se amplía, a través de las memorias y los sueños de ambos hombres, hacia el pasado y el futuro, siempre intercalados con el presente.

El narrador en primera persona es sumamente importante en novelas de este tipo; sin embargo, hay muchas variaciones en la manera en que funciona esta voz narrativa. En *Cuerpo creciente*, es la base de la caracterización del protagonista-niño. El narrador dice cómo era la vida cuando era un niño preescolar. Uno de los aciertos de la novela de Valdés es la eficacia de esta visión. En vez de la memoria nostálgica de un narrador adulto, la novela es sorpresivamente consistente en su presentación de la realidad tal como la vería un niño. Un narrador en primera persona que escribe su diario en *Mientras llueve* (1964) de Fernando Soto Aparicio, emplea bastante el presente inmediato, a saber, la acción tal como si ocurriera mientras se la anota. La técnica comunica bastante bien la sensación de la duración del tiempo mientras el narrador está encarcelado. La novela trata de una mujer condenada a la cárcel por haber envenenado a su esposo, algo entrado en años. La narrativa se dirige a un poeta que fue su amor de juventud. La experiencia de esta novela no es cuestión de culpabilidad o inocencia, sino una lucha para proteger la propia integridad frente a las fuerzas destructoras de la prisión.

En *Memorias de un hombre de bien* (1964) de Pedro Orgambide, el narrador en primera persona se acerca a la tradición picaresca. El protagonista pertenece a una familia argentina anteriormente adinerada, y su vida corresponde generalmente a los cambios de la sociedad argentina durante el siglo xx. Es semejante a Ernesto en *El encuentro*. No obstante, *Memorias de un hombre de bien se* acerca más a la vieja tradición costumbrista, recordando especialmente la historia de Fray Mocho, a quien el libro está dedicado. Funcionan juntos dos niveles de ironía —uno en la caracterización del narrador-protagonista, y otro dentro de las observaciones hechas por él. El resultado es un libro humorístico, pero no del todo feliz. Las muchas facetas de la sociedad argentina parecen ser todas falsas. Es una crítica de las convenciones burguesas.

Una representación bien delineada de un segmento de la sociedad en vías de desaparición (los terratenientes) surge de la narración en primera persona de Silvina Bullrich, *Los burgueses* (1964). La situación es una reunión familiar en la hacienda del patriarca. Nunca se identifica la voz narrativa —ni queda bien claro si el habitante es hombre o mujer— pero está bien relacionada con la gente allí. Esta semiidentidad da al lector la sensación de objetividad parcial, aunque sin un sentido de participación. La nostalgia se combina con una sensación de alivio. La sociedad cambiante es evidente en las distintas situaciones de los varios miembros de la familia; aun así, la mezquindad del espíritu parece constante.

El aislamiento de los problemas de las relaciones humanas continúa siendo un factor importante; sin embargo, el novelista encuentra recursos narrativos más complicados para crear el efecto de la interiorización.[4] La revelación de las debilidades de la burguesía llega a ser progresivamente más funcional en las novelas de búsqueda íntima. *Este domingo* (1966) de José Donoso es la historia de la crisis en la vida de una familia bien, pero la crisis muestra una doble falta de respeto por los humildes; por una parte, en la forma de la discriminación de clase; por la otra, bajo el disfraz de la caridad. La estructura de la novela nos permite ver a una pareja de abuelos tal como se conocen y también tal como los ven sus nietos. Para el joven, la abuela parece más moderna que el abuelo; pero la revelación íntima los muestra empleando simplemente dos modos de explotar a los pobres.

El aspecto revisionista de las novelas de "pantalla chica" —es decir, con respecto a los valores burgueses convencionales— a veces pone en tela de juicio nuestro concepto de la realidad. Lo que pasa es que el convencionalismo se asocia con cierta percepción de la realidad. Si un tipo de comportamiento determinado persiste aunque no esté de acuerdo con esa percepción, el resultado es la hipocresía. Si una apreciación dada de la realidad persiste, puede catalizar el cambio en el convencionalismo o al menos poner en duda la validez de la convención. En la correspondencia de concesiones mutuas entre estas dos posibilidades, hay situaciones que provocan

---

4 Conviene notar, con respecto a las nuevas técnicas de las novelas de "pantalla chica", que un escritor puede seguir un camino enteramente diferente para llegar a una percepción más profunda y una actitud revisionista. Abelardo Arias es un buen ejemplo. Éste cambió el tipo de novela, en vez de sus técnicas de narración. Para 1942 ya había publicado una novela acerca de la transición de la juventud a la madurez, *Álamos talados*. Repasando novelas que revelan su percepción cada vez más profunda, encontramos que *Límite de clase* (1964) fue un estudio limitado en el espacio acerca de personas con diferencias individuales. En *Minotauroamor* (1966), la experiencia de la novela depende del contraste. Es fundamentalmente una nueva versión del mito griego. El contrapunto es la venta en una subasta de un toro argentino de primera categoría. El efecto de esta yuxtaposición es iluminar, por medio del contraste, la cualidad del ser humano.

dudas acerca de lo que es la realidad. Se expresa este complejo de experiencias en un número considerable de obras que son la novelización de conceptos en vez del desarrollo de la caracterización o de la trama en el sentido tradicional de la palabra.

Para apreciar estas obras, conviene comprender que algunas se desarrollan desde el punto de partida del convencionalismo, y otras se basan en la percepción de la realidad. Ejemplos de estos respectivos casos son *Patas de perro* (1965) de Carlos Droguett y *Farabeuf* (1965) de Salvador Elizondo. La novela de Droguett sugiere que todos somos unos inadaptados, pero la sociedad exige que el individuo esconda las características que no concuerdan con ella. Para comunicar este mensaje, el autor inventa a un hombre con patas de perro, una inconformidad que obviamente no puede esconder.[5] La condición en sí, desde luego, es una distorsión de la realidad, sin embargo, el efecto de la invención de Droguett es iluminar el comportamiento en vez de definir nuestras percepciones básicas. En *Farabeuf*, por otra parte, Elizondo desarrolla la novela fuera de los conceptos comunes del espacio y el tiempo. Se podría decir que funde todos los aspectos de ambos fenómenos, o que simplemente "suprime todos los conceptos lógicos del tiempo y del espacio".[6] La novela es un desafío a nuestras percepciones, pero no tiene que ver principalmente con el comportamiento humano corriente. No obstante, ambas novelas "ficcionalizan" conceptos; y la experiencia del lector en ambos casos es muy probablemente más una apreciación de estos conceptos que una identificación con personajes o con una situación familiar.

*Patas de perro* parece tener más valor pragmático, es decir, contiene una idea que puede interpretarse como algo supuestamente útil. En este sentido hay cierta semejanza entre ella y las novelas de la escuela naturalista, aunque la novela de Droguett emplea técnicas narrativas que no tienen nada que ver con el arte de contar del siglo XIX. El recurso principal, sin embargo, es semejante al uso del *cas extrême* de los naturalistas. José Donoso emplea un procedimiento semejante en *El lugar sin límites* (1966). La naturaleza extraña de la gente y su historia hace más aparente su incapacidad para comunicar algo importante, creando así una especie de infierno sobre la tierra. El escenario es un burdel donde vive una joven madama, marchitándose, junto con su padre trasvestista. Una situación evidentemente curiosa. Para entender esta situa-

---

[5] Para una discusión de la relación entre esta novela y la ficción chilena en general, véase Ariel Dorfman, "La actual narrativa chilena: entre ángeles y animales", *Los Libros*, núms. 15-16 (enero-febrero, 1971), pp. 15-17, 20-21.

[6] Así lo ha explicado George McMurray en "Salvador Elizondo's *Farabeuf*", *Hispania*, 50, núm. 3 (septiembre de 1967), pp. 596-600. El crítico muestra cómo Elizondo crea el efecto al manipular los tres incidentes fundamentales.

ción completamente, hay que saber que el padre, conocido como "La Manuela", es su padre biológicamente, pero psicológicamente es la madre. Hay cierta ironía en las referencias que hace la hija acerca de su padre. Y lo que es peor, el pobre hombre sufre los tanteos que le hace un camionero. La paradoja contenida en la personalidad de "La Manuela" (aun se la podría llamar una relación dentro de una sola persona) contiene el germen de la experiencia de las relaciones frustradas a través de la novela. Varias personas dependen la una de la otra, aunque la ayuda mutua es imposible. Este dilema surge de un procedimiento narrativo que se vale del uso frecuente de retrospectivas y monólogos interiores. Pero la técnica que mejor comunica la condición humana de la novela es la cita indirecta en que el narrador repite (o parafrasea) lo que alguien dice. Puede que el monólogo interior revele los momentos de angustia más honda del personaje, pero la cita indirecta crea la realidad de la frustración.

Aunque es posible aceptar como real la gente en *El lugar sin límites*, el dilema mismo probablemente se destaque más que los personajes, con la excepción del hecho de que son extraños —y esto es un elemento del dilema. El sentimiento de las relaciones frustradas es semejante a la idea de la verdad o la justicia elusivas en *Los albañiles* o *La ciudad y los perros*. La gente es aún menos importante en *Farabeuf* porque la experiencia de la novela no puede ser convertida en una moraleja o una lección moral. Al contrario, es más bien la creación de un sentido de realidad. Este efecto es diferente de lo que normalmente consideramos como el caso del novelista que crea su propio mundo ficticio. La novelización de Elizondo no está tan relacionada con la cuestión de la invención o la transformación de una realidad visible; mejor dicho, tiene que ver con la reestructuración del concepto de la realidad. El concepto que crea, de hecho, es la experiencia de la obra. No es un concepto predeterminado explicado a través de la ficción, sino la explicación de una noción rudimentaria, en que el acto de expansión constituye una nueva percepción.

La mayor parte de los críticos de la literatura están de acuerdo en que la novela reciente va adquiriendo características que normalmente asociamos con la poesía. Tal es el caso de *Farabeuf*. El entretejimiento y la repetición de incidentes crean un efecto que no puede ser definido en palabras distintas de las que emplea el escritor. El hecho de que la novela trata de un acontecimiento histórico no tiene nada que ver con el efecto total, puesto que su significado histórico es destruido en el proceso de hacer la novela. Es posible decir que el incidente tuvo lugar durante la Rebelión de los Boxers y que tiene que ver con el desmembramiento de un ser humano. También es posible decir, aunque de un modo menos satisfactorio para los de mente realista, que el doctor Farabeuf se relaciona con este incidente y también con la mujer que desempeña más de un papel. Llevando el desarrollo más adelante, sabemos que el desmembramiento se asocia con el coito, y el orgasmo con la muerte. No obstante, todo eso indica muy poco, porque es la experiencia misma la que contiene la única verdad de la novela.

Aunque han aparecido otras novelas después de *Farabeuf* que son estrictamente la experiencia de un concepto, no hay otra novela exactamente igual durante el periodo tratado en este capítulo. Aun así, probablemente hay que mencionar otra novela muy importante en este respecto, *Paradiso* (1966) de José Lezama Lima. Los lectores que conocen la novela pueden encontrarla algo fuera de contexto aquí, especialmente por el hecho de que es autobiográfica y de que los personajes parecen más firmemente ligados a este mundo de lo que están los actores de *Farabeuf*. No obstante, es un libro altamente poético en que la percepción sensorial destaca el mundo ficticio como algo especial —algo diferente del mundo cotidiano. El libro es la historia de la maduración de un niño, una apreciación de su esfuerzo por reconciliarse con la idea de la muerte, y una conciencia del acto de escribir. Esta última característica se relaciona con el significado de la muerte y está en contrapunto con la preocupación por la muerte. La experiencia del lector es una combinación de la necesidad creadora, la conciencia de la vida, y la identidad con la búsqueda. La combinación produce una especie de integridad en *Paradiso* que no se encuentra en muchas novelas. El dinamismo proviene principalmente de las imágenes de Lezama Lima, que humanizan el sentido de integridad.

*Paradiso* sí sucede en un lugar específico: es Cuba, y en cierto sentido, el país corresponde al protagonistà en esta novela de iniciación. Sin embargo, no es de veras regionalista en el sentido tradicional del término; lo folklórico, por ejemplo, no es una de sus características. De hecho, es generalmente cierto que en la novela contemporánea el regionalismo, lejos de ser de la escuela de las novelas "deliciosamente diferentes", busca la realidad del lugar profundamente y la transforma en una experiencia iluminadora. Esta práctica, desde luego, no es una invención de la década de los sesentas. Ha sido una característica de la corriente principal de la novela hispanoamericana desde fines de los años cuarentas, un periodo que marca el principio de la nueva novela. El desarrollo interesante de este tipo de novela no es un cambio brusco sino un incremento persistente en el uso de la técnica narrativa complicada.

El virtuosismo técnico varía desde la estructura más o menos tiadicional de *En Chimá nace un santo* (1964) de Manuel Zapata Olivella hasta el entretejimiento de varias líneas narrativas y el tiempo condensado en *La casa verde*. Todas estas novelas desarrollan una idea principal; sin embargo, esta idea es menos abstracta que en novelas como *Farabeuf*, y depende de la caracterización cuidadosa. La conciencia de estas personas "reales" liga la novela con el mundo que conocemos; entonces varias técnicas narrativas sirven para producir una cualidad épica o mítica. Esta combinación produce una obra que es regionalista y trascendente al mismo tiempo.

Decir que *En Chimá nace un santo* es un ejemplo de narración poco complicada realmente indica cómo ha cambiado la novela como género a través del siglo. Zapata Olivella emplea la narración segmentada, el cambio de un lugar a otro y también interrupciones en la trayectoria del tiempo. Sin embargo, puesto que no cambia el orden lógico de los hechos, sino que destaca momentos particulares, nuestra impresión es que se trata de una novela bastante tradicional. En realidad, su cualidad trascendente es el producto de un contraste visto principalmente en el movimiento cinematográfico entre el pueblo aislado de Chimá y el pueblo de Lorica. La gente de Chimá establece un culto herético alrededor de un joven que tiene fama de haber hecho milagros. La lucha contra la convención (se ubica en Lorica) muestra que un lado es tan fanático como el otro. El resultado de esta experiencia es la conciencia de una gran necesidad expresada por la gente de Chimá. Técnicas semejantes producen un panorama de la realidad del Perú, en *Todas las sangres* (1964) de José María Arguedas. La característica más notable de esta novela, dentro del contexto de la obra total de su autor, es que el empleo del "yo" constante desaparece. La sensibilidad aguda que Arguedas tiene respecto a la cultura indígena, tan evidente en *Los ríos profundos*, deja de ser un factor importante en esta historia. No obstante, no hay por qué pensar que haya cambiado de actitud, y claramente está implícita en el narrador en tercera persona de *Todas las sangres*. Considerando esta novela sin referencia a las otras obras del mismo autor, su rasgo más interesante es el tratamiento de personajes, de tipos y de instituciones tal como si tuvieran las cualidades que facilitaran su actuación dentro del mismo marco de capacidad. A saber, una institución tiende a ser antropomorfizada y se aceptan los tipos en los mismos términos que las caracterizaciones particularizadas. Esta equivalencia nos otorga una visión especial de los contrastes culturales de la novela.

El procedimiento narrativo de *La casa verde* es bastante más complicado, y su cualidad de regionalismo trascendente depende de más de un contraste antropológico, aunque ese factor también es ampliamente evidente. El efecto de simultaneidad en esta novela es tan completo que podríamos decir que es lo máximo que se pudiera exigir de un autor. No sólo crea una apreciación de lo que pasa en distintos lugares al mismo tiempo, sino que confronta distintos puntos en el tiempo. El uso de los tiempos verbales contribuye a ese logro. El tiempo condensado se relaciona con el entretejimiento de varias líneas. Estas líneas narrativas tratan de varios asuntos que, una vez fundidos, crean una serie de contrastes: el feudalismo y el progreso, el placer y el puritanismo, la civilización y la barbarie. Una historia es el ascenso y la caída de un aventurero que reina en su dominio selvático como si estuviera en la Edad Media. Otra línea es la Casa Verde misma, un burdel construido en las afueras de la ciudad. Como el pueblo está al margen de la civilización, la amenaza moral que representa este palacio del placer es intensa y, en la experiencia de la novela, la casa llega a tener la cualidad de regeneración del fénix. Otra parte trata de un líder indígena que forma una cooperativa para vender caucho. Probablemente la parte más deslumbrante tiene que ver con unas monjas misioneras que en realidad capturan muchachas indígenas y las internan en la escuela de la misión.

Todas estas partes se relacionan, y el efecto temporal creado por Vargas Llosa elimina el efecto de cierta aura histórica que normalmente caracteriza una obra épica. Pero tampoco parece limitarse al presente; al contrario, es una realidad atemporal. En este respecto, la novela supera el regionalismo tradicional. Su carácter trascendente es enriquecido por la visión del Nuevo Mundo semejante a la de Carpentier —hay algo maravilloso, algo casi increíble, en este hemisferio.

La transformación del regionalismo es un asunto diferente según el enfoque esté en un hecho particular o en una situación. La época de la violencia es la base temática de *El día señalado* (1964) de Manuel Mejía Vallejo. La idea desarrollada a lo largo de la novela es que no hay una solución aparente y que los actos de violencia continuarán indefinidamente. La base de esta impresión es un prólogo que bien podría funcionar como un cuento aparte. Su efecto es el de crear conciencia de un hombre llevado a la violencia contra su voluntad.

Después de esta introducción, el autor alterna su relato entre dos líneas narrativas: una construida alrededor de un pueblo asustado y la presencia de tropas nada bien recibidas por parte de sus habitantes, y la otra alrededor de un asunto de venganza personal. La narración de una historia está en tercera persona, y la de la otra en primera, acentuando así la diferencia entre la situación general y la preocupación individual. El contraste se resuelve cuando las dos líneas de acción se encuentran, pero esto no quiere decir que el problema esté resuelto. La conclusión de la novela puede leerse como una solución temporal, pero la circularidad de la situación sugiere la repetición interminable de lo mismo. A medida que el lector toma conciencia de este hecho, el problema humano llega a generalizarse sin perder, desde luego, su marco fundamentalmente colombiano.

La circunstancia particular en *José Trigo* de Fernando del Paso es la del provinciano que viene a la ciudad y necesita integrarse a la clase obrera. El escenario es la ciudad de México; no obstante, el tema mismo lleva la novela más allá de los límites de un lugar particular. Además, José Trigo es más mito que hombre, más concepto que realidad tangible, debido al hecho de que nunca llega a ser una realidad vital en el presente de la novela. Lo que sabemos de él nos llega a través de lo que dicen otros. El tiempo de la novela es básicamente retrospectivo. El "yo" narrador busca a José Trigo, y nos enteramos de cosas que ya han ocurrido. La estructura de la narración se invierte, y una segunda serie de capítulos está numerada al revés, terminando con "Uno" y dejándonos en el punto de origen. La trama tiene que ver con la huelga de obreros ferroviarios que sirve como cimiento de la realidad para la mitificación de José Trigo.

El tema del exilio político se transforma en dos novelas de Gabriel Casaccia, *La llaga* (1964) y *Los exiliados* (1966). La nacionalidad del autor, paraguayo, lo hace una autoridad natural respecto a la represión fuerte y el exilio prolongado. El país no ha gozado de una feliz historia política y, desde 1954, ha vivido bajo el gobierno represivo de Alfredo Stroessner. Este tirano, a quien jamás le han importado en absoluto los derechos humanos, gobierna como si el país estuviera constantemente amenazado por una invasión inmediata. Se hacen complots, cesan las rebeliones, y los exiliados abrigan esperanzas cada vez más débiles. La circunstancia no es exclusivamente paraguaya, y ésta es una razón por la que las novelas de Casaccia trascienden su base regionalista.

Las dos novelas constituyen una transformación artística más satisfactoria del tema de la que ofrecería cualquiera de los dos libros considerados aisladamente. *La llaga* tiene que ver con un complot revolucionario en Asunción. La estructura de la novela, sin embargo, también depende de una relación complicada entre una madre, su hijo y su amante. Mucho de la caracterización se revela a través de monólogos interiores, y esta intimidad elimina la posibilidad de que sea una novela estrictamente política. *Los exiliados* tiene lugar al otro lado de la frontera, en una colonia de exiliados políticos. Hay una continuación de la historia de *La llaga*, pero el narrador entreteje esta línea de acción con otras, y todas tienen que ver con exiliados. Los individuos se refieren a sí mismos —una especie de identidad— al mencionar el año de la rebelión que ocasionó el exilio de la persona que habla. Una de las líneas narrativas principales trata del doctor Gamarra, un intelectual que está en el exilio desde hace veinte años. Sueña con un retorno triunfante, pero nunca sabe cuándo tendrá lugar. En otras circunstancias bien hubiera podido ser un líder, pero, en realidad, es un ejemplo de la desintegración tanto física como espiritual. Lo que le ocurre a nivel personal es indicio de una tendencia general en la comunidad de los exiliados. Su situación no mejora, pierden sentido de las metas finales, y comienza la desintegración de carácter. Este proceso es el factor dinámico de la novela, y su éxito es en gran parte el resultado de haber relacionado las vidas de los otros exiliados con la historia del doctor Gamarra.

La base real de las novelas de la transformación del regionalismo muestra su afinidad con las novelas "de pantalla chica", novelas más íntimas de relaciones humanas. En el desarrollo de la base real, encontramos una continuación de la diferencia, ya observada, entre la novela panorámica, de tipo épico, y las novelas de búsqueda intensa, novelas finamente enfocadas que muestran cómo los individuos viven juntos. Para esta época, ya hay poca diferencia en la variedad de técnicas narrativas empleadas por los novelistas. Las novelas de juventud y de conceptos son las tendencias más innovadoras temáticamente. Éstas también muestran la misma gama amplia de técnicas. En cuanto a la virtuosidad de los novelistas hispanoamericanos durante estos años, es apropiado decir —para hacer una afirmación muy general— que el efecto más interesante de su arte es la activación del lector.

## XVIII. EL AÑO DE "CIEN AÑOS DE SOLEDAD" (1967)

SERÍA difícil encontrar mejor indicio del *boom* de la narrativa hispanoamericana que el hecho de que al menos una docena de las novelas publicadas en 1967 merecen análisis detallado. Es igualmente indicativo del periodo que una mitad o más de ellas son tan innovadoras que deben someterse a análisis mucho más extensos aunque poco prácticos para un estudio de este tipo. Algunas de ellas dependen hasta tal punto del poder inventivo del lenguaje —a saber, de la creatividad por el lenguaje y dentro del lenguaje mismo— que rechazan los recursos de la crítica tradicional. A veces es difícil decir más de que esa experiencia de la novela se encuentra en la vitalidad del lenguaje mismo. Estas características intensifican las tendencias notadas particularmente durante los años 1964-1968.

Tres novelas sirven de base conveniente a este capítulo: *Cien años de soledad* de García Márquez, *Tres tristes tigres* de Cabrera Infante y *Cambio de piel* de Fuentes. Otros libros de estos años indudablemente pertenecen a la misma categoría que éstos en cuanto a su valor; sin embargo, se los tratará más brevemente y con referencia a las obras básicas. De los tres, *Cien años de soledad* sin duda es el más conocido y más ampliamente discutido. Tres características generales son la base de esta atracción general. En primer lugar, el autor insiste en el derecho a la invención de su propia realidad. En el caso de *Cien años de soledad*, es una realidad extraña, pero del todo accesible al lector puesto que no hay barreras creadas por técnicas narrativas difíciles. Segundo, el libro tiene varias características que suscitan interés: gente extraordinaria, la fantasía y el suspenso de la trama. Y por último, es una novela llena de humor —un hecho que no la hace un libro frívolo, sino profundo y humano.

La novela comienza con la siguiente frase: "Muchos años después, frente al pelotón de fusilamiento, el coronel Aureliano Buendía había de recordar aquella tarde remota en que su padre lo llevó a conocer el hielo."[1] Es una introducción notable e impresionante. El narrador nos coloca inmediatamente dentro de tres aspectos temporales; miramos hacia el futuro, "muchos años después" del supuesto presente y, al mismo tiempo, hacia atrás a "aquella tarde remota". Mientras la novela se desarrolla, el asunto del tiempo adquiere cierta calidad mágica que nubla su significado pragmático y deja al lector en una situación que causa interés, aunque no sepamos quién es el coronel. Otro factor sumamente sugestivo en la frase insinúa lo

---

[1] Gabriel García Márquez, *Cien años de soledad* (Buenos Aires, Editorial Sudamericana, 1967), p. 9.

que es probablemente la característica más destacable de la novela: "su padre lo llevó a conocer el hielo". Este acto de identificar cosas básicas es, en efecto, el acto de llegar-a-ser al nombrar. Después de una frase, el narrador reafirma esta idea en la misma página: "El mundo era tan reciente que muchas cosas carecían de nombre, y para mencionarlas había que señalarlas con el dedo." Así informados, estamos preparados para la creación de una realidad dentro de la experiencia de la novela.

La frase que encontramos entre esta primera sugestión de descubrimiento y su afirmación se refiere al pueblo de Macondo, una aldea de veinte casas cuando el padre de Aureliano lo llevó a conocer el hielo. Macondo es un pueblo inventado por García Márquez y es su región constante, como Yoknapatawpha County lo es para Faulkner. *Cien años de soledad* es el punto culminante en su obra, fundiendo varias facetas de su obra anterior. Al principio de la novela, ya olvidándonos de la secuencia del tiempo, estamos conscientes de los primeros días de Macondo. La narración enmarca la historia del pueblo, desde su principio hasta el final, cuando el viento se lo lleva. La historia de la familia Buendía es paralela a la de Macondo. El patriarca fundó el pueblo; el último del linaje es destruido con él.

Ya en el primer párrafo, nos enteramos de que cada marzo viene una familia de gitanos que bajo una carpa muestra invenciones nuevas. El narrador recuerda la llegada del imán, traído al pueblo por un gitano llamado Melquíades, que al sacar de las casas calderos, pailas y otros objetos de metal hace crujir las maderas de las casas a causa de los tornillos que trataban de desclavarse. Esta parte del párrafo plantea otros dos aspectos fundamentales de la novela. Por una parte, el tipo de exageración —o fantasía— visto en la anécdota del imán, es característico de la presentación de cosas, personas y acciones: tienen cierta calidad que las hace más grandes que la vida. Por otra, la hazaña extraordinaria es ejecutada por Melquíades, que añade constantemente un toque milagroso a la historia.

La vida de Macondo refleja mucho de la historia de Colombia; sin embargo, sus implicaciones crean ondas de significación que abarcan toda Hispanoamérica y hasta la experiencia universal. El pueblo se ubica en la selva colombiana, donde se establece un grupo de precursores. Crece, sufre una epidemia y un diluvio, la prosperidad y la miseria. Macondo goza de su mayor prosperidad cuando una compañía de los Estados Unidos establece una plantación de plátanos. Más tarde, los precursores se van y los remplaza la miseria. La fuente específica de la prosperidad efímera tiene una connotación claramente hispanoamericana; no obstante, el ciclo de prosperidad y de depresión creado por hechos semejantes en el campo comercial o industrial, es experiencia común en el mundo. Macondo refleja la influencia de la revolución y el progreso tecnológico. Ambos fenó-

menos parecen ser una intrusión; vienen del mundo foráneo, tales
como los toques de cosmopolitismo que animan este pueblo. Macondo tiene su propia vida que es una existencia separada y aislada. No
obstante, la vida es afectada siempre por el ataque a la intrusión
desde fuera. Por eso, la realidad del pueblo de García Márquez es
algo como un espécimen de laboratorio, y esta condición realza la
sensación de que todo en este lugar es especial de algún modo. Es
un lugar extraordinario y la gente que vive allí suele ser tan extraña
como el pueblo.

Se podría decir que la estructura narrativa de *Cien años de soledad* depende de la historia de Macondo o de las generaciones de la
familia Buendía. Tal afirmación, sin embargo, no tendría sentido
sin explicar que las generaciones de la familia son tan elusivas como
el tiempo histórico. La ilegitimidad es común, la fertilidad es alucinante y las líneas generacionales por consiguiente son tan tergiver-
sadas que una tía o un tío bien pueden ser más jóvenes que una
nieta o un nieto. En lo que se refiere a la organización básica de la
historia, García Márquez la minimiza. La novela se divide en secciones, pero no llevan números o títulos de capítulos. Una vez que
los elementos importantes de la novela quedan sugeridos en la experiencia del lector (todo en su largo párrafo inicial), el narrador tiende a sumergirnos en el fluir de su invención, dejándonos perder el
sentido del tiempo y aun de la realidad objetiva.

Dentro de este fluir hay una estructura basada en las cualidades
extraordinarias de los personajes. Bien temprano en la novela, nos
enteramos de la primera obsesión con la tecnología por parte de
José Arcadio Buendía. Quiere emplear el imán de Melquíades para
extraer oro de la tierra. Con una cámara fotográfica va de un lado a
otro tratando de sacar una foto de Dios con la suposición de que, si
Dios está en todas partes, la cámara deberá captar su imagen. Todo
esto es entretenido, tiene como punto de partida el descubrimiento
extraordinario y ligeramente divertido del hielo, luego se vuelve un
rico festín. Lo que pasa es que la gente tan increíble nos entretiene
—o nos fascina— para que aceptemos la invención del autor; y el
verdadero placer de leer *Cien años de soledad* depende de su lectura
como una historia inventada y humorística. La naturaleza del libro
nos invita a buscar significaciones ocultas, pero esta actividad puede destruir el placer de la experiencia del libro.

La historia trata de cinco generaciones de los Buendía —o mejor
dicho, aproximadamente cinco generaciones.[2] A lo largo de ella se
encuentra bastante del llamado "realismo mágico". El coronel
Aureliano Buendía engendra diecisiete hijos ilegítimos en diecisiete
mujeres distintas y cada uno lleva la marca de la ceniza de peniten-

---

[2] Es interesante notar que la versión en inglés tiene un árbol genealógico.

cia en la frente, todos se llaman Aureliano. Remedios, la bella, la mujer más bella del mundo, vive en la pureza de la inocencia y sube al cielo, llevada por una sábana que se estaba secando afuera, con el resto de la ropa. José Arcadio Buendía (uno de ellos, pues hay tres), el líder obrero, es testigo de una matanza de trabajadores que nadie más ve. Melquíades, cuya edad nunca queda clara, pero que va más allá de lo racionalmente creíble, está presente aun cuando se ausenta; y su cuarto se mantiene en perfectas condiciones aun cuando no vive allí visiblemente y nadie lo cuida. Estas cosas extrañas no son precisamente la fantasía; García Márquez les impide ser fantásticas al tratarlas como si fueran cosas comunes y corrientes. Este estado especial es la condición de la historia familiar, desde el establecimiento del pueblo, las dificultades de la vida, hasta el último Aureliano, un hijo bastardo que vive aislado del mundo. Lo saca de su ensimismamiento la muy vivaz Amaranta Úrsula al volver de Europa; tienen un hijo, sin saber que ella es la tía de Aureliano; el hijo nace con cola de cerdo, cumpliendo así con la profecía familiar que fue la obsesión de la primera Úrsula, la esposa del Buendía que fundó Macondo. Los tres mueren; Aureliano mientras descifra los libros misteriosos de Melquiades, que le informan que el gitano (el que traía las invenciones) había escrito con cien años de anticipación la historia familiar que relataba los acontecimientos.

Esta revelación es la reafirmación final del papel de la creación ficticia en *Cien años de soledad*, aunque mucho de la novela parece ser extraño, nunca es difícil, la irrealidad tiene un sabor de leyenda. Todo es prodigioso: el tamaño de los José Arcadio, la belleza de Remedios, la pasión con que Rebeca come la tierra, la actividad sexual de varios personajes, el tamaño de algunas partes íntimas de ciertos personajes, la gentileza de Fernanda. El algunos casos es posible imaginar bases prosaicas para los elementos fabulosos de la novela. El intento de fotografiar a Dios podría ser la novelización de un chiste familiar o de una crisis espiritual. El ascenso de Remedios es el destino de alguien demasiado bello para esta tierra. El coronel Buendía que peleó en treinta y dos guerras civiles y las perdió todas es una novelización del revolucionario constante. La Rebeca que come tierra puede ser una interpretación de una censura infantil, sí es probable que la realidad de *Cien años de soledad* tenga su base en la niñez. A saber, puede ser que la novela emplee la visión que tiene un niño del mundo, y luego coloque esta visión dentro del contexto más amplio del mundo de los adultos. Posteriormente el narrador mantiene esta visión dentro del contexto desconocido, sin tomar en cuenta las diferencias entre los dos niveles de sofisticación.

Evidentemente a García Márquez no le interesa ser claro acerca de los efectos creados en su novela. Parece escribir por inspiración, empleando lo que recuerda, junto con lo que piensa durante el proceso de escribir. Su novela tiene un alto nivel de espontaneidad; no tiene un sistema de significación bien concebido, su estilo es directo, conciso. El sentido de irrealidad en ella no tiene nada que ver con la invención del lenguaje; se crea con los acontecimientos, con lo que se le ocurre decir al autor. Podemos dudar de lo que ocurre, pero nunca hay duda acerca de lo que dice el narrador.

En cuanto al empleo del lenguaje para la comunicación directa y clara, *Tres tristes tigres* de Guillermo Cabrera Infante está casi al otro extremo de *Cien años de soledad*. La experiencia del libro de Cabrera Infante no es exclusivamente este asunto del juego inventivo con el lenguaje, pero casi lo es. Este hecho nos invita a compararlo con James Joyce y es cierto que Cabrera Infante, como otros novelistas que han descubierto la naturaleza del lenguaje, tiene deudas con Joyce. Por otra parte, sólo un crítico muy superficial se contentaría con asignarle a este autor el título de "el Joyce cubano". El lugar, La Habana, es importante; Cabrera Infante es inventivo por su propia cuenta; su tono es de nostalgia escéptica, y en eso no tiene nada que ver con Joyce, ni mucho menos.

*Tres tristes tigres* es una novela en movimiento, comunica un sentido de su propio desarrollo, algo del estilo de *Rayuela* en ese respecto. Tal sensación —que la novela siempre está en proceso de hacerse— es muy probablemente resultado del concepto del autor de crear la narración. Hace cambios en las varias ediciones —una actitud que hace posible la traducción. El juego complicado con el lenguaje exige al traductor hacer versiones paralelas de muchos pasajes, a veces agregando, otras eliminando; por consiguiente, la posibilidad de la variación es sumamente importante.

El presente temporal de la novela es 1958, unos meses antes de la victoria de la Revolución cubana. Es el fin de una época, y una sensación de esta especie de finitud penetra en la novela. Además de esta sensación de estar a punto del cambio (o de la desaparición), Cabrera Infante emplea una dimensión de profundidad moderada del tiempo, aunque nunca supera la vida de la gente que participa en la novela. Para colocar toda esta época en un contexto internacional, es el periodo de la rumba y el paraíso de las palmas. La acción de *Tres tristes tigres* capta este mundo de papel de crespón en el momento de crisis —o tal vez mejor dicho, en el momento de agonía.

La novela tiene su punto de partida en un club nocturno en La Habana. Oímos gritar al maestro de ceremonias en su fluir de palabrería. *Oír* es una palabra muy apropiada al respecto porque Cabrera Infante tiene un oído excelente para el lenguaje oral. El locutor presenta a las celebridades de la clientela, hace chistes algo tontos, se ríe de sus propios comentarios y mezcla el español con el inglés para el placer de los espectadores de todas partes del mundo. Este prólogo establece un ambiente de búsqueda entretenida pero sin significación profunda. Esta sección concluye con un anuncio de que el *show* está por comenzar.

El *show* que vemos, no obstante, no es lo que sigue después de este maestro de ceremonias tan animado en La Tropicana, sino los quehaceres de algunos de los que frecuentan el lugar. Estas acciones tienen lugar en el presente temporal. Entre el prólogo y el capítulo dedicado a la vida nocturna en La Habana, sin embargo, hay una serie de escenas que nos llevan fuera del mundo de la vida nocturna. Estas escenas deberían revelar una apreciación más auténtica de la vida, puesto que tratan de gente ordinaria, pero sus vidas son tan vacías como las palabras del locutor. En lo que se refiere al efecto, no importa quién narra estos pasajes, son más importantes por la sensación que crean que por alguna identidad específica. Cabrera Infante suele cambiar la voz narrativa sin avisarnos y emplea recursos técnicos como conversaciones telefónicas y cartas para eliminar el papel tradicional del narrador. Estas técnicas abren la novela al lector, invitándolo a participar activamente.

Las líneas principales de la narración —aquellas que tratan de la vida nocturna en La Habana— son narradas por tres participantes activos: un fotógrafo con el nombre de Códac, un actor de televisión que se llama Arsenio Cué y Silvestre, escritor. La vida ridícula de este mundo en que se entretienen parece bastante estúpida, pero Cabrera Infante no nos hace sentir superiores a esta gente cómica. Aquí funciona la nostalgia; la nostalgia misma suministra la fuerza conmovedora a la sensación de cataclismo.

En algunas secciones de la novela (no constantemente a lo largo de ella), Cabrera Infante incluye dos series de episodios, unos son las sesiones de una mujer con el psiquiatra, otros narran la historia de una cantante, La Estrella. Estas dos series tienen relaciones opuestas con la historia de la vida nocturna, los episodios psiquiátricos se identifican simplemente como "Primera sesión", "Segunda sesión", etcétera. Son monólogos que consisten enteramente en lo que dice la paciente al médico. Su extensión difiere desde varias páginas hasta una sola frase en que la paciente pregunta si la palabra *psiquiatra* se deletrea sin o con *p*. Esta sesión en particular funciona como un *reductio ad absurdum* en la serie. En la experiencia de la novela, podemos suponer lógicamente que la psicoterapia agrega una dimensión de profundidad. Pero al contrario, resulta ser tan sin sentido como la vida nocturna.

Los episodios que se alternan con los de las sesiones psiquiátricas llevan siempre el título "Ella cantaba boleros". La carrera de La Estrella como cantante la ubica directamente en la superficialidad danzante de la vida de cabaret. Podemos esperar de ella, lógicamente, una superficialidad correspondiente, pero en realidad experimentamos más profundidad. En lo que se refiere a esto es importante notar que ella insiste en llamarse "La Estrella" en vez de "Estrella", a secas. La presencia del artículo definido señala el valor arquetípico de La Estrella en comparación con los otros miembros de la farándula que son personajes en la novela. Es una mujerona negra cuyos manerismos exagerados la distinguen de los seres humanos ordinarios. Insiste en cantar sin acompañamiento musical y su personalidad artística llega a ser la esencia del sonido.

Sin duda la dedicación por parte de La Estrella al sonido vocal puro tiene el efecto de la insistencia del autor en el sonido auténtico del español cubano y, en términos más amplios, su interés en el poder creador del lenguaje. Aunque este interés general se relaciona con la novela total, también tiene una representación específica en un personaje llamado Bustrofedón. Es la encarnación del lenguaje y ese papel es el mejor modo de describir su función en la novela. Participa en la acción junto con algunos otros personajes de la obra, pero nunca es precisamente igual a ellos. Efectivamente no sabemos quién es o de dónde viene, su caracterización bien puede ser descrita como el espíritu de inventar la realidad. Bajo su influencia la novela produce Mandalas, escritura al revés, tipografía espejada, locuciones de doble sentido, transposiciones fonéticas y neologismos. Este lenguaje inventivo es entretenido; más allá de la descripción, sin embargo, tiene dos efectos que pueden llegar a ser o paradójicos o complementarios, según la reacción del lector específico. Por una parte, el juego con el lenguaje contribuye a la naturaleza caótica de la novela y a las personalidades fragmentadas de la gente que vive dentro de la historia. Por otra, la naturaleza creadora del lenguaje va produciendo continuamente un sentido de invención —del hacer— que tiene una significación redentora. Es posible que la experiencia máxima de la novela sea la de reducir la realidad a nada y entonces comenzar de nuevo; este proceso, no obstante, no es un mensaje en la novela. Si de hecho hay ese nivel de comunicación, tiene que manifestarse a través de la acción del lector en el papel de narrador u organizador-controlador.

Es posible que el lector no esté consciente de su actividad potencial en *Tres tristes tigres* hasta que llega a una serie de parodias literarias, todas tratan de la muerte de León Trotsky, y cada una parodia a un escritor cubano. Son un *tour de force* deleitoso, también son una sátira devastadora de las convenciones lingüísticas. En la experiencia de la novela contribuyen a nuestra conciencia de lo vital del lenguaje; no obstante, no son realmente necesarias para el éxito de la novela. El que haya leído *Rayuela* bien podría recordar los capítulos prescindibles y preguntarse si estas parodias son lo mismo. En este punto, y no antes, el lector está suficientemente

activado para preguntarse si las otras partes de la novela de Cabrera Infante pueden tener la misma característica.

Es muy probable que no mucho de *Tres tristes tigres* no pudiera
quedar fuera de nuestra lectura sin destruir su efecto. Es importante recordar, sin embargo, que *Rayuela* es de veras dos novelas
—no una sola con capítulos opcionales. Es decir, los capítulos prescindibles no lo son en términos de la experiencia de la obra total.
Pueden ser excluidos sólo si estamos dispuestos a aceptar una experiencia diferente. De modo que en *Tres tristes tigres* el lector
activado tiene numerosas opciones: puede omitir algo o puede cambiar el orden. A diferencia de Cortázar, Cabrera Infante no ofrece
la alternación regulada, su libro es más abierto que *Rayuela* y el
lector tiene que hacer todo por sí mismo. No hay duda de que
cualquier cambio puede variar la experiencia, especialmente al cambiar el énfasis. Hay una constante que aparecerá, sin embargo,
cualquiera que sea la organización —lo absurdo de la vida, la naturaleza ridícula de los acontecimientos trascendentales y la causa
insignificante de efectos catastróficos—. Sería posible, por ejemplo,
sacar la historia de La Estrella de la novela y dejarla independiente. A causa de sus cualidades arquetípicas, es el factor en *Tres
tristes tigres* que promete la visión más profunda. Pero muere por
comer en exceso; esta ironía aparente —que la mujer que es la
esencia del sonido muera por razones tan prosaicas— es fiel a la experiencia total de la novela. Puede ser ampliada o enriquecida de
varias maneras diferentes, pero la naturaleza de la experiencia final
debe depender en gran parte del trabajo del lector activado al tratar de reconciliar elementos dispares.

Los lectores que definen a Carlos Fuentes (en vez de simplemente
reconocerlo) como el autor de *La región más transparente* y *La
muerte de Artemio Cruz* probablemente encontrarán desconcertante
*Cambio de piel*. El novelista parece embromar al lector, pero leyendo con más cuidado, nos damos cuenta de que está jugando con
las relaciones entre el narrador y la historia. La novela también
produce el efecto de las identidades compartidas entre los personajes, y aun más evidente es el desenvolvimiento del tiempo y el
espacio de tal manera que los tiempos múltiples o los espacios múltiples puedan aparecer como un solo tiempo o un solo lugar. Mientras uno o varios de estos factores —o técnicas— pueden ser ana-
lizados o explicados de manera que hacen de la novela algo más
accesible al lector, su función combinada en la obra tiende a despis-
tar en vez de comunicar. Para 1967, desde luego, las novelas tienden
a ser vagas y difíciles, en general. A menudo los efectos logrados,
una vez que se superan las dificultades, consisten en una experiencia
deslumbrante, y los lectores tienden a olvidarse del deseo por la

claridad y la lógica. La temática y aun algunos aspectos de la técnica narrativa de *Cambio de piel*, sin embargo, prometen una resolución que Fuentes nunca ofrece.

Las deficiencias de *Cambio de piel* tienen sus orígenes, hasta cierto punto, en los mismos impulsos creadores que inspiraron *Aura*. Algunos de sus aciertos también provienen de la misma fuente. La situación de la identidad doble en *Aura* es un aspecto de la preocupación del novelista por la naturaleza de la identidad del individuo, especialmente tal como se relaciona con la continuación de la vida más allá del límite normal. Pero no se trata simplemente de un asunto de la inmortalidad o de la reencarnación; al contrario, es una parte de una consideración más amplia —una que trata de una realidad diferente de lo que normalmente consideramos real. Esta idea, a su vez, se refiere al acto de crear la ficción y también al contenido de una obra específica. Es decir, la pregunta de qué es la realidad tiene que ver con las técnicas empleadas al hacer una novela y también con los conceptos que inspiran la obra y que se desarrollan en ella. Para eliminar las barreras que normalmente limitan la experiencia del lector, Fuentes experimenta con invenciones que parecen ser distorsiones, especialmente al tratar el espacio y el tiempo. También experimenta con la posición de la voz narradora, a menudo con el efecto de agregar dimensión a la realidad inventada de su novela.

Al principio de *Cambio de piel*, Fuentes trata el asunto del narrador y el tiempo en la novela.[3] En una cita que sirve de epígrafe, plantea la circunstancia al decir que es como si estuviéramos en la víspera de una catástrofe improbable o la mañana de una fiesta imposible. Este pasaje inicial también apunta al hecho de que la novela comienza después de que el Narrador termina su cuento, y que el Narrador, como el personaje de una balada, pide permiso para comenzar. Esta primera parte de la novela se llama "Una fiesta imposible". El lector, por lo tanto, puede entender vagamente cómo es su situación. En la experiencia misma de la novela, sin embargo, esta página a modo de prefacio no impresiona mucho al principio. Es más probable que tenga sentido si uno la recuerda más adelante en la lectura.

Inmediatamente después del prefacio hay una sección que describe la ciudad de Cholula, en la época de Cortés y durante el presente temporal de la novela, 1965, creando una unión de calidoscopio del pasado con el presente. El efecto es en principio el de crear ambiente. Se mencionan algunos personajes, pero la sección no deja ninguna idea clara de ellos. El narrador se dirige a uno de ellos, Elizabeth, y entonces a otro, Isabel (p. 17). Al final de la sección,

---

[3] Carlos Fuentes, *Cambio de piel* (México, Joaquín Mortiz, 1967), p. 9.

un viejo convertible Lincoln entra en Cholula, y del carro salen los miembros algo *hippies* de un conjunto de rock que luego se identifican como "The Monks". Finalmente el narrador da una clave que reaparece en el último episodio de la novela. Esta repetición es significativa, pero sólo si recordamos la primera clave después de haber leído unas 419 páginas.

*Cambio de piel* crea un ambiente de desolación por medio de referencias constantes a la realidad decadente: las ruinas prehispánicas en Cholula, las ruinas antiguas de Grecia, haciendas quemadas, *ghettos* de Nueva York, un hotel desastroso en Cholula, y un campo de concentración de los nazis. Los personajes principales sugieren un estado correspondiente de decadencia. Javier, un poeta mexicano que ha sido improductivo desde un momento de gloria juvenil, se divierte tratando de convencerse, inútilmente, de que es hombre y poeta. Le conviene creer que las exigencias sexuales de su esposa le han sofocado la voz poética. Su esposa yanqui, Elizabeth, necesita el amor para afirmar su identidad individual. Bien sabe ésta que Javier, aun en sus momentos más apasionados, hace el amor con La Mujer en vez de ella.

Franz, el amante de Elizabeth, es un inmigrante alemán, anteriormente un nazi. Busca y encuentra la expiación por no haber salvado a una muchacha del asesinato. El último miembro del cuarteto es uno de los estudiantes de Javier, Isabel. Javier, fascinado con su juventud espontánea, ha cambiado de papel, haciéndose amante en vez de profesor de ella. Isabel es la única que no se encuentra en un estado de decaimiento. Pero su personalidad ofrece poco más fuerza de su sensualidad obvia. De hecho, se la entiende mejor como una extensión —o posiblemente un aspecto— de Elizabeth.

En la segunda parte de la novela se desarrollan las caracterizaciones y el ambiente de desolación. La primera parte sirve de prólogo y es la carnada que emplea el narrador para poner la trampa al lector. En la segunda parte encontramos a Javier y a sus tres compañeros en un hotel en Cholula; tuvieron que quedarse por problemas con el auto durante el viaje a Veracruz. El hotel de tercera categoría es indicativo de su opinión de Cholula. Efectivamente, este es un lugar muy deprimente, pero los cuatro se interesan solamente en el sexo, de manera que Cholula es tan interesante como cualquier otra ciudad.

Mientras están allí, nos enteramos de sus respectivos pasados: la niñez en los *ghettos* de Nueva York de Elizabeth, la experiencia nazi de Franz, la madre tristemente angustiada de Javier, y del viaje de Elizabeth y Javier a Grecia. La narración emplea numerosos puntos en el tiempo, algunos alcanzan hasta el pasado reciente —por ejemplo, Isabel y Javier en el cuarto de un motel mientras el taxi los espera afuera. Para apreciar cómo se desarrolla *Cambio de piel*, conviene pensar en la vida pasada de los protagonistas como una dimensión vertical. El desarrollo también emplea una dimensión horizontal, creada con la referencia a acontecimientos que ocurren en un punto en el tiempo, pero en lugares ampliamente separados y sin ninguna relación aparente entre ellos. En nuestra experiencia de la novela, las dos dimensiones se cruzan y hacen de la realidad una especie de cubo. No hay ningún individuo en la novela que parezca ser afectado por todo este cruzar de circunstancias; sin embargo, cada uno es parte del desarrollo, tanto vertical como horizontal, y parece existir dentro de ambas dimensiones. Esta dimensión vertical, por lo tanto, no es un movimiento hacia atrás en el tiempo, sino un reconocimiento de un aspecto de la realidad del tiempo presente.

El factor más llamativo en esta combinación del presente y del pasado es la culpabilidad de Franz. Aunque la novela es rica en sus implicaciones, la situación de Franz se destaca mucho más marcadamente porque trata de su autobrutalización persistente. O, para decirlo de otra manera, la necesidad aparente por parte del hombre del acto de sacrificio. Principalmente en relación con esta necesidad la tercera parte de la novela se vuelve un juicio que hacen "The Monks"; un fallo de los cuatro protagonistas. Este procedimiento tiene lugar donde están las ruinas prehispánicas de Cholula. En este punto la novela llega a cargarse de tanto posible simbolismo que muchos lectores se cansan. No aguantan más porque la novela ya era bastante complicada desde el principio. Está llena de claves que deben ser recordadas, y muchas sugerencias de posibles significados.

La escena del juicio tiene un aire de locura, de falta de racionalidad, de condena no sólo de hechos, sino también de los valores convencionales. En este respecto, *Cambio de piel* es claramente una novela de la revolución de valores; no es, sin embargo, una proposición a secas. La falta de racionalidad de la última parte parece ser personificada por la juventud que enjuicia, condena y al mismo tiempo continúa lo de sus precursores. Muchos lectores preferirían una solución más clara y específica. Hay una catástrofe al final de la novela y la verdad acerca de quién sobrevive depende de la lectura del individuo. Esta diferencia también puede cambiar la experiencia general de la novela hasta cierto punto; sin embargo, sería difícil, cualquiera que ésta sea, proponer que la novela defiende la consideración del hombre por el hombre. Pero Fuentes agrega un toque final. El narrador revela su identidad; nos enfrentamos a dos niveles de la invención en ese punto —por si acaso no los habíamos visto en la primera página. El problema está en aclarar si el narrador inventó todo esto o no; a la vez que el mismo narrador es inventado por Fuentes. Tal como a tantos otros de sus contemporáneos, a Fuentes le fascina la conciencia del narrador en el acto de crear.

Las tres novelas, *Cien años de soledad*, *Tres tristes tigres* y *Cambio de piel* —casi seguro las mejor conocidas de muchas buenas novelas publicadas en 1967— son excelentes ejemplos de la transformación del regionalismo. Se puede apreciar *Cien años de soledad* como algo colombiano, hispanoamericano o completamente universal. *Tres tristes tigres* tiene sus raíces en un periodo muy específico de la historia de Cuba, y una de sus características es la nostalgia constante con respecto a su época. La experiencia total de la novela, no obstante, transforma esa preocupación inmediata en una sensación de crisis y de posible desastre —y tal vez aun de redención. *Cambio de piel* se vale de la mitología prehispánica de México, tanto como de particularidades culturales contemporáneas, al desarrollar una noción complicada del mal-el sacrificio-la justicia.

Además de esta transformación del regionalismo —una de las muchas características de la narrativa hispanoamericana contemporánea— las tres novelas revelan de otras maneras que son típicas de una nueva época. Los tres autores evidentemente insisten en el derecho por parte del novelista para inventar la realidad, y los tres libros son de un modo u otro, una creación dentro de una creación. Para decirlo en otra forma, los tres autores parecen gozar de observar el acto de crear la novela. También son aventurados en la técnica y tienden más hacia una comunicación de conceptos que de las vidas de los personajes. El lenguaje cobra un valor especial, de alguna manera, en estas novelas, aunque *Tres tristes tigres* desempeña el papel más intrincado en este respecto. Dada su naturaleza cosmopolita en general, es importante que la base regional sea fundamental a las tres novelas. Esta combinación de cosmopolitismo y regionalismo también está presente en *De donde son los cantantes* de Severo Sarduy y *Los hombres de a caballo* de David Viñas.

El libro de Sarduy consta de tres partes ("fábulas", según el autor) que versan sobre tres aspectos de la cultura cubana: el chino, el africano y el español. Tres personajes participan en las tres fábulas. El personaje principal cambia de identidad de fábula a fábula, cobrando al final valor redentor. Las dos muchachas que aparecen en las tres historias cambian de identidad frecuentemente, aun dentro de una fábula en particular.

Al describir la técnica narrativa usada en *De donde son los cantantes*, Sarduy la identifica como un *"collage* hacia adentro".[4] El

---

[4] Severo Sarduy hace esta afirmación en "Las estructuras de la narración", *Mundo Nuevo*, núm. 2 (agosto de 1966), p. 20). Para una discusión de la técnica,

*collage* consiste en distintos modos narrativos y en las identidades cambiantes de los protagonistas. Una parte del libro, por ejemplo, se basa en un poema escrito como epitafio. Después del poema hay diez escenas (una para cada línea del poema) escritas en forma teatral. En cuanto a las identidades cambiantes, se relacionan con los tres aspectos de la cultura cubana. Mientras se desarrolla la novela, los tres aspectos llegan a relacionarse. El *collage*, efectivamente, cambia hacia adentro, y la activación del lector por medio de la variedad en la forma narrativa también ahonda el significado de la obra.

Uno de los aspectos más interesantes —y enigmáticos— de la novela es la nota explicativa final, por parte del autor. Analiza la novela casi como si otra persona la hubiera escrito. Aunque puede ser cierto que un poco de ayuda convenga al lector, también se podría proponer que Sarduy debiera haber colocado su nota al principio. En esa posición, sin embargo, pudiera haber dejado la impresión a algunos lectores de que no hay necesidad de experimentar la novela misma. Así como queda, clarifica la experiencia de la novela, pero quita algo de su magia. De hecho la novela cambia hacia adentro —hacia una Habana completamente alienada de sí misma, y entonces el autor nos aleja para que podamos admirar su *tour de force*.

*Los hombres de a caballo* de Viñas es semejante, en varios sentidos, a su primera novela, *Cayó sobre su rostro*, y también a la mejor conocida, *Los dueños de la tierra*. El autor adopta una actitud escéptica ante la historia argentina, y la novelización de la materia produce un efecto revisionista. La importancia del pasado en el presente llega a ser evidente a través de líneas de narración alternativas en la estructura de la novela. *Los hombres de a caballo* se basa en la tradición militar en la Argentina. Un crítico dice que es una novela de la decadencia del militar sudamericano.[5] Es significativo con respecto a la transformación del regionalismo, que ve el fenómeno como sudamericano en vez de argentino. Los hechos de la historia sí provocan este efecto, tal como los noveliza Viñas. El aspecto más importante de la transformación del regionalismo, no obstante, es el desarrollo del concepto de la decadencia. La decadencia también figura en la transformación del regionalismo de Héctor Rojas Herazo en *En noviembre llega el arzobispo*. Rojas Herazo penetra el carácter de la costa atlántica de Colombia por medio de la narración segmentada que crea una visión panorámica de la realidad del pueblo. Capta la esencia del pueblo al paralizar la realidad —el episodio final ocurre al mismo tiempo que el primero.

véase Donald Ray Johndrow, "Total reality in Severo Sarduy's search for *lo cubano*", *Romance Notes*, 13, núm. 3 (primavera de 1972), pp. 445-452.

5 Antonio Acosta, reseña en *Revista mexicana de la cultura*, noviembre 26, 1967.

Es una novela excelente que desgraciadamente pasó casi inadvertida bajo la sombra de *Cien años de soledad* en Colombia.

*El espejo y la ventana* de Adalberto Ortiz, transforma el regionalismo de un modo diferente —y hace una experiencia íntima de la historia. La novela, entendida en su sentido más amplio, trata de la historia del Ecuador aproximadamente un cuarto de siglo antes de la segunda Guerra Mundial, pero no es un mosaico del país. La experiencia de la novela tiende a enfocar la historia de una familia y aun a un miembro de esa familia en especial. El título sugiere la combinación de una búsqueda interior y una preocupación exterior que forma la base de la novela. Efectivamente, el enfoque particularizador crea una semejanza directa con las novelas intimistas de las relaciones humanas.

La preocupación por la calidad de las relaciones humanas parece disminuir en muchas novelas que activan al lector para que participe en la composición de la obra. Les preocupa lo humano, pero la gente que habita estas novelas tiende a perder su totalidad individual; los personajes se tornan símbolos, mitos, elementos absurdos o fragmentos de personalidades. Solemos identificarnos con una circunstancia en vez de un individuo. En gran parte este efecto se produce por un sentido de realidad fragmentada. Sin embargo, hay una tendencia complementaria que logra la unidad en medio de la fragmentación. Se desarrolla una especie de unidad intuida —un programa de la asociación de piezas aparentemente dispares. Este proceso es muy evidente en *Inventando que sueño* (1968) de José Agustín y *Háblenme de Funes* (1970) de Humberto Costantini. Anticipamos estos libros en este punto a causa de la naturaleza de la novela publicada en 1967 por Eduardo Mallea, *La barca de hielo*. Es una serie de nueve piezas que son al mismo tiempo independientes y relacionadas.

Una estructura narrativa de historias relacionadas no es una innovación de manera alguna. Los ejemplos de libros en que hay relaciones temáticas o de personaje entre distintas historias son numerosos. Mallea mismo publicó un libro más innovador durante los años vanguardistas de los veintes, *Cuentos para una inglesa desesperada*, compuesto de diferentes piezas que se unifican por medio de recursos técnicos y a través de un sentido que va surgiendo de su desarrollo total. Este libro es muy diferente de una colección de cuentos relacionados o de una novela episódica. Se acerca más a *La barca de hielo*, y este último muestra una semejanza clara con las obras de algunos escritores jóvenes. Las nueve piezas en *La barca de hielo* de Mallea se relacionan por medio de sus personajes. Sin embargo, un factor unificador más importante es la soledad creciente del padre del narrador. También apreciamos esta condición en un sentido más amplio, que puede describirse como una preocupación agudamente humana que se acrecienta a medida que el libro se desarrolla.

El narrador básico es de primera persona, aunque cambia a tercera persona cuando relata acontecimientos en que no ha participado. Este procedimiento tiende a producir una relación amistosa entre el narrador y el lector, especialmente cuando tomamos en cuenta que los capítulos de primera persona son los de responsabilidad principal por la intensificación de la soledad del padre. Lo que pasa en la experiencia de la novela es que el *collage* de nueve capítulos cambia hacia adentro, haciendo de la experiencia algo más profundo y más íntimo mientras se desarrolla la novela. A pesar de la gran diferencia en el sujeto, la técnica narrativa hace que la experiencia sea semejante a la que ocurre en *De donde son los cantantes*. (Hay que señalar en cuanto a esto, que los lectores que buscan solamente el tema y la trampa —que se interesan en la historia— no encontrarán ninguna semejanza entre *La barca de hielo* y la novela de Sarduy.)

Evidentemente *El espejo y la ventana* y *La barca de hielo* tienen algunas características de las novelas intimistas; sin embargo, hay otros libros de 1967 que pertenecen más claramente a la tradición de limitar el enfoque de la historia para que se puedan desarrollar las relaciones humanas en una red compleja. Entre ellas está *Con las primeras luces* de Carlos Martínez Moreno. Es una historia del proceso de maduración que emplea escenas de la niñez y la edad adulta. Se comunica mucho de lo que se dice en la niñez en términos del teatro —la actuación— que representan dos niños y una niña. Este procedimiento narrativo, desde luego, nos plantea la pregunta de la naturaleza de la realidad y el papel de la máscara.

*Alrededor de la jaula* de Haroldo Conti también es la historia de la autoidentificación con hincapié en la experiencia infantil. Su protagonista, Milo, es un expósito que se siente hondamente ligado con su "Pa" adoptivo. Cuando la enfermedad de éste priva al niño del afecto que le hace falta, la caracterización de Milo desarrolla un cambio de la relación de Silvestre, el padre adoptivo, a un animal en el zoológico —o para ser más precisos, una mangosta. Se ve este cambio principalmente a través de una sola caracterización, la de Milo. Un narrador de tercera persona describe lo que el niño siente y también indica sus sentimientos por medio de sus acciones. Conti emplea algunos monólogos interiores, pero su uso es limitado, y no muy claro, puesto que refuerza la narración en tercera persona en vez de contrastar con ella. La narrativa sigue una línea derecha y cronológica con la excepción de algunos breves pasajes retrospectivos. Se indica el movimiento en el tiempo con referencias a las estaciones y al clima. Cuando hay una interrupción en el fluir de los acontecimientos relatados, el narrador señala brevemente todo lo que hace falta para que la historia y la caracterización sigan adelante. No hay capítulos, sólo cambios de escena. La experiencia de *Alrededor de la jaula* adquiere particular sutileza mientras la novela se desarrolla: a medida que Milo cambia su relación con su protector, remplazándolo por el animal, también cambia su posición al asumir la responsabilidad por el animal en vez de recibir la protección de Silvestre. Sentimos su necesidad persistente por una relación, a pesar de la posición cambiada.

Varias novelas de 1967 invitan a centrar la atención en ellas por su empleo particular de la voz narrativa, aunque ciertas idiosincrasias en cada caso se oponen a la asociación general de la obra con otras novelas del mismo año.

*Tierras de la memoria* de Filisberto Hernández es una memoria humorística que recuerda algunos de los bosquejos de Arreola. El libro emplea el diálogo al principio, pero vuelve a una sencilla narración de primera persona. Este punto de vista narrativo es muy apropiado porque Hernández es más *raconteur* que novelista. Se puede describir su tono como la exageración amena. El narrador, a los veintitrés años, recuerda los episodios de su niñez y juventud. La voz predominante de primera persona a veces se refiere a su propio cuerpo en tercera persona. Esta separación alcanza su etapa más interesante cuando los dedos del narrador se niegan a obedecer mientras toca el piano.

*El testimonio* de Alsino Ramírez Estrada trata de la transición del protagonista, Anselmo, del marco limitado de la experiencia familiar al mundo más amplio de la responsabilidad social. Las experiencias de Anselmo como joven se contraponen a las cartas de su madre, cuya experiencia queda dentro de los confines de la vida familiar. La historia desarrolla una idea de la redención del Nuevo Testamento. Luego, en el capítulo final, el narrador destruye su patrón alegórico y confiesa que el desenlace tan nítido de la novela representa lo que le gustaría fuera el caso, en vez de la experiencia misma. Esta revelación coloca el acto de crear la novela en una perspectiva completamente diferente y, por lo tanto, altera la experiencia del lector.

*Siberia Blues* de Néstor Sánchez es una novela que se acerca a la posibilidad de la negación del comentario crítico comprensible.[6] El narrador-protagonista emplea el monólogo interior como una parte esencial del proceso creador. Pero la relación entre una frase y otra es más como variaciones sobre un tema que el desarrollo en

---

[6] El mejor ensayo sobre la novela es de Julio Ortega, en *La contemplación y la fiesta* (Caracas, Monte Ávila), 1969, pp. 189-204. Es un ensayo difícil porque reconoce que las aproximaciones tradicionales no bastan; trata la novela en sus propios términos.

secuencia de ideas. La experiencia de la novela, por consiguiente, se asemeja a hacer un diseño más que a organizar una serie de hechos. El acontecimiento, en *Siberia Blues*, es hacer una oración. Este proceso crea una sensación de búsqueda, de anhelo. Es probable que la novela de Sánchez interese sólo a un grupo muy pequeño de lectores aficionados a la innovación radical, a menos que sea precursora de un gran cambio en los gustos literarios.[7] Se trata claramente de la novela más radical, en lo que se refiere a la técnica narrativa, publicada en 1967.

[7] No se puede adivinar qué cambios ocurrirán en los cánones de los gustos y los medios de expresión. *Siberia Blues* parece fascinar a algunos lectores y disgustar a otros. Como complemento a mi propia lectura, pedí la lectura cuidadosa por parte de un estudiante graduado, Michael Nelson, un crítico competente e imaginativo cuya visión de la literatura todavía es de la generación joven. Ve la necesidad de la participación del lector, pero más allá de eso no encuentra claves definitivas.

## XIX. DESDE "CIEN AÑOS DE SOLEDAD" HASTA "EL RECURSO DEL MÉTODO" (1968-1973)

En el año que sigue a *Cien años de soledad*, la novela en Hispanoamérica parece progresivamente más segura de sí misma. Crea la impresión de ser adecuada profesional y artísticamente. Las técnicas narrativas que activan al lector han llegado a ser más frecuentes y más atrevidas. De igual importancia es la frecuencia del humor —no sencillamente porque nos brinda un rato de placer, sino porque refleja una actitud nueva ante la creación literaria. Llevando esta idea un paso más allá, desde luego, sugiere una actitud nueva ante la realidad en que vivimos.

Una de las novelas más discutidas de los años recientes es *La traición de Rita Hayworth* (1968) de Manuel Puig. Es interesante como ejemplo del lector activado y como humorismo. También tiene varias características de la narrativa reciente, descritas en el capítulo sobre novelas entre *Rayuela* y *Cien años de soledad*. La anécdota de la novela se basa en la maduración de Toto (estrechamente relacionada con la autobiografía del autor) desde la infancia en 1933 hasta la adolescencia en 1948. Incluso se la podría ver como la mala educación de Toto, puesto que varios de los factores influyentes alrededor de éste parecen limitar sus posibilidades como ser humano. El contexto es un pueblo de provincia en la Argentina y la actividad principal es el cine. En el caso de Toto, el cine llega a ser un modo de vivir, el lenguaje mediante el cual se expresa, tanto interior como exteriormente. La metáfora del cine funciona, hasta cierto punto, con respecto a la experiencia de la novela, pero Toto siempre es el enfoque.

El aspecto más interesante de *La traición de Rita Hayworth* es el modo en que la metáfora del cine funciona dentro de la estructura narrativa de la obra.[1] Los capítulos son situaciones variadas con distintos narradores, y aun documentos escritos, que permiten penetrar en el carácter de Toto y sus amigos y familia. Hay control mínimo por parte del autor. El primer capítulo se llama "En casa de los padres de Mita, La Plata 1933". Sin más presentación nos encontramos en medio de una conversación. No sólo no se nos dice quién es Mita, sino que tampoco sabemos quién habla, porque Puig no emplea acotaciones para indicar qué dicen o quiénes hablan. Sabemos inmediatamente, sin embargo, según lo que se comenta, que se trata de una conversación entre mujeres y que una de

---

[1] La mejor explicación de esta estructura es de Emir Rodríguez Monegal, "A literary myth exploded", *Review 72*, invierno de 1971-primavera de 1972, pp. 56-64.

ellas hace un cubrecama para el bebé de Mita, y paulatinamente vamos acumulando la mayor parte de la información necesaria como base de la historia. Se identifica el segundo capítulo como "En casa de Berto, Vallejos 1933" y ya se da la información básica. Berto es el padre de Toto; la conversación de dos sirvientas en este segundo capítulo da una idea de la vida y los problemas de esta joven familia, y acentúa la naturaleza provinciana de Vallejos.

El tercer capítulo adelanta seis años en el tiempo y se titula: "Toto, 1939". En éste y los próximos ocho capítulos, el título se refiere a la voz narrativa en vez del lugar. Este cambio tiene el efecto de centrarse en la caracterización del individuo, una vez que se ha establecido la situación básica. Se expresa el año en cada caso. Toto tiene seis años en el capítulo tres, y el tiempo adelanta de modo cronológico a través de los capítulos restantes. Es importante puntualizar que Puig no dirige a su lector más allá de lo que dice el capítulo. Viendo retrospectivamente la experiencia de leer *La traición de Rita Hayworth*, parece que la novela establece la escena y entonces presenta a los personajes, incluso al protagonista. Este procedimiento parece acercarse a la tradición realista. La diferencia significativa es que el autor-narrador omnisciente está casi completamente ausente de la obra, y que el lector arma las piezas de la novela. El lector, por consiguiente, es más activo en la experiencia misma del libro de lo que es en su recuerdo de esta experiencia. De igual manera es importante notar, sin embargo, que Puig no renuncia enteramente a su papel de narrador-guía. Los títulos de los capítulos identifican lo que pasa y, por eso, la novela es más satisfactoria que muchas obras contemporáneas que dejan al lector buscando pistas.

Siguiendo la serie de capítulos que son esencialmente monólogos, las voces orales desaparecen y la novela termina con cinco formas escritas: dos diarios, un ensayo ("La película que más me gustó"), una nota anónima, y una carta de Berto a su hermano, fechada en 1933. Este último capítulo revela un poco de la información retenida en los dos primeros y tiende a llevarnos al principio de la novela para reconsiderar y, hasta cierto punto, revivir la experiencia. Los detalles escritos subrayan la ausencia de comunicación en la novela, que consiste principalmente en un monólogo, aun antes de los capítulos "escritos". Es esta falta de comunicación lo que realza la importancia de la metáfora del cine, puesto que las referencias al cine son el contexto más cómodo que encuentran los personajes para expresar sus propios sentimientos. Este hecho constituye una especie de paradoja porque el empleo extremadamente hábil del lenguaje es el mejor acierto del libro. La gente habla tal como debe —con una exactitud efectivamente entretenida por lo apropiada que es.

La naturaleza del lenguaje en *La traición de Rita Hayworth* es un producto de la metáfora del cine y es una clave para el entendimiento de cómo la novela crea su ambiente único. Lo exacto y apropiado de lo que dicen (y escriben) los personajes depende de la sensibilidad por parte de Puig ante el efecto del cine en sus vidas, es decir, su lenguaje es diferente de lo que sería si no dependieran ellos del cine como medio de expresión. Nuestra conciencia de esta condición sugiere que los habitantes del mundo de Toto están separados de sus seres auténticos. Las películas que ven son un mundo fabricado, y se traicionan a sí mismos como seres auténticos cuando las aceptan como su contexto. Nuestra reacción ante ellos, entonces, puede cambiar a tomar conciencia de una vida vacía o, como lo dice Emir Rodríguez Monegal, una vida de mediocridad.[2]

Rodríguez Monegal también ha apuntado, agudamente, que los personajes en la novela de Puig, aunque son cómicos, no son caricaturas. Otros autores argentinos, tratando los mismos tipos de personas, las aíslan de las normas aceptadas que se asocian con el autor. Puig, como Cabrera Infante, no mira despectivamente a sus personajes. Se logra este efecto, desde luego, con la ausencia de un narrador. El lector activado está en comunicación directa con los personajes, y no hay necesidad de que el autor los interprete. La activación del lector y las técnicas narrativas de Puig son casi iguales en *Boquitas pintadas* (1969) y *The Buenos Aires Affair* (1973), aunque ésta tenga más bien una estructura de la novela detectivesca y aquélla de la folletinesca.

Hay varios puntos de contacto interesantes entre *La traición de Rita Hayworth, Toca esa rumba, don Aspiazu* (1970) de Alfonso Calderón y *Aire de tango* (1973) de Manuel Mejía Vallejo. El libro de Calderón es, técnicamente, una serie de bosquejos que se relacionan principalmente por medio de un punto de referencia a un periodo específico y también del efecto hipnótico de las alteraciones del punto de vista narrativo. En cuanto a la temática, los bosquejos tratan de los aspectos de la realidad de una ciudad de provincia de Chile durante los años en que el autor maduraba, en la época dominada por la segunda Guerra Mundial. En *Toca esa rumba, don Azpiazu* la diosa del cine es Ann Sheridan. Junto con otras celebridades de la época, ella entra a la vida de la comunidad por medio del cine y la radio.

A veces la voz narrativa sacrifica su personalidad al diluvio de asociaciones. Se la escucha continuamente, sin embargo, por medio de varios disfraces, y se adapta a los tipos de experiencia que forman la base de los bosquejos. Algunas referencias son locales, otras

---

[2] *Ibid.*, pp. 62-63. Rodríguez Monegal hace una comparación interesante entre esta mediocridad y la cualidad de la vida argentina revelada por el fenómeno de Perón.

internacionales, pero son igualmente significativas. La materia puede variar, desde una descripción de las actitudes de los estudiantes hasta un artículo de interés humano en el periódico, o puede ser un padre ansioso que dirige palabras a su hijo. La narrativa puede estar en la tercera persona, o puede estar en forma de la segunda persona. Este último estilo comunica la sensación del autor hablando consigo mismo (sumergido en parte en las asociaciones múltiples de la narrativa), pero al mismo tiempo invita al lector a que asuma la posición narrativa.

La unificación del narrador con el lector llega a ser bien marcado en la experiencia del libro. Puesto que la mayor parte de los bosquejos son *collages* temáticos, el lector invitado fácilmente se encuentra metido en la historia. Este fenómeno evita la caricatura o la sátira y produce un efecto serio-cómico. La preocupación por un periodo específico en este libro y en las novelas de Puig y Cabrera infante sugiere que hay más en el mensaje que sencillamente la representación de la mediocridad. La nostalgia presente en las tres obras sugiere la posibilidad de que la realidad que crean es una condición altamente deseable.

*Aire de tango* de Mejía Vallejo también ofrece una situación narrativa algo especial y un *collage* de textos. Es una especie de homenaje al tango y a la ciudad de Medellín en que se ubica la acción. Mejía Vallejo ha captado el lenguaje y el alma del barrio Guayaquil y el culto del tango. Nunca se clarifica con exactitud cuál es la situación narativa, pero consiste básicamente en un narrador que emplea primera persona y que relata una serie de anécdotas acerca del mundillo del tango en Medellín: de Gardel, de un gran admirador de éste y finalmente de la vida del narrador mismo. Es como si estuviera en un bar en el barrio, contando entre amigos. La realidad que crea Mejía Vallejo es altamente deseable porque la transforma en un mundo ideal e idealizado. La canción funciona de un modo semejante al cine en *La traición de Rita Hayworth*: el barrio Guayaquil y sus tres personajes funcionan como una metáfora del arte. *Un mundo para Julius* (1970) de Alfredo Bryce Echenique, como la novela de Puig, tiene un niño protagonista que parece ser más sensible a la sociedad que los otros miembros de la familia. La actitud que comunica el narrador omnisciente ante esa familia de la alta burguesía limeña es irónica.

La activación del lector tiene lugar en modos diferentes y con un nivel de éxito variable. En *La traición de Rita Hayworth* y *Toca esa rumba, don Azpiazu* el cambio autodeterminado o (autoconcedido) por parte del narrador permite la entrada del lector. Por otra parte, en *62. Modelo para armar* (1968) de Cortázar, la estructura de la novela exige la participación del lector. Esta estructura es producida, a su vez, por el concepto fundamental de la obra. El número en el título se refiere al capítulo 62 de *Rayuela* en que el autor inventado, Morelli, habla de la posibilidad de una novela basada en notas y observaciones organizadas por pura casualidad. Las personas podrían actuar y las acciones ocurrirían, pero estos fenómenos no podrían ser juzgados por medio de la psicología. La validez psicológica no es un criterio legítimo para juzgar *62. Modelo para armar*. Tampoco es un criterio ante el cual el lector debe reaccionar. La secuencia lógica carece igualmente de importancia.

La acción tiene lugar en Londres, París, Viena y La Ciudad. El espacio consta de varios elementos específicos que se integran en una abstracción más general. Podría ser razonable (si es que la razón fuera importante aquí) decir que los lugares específicos son reales y La Ciudad es inventada. Se trata a los personajes de un modo similar: las personas reales se contraponen a las abstracciones. La historia contiene suficientes asociaciones para crear posibilidades provocadoras de un orden lógico. Cualquier intento para construir una trama, sin embargo, nos lleva necesariamente a la frustración.[3]

El lector, al hacer algo de esta novela de Cortázar, puede experimentar la cualidad fragmentada de la sociedad contemporánea. Si necesita tal experiencia, eso es otro asunto. Por lo menos este tipo de comunicación puede justificar los factores que hacen que la novela parezca difícil y oscura. Suele ser difícil decir si un novelista reciente exige la participación del lector como parte del mensaje del libro, o si sencillamente escribe sin cuidado. Un ejemplo, entre muchos, que nos invita a hacer esta pregunta es *En caso de duda* (1968) de Orlando Ortiz. La novela puede defenderse ante ese tipo de crítica porque es básicamente una obra sensata —una que nos enseña a apreciar a los jóvenes que se han marginado de la sociedad mexicana. Un reparo razonable ante esta novela es que cambian tanto la escena, los personajes y el punto de vista narrativo que frecuentemente no se la puede comprender con una sola lectura. A diferencia de *62. Modelo para armar*, *En caso de duda* trata de una secuencia de hechos que pueden ser colocados en orden lógico, aunque el lector no lo haga. Ya sea que el lector de Ortiz se resigne a la técnica de retener ciertos detalles que serían claves, o que se esfuerce por reorganizar lo que Ortiz ha escrito, el resultado será probablemente una sensación de fragmentación. Esta sensación, sin embargo, es muy diferente de la de *62. Modelo para armar*, dado que la secuencia lógica es una posibilidad en la novela de Ortiz y no lo es en la de Cortázar.

[3] Véase la reseña de la novela por José María Carranza, en *Revista Iberoamericana*, núm. 69 (septiembre-diciembre de 1969), pp. 557-559.

*Largo* (1968) de José Balza envuelve al lector, no a través de la exigencia de establecer una estructura, sino mediante la creación de una inusitada identificación entre el lector y el narrador. Las relaciones humanas en *Largo* son extraordinariamente complicadas, pero no hay problemas con la secuencia lógica, y siempre sabemos lo que pasa. El narrador-protagonista anticipa el suicidio. Su nombre nunca aparece en la novela, así que la identidad específica no desanima al lector a que comparta su papel. La narrativa está en la primera persona y en el tiempo actual; el tiempo de la narración corresponde al tiempo de la acción, es decir, la historia corresponde exactamente al momento de la acción. El lector, por lo tanto, puede llegar a ser el narrador y contar la historia. Este procedimiento es más sutil que las técnicas que fuerzan al lector a crear la estructura o a actuar de narrador de alguna otra manera. En *Largo* sencillamente se lo asimila en la posición narrativa.

Jorge Guzmán exige la participación del lector al forzarlo a escoger en *Job-Boj* (1968). La novela se basa en dos caracterizaciones contrastantes. Un personaje sufre de la angustia, la mala fortuna y la miseria; el otro es extrovertido, feliz y está seguro de que el tiempo y la suerte le traerán todo. Las dos son caracterizaciones completamente creíbles, tienen que ver con dos líneas narrativas, que se desarrollan en capítulos alternados. Se identifica una con números arábigos, la otra con números romanos. La diferencia principal entre las dos líneas es el uso más marcado de monólogos interiores en la caracterización introspectiva. Con estos pasajes el lenguaje de Guzmán indica claramente el estado psíquico confuso y decadente del protagonista. El lenguaje es igualmente eficaz en la otra línea narrativa, en que la cualidad ligera corresponde al carácter del personaje principal y crea el humor principalmente a través de la franqueza exagerada.

Hay aspectos en el proceso del contrapunto en que el *joie de vivre* de una caracterización hace que la angustia de la otra parezca absurda —y humorística, de una manera amarga. Es probablemente en estos momentos cuando estamos más atormentados por la relación entre las dos. La pregunta que surge es si son dos hombres distintos, dos facetas de una sola personalidad o dos periodos en la vida de un hombre. Cada línea narrativa termina en un punto donde la otra puede comenzar y hay asociaciones entre ellas que sugieren secuencia o simultaneidad, dependiendo de la participación del lector en la novela.[4] La experiencia de ésta tendrá, probablemente, varias facetas o niveles. Las caracterizaciones están lo suficientemente individualizadas como para que podamos comprenderlas

---

[4] Véase Ariel Dorfman, "La actual narrativa chilena: entre ángeles y animales", *Los Libros*, núms. 15-16 (enero-febrero de 1971), pp. 15-17 y 20-21. Se encuentra la referencia a *Job-Boj*, p. 20.

como correspondientes a individuos y reaccionar así. Hay implicaciones obvias, sin embargo, más allá de las que tratan del proceso cultural del hombre occidental. El espíritu libre de Boj puede ser un estado anterior que hemos dejado atrás para participar en el tipo de progreso que produce la angustia de Job. Por otra parte, si se invierten las dos condiciones del hombre, *Job-Boj* llega a ser una novela profética. Esta lectura es atractiva para el lector de la narrativa hispanoamericana contemporánea porque coincide con el humor y el anticonvencionalismo (un factor en el humor a veces, aunque no siempre) que parecen proponer una nueva actitud ante la ficción y ante la vida.

La alternación de los capítulos en *Job-Boj*, evidentemente, es una técnica que activa (cataliza) al lector. Si siguiéramos una historia o la otra, nuestra reacción sería mucho más pasiva. La estructura narrativa (es decir, la secuencia de la materia narrativa) en la narrativa reciente es un factor fundamental en la experiencia del libro y, al fin y al cabo, ejerce control sobre lo que éste dice. Examinando toda la gama de dicho efecto, va desde la segmentación que logra la simultaneidad, hasta la participación del lector en la composición de la novela, como en las llamadas obras "abiertas". La influencia de Cortázar en este respecto ha sido tremenda —no sólo como innovador de la novela abierta, sino también, en términos más amplios, como desafío ante lo tradicional. Muchos escritores encuentran la actitud tan importante como las técnicas, porque establece un ambiente de libertad para la creación. *Mateo el flautista* (1968) de Alberto Duque López se declara descendiente de *Rayuela* y enaltece su propia libertad.[5] La estructura formal de la novela corresponde a dos partes —dos versiones de Mateo. Dos personas lo recuerdan. En cada parte, sin embargo, la persona que recuerda es menos una voz narrativa que un organizador de la narrativa. La fuente de la narración cambia según las exigencias de la memoria. Las dos historias se complementan, la segunda iluminando la primera. Es decir, clarifica cuanto puede en una novela de este tipo. No se trata de revelaciones, sino más bien de sugerencias. No hay orden lógico, de hecho, es posible que Mateo sea una ilusión.

En novelas como ésta, mucha de la comunicación depende de cómo se emplea el punto de vista narrativo. El término "punto de vista", claro, a veces no lo es lo suficientemente amplio como para describir todas las posibilidades. Algo como "la fuente de información narrativa" puede ser más útil. En *La traición de Rita Hayworth*, la narrativa es entregada por personajes distintos, por documentos, y por diálogos en que ningún personaje en particular

---

[5] Para las características en *Mateo el flautista* que se asemejan a otras famosas novelas modernas, véase la reseña de Germán D. Carrillo en *Revista Iberoamericana*, núm. 73 (octubre-diciembre de 1970), pp. 663-666.

ocupa la posición de narrador y en que no hay ningún indicio de un narrador objetivo. El término "punto de vista" no se acerca a describir la experiencia de la situación narrativa en *El obsceno pájaro de la noche* (1970) de José Donoso.

Hernán Vidal observa que Donoso emplea "diversas voces narrativas";[6] es cierto, pero el lector que no conozca la novela podría pensar que tenemos algo comparable a *La traición de Rita Hayworth*. Luego Vidal indica algo que muestra cómo se diferencia, notando que hay "máscaras adoptadas por un foco de conciencia".[7] Podemos suponer —y toda afirmación sobre esta novela es necesariamente una suposición— que este foco de conciencia singular es un personaje llamado Mudito. Una vez que aceptamos esta afirmación podemos notar que las diversas voces son de unas mujeres viejas que viven en un sitio en Chile que se llama la Casa de ejercicios espirituales. Al haber hecho estas afirmaciones, hay que destacar la otra cara de la moneda: Mudito es sordomudo, y lo que es peor para el lector que busque pistas lógicas y soluciones racionales, es bien probable que no exista, que no esté "ni vivo ni muerto".[8] Todo esto tiene cierto parecido a un juego, pero a diferencia del juego entretenido que puede ser un libro como, por ejemplo, *Cien años de soledad, El obsceno pájaro de la noche* no intenta divertir. Aunque el lector acepte la fluidez y la multiplicidad de la realidad, puede ser una novela desconcertante.

Ahora bien, entendiendo que cada afirmación conlleva cierta contradicción dentro del texto, ofrecemos más pistas generales. Además de ser problemático Mudito, es uno de tres personajes masculinos cuyas identidades se asemejan y hasta se confunden. Humberto Peñaloza, cuyas dotes como escritor han sido sofocadas, ha sido el administrador de la Rinconada, el fundo que pertenece a Jerónimo de Azcoitía. La familia Azcoitía es un caso de la vieja aristocracia venida a menos, un aspecto relativamente menor de la experiencia total. La novela consta de una serie de anécdotas a veces desconectadas y a menudo monstruosamente feas que cubren un periodo de unos cincuenta años.[9] Incluyen, por ejemplo, la historia de la muchacha que se acuesta con cualquier hombre que lleva una máscara enorme, de unas viejas que viven completamente aisladas del mundo moderno y que insisten en creer en la virginidad de una mujer embarazada, de un aristócrata que cuida a su hijo deformado,

---

6 Hernán Vidal, *José Donoso: surrealismo y rebelión de los instintos* (Gerona, Aubí, 1972), p. 183.

7 *Ibid.*, p. 183.

8 José Donoso, *El obsceno pájaro de la noche* (Barcelona, Seix Barral, 1970), p. 333.

9 Véase Pamela Bacarisse, "*El obsceno pájaro de la noche*: a willed process of evasion", *Forum for Modern Language Studies*, vol. XV, núm. 2 (abril de 1979), p. 118.

monstruoso. Además de eliminar para nosotros el término "punto de vista", Donoso ha creado una obra para la cual los términos "personaje" y "base de la anécdota" también son inadecuados. Probablemente la mejor descripción del narrador es la conclusión de una crítica que lo ha denominado una "ausencia".[10] En cuanto a los personajes y la anécdota, lo más destacable es su carácter siempre cambiante y fluido.

Los personajes en *Cobra* (1972) de Severo Sarduy también están en un proceso continuo de transformación. *Cobra* trata de un personaje central que es tal vez masculino y tal vez femenino, llamado Cobra. La novela se divide formalmente en dos partes. En la primera Cobra actúa como miembro del Teatro Lírico de Muñecas. Luego el asunto del teatro pierde importancia y la narración enfoca el problema de los pies hinchados de Cobra. Una sección considerable de la primera parte trata de este problema aparentemente banal. El resto de esta parte consta de numerosos cambios en el espacio y el tiempo durante los cuales Cobra sufre una serie de transformaciones: es "la enana blanca" acompañada por un personaje descrito como su raíz cuadrada, La Poupée, o Pup. Viajan a través de España y Marruecos. Cerca del final de la primera parte Cobra sufre otra transformación: Dr. Ktazob lo/la castra. En la segunda parte Cobra se une a un grupo de motociclistas —Tundra, Escorpión, Totem y Tigre. Van libremente por las ciudades. Hacen un viaje-sueño a través de un parque. Nos hace pensar en la posibilidad de una parodia de *El Parque* de Sollers o *Los pasos perdidos* de Carpentier, dos escritores que Sarduy conoce bien. También viajan a través del Oriente. Al final Cobra muere y hay una especie de rito. Con la novela de Donoso experimentamos una ausencia con respecto al narrador; en *Cobra* notamos el centro ausente o la falta de un elemento unificador para el desarrollo de una trama dramática.

Es una novela que hace resaltar lo físico de varias maneras. Los problemas del protagonista en este contexto son constantes: las complicaciones con los pies, las transformaciones y la muerte son algunos ejemplos. Se trata cada uno de estos asuntos como tal: la muerte de Cobra, por ejemplo, no tiene ningún efecto psicológico o emocional ni para los lectores ni para los otros personajes, sino que sirve de punto de partida para una ceremonia funeraria y un rito. El interés se centra en su cuerpo, no en la muerte. Como un estudio exterior, la novela no revela los pensamientos o los sentimientos de Cobra.

Todo esto y otros aspectos de *Cobra* tienen sus bases teóricas; a veces Sarduy emplea la teoría como punto de partida, como cata-

---

[10] Véase Sharon Magnarelli, "Amidst the illusory depths: the first person pronoun in *El obsceno pájaro de la noche*", *Modern Language Notes*, 93, 1978, p. 267.

lizador de su texto y otras veces la parodia abiertamente. Roberto González Echeverría ha indicado que las dos etapas de la revista *Tel Quel* reflejan los intereses cambiantes de Sarduy.[11] El segundo (1964-1970), dominado por Derrida y Lacan, se relaciona más directamente con esta novela. Sin entrar en la polémica sobre Derrida y Lacan, algunos de sus planteamientos son significativos en la apreciación de la novela de Sarduy: los dos ponen en tela de juicio el concepto del sujeto como un elemento unificador; el juego de las sustituciones infinitas, según Derrida, libera el lenguaje de la necesidad de la "unidad" o el "sentido". En este texto, Sarduy se vale de tales sustituciones para lograr su parodia. La presencia de ciertas equivalencias entre teoría y práctica son comunes entre novelistas que también son críticos —Vargas Llosa, Fuentes y Sábato, entre otros. Una característica más especial de la obra de Sarduy es la tendencia a borrar la línea entre la teoría y la práctica. Como experiencia literaria, la esencia de *Cobra* es la falta de esencia. Se crea esta experiencia por medio de la confluencia de teoría y práctica. La novela se basa en ciertos conceptos teóricos, pero al mismo tiempo el narrador se mantiene a distancia de ellos, manipulándolos y parodiándolos. La dualidad de esta actitud determina la experiencia del lector que percibe tanto la teoría como el humor de *Cobra*.

En las novelas en que los autores observan la creación de la ficción durante el mismo proceso, la fuente narrativa llega a ser la técnica más importante. Aunque no haya manera de probar tal hipótesis, parece probable que el interés que tiene el novelista en verse a sí mismo tenga alguna relación con el ataque a lo convencional y con la importancia del humor. Este interés aparentemente egoísta es, a lo mejor, una conciencia aguda del proceso creador en un mundo en que la creatividad es reprimida en vez de estimulada. Las técnicas que se emplean en la novelización de esta conciencia varían algo entre las muchas novelas en que aparece; el principio general, sin embargo, puede describirse al mencionar a Pirandello o Unamuno, cuyas creaciones traen al autor en contacto con los personajes nacidos mediante su esfuerzo creador. Puede ayudar también recordar el momento clave en "Las ruinas circulares" de Borges en que el protagonista imagina a un hombre, creándolo al imaginarlo como ser humano, para darse cuenta al fin y al cabo de que el protagonista mismo ha sido creado mediante idéntico proceso. Para decirlo de otra manera, hay muchas novelas que plantean la cuestión de quién crea a quién, o de quién crea qué. Si incluimos la idea de la construcción de la ficción que caracteriza muchas novelas en que se fuerza al lector a participar activamente en la com-

11 Véase Roberto González Echeverría, "In search of the lost center", *Review* 77 (otoño de 1972), pp. 28-31.

posición, la interrelación entre *ser* y *crear* tiene que ver con el novelista, el personaje y el lector. El resultado es siempre sorprendente y a veces entretenido. El punto hasta el que el efecto puede ser esclarecedor depende de cuántas novelas de este tipo uno lea. El hecho es que la fascinación reciente con el fenómeno ha producido una gran cantidad de ejemplos, y no está del todo claro si los casos son suficientemente diferentes como para mantener el interés en más de uno o dos.

Hay algunos libros en que la identidad del narrador verdadero es una parte vital de la experiencia aunque no es evidente a lo largo de ella —tal es el caso de *Cambio de piel* y *Cien años de soledad*. En *Los días contados* (1968), Fernando Alegría agrega un elemento documental a su novela al identificar al narrador al final de la historia. El libro trata de gente no presuntuosa en un modo que recuerda las historias de William Saroyan. Gente ordinaria, pintada dentro del marco de sus actividades cotidianas, llega a ser memorable a causa de la capacidad que tiene el narrador de ver con igual compasión los aspectos humorísticos y tristes de sus vidas. El tono de la novela sugiere que trata de dichos personajes tal como son en realidad. Alegría emplea el monólogo interior con éxito; la posición básica del narrador, sin embargo, es de tercera persona. Entonces al final de la novela, uno de los personajes, Anita, asume el papel narrativo y se dirige al narrador básico como "Alegría". En respuesta, Alegría habla directamente a Anita. Este intercambio —una revelación de la identidad del narrador justo al final— aumenta la credibilidad de la novela. Gustavo Álvarez Gardeazábal emplea una serie de revelaciones con respecto a varias identidades en *La tiara del papa* (1971). Sólo cuando el lector ya está bien adelantado en la lectura, por ejemplo, descubre la identidad del narrador-protagonista.

El papel del narrador es considerablemente más complicado en las novelas en que el acto de la invención es una experiencia fundamental de la ficción. Una novela de Vicente Leñero, *El garabato*, es una de las buenas novelas semisumergidas en las riquezas de ese año formidable, 1967, construida sobre una serie de novelistas, uno llevándonos a otro. Leñero inventa a un amigo que le manda el manuscrito de una novela de un hombre llamado Moreno. Dentro de la novela de Moreno, éste mismo lee el manuscrito de aun otra novela escrita por otro escritor. Esta última novela nunca termina, a no ser que decidamos ponerle fin.

Este tipo de invención resumida es aún más provocadora en la tercera parte de *Háblenme de Funes* (1970) de Humberto Costantini —que se titula "Fichas". Costantini inventa a un novelista, y el primer marco de la narración es la historia de la construcción de una novela de un autor sin nombre. El novelista Costantini comenta el proceso desde la posición de observador crítico. El novelista inventado sin nombre inventa a un protagonista nombrado Corti —un droguero que hereda el fichero de las historias personales de un amigo. Estas historias contienen información acerca de una enfermedad rara. Corti debe continuar el estudio. Con la información de las fichas, Corti también inventa los personajes. El desarrollo es demasiado complicado para una exposición breve. Se podría decir, sin embargo, que la experiencia de la historia es una serie infinita de autores creando personajes.

Corti trata a los personajes y aun se pone en conflicto con ellos de un modo claramente pirandelliano. En *Piedra de mar* (1968) de Francisco Massiani, el narrador crea la novela dentro de la obra misma. Él se dirige a sus amigos mientras está en el proceso de crearlos como personajes y aun les telefonea para preguntarles qué están haciendo. Nunca están haciendo nada y Corcho, el narrador-protagonista, tiene que inventar algo. Implícita en este caso está la sensación de aburrimiento con el mundo de la realidad objetiva. Es una novela sobre adolescentes y parece que no tienen nada que hacer; o puede ser más acertado decir que piensan que no tienen nada que hacer. El suyo es el lado negro de la potencia humana y corresponde al lado de Job en *Job-Boj*. Su contrapunto, en la novela de Massiani, es la imaginación creadora.[12]

En *Contramutis* (1969) Jorge Onetti desarrolla una noción de quién inventa a quién; la proposición está encerrada en una paradoja, sin embargo, en vez de ser abierta. Hay dos posibilidades que se enfrentan y se reflejan como dos espejos. Onetti inventa a dos jóvenes, Hilda y Pelo, que observan un suicidio. Deciden inventar la vida de un muerto, Roberto Lupo. Una parte importante de su juego es su derecho a la libertad absoluta de la imaginación. La mayor parte de la novela consiste en invenciones alternadas por parte de Hilda y Pelo. Luego nos encontramos, no obstante, dentro del fluir de la conciencia de Lupo y descubrimos que no está muerto, sino que es, de hecho, el creador de Hilda y Pelo. En este punto es donde la libertad absoluta de la invención, practicada por dos jóvenes, llega a tener un significado especial. A través de los capítulos en que inventan la vida de Roberto Lupo, la realidad ficticia está llena de acontecimientos extraordinarios que obviamente no son reales en términos de la experiencia ordinaria. Puesto que sabemos que Hilda y Pelo inventan estas cosas, suponemos que Hilda y Pelo son reales. Por consiguiente, cuando descubrimos que ellos mismos han sido inventados, se pone en duda nuestra seguridad acerca de la naturaleza de la realidad. Habiendo aceptado pacífica y pasivamente la

---

[12] Una sección de la novela es particularmente interesante por sus comentarios sobre la creación de la ficción (véase Francisco Massiani, *Piedra de mar* [Caracas, Monte Ávila, 1968], pp. 49-57).

combinación extraordinaria con la invención, nos choca fuertemente la revelación de que las circunstancias cotidianas también son inventadas.

Hay algunas novelas en que estas experiencias con respecto a la naturaleza de la realidad se asemejan a la novelización de un concepto como lo encontramos en *Farabeuf* de Salvador Elizondo. De hecho, Elizondo emplea el principio de autor-encuentra-personaje en *El hipogeo secreto* (1968). En novelas de este tipo, la cualidad de la experiencia del lector depende frecuentemente de hasta qué punto se sacrifica la caracterización del individuo para emplear técnicas que novelizan el concepto o crean un ambiente general, una noción vaga. El sentido más accesible de *Alacranes* (1968) de Rodolfo Izaguirre, por ejemplo, es el de desintegración. *Cola de zorro* (1970) de Fanny Buitrago comunica un sentido particular del concepto de la familia. O como se ve en otro ejemplo, *Rajatabla* (1970) de Luis Britto García comunica un impulso hacia la destrucción. Hay suficiente caracterizacón en *Alacranes* para sugerir un contraste entre el decaimiento y la resolución de sobrevivir; el contraste, sin embargo, se destaca más que las personas mismas.[13] *Rajatabla* es más una serie de bosquejos que una novela, excepto que un elemento de unidad funciona por medio de un sentido creciente de destrucción de los fundamentos de la sociedad. Aun se modifica este factor unificador por medio de la fragmentación narrativa que corresponde a la desorganización social. En cuanto a la caracterización, el libro no tiene ningún logro memorable. Es un estado anímico que permanece en la memoria, tal como funciona en la experiencia de leer el libro. La experiencia de *Los pies de barro* (1973) de Salvador Garmendia también es de un sentido creciente de la destrucción. El protagonista hace literatura de su propia vida, que contagia a ésta de su falta de organización, finalidad e integridad. Como en *Farabeuf* de Elizondo, la desintegración de la realidad queda evocada a nivel de la novelización.[14] Como muchas obras con trazos directamente macondinos (hasta se menciona a García Márquez), tiene un nivel metaliterario de comunicación.

Aun en una obra mucho más complicada como *Obsesivos días circulares* (1969) de Gustavo Sainz la impresión final (y el aspecto *permanente* de la experiencia del lector) es una sensación de autodefensa ante el desastre inminente. La estructura de la novela es extremadamente complicada; un punto de referencia es la lectura de *Ulysses* de Joyce por parte del narrador; otro es un viaje en un avión comercial. La noción del narrador como una isla se desarrolla

[13] Véase "Alacranes" en Osvaldo Larrazábal Henríquez, *10 novelas venezolanas* (Caracas, Monte Ávila, 1972), pp. 77-86

[14] Elzbieta Sklodowska, en un trabajo inédito sobre Garmendia, ha hecho una comparación interesante con *Farabeuf*.

a lo largo de la novela, enalteciendo la sátira del libro a lo que podríamos llamar, simplificando el asunto, la sociedad de consumo. Al final de la obra, el lenguaje se desintegra. La última frase aparece tipográficamente más y más grande. Es una especie de refugio para el narrador, usado por él como reacción ante la inseguridad que siente cuando el avión aterriza. Las letras de la frase llegan a ser anormalmente grandes, se ven las palabras sólo parcialmente, y al final sólo una parte de una letra aparece en la última página y aun esa letra se está desintegrando.

A veces, los lectores pueden preguntarse si novelas como *Obsesivos días circulares* están remplazando a las novelas intimistas que iluminan los problemas de las relaciones humanas. Los conceptos que llegan a ser la comunicación principal de algunas novelas pueden sustituir al protagonista angustiado de la tradición existencialista. Hay muchas novelas en que los problemas de las relaciones humanas son fundamentales a la historia y más evidentemente, por ejemplo, que en la novela de Sainz. Suele haber otro aspecto del libro, sin embargo, que es más espectacular y que invita probablemente a comentario. Se discute bastante la fuente narrativa de *La traición de Rita Hayworth*; se dice poco acerca de la visión penetrante de la familia de Toto en que el autor presenta un marco muy limitado para subrayar la personalidad especial del protagonista y la manera en que la determinan sus padres. Las técnicas narrativas empleadas probablemente invitan a centrar la atención en sí mismas o en el sentido general de la mediocridad cultural en vez de centrarse en Toto como un individuo. *La invitación* (1972) de Juan García Ponce presenta cierta coexistencia de la novela intimista, a saber, la iluminación de una relación humana y la novelización de un concepto. El planteamiento de la novela, que trata de la búsqueda de la identidad, es claramente intelectivo.

Sergio Galindo, en *Nudo* (1970), mantiene el enfoque en los problemas de seres individuales tan constantemente como cualquier novelista de los últimos años. Sus lectores están de acuerdo, sin embargo, en que *Nudo* es la más complicada de sus obras. La razón de esta observación es la estructura narrativa, que depende de algunas secuencias temporales bastante complicadas; son necesarias para presentar información acerca del problema central. La anécdota de la historia se basa en la relación entre una pareja cuarentona y un joven que está alejado media generación. Como siempre, Galindo escoge detalles y crea perspectivas que ponen en tela de juicio las respuestas comunes y corrientes, y *Nudo* es su libro más radical en este respecto. Para la credibilidad ha tenido que entrelazar bien cuidadosamente las circunstancias relacionadas. El alcance de la novela se limita con referencias cuidadosas y explícitas a las relaciones básicas novelizadas.

Las relaciones humanas constituyen el tema de la segunda sección de *Háblenme de Funes*. En este caso, el alcance de la observación es controlado por un solo incidente que transforma —quizás sólo por un momento— la vida del barrio. La unidad exigente y extraordinaria alcanzada en el libro es aún más notable de lo que ocurre en el barrio. *Las suicidas* (1969) de Antonio Di Benedetto, es un estudio extremadamente íntimo del proceso de la madurez emocional; la sencillez desnuda del estilo de su prosa, sin embargo, evoca probablemente los primeros comentarios.

*La mala vida* (1968) de Salvador Garmendia es más semejante a la novela de angustia existencial. Tal como ocurre a menudo en las novelas de Garmendia, sus protagonistas se encuentran atrapados. Son perdedores, y sólo a través de la memoria el personaje central de *La mala vida* escapa de las limitaciones establecidas por su oficina y su club. La voz narrativa es la del protagonista que habla de su posición en el presente, recordando el pasado. La secuencia de los hechos recordados parece caótica; este caos aparente, sin embargo, es al fin y al cabo la mejor caracterización del protagonista. Es decir, la manera en que recuerda cosas es importante en la caracterización. Un final sarcástico y desilusionado revela una falta de respeto total por la vida, y esta reacción extrema predomina sobre el resto de la novela.

Es muy posible que algunos de los mejores comentarios sobre el comportamiento humano con respecto a las relaciones entre los seres humanos puedan encontrarse en las novelas de los jóvenes que tratan de la juventud. Estas novelas también están entre las más cómicas. Hay que notar, sin embargo, que mientras el nuevo hincapié en el humor bien puede haber tenido su primera gran promoción con la "narrativa juvenil", la risa ha pasado esas fronteras desde hace tiempo. A menudo, aunque no siempre, la fuente del humor es una visión escéptica del comportamiento humano.

Los enajenados en *En casos de duda*, aunque se enfrentan a problemas y aun a la tragedia, son humorísticos de dos maneras: la perspectiva en que el autor a veces los coloca y el humor que crean como una de las características de su cultura. Su lenguaje es vívido y entretenido. El tono de "decirlo tal como es" es paralelo al humor. Lo acertado del lenguaje es a menudo un factor del humor —*La traición de Rita Hayworth* es un buen ejemplo, como lo es también *De perfil*. Los nombres son cómicos. Pelo en *Contramutis* se llama Peloquieto porque pone una sustancia en su cabello. En *Inventando que sueño* (1968) de José Agustín, un muchacho y una muchacha en busca de un lugar aislado van al Hotel Joutel. Juegos de palabras de este tipo son frecuentes y a menudo intrincados. Lo importante aquí no es sólo que sean cómicos. También comunican una falta descarada de respeto ante las convenciones. Los personajes de un conjunto de rock en *Las jiras* (1973) de Federico Arana tampoco guardan mucho respeto a las convenciones; desafían abiertamente a las autoridades que representan el orden social. Se crean los mismos encuentros cómicos entre los jóvenes y los representantes del establecimiento. En este caso hasta se explica el lenguaje de la juventud con un glosario al final, buen indicio de lo particular de su expresión.

En *El camino de los hiperbóreos* (1968) de Héctor Libertella hay una página, como hoja de propaganda, que anuncia la quema del libro. La actitud sugerida por ese episodio se reafirma con una entrevista al autor —después de haber ganado un premio literario— en que contesta las preguntas con eructos. Es sumamente cómico, dentro de un marco limitado de aceptación —precisamente lo que merecen dichas preguntas triviales. Esta reacción, no obstante, se modifica, en la experiencia total de la novela, por medio de la desesperación que llega a ser manifiesta con este rechazo del comportamiento que normalmente se espera. *El camino de los hiperbóreos* es la búsqueda de algún tipo de ideal, que gira alrededor de un protagonista llamado Héctor Cudema. Es difícil decir más acerca de él porque parece ser más de una persona. Ésta no es una novela tradicional y es difícil describirla.

Como Néstor Sánchez, Libertella depende del lenguaje y el momento actual de usarlo para establecer el sentido de búsqueda que es la parte vital del libro. Cudema parece vivir en alguna parte entre un sueño del hombre realizando lo mejor de la potencia humana y una realidad desalentadoramente aburrida en que el único escape es la exageración del instinto animal. Todo eso llega al lector en una forma bastante caótica que emplea varias fuentes de narración, incluyendo las tres voces y una variedad de documentos. El mundo negativo de Cudema es semejante a la mediocridad de la vida de *La traición de Rita Hayworth*, aunque peor. De hecho, es tan intenso que pone en duda la proposición de la mediocridad y plantea la cuestión acerca de la iniciativa creadora de la gente que ve el mundo de este modo. Por lo tanto, la experiencia del lector puede tener una, dos o tres etapas —desde la comicidad hasta la simpatía por la búsqueda desesperada, y entonces disgusto ante la pobreza de recursos interiores. La mediocridad en *Batman en Chile* (1973) de Enrique Lihn proviene de la cultura de la televisión norteamericana —el programa "Batman" de los años sesentas. Tanto el programa como la novela se ligan con una época específica, casi en clave; en este sentido la televisión funciona aquí como el cine en *La traición de Rita Hayworth*. El autor emplea la figura de Batman para criticar el papel norteamericano en el proceso político chileno. La estructura se asemeja a un verdadero programa de "Batman", pero la novela realmente no es una parodia porque no tiene un tono humorístico sino de desprecio hacia esta expresión cultural de los Estados Unidos.

Vale la pena puntualizar, en cuanto a este tipo de narrativa, que estas actitudes complejas no son propiedad exclusiva de los autores jóvenes. En 1969 Héctor A. Murena, conocido por sus novelas de ideas, algo pesadas, publicó su primer volumen de una nueva trilogía, *Epitalámica*. Marca un cambio radical respecto a sus novelas anteriores. *Epitalámica* es ante todo una caricatura de noviazgo y casamiento; implica, sin embargo, una caricatura de las convenciones sociales en general. Llevando esto un paso más (y siempre es un paso peligroso porque nunca se sabe cuántos lectores lo darán) se puede leer la novela como una sátira de las novelas que hacen caricaturas del convencionalismo. Es cómica, y tan exageradamente así que su tratamiento de asuntos anteriormente prohibidos puede causar una reacción negativa por parte de algunos lectores.

La novela de Murena no causa ningún problema en lo que se refiere a la estructura. La presencia del narrador es obvia desde el principio y la organización sigue una línea cronológica. Las bases del humor son el contraste y la organización. El castellano del Siglo de Oro aparece junto a la jerga potreña y constituye así un ejemplo de la yuxtaposición de lo sublime y lo cotidiano.[15] El juego con el lenguaje se vale de los neologismos, la aglutinación, las equivalencias fonéticas y las locuciones de doble sentido; además, Murena emplea a menudo bufonadas con intenciones satíricas. Varias de estas características son semejantes a las de novelas de autores bastante más jóvenes. Lo que falta es la combinación de la creación-en-progreso con la visión burlona del mundo. Hay angustia, pero es estática.

Es importante ver también que la inconformidad de la juventud sigue adquiriendo connotaciones políticas específicas en algunas novelas. Otra vez un peruano es el ejemplo conveniente. Edmundo de los Ríos, en *Los juegos verdaderos* (1968) escribe una novela de un guerrillero capturado. Aquí la frustración de la juventud cambia en su modo de expresión de desdén ante el convencionalismo hasta protesta contra la opresión. El narrador ilumina tres etapas en la vida de un hombre que podemos suponer ser él mismo en las tres etapas. La estructura de la novela, sin embargo, nos deja experimentar estas etapas de un modo descoyuntado y luego unificarlas. Se refieren a su encarcelamiento, su separación de la familia y su niñez. Al presentar la historia de ese modo, De los Ríos desarrolla

---

[15] Julio Crespo ha estudiado el lenguaje en esta novela en "Informe sobre la literatura argentina en 1969: Narrativa", *Nueva Crítica*, núm. 1 (1971), pp. 3-19. Se encuentra la referencia a *Epitalámica* en las páginas 11-14.

a un protagonista que es más específico que el de la antigua novela de protesta social, pero todavía más general que el desarrollado a la manera de la novela realista. El humor desaparece por supuesto; aquí no hay risa. Tampoco hay risa en la protesta que hace Luis Urteaga Cabrera en *Los hijos del orden* (1973), en contra de una institución peruana, un instituto de rehabilitación de menores delincuentes. El lector se va enterando de la realidad del instituto por medio de distintos filtros: un narrador omnisciente, los monólogos interiores de los niños víctimas de abuso, hasta documentos oficiales. Efectivamente, el factor dinámico es el cambio constante de punto de vista en los distintos fragmentos narrativos.

La referencia a un sentido de amargura puede ser una manera demasiado fuerte de describir la novela de la juventud en general. En muchos libros que miran escépticamente los hábitos y costumbres de la generación anterior, hay bastante ternura. *Piedra de mar* de Massiani, *Gazapo* de Sainz y *De perfil* de Agustín son todos ejemplos de esta combinación. En 1968 José Agustín publicó *Inventando que sueño*, un libro que mejor se describe como una "novela de programa". Se caracteriza por la misma sátira y ternura y, en este respecto, es semejante a *La traición de Rita Hayworth* y *Tres tristes tigres*, porque el narrador no se coloca en una posición superior a los objetos de su sátira. Es una novela programada porque consta de varias partes que difieren bastante entre sí, pero todavía se combinan para crear una experiencia literaria que difiere de la experiencia de cualquiera de las partes individuales. En este sentido, *Inventando que sueño* es semejante a algunas grabaciones de música rock, en que las piezas no se relacionan de una manera formal, pero que todavía forman un programa cuyo efecto es bastante más satisfactorio que cualquiera de sus piezas escuchadas aisladamente.

José Agustín muestra claramente en *Inventando que sueño* que su escritura no tiene que limitarse necesariamente a un tipo de personaje ni a un solo tema. Los temas —al menos los importantes— varían bastante; el factor unificador, sin embargo, que existe a lo largo del libro es la sensación de que el mundo es cómico, pero que aun así es muy querido. Esta sensación no es de veras un tema. Llega a ser una intensificación que tiene lugar a causa de la constancia del tono en una variedad de situaciones ficticias desarrolladas por medio de distintas técnicas narrativas. Federico Arana comparte las actitudes de Agustín en *Las jiras*, pero hay cierta variedad de tono en esta última novela: algunos capítulos contienen el humor frívolo de *Inventando que sueño*; otros son de índole más bien introspectiva y sobria, hasta angustiada. Los primeros capítulos de *Las jiras* son los más humorísticos y en la segunda parte y final vemos los cambios de los personajes hacia la desesperación en un mundo en que se quedan definitivamente al margen de la sociedad a pesar de sus intentos por integrarse. El humor en *Se está haciendo tarde* (1973) de Agustín funciona igual que en la sección "Cuál es la onda" de *Inventando que sueño*: neologismos, juegos de palabras, actitudes divertidamente desafiantes ante los representantes de la sociedad establecida. Puede ser otra versión de la novela intimista, en que el lenguaje predomina sobre el análisis psicológico.

Cierta unidad de este tipo es fuente de satisfacción en una serie de obras que parecen ser volúmenes de cuentos o novelas cortas; no hay ninguna técnica específica, sin embargo, que se emplee constantemente, y la naturaleza del elemento unificador no es siempre igual. *Hombre en la orilla* (1968) de Miguel Briante consta de cuatro cuentos que se relacionan entre sí por medio de la escena y algunos personajes. Se puede leer cada cuento independientemente, pero cada uno de ellos incrementa el entendimiento de otro. Es en especial manifiesto en la función del cuarto cuento como fundo de los tres primeros. A medida que el lector llega a tener una conciencia de esta función, reconstruye la experiencia de leer los cuentos anteriores —ahora a la luz de la nueva información. El efecto no es precisamente cómo encontrar información escondida, porque aceptamos la información que tenemos en cualquiera de los cuentos —aceptamos el efecto sin saber la causa. Por consiguiente, cuando la explicación llega, enriquece nuestra experiencia, pero no es esencial.

El tono es importante en *Hombre en la orilla* tal como en *Inventando que sueño*, crea un sentido de cambio. Más específicamente, proviene del hecho de que un lugar va transformándose en un sitio menos rural mientras la metrópoli se adentra en él. Esta realidad sociológica llega al lector mediante la sensación de que un caso conocido va desapareciendo. Se enaltece el efecto del desvanecimiento por medio de un procedimiento intrincado de matices y cambios en la voz narrativa en el cuarto cuento. Hay varios cambios en la voz narrativa de los seis cuentos que constituyen *El principio del placer* (1972) de José Emilio Pacheco. Cuatro de ellos tienen distintos narradores en primera persona y los otros dos son de tercera. El cuento titular, y el más extenso de todos (unas 76 páginas), es un relato de la juventud. El narrador-protagonista describe su experiencia en un diario; en este caso, a diferencia de Agustín, no es tanto una visión escéptica de la generación anterior como una iniciación a la realidad del mundo de cualquier generación adulta. Este personaje es demasiado inocente —mucho más que el protagonista en *Piedra de mar* o "Cuál es la onda" en *Inventando que sueño*— para tener una visión satírica del mundo. Otros dos relatos son típicos de esta joven narrativa: en "La Zarpa" el estilo verbal de la protagonista es comparable a lo que sería una versión más extensa de Sainz en *La princesa del Palacio de Hierro* dos años más tarde;

"La fiesta brava" versa sobre un escritor. "Langerhaus" presenta más bien un problema de la realidad —más como lo que hace Humberto Costantini.

*Háblenme de Funes* de Costantini ofrece un programa especialmente satisfactorio porque las preguntas que plantea sobre la realidad y la invención en la tercera parte, "Fichas", culminan la frustración de la vida alegre en las dos primeras partes. Al mismo tiempo las técnicas narrativas empleadas por Costantini (son diferentes en cada una de las tres partes) son una verdadera muestra del arte de novelar. El cuento titular narra la vida y la muerte del músico-protagonista, Funes. Cada músico que trabajaba con él cuenta lo que sabe, caracterizándose a sí mismo en el proceso. Estos cambios en el punto de vista, junto con el efecto de un coro, van llenando el cuadro total de la historia. El secreto revelado a través de la narrativa es la aventura amorosa de Funes desde septiembre hasta abril. Este idilio es la fuente de su alegría de vivir; también es la causa de su muerte cuando provoca a sus ardientes aficionales que esperaban oírlo tocar.

La segunda parte se llama "Amarillo sol, amarillo pétalo, amarillo flamante, amarillo poema". Capta el momento en la vida de un barrio cuando la soledad puede tornarse amistad, pero la condición normal prevalece. El cuento emplea un solo punto de vista, pero ve a toda la gente del barrio en el mismo momento. El estilo de Costantini crea el efecto de un mito cosmogónico al emplear frases sin cláusulas subordinadas y al repetir las primeras palabras. Luego modifica el efecto portentoso al repetir la misma combinación de sustantivo-adjetivo para que llegue a ser cómico, y finalmente hace un adverbio de un adjetivo para describir la acción de un personaje que es identificado por el adjetivo. Estos efectos en sí son placenteros, y contribuyen a la posibilidad de la vitalidad en el barrio. En este caso, la frustración llega al grupo en vez de al individuo y, en vez de la muerte, toma la forma de la abulia espiritual.

"Fichas", la tercera parte, es de importancia como ejemplo del novelista viendo la invención literaria. El efecto de este comentario sobre la creatividad es por necesidad impresionante dadas las dos experiencias que comunican lo maléfico del espíritu humano.

La atención persistente en las innovaciones espectaculares y en las sutilezas intrincadas en la narrativa reciente, aunque bien merecida, puede crear la impresión de que las novelas se relacionan cada vez menos con un lugar específico. Puede parecer que el regionalismo ha desaparecido y que la novela ya no tiene nada que ver con la realidad de la vida cotidiana. En realidad, la situación es muy diferente. Las novelas suelen reflejar tanto la realidad como los problemas de lugares específicos, aun cuando su interés principal tenga poco o nada que ver con el lugar o los problemas de la sociedad. Lo que pasa al fenómeno del regionalismo en la narrativa contemporánea es que los escritores son cada vez menos defensivos en cuanto a este asunto. En cierto sentido, les preocupa menos; se sienten menos obligados a definirse en términos de lugar.

En la práctica, el lugar y el mundo real son sumamente funcionales en las novelas donde uno no supondría encontrar tal caso. La guisa en que aparecen puede variar desde el lenguaje típico de *Piedra de mar* y docenas de otras novelas hasta el reflejo de la Argentina peronista en *La traición de Rita Hayworth* o el uso de un adjetivo como "ofeliaguilmainesca" en *En caso de duda*. En tres novelas recientes, Sebastián Salazar Bondy, Reynaldo Arenas y Gustavo Álvarez Gardeazábal mitifican, respectivamente, un tipo cultural y un personaje histórico, y las tres novelas dan una visión aguda de una cultura.

*Alférez Arce, Teniente Arce, Capitán Arce* (1969) de Salazar Bondy es una novela incompleta, publicada después de la muerte del autor. Su tema se basa en las maniobras intrincadas después de un golpe de Estado, y versa sobre un hombre cuya ambición se reduce al miedo. La técnica narrativa más importante es el cambio en el punto de vista de un capítulo a otro. El editor y prologuista, Tomás G. Escajadillo, describe la estructura de la novela bien claramente en un ensayo introductorio.[16] El capítulo uno es el monólogo interior de Nicanor Arce momentos antes de su ejecución. En él sentimos por primera vez la sustitución de la ambición por el miedo, aunque algunos aspectos quedan oscuros —naturalmente, puesto que este capítulo es el recuerdo de Arce. En el segundo capítulo la voz narrativa es de tercera persona y describe a Arce tal como se lo ve en su celda de al lado. Al apartar un poco al lector del protagonista, el narrador pone de relieve la indignidad del miedo. El capítulo tres narra en tercera persona omnisciente los preparativos para el golpe. Aleja al lector de Arce y muestra el movimiento revolucionario como algo completamente oportunista, sin ideología y sin patriotismo. El cuarto capítulo es un recuerdo en primera persona por parte del hermano de Arce, Pedro, un marxista. Pedro habla con el colega político en el momento del golpe. Aquí apreciamos dos facetas contrarias de los valores burgueses: por una parte, el apoyo que ofrece Nicanor Arce a la ley y el orden (cuando le conviene), y por otra, el marxismo ineficaz y soñador de Pedro Arce. El capítulo cinco relata en tercera persona la decisión por parte de Nicanor de apoyar el golpe. Este episodio corresponde al tercer capítulo en el punto de vista narrativo y describe a un individuo tan oportunista como en el momento revelado en el tercer

16 Sebastián Salazar Bondy, *Alférez Arce, Teniente Arce, Capitán Arce...* (Lima, Casa de la Cultura del Perú, 1969), pp. 7-17.

capítulo. El hombre y el movimiento llegan a ser uno y la personalidad se junta con un fenómeno social. El resultado es especialmente eficaz porque Nicanor Arce no llega a ser el hombre fuerte estereotipado. Al contrario, es un desgraciado miserable. Este hecho también afecta nuestra apreciación del golpe. Además de crear una reacción específica contra el protagonista, enaltece el sentido de futilidad creado por el movimiento mismo.

*El mundo alucinante* (1969) de Reynaldo Arenas trata de una de las personalidades más interesantes de Hispanoamérica, fray Servando Teresa de Mier, un clérigo mexicano de fines del siglo XVIII y principios del XIX.[17] Su falta de conformidad es un reflejo de la época. La leyenda de fray Servando muestra a un hombre dispuesto a decir lo que piensa —y una persona polémica y antagónica. Fue encarcelado más de una docena de veces y se escapó con una frecuencia que debía haber afectado la confianza de las autoridades. A veces tenía ingresos, pero otras apenas ganaba lo mínimo para no morirse de hambre. Vivió con una comunidad judía durante una temporada y se dice que convirtió a dos rabinos por sus capacidades persuasivas. Todos estos acontecimientos tuvieron lugar en México, Cuba, España, Francia y Portugal.

Arenas toma esta imagen legendaria y actualiza al fraile Servando, haciéndolo vitalmente presente en nuestra época. La carrera del hombre tiene varias cualidades picarescas, y el novelista cultiva este aspecto. Al mismo tiempo, emplea circunstancias sobrenaturales o mágicas que transportan la caracterización al nivel del mito, creando un efecto semejante a la caracterización en *Cien años de soledad*. La técnica principal de Arenas es el uso de tres voces narrativas. El narrador se dirige al fraile Servando en segunda persona, colocándose a sí mismo y al protagonista en el mismo plano. El fraile Servando habla en primera persona, y también hay una voz en tercera persona que completa la descripción del hombre y de su mundo. Las tres voces pueden tratar del mismo episodio. La base de la experiencia de *El mundo alucinante* es el sentido de lucha contra las restricciones tradicionales. El personaje histórico que emplea Álvarez Gardeazábal en *Cóndores no entierran todos los días* (1972) es León María Lozano, "El Cóndor", un líder durante la época de la violencia en Colombia. Al mismo tiempo que el tratamiento se liga a un tiempo y un espacio sumamente específicos (el Valle del Cauca durante los años cincuentas), tiene algo de la universalidad: el problema del poder.

No hay la más mínima duda acerca de la identidad cultural de estas novelas. Es más común, sin embargo, encontrar el efecto épi-

---

[17] El hecho de que Reynaldo Arenas sea cubano da significación más amplia a la historia que la identificación de fray Servando como mexicano.

co —un intento de alcanzar el alma de un país o una región. Adriano González León, en *País portátil* (1968), sitúa a su protagonista, Andrés Barazarte, dentro de un momento específico en Caracas, pero amplía la narrativa, a través de la conciencia interior de Andrés, a una apreciación más extensa de la ciudad, y también a la herencia provinciana de la familia Barazarte. El tiempo que la novela abarca corresponde al viaje que hace Andrés por razones políticas —cuestión de horas. Su tradición familiar nos lleva a la organización social feudal de las provincias, y la vida de la Caracas metropolitana también tiene sus aspectos feudales. González León entreteje tres aspectos (o niveles) del desarrollo de la novela, pero mantiene la identidad de cada uno al cambiar la voz narrativa y las caracterizaciones generales del estilo de prosa en cada uno. Arturo Azuela emplea varias voces para narrar una historia familiar en *El tamaño del infierno* (1973). Los elementos importantes de esta novela son la trayectoria de la familia y el mito que se crea alrededor del personaje central.

*Trágame tierra* (1969) de Lisandro Chávez Alfaro también trata de más de una generación, mostrando un cambio de actitud entre nicaragüenses. La anterior se resigna a la opresión espiritual creada por la relación despreciable del país con los Estados Unidos. Los jóvenes consideran que sus mayores se han vendido por una estabilidad económica que vale muchísimo menos de lo que han pagado. La capacidad del autor para penetrar en un personaje en medio de una afirmación ligada con la realidad externa, produce caracterizaciones que combinan una gran profundidad con las cualidades típicas de una región. *Dabeiba* (1972) de Álvarez Gardeazábal es una verdadera panoplia de caracterizaciones; si son típicas, se trata de una región tan extraña como el Macondo de García Márquez. Trata de un pueblo colombiano llamado Dabeiba durante un periodo de pocos días. Un hilo que suministra unidad a las descripciones de los ciudadanos tan curiosos de este pueblo es la posibilidad de un desastre natural que los amenaza constantemente. Es una novela cuidadosamente estructurada que revela la dificultad de la comunicación que sufren los personajes; esta dificultad se relaciona con lo mal informados que están entre ellos.[18]

Una relación con el lugar bastante diferente y mucho menos faulkneriana que la de Chávez Alfaro es clara en *Los niños se despiden* (1968) de Pablo Armando Fernández. Es una alegoría del concepto que tiene el autor de la realidad cubana, lo cual es diferente de una alegoría de Cuba. La acción enfoca la fundacón de una comunidad

---

[18] Wolfgang A. Luchting ha observado la falta de comunicación entre los personajes. Véase Wolfgang A. Luchting, "Apuntes para una lectura de *Dabeiba* en *Aproximaciones a Gustavo Álvarez Gardeazábal* (Bogotá, Plaza y Janés, 1977), Edit. Raymond L. Williams.

utópica, Sabanas. Ofrece una visión condensada de toda la historia de Cuba, yuxtaponiendo gente de distintas épocas. Tiene que ver con la lealtad cívica, los que aceptan la nueva sociedad y los que la rechazan. La alegoría no es absoluta —no es posible colocar las sugerencias en un patrón. Esta característica hace confusa la novela. Fernández no nos ayuda, porque cambia de tiempo verbal y cambia el tono narrativo sin clarificarnos el sentido del cambio.

Entre los novelistas ya reconocidos, Demetrio Aguilera Malta y Miguel Otero Silva han publicado recientemente novelas que son regionales en el mejor sentido de la palabra y que muestran claramente los efectos liberadores de las técnicas narrativas actualmente comunes en la ficción reciente. *Siete lunas y siete serpientes* (1970) de Aguilera Malta crea el pueblo mítico de Santorontón, donde se juntan factores culturales de América, África y la Europa cristiana. La estructura narrativa segmentada en secuencia asincrónica, los acontecimientos milagrosos y la sensibilidad aguda del ritmo fonético que tiene el autor se combinan para crear un sentido de magia. El folklore a lo Asturias se mezcla con los problemas cotidianos; la fantasía libre se encuentra junto a la preocupación constante por la justicia social por parte de Aguilera Malta. Los lectores que conocen *Don Goyo* probablemente sentirán que *Siete lunas y siete serpientes* es una especie de intensificación de la novela anterior —un caso de la imaginación creadora desenfrenada.

El juego con el lenguaje es un ingrediente básico en la experiencia del libro. Es rítmico y humorístico y sirve para matizar el tono narrativo en una serie de situaciones que van desde un sentido de primitivismo hasta la sugerencia del poder sexual de uno de los personajes. A Aguilera Malta, como a Agustín Yáñez, le encantan los personajes inolvidables y extraordinarios: el buen cura y su crucifijo hablante, el pícaro indomable y el hechicero. El folklore, la gente real, los animales y la invención pura funcionan en el mismo nivel. Hay contrastes entre lo bueno y lo malo, lo bueno representado por los que tienen buena voluntad y una actitud generosa ante el prójimo. Es importante que la novela no sea de ninguna manera una especie de manifiesto en favor de un programa social, sino una afirmación positiva ante la humanidad. El conflicto central entre lo bueno y lo malo tiene que ver con el formidable Candelario Mariscal, hijo de Satanás y ahijado del padre Cándido, el cura bueno y sencillo. Candelario es supremo en todo lo que tenga que ver con el sexo y lo militar, es una encarnación del machismo y el caciquismo y, por consiguiente, representativo de dos características importantes en la cultura hispanoamericana. El tema principal de la novela trata de la manera en que Candelario se enfrenta a dificultades y luego busca una solución a su problema.

La característica extraordinaria de *Cuando quiero llorar no lloro*

(1970) de Miguel Otero Silva es el uso atractivo y eficaz de técnicas narrativas innovadoras por parte de un autor que insiste en el contenido social y que ha sido de vez en cuando abiertamente propagandístico. La estructura de esta novela lleva su mensaje. Tres jóvenes, que tienen el nombre de San Victorino, nacen al mismo tiempo y también mueren simultáneamente. La primera parte del libro identifica a San Victorino dentro de una perspectiva histórica y cambia a la Caracas de mediados del siglo xx. Las noticias de primera plana y un *collage* de la historia funcionan como un marco para el Día de San Victorino, 1948. Un joven crítico venezolano, R. J. Lovera de Sola, ha notado que esta parte de la novela establece la idea de la juventud como víctima del orden establecido.[19] Los tres jóvenes cuyas historias son el contenido de la novela son Victorino Pérez, hijo de una familia humilde; Victorino Peralta, que pertenece a una familia bien de la alta burguesía, y Victorino Perdomo, de clase media modesta.

Con referencia a los tres nacimientos (y hay que recordar que los tres hombres son, en algún sentido, el mismo hombre), Otero Silva establece el principio de semejanza-diferencia al hablar de las tres madres como Mamá, Mami y Madre. Después del capítulo introductorio hay una referencia breve a la ocasión en que Victorino cumple dieciocho años. Después de eso, los capítulos alternados se refieren a cada uno de los tres Victorinos —cuatro capítulos para cada uno. Parte de cada capítulo trata de la situación de cada hombre al cumplir los dieciocho años; otra parte es una retrospectiva a una época anterior de su vida. Pérez es un criminal; Peralta es un *playboy* y pícaro; Perdomo es un miembro del FALN. El padre de Perdomo es un viejo miembro del partido comunista que no puede entender el concepto que tiene su hijo de una revolución sin el proletariado. Este conflicto es el factor en la novela que contiene la mayor parte de la explicación ideológica. Es posible que el fluir creador del autor se vea retenido por cierta ansiedad en la presentación de estas posiciones opuestas.

Otero Silva intercala notas humorísticas —casi siempre basadas en incongruencias— dentro del proceso de la tensión creciente. Su narración suele tener la cualidad del diálogo porque la voz narrativa habla de manera apropiada para la persona de quien se habla. Hay otros matices en el punto de vista que dan variedad a la novela y la hacen progresar rápidamente. La presentación alternada de

---

[19] R. J. Lovera de Sola, *"Cuando quiero llorar no lloro*: Tres vidas paralelas de jóvenes venezolanos vistas por un novelista pesimista", *Letras Nuevas*, núm. 5 (agosto-septiembre de 1970), pp. 32-33. Lovera de Sola considera que sólo uno (Perdomo) es una víctima de la sociedad. También cree que Otero Silva no entiende a Perdomo. Hay que aceptar este juicio con cuidado. Puede ser correcto; no obstante, es necesario recordar que el crítico mismo puede ser menos que omnisciente.

los protagonistas triples crea la sensación de que todos los hombres tienen el mismo destino, pero no todos los hombres, claramente, son iguales. A través del libro hay una intensificación constante de la idea de vidas gastadas. La visión de la vida es humanística, y uno podría suponer que el autor fue formado en el estudio de los clásicos. El último capítulo tiene el título de la novela y es una especie de epílogo que se refiere a los tres funerales.[20]

*Cuando quiero llorar no lloro* es, considerablemente, la voz de una generación anterior comentando la juventud y el impulso revolucionario en Hispanoamérica. Demetrio Aguilera Malta, como miembro de la misma generación, comenta este impulso muy directamente en *El secuestro del General* (1973). Afirma los tradicionales valores humanos al mismo tiempo que comunica la sensación de que las estructuras sociales tradicionales deben ser rechazadas —aun por medios violentos— para que esos valores florezcan. La trama tiene dos líneas narrativas. En el presente un general del dictador es secuestrado por las fuerzas revolucionarias y el líder tiene que decidir cómo actuar. Para fines de la obra es derrotado por las fuerzas del grupo cuyos líderes han sido caracterizados en la otra línea narrativa. Éstos tienen vidas reprimidas en un pueblo pequeño hasta que las mismas fuerzas que más tarde liberarán el país —el espíritu del amor y de la injusticia— los inspiran a rebelarse contra las autoridades locales. El humor funciona a base de situaciones cómicas y es un factor importante para nuestra apreciación del dictador y sus seguidores como personas inmensamente inferiores a los que mandan.

La voz de una generación completamente distinta trata de temas semejantes cuando Mario Vargas Llosa (nacido en 1936) teje la trama compleja de *Conversación en La Catedral* (1959). La relación entre estas dos novelas puede aumentar el valor de nuestra apreciación de la Hispanoamérica contemporánea, pero sólo si se entiende la secuencia generacional. Vargas Llosa nació una generación más tarde que Otero Silva, pero no pertenece a la misma generación de los victorinos, que pisaron la tierra por primera vez en 1948. El protagonista de Vargas Llosa, Santiago Zavala, pertenece a la generación del autor mismo y es, por lo tanto, media generación más viejo que la de los victorinos.

*Conversación en La Catedral* es básicamente una novela política, pero hay que hacer hincapié en la palabra "básicamente", porque abarca muchos aspectos del comportamiento humano en el Perú durante el régimen de Manuel Odría, 1948-1956. La novela enfoca principalmente esos años, pero en realidad se adelanta hasta 1963,

---

[20] El título es de un poema de Rubén Darío bien conocido en que el poeta lamenta la desaparición de la muerte, y entonces dice "Cuando quiero llorar, no lloro/y a veces lloro sin querer".

la época de la segunda administración de Manuel Prado y el comienzo de la presidencia de Fernando Balaúnde.[21] La novela de Vargas Llosa, como muchas novelas políticas, trata de la influencia del caudillo —su poder eficaz está siempre presente aunque casi nunca se ve al hombre mismo. Santiago Zavala madura bajo la sombra de su poder, su caracterización es un comentario a la situación.

Para apreciar completamente el problema de Santiago Zavala, conviene saber algo de la política peruana. Manuel Odría representa la reacción contra el poder que tenía Raúl Haya de la Torre y los apristas en el gobierno de José Luis Bustamante, un liberal moderado que fue elegido en 1945 contra un candidato de la oligarquía. Los programas progresistas planteados por los apristas dieron miedo a la oligarquía y a fin de cuentas condujeron a la toma del poder por parte de una junta militar, encabezada por el general Manuel Odría. Su régimen de ocho años fue más corrompido que brutal, más embrutecido que opresivo. Efectivamente restauró la vida a lo peruano —el orden favorecido por las familias poderosas del país aunque se dan cuenta de que no funciona.

En 1956 Odría permitió las elecciones libres, aunque sorprendiera a muchos. El antiguo presidente Manuel Prado fue elegido con el apoyo de sus antiguos enemigos, los apristas. Uno de los candidatos derrotados fue Fernando Belaúnde, que había congregado a los apristas. La segunda administración de Prado fue un desastre económico y no logró nada en el campo de las reformas sociales. A fines de su presidencia, en 1962, hubo elecciones, tres fueron los candidatos: Odría, Haya de la Torre y Belaúnde. Haya de la Torre ganó más votos, pero no los suficientes para ser elegido. Luego hubo un periodo de maniobras políticas y militares, un gobierno breve de junta militar, y por fin la elección de Belaúnde en 1963. Vale la pena notar que Belaúnde recibió 39 por ciento de los votos, Haya de la Torre 34 por ciento y Odría 26.

Es aproximadamente en este punto de la historia donde la conversación tiene lugar en "La Catedral", un bar donde los dos personajes básicos conversan por cuatro horas. Los interlocutores son Santiago Zavala y Ambrosio Pardo. Ondas de diálogo emanan de esta conversación y retroceden hasta 1948. Se refieren a distintos lugares en Lima y a varias provincias e incorporan unos sesenta o setenta personajes.[22] La experiencia creada por este montaje de diálogos

[21] En cuanto al tiempo en la novela, véase Raymond L. Williams, "Los quince años de *Conversación en La Catedral*", *La Nueva Crónica* (30 de marzo, 1972), p. 7.

[22] La referencia a las "ondas de diálogo" es de José Miguel Oviedo, cuyo libro sobre Mario Vargas Llosa contiene un análisis excelente de *Conversación en La Catedral* (*Mario Vargas Llosa: La invención de una realidad* [Barcelona, Barral, 1970]).

es muy complicada y sutil; sin embargo, depende bastante de los personajes y las funciones novelísticas de Santiago y Ambrosio.

Santiago es un complejo de frustraciones. Es el hijo de una familia distinguida y rechaza sus valores y su papel en la oligarquía de la sociedad peruana. Encuentra imposible, sin embargo, tomar una posición afirmativa. Se casa con una muchacha provinciana cuyos gustos y aspiraciones prosaicos recuerdan el ambiente cultural de *La traición de Rita Hayworth*. Santiago se torna un don nadie, tanto en su vida personal como en su carrera. Funciona en la novela como ejemplo de una generación —la misma presentada en *Una piel de serpiente* de Luis Loayza. Es una generación disidente frustrada por las circunstancias políticas. Sus miembros no han superado el compromiso con las ideologías, tal como lo han hecho algunos disidentes más recientes; al contrario, parecen ideológicamente pasivos o frustrados.

Ambrosio Pardo es de las provincias y de la clase baja, hace tiempo que está en contacto con gente poderosa, en el papel de empleado, es un hombre estable y honesto. Llega a ser manifiesto, sin embargo, que estas cualidades son parte del resultado de su sometimiento a un sistema que no tiene el coraje de intentar cambiar. Ambrosio sirve como importante factor unificador en la novela, a través de su contacto con varias personas. Conoce a Santiago porque fue chofer del padre de Santiago. Se reconocieron una vez por casualidad cuando el joven Zavala fue a buscar su perro en la perrera. El chofer trabajaba allí.

En las ondas de diálogo que emanan de su conversación de cuatro horas en "La Catedral", dos personajes se destacan como factores contrastantes con respecto a Santiago y Ambrosio. El Zavala mayor, Fermín, es el oligarca típico y contrasta con la disidencia de su hijo. Cayo Bemúdez tiene raíces tan humildes como Ambrosio, pero ha llegado al poder por medio del oportunismo. Ni Cayo ni Ambrosio toman una posición en contra de la oligarquía, pero sus reacciones son completamente distintas. Ambrosio, de hecho, ha trabajado de chofer para los dos —Cayo y Fermín. Esta circunstancia apunta al papel de Ambrosio como factor unificador e igualmente sugiere cómo las ondas de diálogo entretejen varias facetas de la narrativa.

Vargas Llosa se vale de la misma posición narrativa que fue tan eficaz en *La casa verde* —algo entre diálogo y la narración en tercera persona (o una combinación de los dos). También señala la relación entre el diálogo y el montaje general al emplear palabras claves que ponen al lector sobre aviso. En lo que se refiere al tiempo, *Conversación en La Catedral* evita la progresión cronológica y concentra su esencia en una época dentro de un marco temporal limitado. La realidad, entonces, no es la secuencia histórica, sino todo lo que experimentamos al conocer a Santiago y a Ambrosio durante su conversación. Además de crear una visión condensada del tiempo, Vargas Llosa lo hace del espacio al cortar rápidamente una escena para introducirnos a otra. El efecto —aunque sólo sea parcialmente logrado— no es un panorama, sino una fusión de varias escenas.

No cabe duda de que Vargas Llosa es uno de los innovadores más interesantes de la novela hispanoamericana. También es un hecho que sus técnicas producen resultados que comunican más allá de la experiencia de la técnica misma. La crítica más justificada acerca de su trabajo es que el lector tiene que aprender sus técnicas narrativas para poder acostumbrarse a leer fluidamente, sin rehacer la novela, en una experiencia común y corriente. Una vez que el lector logra esto, se puede apreciar la novela dentro de sus propios términos, pero esto puede exigir una segunda o tercera lectura. Esta queja no quiere decir, desde luego, que no valga la pena leer *Conversación en La Catedral*. Ni mucho menos. Sólo significa que la lectura no ha de hacerse con una actitud frívola.

El autor podría contestar, a su vez, que no emprende su escritura con una actitud frívola. De hecho, la composición seria de la narrativa es progresivamente más evidente en la novela hispanoamericana. Seguramente es esta dedicación artística lo que produce novelistas que se sienten seguros de su arte. La actitud de seguridad también permea la expresión del regionalismo. La habilidad para hacer trascender el regionalismo elimina la posibilidad de censura en este asunto. Es un estado de madurez en lo que se refiere a la técnica y la materia —lo que quiere decir que la novela hispanoamericana, para principios de la década de los setentas, es un medio artístico maduro—. La nueva actitud a que nos referimos al principio del capítulo es de sobremanera evidente en la carrera de Vargas Llosa mismo. El lector que identifica a Vargas Llosa como el autor de composiciones complejas y sobrias como *Conversación en La Catedral* puede quedar algo sorprendido, si no desilusionado, al encontrarse con *Pantaleón y las visitadoras* (1973). Es una novela humorística; no obstante, tampoco significa que la lectura ha de hacerse con una actitud frívola. Es una de esas obras en que la distinción entre la seriedad y la sobriedad es importante para la satisfacción en potencia que encuentre el lector con su experiencia. En esta novela un oficial del ejército en el Perú, Pantaleón Pantoja, organiza la prostitución para sus soldados. El nivel más obvio del humor es creado por el contraste entre esta actividad ilícita y el comportamiento militar por excelencia de Pantoja: antes de lanzarse a este proyecto bajo órdenes de sus superiores, siempre había sido el militar ideal. Es un organizador nato, tanto que su proyecto supera las máximas esperanzas del ejército: a mediados de la novela el fracaso de Pantoja se precipita a causa precisamente de su éxito como organizador: el negocio ha adquirido vida y los jefes del ejército temen que no lo podrán controlar. Y es su éxito como organizador lo que al final provoca la reacción: Pantoja pierde su puesto y es trasladado a un lugar remoto. *Pantaleón y las visitadoras* es un ejemplo del hábil dominio de la narración característica de la obra de Vargas Llosa; no es tan exigente sino muchísimo más accesible que las novelas publicadas anteriormente por el autor. Tal accesibilidad será aún más marcada para el año 1974.

## XX. EL AÑO DE "EL RECURSO DEL MÉTODO" (1974)

PARA 1974 tanto la seguridad como la nueva actitud notadas en el capítulo anterior están en pleno apogeo. Autores que habían establecido sus carreras con novelas técnicamente complicadas y altamente exigentes para sus lectores —Alejo Carpentier, entre los más distinguidos, y Guillermo Cabrera Infante, Gustavo Sainz y Gustavo Álvarez Gardeazábal entre los más bien jóvenes— publican novelas que sólo un novelista muy seguro de su arte podría publicar; la sencillez aparente en algunas de estas narrativas es una característica de producción en plena madurez. Predomina el humor que había surgido prácticamente a partir de la publicación de *Cien años de soledad* y *Tres tristes tigres*. El lector que había identificado a Vargas Llosa como el autor de composiciones complejas y sobrias como *La casa verde* y *Conversación en La Catedral* encontró algo del todo distinto con *Pantaleón y las visitadoras* en 1973. Las tres novelas que mejor muestran este regreso hacia la accesibilidad y la actitud humorística ante el mundo son *El recurso del método* de Carpentier, *El bazar de los idiotas* de Álvarez Gardeazábal y *La princesa del Palacio de Hierro* de Sainz.

Es notable que en el año en que hemos destacado la accesibilidad y la actitud humorística ante el mundo, un autor como Carpentier, que jamás había publicado una obra de humor en su larga carrera, produjera una de esa índole con la publicación de *El recurso del método*. Aunque la crítica ha tendido a recalcar el hecho de que es una novela de un dictador, esta actitud es la característica más destacable de la obra dentro del fluir de la novela hispanoamericana de principios de la década. Versa sobre un dictador nunca nombrado, "El Primer Magistrado", aproximadamente durante la primera mitad del presente siglo. El autor ha explicado que el enfoque temporal que ha utilizado fue principalmente de 1913 hasta 1927, aunque también hay un periodo que lleva al personaje central a los años treintas y cuarentas.[1] Este personaje, que vive entre su patria y París nos recuerda a varios dictadores de carne y hueso: Machado, Guzmán Blanco, Porfirio Díaz, Trujillo, Estrada Cabrera y Cipriano Castro. Se trata de un "tirano ilustrado" que goza igual de la ópera parisiense, los libros esotéricos y los vinos finos que de las maniobras opresivas que lleva a cabo en su país. La caracterización de éste, entonces, nos recuerda inmediatamente la tradición de la civilización ante la barbarie que en él se encarna. Él mismo

---

[1] Miguel F. Rosa, "El recurso a Descartes" (entrevista) *Cuba International*, núm. 59 (julio de 1974), p. 48.

representa lo más "civilizado" que se pudiera imaginar mientras está en París, y lo máximamente bárbaro cuando actúa en su patria latinoamericana.

Esta dualidad en la caracterización es correspondida por contrastes semejantes en la estructura. El espacio literario varía en forma regular entre París, donde tienen lugar los capítulos uno, tres y siete, y la patria, a la que corresponden el capítulo dos, y del cuatro al seis.[2] De ese modo hay un vaivén constante entre el mundo parisiense de la razón cartesiana y el otro mundo donde se emplea esa ideología francesa para llevar a cabo los actos más flagrantemente distorsionados de las facultades humanas. Desde las primeras líneas de la novela el lector está consciente de la distinción entre *aquí* (París) y *allá* (Hispanoamérica): "Y es lo mismo de siempre cuando vuelvo a esta casa: abro los ojos con la sensación de estar *allá*, por la hamaca esta que me acompaña a todas partes: casa, hotel, castillo inglés, Palacio nuestro. . ." La presencia de su hamaca nativa en esos ambientes extranjeros crea el humor por la yuxtaposición de objetos que normalmente no se hallan juntos. El efecto es igual al humor creado más adelante en la novela por la yuxtaposición de la noticia de una rebelión en su país junto con la decisión de ir a escuchar una presentación de *Peleas y Melisenda*. Es irónico que el *aquí* no sea su propia patria, pero es indicativo de su posición como dictador en ausencia. Este hecho es un mero primer paso en la base que es la dicotomía entre *aquí* y *allá* en la creación del humor en la novela.

Se utiliza un contraste en el punto de vista, fundamentalmente entre la primera persona y la tercera. La gran mayoría de las 22 secciones de los siete capítulos son narrados por un narrador omnisciente fuera de la historia. Lo interesante son las excepciones a este procedimiento: el primer capítulo y tres secciones a fines de la novela. El largo monólogo interior del primer capítulo comunica lo que ve y lo que dice el Primer Magistrado desde una mañana en que lo vemos despertarse. En cuanto a lo que piensa, sus reacciones al despertarse se limitan a su circunstancia inmediata: los colores de la mañana, y lo que sólo a través de un proceso de descubrimiento puede caracterizar a un personaje psicológicamente. Ángel Rama ha apuntado que este factor, el interés que tiene el novelista por revelar la psicología del dictador, es lo que distingue la reciente novela del dictador de las anteriores.[3] Luego, en las secciones veintiuno y veintidós, hay un cambio importante: por primera vez encontramos cierto autoexamen que en la última de esas dos

2 Bárbara Aponte explica el espacio y la estructura en "La creación del espacio literario en *El recurso del método*", *Revista Iberoamericana*, 42 (1976), p. 567.

3 Véase Ángel Rama, *Los dictadores latinoamericanos*, México, Fondo de Cultura Económica, 1976.

secciones nos comunica la profunda crisis que el Primer Magistrado sufre antes de su muerte.

Educado en París, el Primer Magistrado es un hombre de razón. Es un positivista por excelencia que emplea el "método empírico" para cometer sus múltiples barbaridades, como, por ejemplo, la confiscación de libros "rojos" o el "entierro" de enemigos políticos en bloques de cemento. Otros acontecimientos increíbles en la novela incluyen actos como la fornicación en el Observatorio Nacional, la invasión de una iglesia por parte de borrachos, la llegada de un piano Steinway desde Nueva York con un asno decapitado adentro. Obviamente el uso de la razón no conduce siempre a resultados razonables. Roberto González Echeverría ha notado que la oposición entre discurso y recurso subvierte la racionalidad representada por Descartes.[4] El primer capítulo lleva el siguiente epígrafe: "Mi propósito no es el de enseñar aquí el método que cada cual debe seguir para guiar acertadamente su razón, sino solamente el de mostrar de qué manera he tratado de guiar la mía." Cada uno de los siguientes capítulos lleva un epígrafe semejante, todos de Descartes. El hecho de que el tirano utilice la lógica del francés resulta en una parodia anunciada en cada capítulo. En este contexto el humor funciona a veces como una burla del "progreso" y la "modernidad" que intenta fomentar el dictador.[5] También suministra cierta contemporaneidad a la obra: no se trata sólo de una crítica de la situación; además, Carpentier pone en tela de juicio el nivel hasta el cual el hombre puede confiar en la razón. Álvarez Gardeazábal emplea el humor también para plantear preguntas semejantes acerca de las posibilidades y limitaciones de la razón humana.

*El bazar de los idiotas* versa sobre la vida, a veces fantástica, de un par de adolescentes en un pueblo llamado Tuluá, en Colombia. La institución de la que se burla en este caso es más específica que un dictador que reprime todas las instituciones de un país: la Iglesia. La situación narrativa es básicamente tercera persona omnisciente. La manera en que se regula el fluir de la información es fundamental al humor y a la invención de Álvarez Gardeazábal. En general, el narrador no penetra en los personajes psicológicamente. Esta novela no es de ningún modo de análisis psicológico profundo. El narrador sí revela, sin embargo, algunos de los pensamientos y sentimientos de los personajes, empleando a menudo palabras como "entendió" y "sintió" en descripciones breves, en vez de análisis desarrollado. Una fuente del humor es la ruptura de este código. Los personajes "deciden" cosas, que normalmente no

[4] Véase Roberto González Echeverría, *Alejo Carpentier: The Pilgrim at Home* (Ithaca, Cornell University Press, 1977), p. 260.

[5] Véase Mario Benedetti, "El recurso del supremo patriarca", *Casa de las Américas*, 98 (1976), p. 18.

se considerarían decisiones. Emplea esta técnica al menos tres veces
en el primer capítulo. La primera vez, por ejemplo, un personaje
"decide" nacer (es decir, "aparecer por entre las piernas de su
madre").

En el caso en que la percepción del narrador se acerca más a
la de los personajes, el efecto es irónico. Cuando Paulina Sarmiento, un líder cívico, encabeza a su grupo en la campaña contra Marcianita Barona, una supuesta pecadora, el narrador los describe
como "la vanguardia de la salvación de Tuluá" que no iban a permitir la presencia de la "reencarnación demoniaca".[6] El empleo del
término "reencarnación demoniaca" corresponde más a la percepción del grupo que a la del narrador en su posición normalmente
distanciada. Otras veces este uso del lenguaje refleja más bien la
mezquindad del pueblo. Por ejemplo, al describir el comercialismo
de Tuluá, dice lo siguiente: "Los precios de venta variaban según la
cara de tonto incurable que le veían al comprador" (p. 255).

Para 1974 ya es posible la creación de una novela que tiene fuentes, en cierto sentido —y que hasta parodia— la obra de fines del
boom —a saber, en este caso, *Cien años de soledad*. La anécdota
increíble a veces nos recuerda el mundo encantado de la saga de
Macondo. Comienza cuando el cura de Tuluá, el padre Severo Tascón, vive con Manuela Barona, a pesar de las protestas de algunos
de los ciudadanos más distinguidos. El resultado de esta relación
ilícita es Marcianita, que se casa con Nemesio Rodríguez, y engendra a los dos idiotas, Bartolomé y Ramón Lucio. Los dos chicos
descubren que, a pesar de sus deficiencias mentales, a través del
onanismo pueden curar las enfermedades. Mientras se acrecienta
su fama durante el proceso de hacerse héroes, la economía de la
región sufre un empuje paralelo ya que el pueblo llega a ser un centro de turismo. Un aspecto significativo de la experiencia total de
la novela se relaciona con la gente que curan para alcanzar esta
popularidad —una galería de tipos que varía desde una ex reina de
belleza paralizada, hasta un homosexual que sufre de "alma" después de perder a su amante—. El par de hermanos llama la atención
internacional a tal punto de que acuden a Tuluá expertos nacionales y extranjeros. Al final mismo de la novela mueren asesinados
por su medio hermano.

Además de lo fundamentalmente divertido de esta anécdota, el
humor se crea al alterar la situación narrativa básica, invirtiendo
por completo los términos normales del lenguaje. Emplea así un
lenguaje comercial para describir los asuntos relacionados con la
Iglesia y un lenguaje eclesiástico para describir las actividades

---

[6] Gustavo Álvarez Gardeazábal, *El bazar de los idiotas* (Bogotá, Plaza y Janés,
1974), p. 44. Todas las citas son de esta edición.

de los idiotas. En cuanto a la Iglesia, denomina a los miembros "clientes": "Los que primero sintieron la baja de clientela fueron los padres redentoristas de Buga" (p. 241). La creciente fama de los idiotas causa cambios en los negocios de la Iglesia: "La venta de reliquias, del aceite del hermano Champagnat, del agua del Guadalajara, de los fragmentos del jabón que la india usaba cuando encontró tres siglos atrás la imagen milagrosa lavando ropa en el río, todos los rosarios de chambibe que resultaron ser de lágrimas de San Pedro, absolutamente todo el elenco milagrero, dejó de venderse" (p. 243). El lenguaje usado para referirse a los idiotas, en cambio, tiende a ser eclesiástico. Los que vienen para ser curados son los "peregrinos" que hacen su "peregrinación". Otras veces son la "multitud".

Ya se ha visto la manera en que Carpentier, en cierto sentido, toma el papel de historiador, reescribiendo lo que es la historia de los países que han sufrido bajo el mando de dictadores. El narrador en *El bazar de los idiotas* tiene la función de historiador, aunque a un nivel más bien paródico. Desempeña este papel porque es la única fuente de memoria de los acontecimientos de Tuluá. El narrador afirma desde el principio de la novela que la falta de entendimiento de los hechos que han ocurrido en Tuluá resulta del problema de la memoria: Tuluá se ha olvidado del padre Tascón y de los orígenes de los idiotas. La labor del narrador, entonces, es la de recordar y reescribir la historia olvidada de Tuluá. La realidad de Tuluá está determinada tanto por la manera en que se la recuerda (y olvida) como por los hechos de la historia objetiva. El acto de organizar por parte del narrador es hasta cierto punto una denuncia de la modernidad y su tecnología porque es esta modernidad lo que causa que Tuluá se olvide de su pasado verdadero. La "civilización", como dice el narrador, ha hecho que Tuluá se olvidara (cómodamente) del pasado de Marcianita, y tal es el caso de la memoria de Tuluá: se olvidan las cosas cuando les conviene a los habitantes. Tanto Álvarez Gardeazábal como Carpentier se burlan de lo que el hombre moderno ha construido como muestras por excelencia de sus capacidades racionales.

El humor en la última de estas tres novelas, *La princesa del Palacio de Hierro*, proviene de una visión del todo distinta del mundo porque el narrador funciona como parte del mundo ficticio y no superior a él. Se trata de una larga narración en primera persona —un monólogo por parte de una mujer que bien podría ser un solo lado de una conversación telefónica. En un punto determinado, como empleada en una tienda (El Palacio de Hierro), cuenta su vida a una amiga nunca identificada. Su historia comienza con la adolescencia y cubre varios años. Su existencia banal, pero paradójicamente, nada aburrida, consiste en una serie de relaciones que inevitablemente fracasan. La cualidad especial de su vida, y de la novela, es la manera curiosa en que estas relaciones se desarrollan y su modo de expresión sorprendentemente poco inhibido.

Una clave del humor en *La princesa del Palacio de Hierro* se encuentra en la presencia de una entidad ficticia cuya presencia entendemos aunque nunca la atestiguamos en términos concretos como personajes de carne y hueso. Esta entidad es el "tú" a quien se dirige la protagonista a lo largo de su monólogo, desde las primeras líneas de la novela: "Oye, pero la tipa estaba de sanatorio. Se vestía de hombre, con sombrero, corbata y todo, tú, ¿y sabes a quién se parecía? Bueno, ¿te acuerdas de Mercedes?"[7] Aunque cada una de las 345 páginas de la novela ofrece precisamente la misma situación narrativa, el "tú" a quien la princesa dirige sus divagaciones nunca es identificado como el receptor de las palabras de la princesa. La presencia de esta entidad es clave para el funcionamiento del humor de la novela, tal como lo ilustra el siguiente ejemplo del monólogo dirigido al "tú": "A veces nos reuníamos para hablar de nuestros problemas. Y cuando estábamos juntas empezábamos a hablar de todas las cosas que habían pasado, los cambios de maridos, los orgasmos felices, los abandonos y cosas así..." (p. 180). Notamos una pérdida de la intimidad básica de la conversación. Este principio, la violación del código de intimidad entre la princesa y su lector ficticio por parte del lector real, es la base del humor de la novela.

El lector ocupa una posición de superioridad con respecto a los personajes. Tal como se ha notado en el caso arriba mencionado de la protagonista y el "tú" a quien se dirige el discurso, el lector es entretenido por la mezquindad y la vulgaridad del personaje. El uso del lenguaje vulgar y las interjecciones sorprendentes que la princesa emplea repetidamente, como "ranas sifilíticas", "diablos circuncidados", "tortugas ninfómanas" y "vampiros capados" —éstos son unos ejemplos del primer capítulo— son estrategias eficaces para ficcionalizar a un lector que es superior a los personajes.

La estrategia predominante para ficcionalizar al lector, sin embargo, tiene que ver con el contenido intelectual y analítico que contiene. El lector no solamente es superior a los personajes que observa, sino que también es caracterizado por el autor fundamentalmente como un intelectual. Una estrategia empleada para ficcionalizar a este lector intelectual (y superior) es la inclusión de una serie de citas de la poesía de Oliverio Girondo al final de cada uno de los veintiún monólogos de la princesa. Tienen el efecto de distanciar al lector y hacen de las anécdotas algo frívolas un foco

---

[7] Gustavo Sainz, *La princesa del Palacio de Hierro* (México, Joaquín Mortiz, 1974), p. 9.

de análisis. Elaboran una actitud, idea o tema expuesto en la sección de la princesa. La segunda cita de Girondo, por ejemplo, dice lo siguiente: "se miran, se presienten, se desean, se acarician, se besan, se desnudan, se respiran, se acuestan, se olfatean, se penetran, se chupan, se demudan, se adormecen, se despiertan, se olfatean, se codician, se palpan, se fascinan, se mastican..." (y continúa así unas doce líneas más, p. 43). Estas líneas del capítulo comunican una sensación de la monotonía de la anécdota que el lector acaba de completar, apoyando así su comentario temáticamente.

El lector también va dándose cuenta en el proceso de su lectura que Sainz, como Carpentier y Álvarez Gardeazábal, comunica algo fundamentalmente crítico acerca de las instituciones básicas. La institución en *La princesa del Palacio de Hierro* es el lenguaje. El fluir de verbalización por parte de la princesa es una expresión de su incapacidad de entender su pasado o entenderse a sí misma. Habla en círculos concéntricos sin lograr acertar, llegar a un centro, o adquirir quizás una autoconsciencia. Las imágenes vívidas de sus metáforas son una expresión de sus máscaras de verbalización cuyo valor expresivo es semejante a las divagaciones y la superficialidad de su existencia. Es capaz de sorprender al lector con una imagen tal como la de la muchedumbre que se aparta como "la vagina de una puta deseosa de terminar aprisa" (p. 327). Sus metáforas expresan la banalidad de una vida cuyos ciclos repetitivos se recrean en una serie de sustituciones (la esencia de procesos metafóricos), pero que nunca son alteradas fundamentalmente. Se evocan las implicaciones trágicas en un epílogo que contrasta en el tono, pero no en el enfoque temático, con la verbosidad de la princesa. Este epílogo es de *Esperando a Godot*:

VLADIMIR: ¿Qué dicen?
ESTRAGÓN: Hablan acerca de su vida.
VLADIMIR: Haber vivido no les basta.
ESTRAGÓN: Tienen que hablar acerca de ello.
VLADIMIR: Estar muertas no les basta.
ESTRAGÓN: No es suficiente.

La frase "Hablan *acerca* de su vida" sugiere la incapacidad por llegar a una afirmación definitiva, lo que es precisamente la idea que formula el lector en el proceso de leer *La princesa del Palacio de Hierro*.

Probablemente no sorprenda que en las novelas de este año, que comparten actitudes semejantes, una novela colombiana como *El bazar de los idiotas* tuviera algunas huellas macondinas. Quizás sea más notable que un mexicano como Manuel Echeverría escriba tanto como García Márquez en *Un redoble muy largo*. Echeverría, como Álvarez Gardeazábal, no es un imitador, sino un inventor supremo que ha podido asimilar algunas de las técnicas que se asocian con *Cien años de soledad* en el mundo hispánico. Se trata de otra historia familiar: como las novelas de García Márquez y Álvarez Gardeazábal, la estructura depende de las generaciones de una familia. En este último caso se trata en realidad de un desarrollo paralelo de la historia de dos familias. Por una parte, vemos varias generaciones de la familia Belmont —especuladores financieros que son dueños de un circo. Por otra, vemos a la familia Segura —los distintos trapecistas que actuarán en el circo de los Belmont. Es una historia entretenida. No es una realidad tan lejos de lo cotidiano como la de Macondo o Tuluá, pero casi. La presentación de las cosas tiene la característica de esos dos mundos novelescos de querer ser más grandes que la vida. Para los Segura es a través del "arte", aunque éste sea algo burlesco para el lector. El narrador también mantiene una actitud algo ligera ante sus personajes, refiriéndose, por ejemplo, al "curioso esfuerzo" que hace uno de ellos. Al fin y al cabo la fama, el genio o el triunfo internacional son tan pasajeros y ridículos como lo que acontece en *El bazar de los idiotas*.

La entrada, para el lector, en el mundo ficticio de *Vista del amanecer en el trópico* de Cabrera Infante es igualmente accesible que en cualquiera de las novelas hasta ahora discutidas del año. La cualidad de este mundo, sin embargo, es drásticamente distinta. Carpentier y Álvarez Gardeazábal inventan mundos a veces injustos y contradictorios, pero ligeramente entretenidos; predominan la violencia y la represión en el libro de Cabrera Infante. Se trata de una especie de reescritura de la historia de Cuba, desde la creación hasta hoy en día. En contrapunto a esa violencia y represión hay otra constante a lo largo de la historia de la isla: el espíritu humano y la lucha por la liberación. A veces lo que acontece son cosas que llegan al margen de lo increíble, pero el lector no se enfrenta a ningún problema de verosimilitud, como explica el narrador: "La moraleja es que la época hizo a la fábula no sólo verosímil, sino también posible."[8] Se aprecia lo accesible de esta novela al tener en cuenta la estructura: es una lectura relativamente fácil de breves anécdotas, muchas de ellas de un solo párrafo, presentadas en forma cronológica. Casi todas estas narraciones son de un narrador omnisciente fuera de la historia. Cuando un lector se encuentra con una serie de narraciones sin esta entidad, el resultado puede ser bien distinto. Así es *Memorias de Altagracia* de Salvador Garmendia.

Novelas como ésta exigen una participación más activa porque

8 Guillermo Cabrera Infante, *Vista del amanecer en el trópico* (Barcelona, Seix Barral, 1974).

tienden a revelar detalles sin suministrarnos el marco total, un plan general que pueda ubicar al lector. *Memorias de Altagracia* evoca la infancia del yo-protagonista en un pueblo venezolano durante los años treintas y cuarentas. El pasado evocado incluye recuerdos de los mayores de la familia, sus experiencias en sitios como el cine y el circo, y los juegos infantiles. Además, hay cierto cargo de fantasías, no siempre tan desentrañables de "la realidad". Éstas también llevan posibles huellas macondinas: el pueblo padece de cien años de vigilia, sufre guerras fratricidas, lluvias tropicales, la visión de un gran embudo giratorio, y hay un vuelo maravilloso de Absalón que evoca las levitaciones de los macondinos. La cualidad general de la vida en este pueblo no es nada maravillosa, sino bastante aburrida y a veces hasta grotesca. Al final vemos que el protagonista ocupa un puesto de escribano en la Jefatura Civil, decidido a abandonar el pueblo por asfixia. Se experimenta todo esto desde la perspectiva de un yo-narrador que narra retrospectivamente, pero que no reflexiona sobre el pasado relatado.

Es interesante notar que Gustavo Sainz, al publicar *La princesa del Palacio de Hierro*, propuso que "la novela, cualquier novela, tiene la obligación de cambiar los hábitos perceptivos del lector".[9] Si *La princesa del Palacio de Hierro* cumple este propósito, es probablemente por la nueva percepción que tiene el lector del lenguaje hablado. Para el lector de *Memorias de Altagracia* es bien probable que la experiencia de la novela cambie los hábitos perceptivos del lector, pero sería por la percepción (a menudo visual) tan fuera de lo común que tiene el narrador dentro de la historia. Adolfo Couve también emplea un narrador con una percepción minuciosamente visual en *El picadero*, una novela intimista. Se narra la historia de las relaciones entre unos personajes de la alta burguesía chilena en la época actual. No sólo es una novela sobre las sutilezas de estas relaciones, sino que también comunica de un modo bastante sutil, con la excepción de unas interrupciones editoriales que a veces entran a la narración. El tono tiende a ser nostálgico; el mundo ficticio es precioso, o como dice el narrador, "encantado".

Además de los cambios que comienzan a efectuarse en la novela hispanoamericana a principios de los setentas, también hay continuidad. Se siguen escribiendo obras altamente complejas, exigentes, en la línea de *Cambio de piel* y *Conversación en La Catedral*. Dos novelas de este tipo que bien pudieran haber sido escritas a fines de la década anterior son *Abbadón, el exterminador* de Ernesto Sábato y *En otoño, después de mil años* de Marcos Yauri Montero. Además de ser una novela aparentemente caótica, *Abbadón, el ex-*

---

[9] Gustavo Sainz, "Los secretos de una princesa" (entrevista con Margarita García Flores) *La Onda*, Suplemento de *Novedades* (20 de octubre de 1974), pp. 6-7.

*terminador* presenta un mundo caótico. Garmendia y Couve observa una realidad inmediata; Sábato nos presenta una visión del mundo ocidental. Observamos los problemas espirituales del hombre ante la modernidad. El hombre no tiene a dónde ni a quién acudir porque todos los centros de autoridad han desaparecido y no hay nada que pueda ofrecer una visión coherente de la existencia. Además de atacar a fondo a sus críticos (desde los marxistas hasta los estructuralistas), Sábato niega y destruye la realidad. El libro consta de dos secciones, la primera es breve y funciona como una especie de prólogo, la segunda contiene 114 capítulos sin números u otro tipo de identificación. No tiene trama o plan organizador, la acción ocurre durante un periodo entre 1972 y 1973, aunque abarca hasta treinta años hacia atrás. El caos temático y estructural se relaciona con el título: Abbadón es el ángel del infierno. *En otoño, después de mil años* ofrece complejidad, pero tiene una estructura más rigurosamente presentada a lo Vargas Llosa: tres partes, la primera con cinco capítulos y las otras dos con tres capítulos cada una. Versa sobre una familia en un pueblo peruano, Rupaní, pero a veces la narración va más allá de esa familia o el pueblo. Algunas secciones de la novela, por ejemplo, ocurren en Lima. El enfoque central de la obra es el conflicto entre la tradición y la modernidad: la familia percibe el peso de la tradición familiar (la gloria de la conquista y la época colonial) al mismo tiempo que está consciente de la necesidad del cambio. El empleo regular del "tú" junto con otros recursos bien elaborados, permite a Montero tratar estos problemas a fondo.

Viendo el panorama del año —el humor, el surgimiento del dictador, la complejidad de algunas novelas— podemos nombrar una novela que contiene todos estos elementos: *Yo el Supremo* de Augusto Roa Bastos. No es tan destacable el humor en esta novela como en algunas obras de 1974; no obstante, Mario Benedetti ha notado acertadamente un tono sarcástico y el humor de ciertas creaciones verbales.[10] Roa Bastos, cuya obra anterior es de tono sobrio, cambia de actitud ante la realidad en los setentas. El lector se ríe al encontrarse con invenciones como "almastronomía", "panzancho" o "clerigallos". La experiencia total de la obra, sin embargo, dista bastante de *El recurso del método* o *El bazar de los idiotas*. En primer lugar, *Yo el Supremo* es mucho más larga (unas 467 páginas) y compleja que éstas. La accesibilidad a la lectura (y la risa) se ve limitada por una situación narrativa que consiste en un largo monólogo interior narrado por el dictador después de su muerte, interrumpido por observaciones de su secretario personal,

[10] Mario Benedetti, "El recurso del supremo patriarca", *Casa de las Américas*, 98 (1976), p. 20.

Policarpo Patiño, y secciones de su "Cuaderno Privado". Por lo
tanto, no es una lectura tan entretenida como muchas novelas del
año. Uno podría caer fácilmente en la trampa de identificarla como
una novela "histórica", porque contiene un alto nivel de historia del
Paraguay. El protagonista es el doctor José Gaspar Rodríguez de
Francia, dictador del Paraguay desde 1814 hasta 1840; se trata
de otro "tirano ilustrado". Además de basarse en una vida real, tres
factores crean esta sensación de historicidad. En primer lugar, la
(1) novela comienza con un pasquín en letra manuscrita que indica los
procedimientos que deben seguirse después de la muerte del dicta-
(2) dor, escrito por él mismo. El segundo factor es la presencia, a lo
largo de la obra, de "Notas" de un Compilador. Estas notas suministran cierta veracidad histórica, detallando asuntos de la vida del doctor Francia y la patria. Finalmente, la última página del libro, la
(3) "Nota Final del Compilador", dice lo siguiente en las primeras líneas:
"Esta compilación ha sido entresacada —más honrado sería decir
sonsacada— de unos veinte mil legajos, editados e inéditos; de
otros tantos volúmenes, folletos, periódicos, correspondencias y toda
suerte de testimonios ocultados, consultados, espigados, espiados,
en bibliotecas y archivos privados y oficiales. Hay que agregar a
esto las versiones recogidas en las fuentes de la tradición oral,
y unas quince mil horas de entrevistas grabadas..." No es una novela histórica porque lo que se representa no es ni el Paraguay de la
época ni un personaje histórico (aunque tiene algo de esa historia
y algo de un personaje de carne y hueso). Como ha observado
Raúl Dorra, lo que se representa es nada más que el discurso mismo.[11] Dorra explica que lo único que caracteriza al dictador es el
ser el individuo-que-dicta. Efectivamente, ésta es la característica más
sobresaliente del doctor Francia como personaje: su uso de la palabra. Llevando la idea de este crítico un paso más, se podría proponer que la experiencia del lector, como receptor de lo que narra
este "individuo-que-dicta", es semejante a la del ciudadano que tuvo
que soportar lo que dictaba el doctor Francia en el Paraguay.

Este capítulo puede terminar con una nota humorística, apropiadamente, al mencionar otra novela con cierto aire de historicidad,
*El viaje de los siete demonios* de Manuel Mujica Láinez. Este "aire"
es mucho más humorístico que la presentación del Paraguay del
siglo pasado. La novela es una parodia de los grandes viajes míticos; los viajeros son los siete demonios que representan los siete
pecados capitales. El viaje fantástico abarca desde la Pampa argentina hasta el lago Titicaca, desde Nueva York hasta Marte (donde atestiguan la apertura de un nuevo hotel Hilton). Más tarde van

---

[11] Raúl Dorra, *"Yo el Supremo*: la circular perpetua", *Texto crítico*, 9 (enero-
abril de 1978), p. 59.

a la ficticia ciudad de Bet-Bet en el año 2273. Aun el que no conozca la novela puede imaginar las posibilidades burlescas que ofrece una variedad tan rica de situaciones por medio de la pluma de Mujica Láinez: se burla de toda una gama de instituciones, desde la Iglesia Católica hasta el gobierno del dictador Melgarejo. También parodia una multiplicidad de textos literarios; John F. Garganigo ha descubierto una lista larga de ellos, desde Shakespeare y la *Divina Comedia* hasta *Les Mémoires de Casanova*.[12]

Es claro que las nuevas actitudes iniciadas por García Márquez, Cabrera Infante y otros a partir de 1967 se han difundido ampliamente para 1974. Este tipo de narración es en especial difícil de evaluar con respecto a su validez y posible capacidad para perdurar; la tarea se dificulta por la falta de retrospección que tenemos en un estudio como éste. Por una parte, es fácil —quizás demasiado fácil— concluir que novelas como *Pantaleón y las visitadoras*, *El recurso del método* y *La princesa del Palacio de Hierro* no sobrevivirán tanto como *Conservación en La Catedral*, *El siglo de las luces* u *Obsesivos días circulares* de los mismos autores. Pero por otra, cada uno de estos autores probablemente ya haya tenido más lectores de sus libros más accesibles que los que tuvieron de sus obras de tono más serio. Estas cuestiones, por interesantes que sean, no son la consideración central aquí. Al examinar las direcciones principales de la novela hispanoamericana es claro que predomina un tipo de narrativa menos compleja de lo que era el caso hacía diez años. También hubo excepciones, como siempre, entre ellas obras sumamente bien logradas. *Yo el Supremo* se destaca más como excepción que como obra representativa de la narrativa de 1974. *Terra Nostra* de Carlos Fuentes será otra excepción fenomenal.

12 John F. Garganigo, "Historia y fantasía en *El viaje de los siete demonios* de Mujica Láinez", *Anuario de Estudios Americanos*, vol. 36 (1979), pp. 467-502.

# XXI. DESPUÉS DE "EL RECURSO DEL MÉTODO"
## (1975-1980)

AL LLEGAR a mediados de la década de los setentas hablar de tendencias en vez de la totalidad de las obras ya no es algo sólo conveniente sino por completo necesario. Se publicaron muchas más novelas dignas de mención, si no de análisis detallado, que en cualquier década del siglo. Por lo tanto, el crítico que quiere comentar y analizar un periodo de cinco años se siente desde el principio algo culpable al pasar por alto muchas obras de alta calidad o al detenerse muy escuetamente en ellas. La tarea se complica más por la gran diversidad de las tendencias —la novela hispanoamericana muestra una riqueza temática probablemente jamás alcanzada.

A primera vista es fácil caer en la tentación de destacar *Terra Nostra* (1975) de Carlos Fuentes como la obra que encabeza la producción novelística de la década. Pocos de sus lectores estarían en contra de la idea de colocar *Terra Nostra* en una posición central en la década, destacando el año 1975 como el año de esta novela. En vez de señalar direcciones de los setentas, sin embargo, la novela de Fuentes representa una gran excepción a las direcciones principales de la novela hispanoamericana, aunque sea una excepción fenomenal. Viendo estas direcciones en su conjunto, notamos que siguen publicándose obras de relativa accesibilidad, muchas de ellas de autores relativamente jóvenes, como Isaac Goldemberg, autor de *La vida a plazos de don Jacobo Lerner* (1975) e Ignacio Solares, creador de *Anónimo* (1979). Novelistas que antes se dedicaban a proyectos más ambiciosos en términos técnicos, como Cabrera Infante, Sainz y Donoso, en la segunda mitad de la década escriben novelas más accesibles. Sigue aumentando la cantidad de obras de metaficción —por ejemplo, *La tía Julia y el escribidor* (1977) de Vargas Llosa y *El titiritero* (1977) de Álvarez Gardeazábal y dos novelas de Enrique Lihn. Manuel Puig, Fernando del Paso y Jorge Edwards, entre otros, publican novelas más exigentes.

Uno de los asuntos más comentados por la crítica durante la segunda mitad de la década fue la novela del dictador. Es una clasificación ambigua, puesto que no señala necesariamente nada específico acerca de la técnica narrativa o del enfoque temático de una obra. El término sólo indica la presencia de un dictador. La experiencia de *El Señor Presidente*, que es de terror, y de *El recurso del método*, que es menos amenazante para el lector, es un buen ejemplo de las posibles diferencias que existen entre novelas que muchos consideran de la misma categoría. Todas estas novelas tienen en común un personaje que es dictador; otras facetas que suelen compartir son la importancia de la historia y cierta fascinación con el poder. *Terra Nostra* es otro producto inmenso, de raíces históricas, sobre el poder y en este sentido puede comparársele con *Yo el Supremo* del año anterior y *El otoño del patriarca* de 1975.

*Terra Nostra* es un mamotreto enorme (783 páginas) dividido en tres partes: "El viejo mundo", "El mundo nuevo" y "El otro mundo". La primera y la tercera partes tienen aproximadamente la misma extensión, cada una un poco menos que la mitad de la obra total. Aceptando las limitaciones de cualquier afirmación de una sola frase sobre una novela tan extensa, decimos que tiene un fuerte elemento histórico y que mucha de esta historia gira alrededor de la España de Felipe II. La primera parte enfoca especialmente al personaje que se asemeja a Felipe II, El Señor. Se le ve obsesionado con la construcción de su propio mundo hermético; desea encerrar el mundo entero dentro de las paredes del monumento que ha construido para esos propósitos, El Escorial. Es un fanático religioso. Aparecen en esta parte toda una gama de personajes secundarios que se relacionan con El Señor: un cronista que resulta ser Cervantes, la joven de labios tatuados, que es La Celestina y otros personajes no literarios: Ludovico, un estudiante de teología; Pedro, un viejo; Toribio, un cura y científico; Julián, un cura y pintor; Simón, un cura loco.

La primera parte corresponde a la España de Felipe II y ocurre allí mismo; la segunda, "El mundo nuevo", relata el descubrimiento de América por parte del peregrino y Pedro. Atestiguan y cuentan sobre una realidad inusitada, increíble: sobre plantas y animales jamás vistos por ojos europeos. El peregrino se encuentra hechizado por la joven de labios tatuados. Viaja por todo un laberinto de templos exóticos y termina en el Cabo de los Desastres. El mundo experimentado en esta sección es infinitamente más rico que el de El Señor, en la primera.

La tercera parte, "El otro mundo", vuelve a los personajes de la primera, pero va más allá del mundo delineado por El Señor: se ve la presencia de la Cábala, el Sefirot, la mitología egipcia y romana. Es un mundo de sueños y pesadillas, en que cobran vida personajes literarios como Don Quijote, Sancho Panza y Don Juan.

Hay que ver *Terra Nostra* en primer lugar, aunque no exclusivamente, como una novela sobre el poder. En esto se asemeja a muchas de las novelas de dictadores. La caracterización de El Señor revela el nivel más sencillo de este tratamiento: es un libro fundamentalmente moral que subraya la locura que hay en la obsesión por el poder y los abusos del mismo.[1] Lucille Kerr ha encontrado

[1] Margaret Peden discute esta "locura" en "*Terra Nostra*: fact and fiction", *The American Hispanist*, vol. 1, núm. 1 (septiembre de 1975), pp. 4-10.

connotaciones más amplias con respecto al poder; considera que Fuentes efectivamente explora los orígenes y las estructuras del poder en el mundo hispánico, tanto como en otros modelos de autoridad implicados por ese ejemplo.[2] Para ella el principal enigma temático es el misterio del poder. El lector posiblemente espera algún tipo de resolución o descubrimiento al final del libro. Se elimina esta posibilidad por la falta de alguna voz privilegiada; la pluralidad de narradores niega la existencia de una fuente primaria de una verdad definitiva. Para El Señor el poder sería absoluto, quiere que la realidad se conforme a sus propios deseos y caprichos, lo que sería un poder total. Pero nunca se encuentra una ubicación o una definición del poder, puede ser algo abstracto que existe dentro de toda una red de relaciones complejas.

Más allá de los planteamientos sobre el poder, *Terra Nostra* es una indagación totalizante sobre la cultura hispánica. La investigación sobre los orígenes hispánicos puede ser clave para el entendimiento de los hispanoamericanos y de la actual situación en Hispanoamérica. Más específicamente, la novela trata de una represiva tradición española propagada por El Señor. Fuentes relaciona los problemas de la tradición española con el Nuevo Mundo; hacia el final Ludovico dice: "No, Felipe, triunfaste tú: el sueño fue pesadilla... El mismo orden que tú quisiste para España fue trasladado a la Nueva España; las mismas jerarquías rígidas, verticales; el mismo estilo de gobierno..." La imagen del doble y del espejo en la novela funciona como una negación de las posibilidades heterogéneas que Fuentes propone como una alternativa histórica a la unidad singular de El Señor y su tradición. El doble se desarrolla en la estructura de tres partes. En el Viejo Mundo el doble de El Señor reafirma su contemplación y la unidad de España, en el Nuevo Mundo los dobles abundan. La tercera parte muestra la multiplicidad que supera la unidad de la primera parte y las dualidades de la segunda. Esta parte prolifera y multiplica. Sus numerosos hilos narrativos hacen la experiencia de la novela semejante a las pluralidades que propone.

En cierto sentido se podría considerar *Terra Nostra* como progenitora de todas las novelas de dictadores; o al menos de las novelas que articulan el tema del poder en Hispanoamérica. Aunque el poder es una entidad abstracta en esta novela, las raíces del estilo del ejercicio del poder en Hispanoamérica están claramente delineadas. *El otoño del patriarca* (1975) de García Márquez crea la experiencia del poder indefinido, pero la pesquisa sobre el mismo es la consideración más amplia de la obra. La elaboración del

---

[2] Lucille Kerr, "The paradox of power and mystery: Carlos Fuentes' *Terra Nostra*", *PMLA*, vol. 95, núm. 1 (enero de 1980), pp. 91-102.

tema del poder es evidente a través del análisis de la estructura de la novela; el tema del poder en relación con este dictador en particular puede ser elucidado al considerar su caracterización.

La estructura de esta novela consiste en un sistema de aperturas progresivas. La obra consta de seis secciones narrativas (las llamaremos "capítulos") y cada una de ellas corresponde al sistema de aperturas progresivas. Es decir, el primer capítulo ofrece una apertura tal como el segundo y los que siguen. Se incluye el calificativo "progresivas" porque ocurren en un punto progresivamente más temprano en cada uno de los capítulos. En el segundo capítulo, por ejemplo, la apertura ocurre en un punto relativamente más temprano que en el primero, etcétera. Estas aperturas ocurren en cada uno de los seis capítulos, en cuatro niveles. Los cuatro niveles de apertura son: 1) la apertura de la situación original; 2) la apertura de la frase; 3) la apertura del punto de vista narrativo; 4) la apertura de una realidad "visible".

A nivel de la situación original, el primer capítulo establece esta situación básica con el descubrimiento del cadáver del general, el dictador de la novela, en el palacio presidencial. Con este signo, el narrador señala que él y algunos de sus cómplices se atrevieron a entrar al palacio. Al entrar, la narrativa describe el ambiente físico que se observa, en la mayor parte objetos podridos en el palacio. Después de dos páginas y media de descripción del ambiente físico, este narrador da la primera descripción del cuerpo del general, una imagen que recurre a través de la novela: "...y allí lo vimos a él, con el uniforme de lienzo sin insignias, las polainas, la espuela de oro en el talón izquierdo, más viejo que todos los hombres y todos los animales viejos de la tierra..."[3] Aproximadamente en este punto se pasa de lo que fue exclusivamente la descripción del ambiente inmediato (la situación original) al récit puro.[4] En la frase que sigue a esta descripción del cadáver del general, el narrador cambia el enfoque de la descripción a la narración de la historia: "Sólo cuando lo volteamos para verle la cara comprendimos que era imposible reconocerlo aunque no hubiera estado carcomido de gallinazos, porque ninguno de nosotros lo había visto nunca..." (p. 8). Al notar que ninguno de ellos había visto de veras al general, el narrador ha cambiado de una descripción del ambiente a una narración de circunstancias del pasado. Se puede identificar este punto como la apertura del primer capítulo —la

[3] Gabriel García Márquez, *El otoño del patriarca* (Buenos Aires, Editorial Sudamericana, 1975), p. 8. Todas las citas son de esta edición.

[4] Se ha hecho un análisis de cada una de estas aperturas con más detalle en un artículo originalmente publicado en inglés. Véase Raymond L. Williams, "The dynamic structure of García Márquez's *El otoño del patriarca*", *Symposium*, vol. 32, núm. 1 (primavera de 1978), pp. 56-75.

apertura de la situación original a una historia más amplia. En cada uno de los cinco capítulos restantes se nota el establecimiento de la situación original y la apertura a un nivel de *récit* puro.

Estas aperturas que funcionan como el punto en que la anécdota básica se transforma en *récit* puro son paralelas técnicamente a la apertura progresiva de la extensión de la frase.[5] Este es el segundo nivel de la apertura. La extensión de las frases se alarga aproximadamente en el mismo punto en cada uno de los capítulos donde ocurre la transformación de la situación original en *récit*. En cada capítulo las primeras frases son de una extensión que pudiéramos llamar normal, y después se hacen más largas. La naturaleza progresiva de este desarrollo es evidente en el hecho de que cada capítulo tiene menos frases: el capítulo uno tiene 31 frases; el dos tiene 24; el tres tiene 19; el cuatro tiene 18; el cinco tiene 15 y, finalmente, el último se compone de una sola frase.

La apertura de la situación original a la narración de la historia corresponde a la apertura de la extensión de la frase. En el capítulo uno las frases en la primera página son de una extensión aproximadamente "normal", es decir, son de 8, 8 y 5 líneas en el texto. La cuarta frase se extiende a 21 líneas. A través de las próximas diez páginas (hasta la página 12) la extensión de la frase varía, pero permanece aproximadamente dentro de los límites de las frases de las dos primeras páginas, desde unas pocas líneas hasta una página entera (35 líneas en el texto). Luego, en la página 12, aparece la primera apertura significativa en la extensión de la frase, y la frase en las páginas 12 y 13 es de 64 líneas. A partir de este punto en el capítulo la extensión de las frases se hace progresivamente más larga o al menos permanece igual a la frase más larga (aproximadamente una página o más). Mientras ya se ha notado que la apertura de la situación original a la narración de la historia ocurre en las páginas 9 y 10, se acompaña esta apertura con la extensión de la frase. En cada uno de los próximos capítulos la apertura de la extensión de la frase ocurre en un punto más temprano en el *récit*. La manera progresiva y precisa en que se maneja la extensión de la frase en correspondencia con la apertura de la historia contribuye a la definición del sistema narrativo de García Márquez en esta novela.

El tercer nivel de apertura, que corresponde también a los dos primeros, es la apertura del punto de vista narrativo. En cada capítulo la novela comienza con un punto de vista limitado que corresponde a la situación original y las frases más cortas, y luego se abre a otros puntos de vista, a veces múltiples, en la misma frase.

---

[5] *Récit* es la anécdota transformada tal como aparece en el texto. Véase Gérard Genette, *Figures III* (París, Seuil, 1972).

Una función de este empleo del punto de vista es la de suministrar una caracterización más amplia del general, lo cual, a su vez,
crea efectos humorísticos. Una técnica común es la de acentuar
la omnipotencia del general (la visión "exterior" de él) en contraste con su simplicidad básica (normalmente la visión "interior").
En términos del poder, se expresa desde la primera página como
algo intangible, pero que perciben todos los que están bajo su
reinado. Según la visión exterior, del pueblo, el general aparece
como una figura deificada. Pero con la visión interior vemos el
contraste total y humorístico de la sencillez pueril del dictador.

El cuarto nivel de apertura es a una realidad "vista". Se podría
decir que es una apertura de las dimensiones de la realidad en la
novela. Cada capítulo comienza dentro de los límites de la realidad
—lo que se puede ver. Luego los capítulos se abren más allá de lo
visible. El lector experimenta este manejo de lo visible y lo invisible junto con los otros tres niveles de apertura.

La vacilación constante entre lo visible y lo invisible hace del
poder una entidad efímera tanto para el pueblo como para el general mismo. Éste, como El Señor en la novela de Fuentes, es prisionero de su propio poder. Como manipulador de lo visible y lo
invisible, confía sólo en lo que puede ver, teniendo así una especie
de obsesión por lo visible: los valores más codiciados se encuentran en lo que se puede ver. Su expresión de amor ante la mujer
que ama —Manuela Sánchez— consiste en regalarle lo que él estima como máximo entre los "símbolos visibles" (p. 79). El símbolo
máximo de percepción visible, es, entonces, su regalo —un cometa.

Mientras va perdiendo el poder al final, lo único que le queda es
el recuerdo, y se enfrenta a la necesidad de escribir esos recuerdos
para apoderarse de algo tangible y visible que sea vestigio de
ellos. No cree por ejemplo, en una construcción que se está llevando a cabo, "hasta que yo mismo pude comprobar con estos mis
ojos incrédulos..." (p. 241). Lo que él no ve, lógicamente, es de
poca significación, como sucede en el caso de los dos mil niños que
manda asesinar.

Se aprecia especialmente el acto de ver como la única afirmación
posible del general mediante su continuo recurrir a la ventana para
contemplar su vista íntima —el mar. La vista máxima de su vida cotidiana, el mar, es su valor supremo en la vida. Suele recurrir a
la ventana particularmente en los momentos más graves de su paranoia, desde el principio de la obra: "iba viendo pasar frente a las
ventanas un mar igual en cada ventana, el Caribe en abril, lo con-
templó veintitrés veces sin detenerse y era siempre como siempre
en abril como una ciénaga dorada..." (p. 70). Cuando más pierde
el poder, más tenaz y frecuentemente tiene que acudir a su ventana y su mar. Cuando el embajador Wilson hace el primer intento

por conseguir los derechos del mar, el general responde que "podía llevarse todo lo que quisiera menos el mar de mis ventanas". Los extranjeros pueden apoderarse de "todo menos el mar". Al final pierde aun su mar; el poder ha llegado definitivamente a su otoño.

La estructura de *El otoño del patriarca* transforma la anécdota en cuatro niveles. Estos cuatro niveles hacen de la estructura algo dinámico por su naturaleza precisa, creando el cambio concomitante en niveles diferentes de un modo progresivo. El dinamismo se define por la estructura de la novela y es el factor que hace de cada capítulo una experiencia enriquecedora al abrir continuamente nuevas dimensiones de la realidad. Es un axioma decir que "cada novela crea su sistema"; sin embargo, en *El otoño del patriarca* García Márquez ha creado un sistema narrativo único y absolutamente funcional.

No todas las novelas de dictadores son tan exigentes en términos técnicos. *Oficio de difuntos* (1976) de Arturo Uslar Pietri, *Cambio de guardia* (1976) de Julio Ramón Ribeyro y *Los sueños del poder* (1978) de Flor Romero de Nohra presentan, de distintos modos, menos innovaciones técnicas que *Terra Nostra* o *El otoño del patriarca*. *Oficio de difuntos* es una novela bastante tradicional, narra la vida de un dictador que resulta ser bastante paralela a la de la figura histórica de Juan Vicente Gómez, de Venezuela. Como en *El otoño del patriarca*, Uslar Pietri emplea como punto de partida la muerte del dictador. García Márquez revela lo visible al principio de cada capítulo; en *Oficio de difuntos* se utiliza un personaje específico, el padre Alberto Solana, como catalizador inicial de los capítulos. La narración fluye de lo que éste ve y lo que recuerda. Nunca cambia de la narración omnisciente en tercera persona. Además, hay otros factores que la hacen más accesible que *El otoño del patriarca*. Cuenta la vida del general Aparicio Peláez de un modo lineal; el poder no es un elemento tan abstracto e intangible como en el tratamiento de Fuentes y García Márquez. Se trata más bien de un periodo de aprendizaje en que el futuro dictador se entera de las reglas necesarias para la adquisición y el ejercicio del poder. A diferencia de esos personajes tan incapaces que parecen tener el poder inexplicablemente según las novelas de García Márquez y Fuentes, éste lo ejerce por su capacidad y personalidad de futuro presidente: "Tenía buen crédito y fama de hombre serio y cumplidor."[6] Efectivamente funciona como un personaje con perspicacia política, que va cambiando de imagen al ascender según la jerarquía del poder. Por ejemplo, el narrador nota el siguiente cambio una vez que Aparicio Peláez ocupa su primera posi-

---

6 Arturo Uslar Pietri, *Oficio de difuntos* (Barcelona, Seix Barral, 1976). Todas las citas son de esta edición.

ción de poder: "Con su peinado distinto, sus cuellos almidonados, sus corbatas de seda y sus trajes de sastre, parecía otra persona" (p. 103). El poder no es ningún misterio en *Oficio de difuntos*, sino el resultado de un largo proceso. Es nefasto en *Cambio de guardia* de Ribeyro, algunas situaciones en esta novela la relacionan con el periodo de *Conversación en la Catedral* de Vargas Llosa, es decir, el del dictador Odría. Otros detalles, no obstante, colocan la acción en la década de los sesentas.[7] El dictador que toma el poder, Alejandro Chaparro, comete todas las atrocidades y barbaridades típicamente presentadas en las novelas aquí comentadas. El enfoque, sin embargo, es bastante más amplio que el de la caracterización de un solo personaje. Presenta una docena de líneas de acción, creando así una red compleja de personajes. *Cambio de guardia* consta de unos doscientos fragmentos narrativos que aparecen en trece capítulos. La relativa facilidad de la lectura se halla en el empleo del tiempo presente y un narrador omnisciente. *Los sueños del poder* de Flor Romero de Nohra consta de unos treinta y ocho segmentos narrativos que giran alrededor de la vida de una dictadura latinoamericana (Guadalupe o "Lupita"). Los dos enfoques temáticos son el poder y la mujer. La posición básica de la narradora fuera de la historia es distanciada, y desde esa posición mantiene una actitud burlesca ante los procesos nacionales. Siendo una novela por una mujer sobre una mujer, es lógico que una de las instituciones que más se satiriza sea el machismo. Se evidencian varios puntos de contacto entre esta novela y la versión de García Márquez sobre la naturaleza de los dictadores y del poder. Se valen de procedimientos semejantes en la caracterización de los dictadores a base de una dicotomía que crea efectos humorísticos. En *Los sueños del poder* la dicotomía se basa en el contraste entre la imagen pública de la dictadura (otra figura de Dios) y su vida privada (figura sumamente ordinaria, a veces hasta vulgar). El asunto del poder —cómo es, cómo se consigue y cómo se maneja— es central. Es algo que se gana paulatinamente, aunque sea por casualidad. Al principio de la novela se sugiere que la protagonista no sabe, o por lo menos no entiende, cómo cayó en sus manos originalmente el control del país. Más adelante en la novela hay una anécdota que explica la fuente original de su candidatura como presidenta —fue simplemente una idea que se le ocurrió caprichosamente. Viendo estas novelas de dictadores en general, notamos que ese "algo" intangible que caracteriza el poder es más un fenómeno de la psicología particular de un individuo que una expresión cultural de América Latina.

---

[7] Véase Dick Gerdes, "*Cambio de guardia*: literary dynamic and political stagnation", *The American Hispanist*, vol. ii, núm. 10 (septiembre de 1976), p. 4.

La reacción en contra de la complejidad técnica y el movimiento
hacia la accesibilidad ya notados para el año 1974 son cada vez más
notables en la segunda mitad de la década. Esto no significa necesariamente un sencillo giro nostálgico a las viejas formas de narrar.
Al contrario, tanto los escritores jóvenes como los ya reconocidos
muestran tener conciencia de las sutilezas técnicas de la novela contemporánea. El empleo de la técnica, no obstante, no es tan destacable en sí mismo y contribuye a otros logros en la creación de la
experiencia ficticia. No se trata de una mera reacción conservadora por parte de los autores mayores: *La vida a plazos de don Jacobo
Lerner* (1978), *Anónimo* (1979) y *¡Que viva la música!* (1977) son
de jóvenes escritores (todos ellos con menos de cuarenta años de
edad) cuyas primeras novelas aparecieron durante la década de los
setentas.

La novela que quizás mejor representa lo complejo y lo tradicional que puede ser una novela es *La vida a plazos de don Jacobo
Lerner* de Isaac Goldemberg. Versa sobre la vida de los judíos en
el Perú durante la década de los años veintes y treintas. Enfoca
también la vida del protagonista, un emigrado ruso que se llama
Jacobo Lerner. Este doble enfoque es comparable a la dualidad en
la técnica a veces compleja, otras sumamente tradicional.

Una descripción de la estructura indica algo de la riqueza técnica.
La variedad de fuentes narrativas incluye lo siguiente: narraciones
omniscientes acerca de Jacobo; selecciones de un periódico hebraico
publicado en Lima durante estos años, *Alma Hebrea*;[8] "Crónicas"
que describen la vida peruana de una manera básicamente histórica
(aunque no de manera exclusiva); y varias narraciones en primera
persona de personajes relacionados con Jacobo, el más importante entre ellos es el hijo ilegítimo que nació en 1925, el mismo
año en que Jacobo lo abandona, mudándose de Chepén, en el norte
del Perú, a Lima. Las secciones omniscientes que tratan de Jacobo
comienzan con una descripción de éste en su lecho de muerte y de
su emigración al Perú desde Europa. El pasado fluye de su memoria. Los capítulos posteriores que versan sobre Jacobo, unas
diez secciones intercaladas a lo largo de la novela, narran acerca
de su vida en Chepén, su relación con Virginia, y su salida del
pueblo al dejar a esta mujer embarazada. Funda un negocio de zapatos con su hermano, pero al fracasar en él establece un prostíbulo.
Jacobo Lerner muere a los cuarenta años —deprimido y vacío. La
integración de otra materia narrativa, como, por ejemplo, las secciones de *Alma Hebrea* y las "Crónicas" contribuye con un elemento de cronología al mismo tiempo que interrumpe la línea narrativa

---

[8] Según una entrevista personal con el autor, *Alma Hebrea* es un periódico inventado, pero basado en un periódico que realmente fue publicado en el Perú.

básica. Las secciones de *Alma Hebrea* se desarrollan de un modo cronológico, comenzando en 1923 y ofreciendo observaciones sobre la vida hebraica desde 1923 hasta 1935. Revelan toda una gama de temas, desde cómo sobrevivir en el Perú ("Página médica") hasta ensayos históricos ("Figuras de la Inquisición"). Las "Crónicas" corresponden cronológicamente a *Alma Hebrea*. Algunas son de acontecimientos históricos en el Perú, como el primer fragmento de 1923: "El presidente Augusto B. Leguía pretende consagrar la República al Corazón de Jesús. Cede bajo la presión de estudiantes y obreros, conducidos por el joven líder Víctor Raúl Haya de la Torre." El próximo fragmento de la misma crónica anuncia el nombramiento de un nuevo rabino en la comunidad limeña; el siguiente describe un casamiento de personajes que el lector ya había visto en una de las secciones puramente ficticias. Por lo tanto, las "Crónicas" tienen la función de suministrar un contexto histórico amplio al mismo tiempo que vinculan esta historia con los relatos ficticios sobre vidas personales. Otro tipo de narración que Goldemberg integra a este *collage* son los monólogos que describen la condición final de Jacobo —todos son de los años treintas. El efecto de esta estructura es hacer de la vida de Jacobo algo de la entidad total, la comunidad hebraica. A pesar de esta sensación de unidad total, Jacobo resulta fragmentado como individuo.

Es posible leer esta novela como un tratamiento de la fragmentación en sí. Además de Jacobo, Virginia se desintegra por no saber quién es su padre.[9] Jonathan Tittler ha propuesto que no sólo trata de la fragmentación como tema de discusión y especulación sino que es un ataque a las ideas de la continuidad y el sentido lógico.[10] Tenemos que notar, no obstante, los elementos que contribuyen a la unidad de esta novela. El factor más obvio es la presencia de Jacobo Lerner en las secciones omniscientes que aparecen constantemente a lo largo de la novela. Como personaje central de la novela, su presencia en estas secciones provee un hilo unificador con los otros fragmentos. Las secciones de *Alma Hebrea* ofrecen un órgano especial de comunicación para la comunidad hebraica —son los únicos textos que comparten los miembros de esta comunidad y el lector. La aparición cronológica de ellas crea una linealidad junto con la cronología paralela de las "Crónicas" y la historia de Jacobo. Es interesante notar que los años claves de la cronología —1925, el año en que sale Jacobo y nace Efraín, y 1935, cuando Jacobo muere— son precisamente los años más extensamente elaborados en las secciones de *Alma Hebrea*. Un personaje importante para la

---

[9] Wolfgang A. Luchting ha notado esta desintegración en "Una sorpresa para la literatura peruana: Isaac Goldemberg", *Chasqui*, vol. 8, núm. 2 (1979), p. 123.

[10] Véase Jonathan Tittler, *A Sordid Boon: Narrative Irony in the Contemporary Spanish American Novel* (manuscrito todavía inédito al escribir el presente estudio).

apreciación de la comunidad y de la vida de Jacobo por parte del lector es su hijo Efraín. Éste también aparece en la novela de un modo cronológico, con monólogos en 1932, 1933, 1934 (tres veces) y 1935. Otro recurso técnico que contribuye a la unidad en la experiencia total es la presencia de Samuel Edelman. Edelman tiene monólogos al principio (como primera voz ajena a la familia) y al final, ofreciendo la última visión fuera de la familia. Éste, el opuesto de Jacobo, es el miembro de la comunidad hebraica que logra integrarse a la sociedad como "el caballero perfecto" que Jacobo nunca pudo ser. Tanto la presencia de este personaje como el efecto de los recursos mencionados crea una sensación notable de unidad en la novela.

Las habilidades técnicas de Goldemberg pasan casi inadvertidas, aun cuando logra ciertos efectos especiales. El empleo de las "Crónicas" es un recurso a veces sorprendente por la yuxtaposición inusitada de lo "histórico" y lo "ficticio". El narrador emplea el tiempo presente para narrar acontecimientos del pasado en las "Crónicas"; al contrario, emplea el tiempo pasado para narrar lo presente en las narraciones presentes.[11] Crea el humor principalmente a través de la yuxtaposición de situaciones poco incongruentes. El empleo de este humor, junto con la importancia de la anécdota y la técnica, nos hace pensar en las novelas de Sainz y Álvarez Gardeazábal del año anterior. Ignacio Solares, autor de Puerta al cielo (1976), logra combinar la habilidad técnica y el fuerte hincapié en la anécdota de Anónimo (1979).

La excepcionalidad de esta novela de Solares deriva de que, al mismo tiempo, es sutil y fácil de leer.[12] Es una novela fantástica que narra la historia de un personaje que se despierta en su cama y descubre que vive en el cuerpo de otra persona. La primera oración lo comunica en forma bien directa: "Parece cosa de risa, pero aquella noche desperté siendo otro." Esta voz en primera persona, hablando en el presente pero refiriéndose a un suceso del pasado, dice que él se despertó siendo otro; no dice que haya tenido la ilusión de ser otro o que se sintió como otro. El narrador también desarma al posible lector escéptico, señalando que la situación "parece de risa". Reconocerlo subraya la veracidad de la declaración. De aquí en adelante la narración se desarrolla con dos tipos de capítulos (unos treinta y cinco en total). Los capítulos impares son de este personaje que se encuentra en el cuerpo de otro. Los capítulos pares, en cursivas, narran sucesos de un pasado que percibí-

---

[11] Jonathan Tittler, A Sordid Boon: Narrative Irony in the Contemporary Spanish American Novel.

[12] John S. Brushwood acentúa este aspecto de la obra total de Solares en "La realidad y la fantasía: las novelas de Ignacio Solares", La Semana de Bellas Artes, núm. 143 (27 de agosto de 1980), pp. 10-12.

mos como menos distante que el de los impares. En la primera
línea (los capítulos impares) la crisis es generada por la circunstancia extraña en que el personaje se encuentra: al principio intenta explicar su situación en términos racionales; la acepta al ver
que la persona de su cuerpo había muerto. El resto de su historia
puede resumirse, aunque algo inadecuadamente, diciendo que se
trata de un problema de identidad. La segunda línea narra una
crisis más bien típica de la época moderna y sin el elemento fantástico de la primera. Sufre de vacuidad en su vida diaria, de dudas
acerca de su sexualidad y de paranoia.

En esta segunda línea entra un elemento de misterio que contribuye a la crisis: la llegada de unos anónimos. Los anónimos
aparecen a partir del cuarto capítulo. Son unos mensajes inexplicables que el protagonista recibe en su oficina. Aunque el lector
nunca puede explicar ni su contenido ni su origen, sus efectos son
visibles en el texto. Es precisamente lo desconocido que representan lo que causa estos efectos: el terror, la paranoia. Estos efectos
llegan a tal extremo que a mediados de la novela la amenaza hasta entonces abstracta se vuelve una realidad concreta: una empleada en la oficina se suicida. El final de la novela sugiere la
misma posibilidad para el protagonista.

El lector que busca relaciones lógicas entre las dos líneas narrativas encuentra un juego de interés. Además de lo puramente intelectual, es una novela que se preocupa por la condición del ser
humano. La consideración de qué es conocido por el soma y qué lo
es por la psiquis se problematiza más directamente en la primera
línea narrativa. El protagonista, por haber perdido su identidad física, tiene que preguntarse acerca de su identidad más allá de lo físico.
Se da cuenta de esa circunstancia especial y afirma: "Curioso: ahora
que no era yo, podía averiguar quién era yo."[13] Esta búsqueda,
igual que los anónimos de la segunda línea, implica un proceso a veces terrorífico. Encuentra cierta familiaridad al nombrar los objetos del mundo empírico; afirma: "Mi casa. Mis rostros. Mis
nombres" (p. 82). Por una parte, la repetición de los adjetivos
posesivos subraya el acto de poseer como elemento de la identidad
personal. Por otra, son objetos y no elementos abstractos o espirituales los que le ayudan a encontrar alguna identidad. El capítulo
clave con respecto a este problema es el 32 (pp. 179-199); aquí el
protagonista vuelve a su antigua casa, es decir, la casa que habitó
en vida su cuerpo original. Descubre que no hay posibilidad de
comunicación a nivel de lo que era en su otra vida. Valoriza más
ahora el mundo de los objetos y así concluye mientras está en la

13 Ignacio Solares, *Anónimo* (México, Compañía General de Ediciones, 1979), p. 70.
Todas las citas son de esta edición.

casa: "Cómo pude vivir tantos años sin apreciar el significado de cada uno de los objetos que me rodeaban. Cómo pude reducirme a tantas tonterías pasajeras, problemas en el periódico o pleitos con mi mujer" (p. 183). Así es su conclusión final acerca de su existencia. Sobrevive a la crisis causada por la pérdida de su ser físico precisamente al afirmar su vida en lo físico. Las últimas líneas de la obra son las siguientes: "Al despertar la sorpresa se repite, ya sin angustia: todavía estoy vivo. Y, claro, la risa al palparme la nariz."

Aunque las consideraciones acerca de la identidad del hombre moderno sean amplias y ambiguas, no hay duda acerca de la accesibilidad de *Anónimo*. *¡Que viva la música!* de Andrés Caicedo también plantea problemas importantes acerca de la identidad, esta vez la identidad cultural, por medio de una construcción formal bastante sencilla. En este caso la aparente sencillez puede ser engañosa porque a primera vista esta novela podría parecer un simple relato de experiencias juveniles. Trata de una muchacha que se obsesiona con la música. Vive por y para la música de que goza en la agitada vida nocturna de Cali, Colombia. Para el que no conozca Cali, hay que señalar que el barrio específico es de suma importancia: ella y sus amistades actúan en distintos lugares de la Avenida Sexta, el área predilecta de los jóvenes que ahí encuentran lugares que hacen de esta avenida algo comparable a la Zona Rosa de México o al Boulevard Saint Michel de París. Al principio de la obra, la protagonista se caracteriza como una muchacha inocente en medio de todo este microcosmos cultural. No conoce ni la música ni los lugares nocturnos que más tarde consumirán su vida entera. Su introducción a la música, y primera obsesión, es el *rock* de los sesentas y principios de los setentas. Ella y sus amigos viven apasionados por una música que traducen y por un estilo de vida importado que adoptan. Más tarde los gustos cambian hacia una preferencia por la "salsa". En cuanto a la acción, la protagonista traba amistad con un joven llamado Bárbaro y de allí en adelante su vida se torna violenta: Bárbaro y sus amigos se entretienen en "bajar" (atacar) a los norteamericanos que abundan en Cali. Al final de la obra la protagonista es una prostituta.

La narradora que cuenta esta serie de sucesos, a veces increíbles (aunque dentro del contexto de la novela del todo verosímiles), tiende a relatar en presente. A pesar de que toda la fábula ya ha ocurrido en el pasado según la posición temporal de la narradora, pocas veces toma la oportunidad para reflexionar sobre los acontecimientos. Por lo tanto, es una situación narrativa bastante semejante a la vista en *La princesa del Palacio de Hierro* de Sainz. La estrategia narrativa de Caicedo es básicamente la de presentar las acciones a través de su narradora, dejando así al lector la labor reflexiva y, en este caso, interpretativa. Algunas veces ella ofrece comentarios de índole reflexiva que muestran ciertas intenciones de entender intelectualmente su circunstancia, pero nunca logra un entendimiento profundo de sus acciones. La versión de su situación *según ella* tiende a acentuar la alegría del momento (sobre todo cuando hay música, baile y movimiento) o la tristeza y hasta la angustia del mismo (los pocos ratos de soledad sin música ni amistades). Logra llenar la vida de música, creando así una existencia, en términos suyos, básicamente alegre.

Más allá de su fachada exterior de alegría, sin embargo, su narración revela tres características contrarias, todas relacionadas con la cultura de que está empapada: su ambigüedad cultural, su dependencia cultural y su autodesprecio por razones culturales. Su ambigüedad cultural se expresa al principio cuando se encuentra en una situación ambivalente entre sus amistades que escuchan *rock* y sus amigos marxistas. Los dos fenómenos culturales (escuchar *rock* y leer *El capital*) representan alternativas a la aceptación de un *statu quo* inaguantable para una persona tan sensible y rebelde como es la protagonista. Es una ambigüedad que ella nunca resuelve, aunque va de una posición extrema a la otra.

La dependencia cultural por parte de la protagonista se manifiesta de varios modos. Al principio de la novela, antes de asimilarse al mundo del *rock*, ella se considera, curiosamente, una persona "sin cultura", una autodescripción imposible, al menos desde el punto de vista antropológico. Por el hecho de funcionar siempre en una especie de presente continuo y estático, la herencia cultural que comparte con todo colombiano no figura en su visión del mundo. El pasado para ella no existe. Este concepto del tiempo es comparable al de la "Onda" en México si se tiene en cuenta a *Inventando que sueño* o *Se está haciendo tarde* de Agustín. Ella decide llenar esos "huecos" (palabra suya) de su cultura con el aprendizaje total del *rock*. Va desde la nada hasta depender de una cultura.

La tercera característica destacable de la protagonista es el autodesprecio, sutilmente perceptible durante la mayor parte de la novela, pero a fin de cuentas innegable en el desenlace de la obra. Los primeros indicios de su actitud negativa hacia sí misma son los comentarios relacionados con los supuestos "huecos" de su cultura y con su "falta" de cultura. Ella también pide disculpas constantemente por sus deficiencias como narradora. Al final de la obra llega a tener cierta conciencia de su autodesprecio y movimiento autodestructivo, aunque sea en un instante breve de lucidez. Este momento llega al terminar la escena clave de la novela, un viaje alegórico que hace con Bárbaro. La escena comienza como una simple excursión. Durante el trayecto en autobús su modo de ser y actitudes cambian. Se viste, por ejemplo, de una manera más hispánica y

se fija en los ritmos africanos que oye en el radio. Al llevar a su
destino, caminan por la naturaleza y la narradora contempla sus
alrededores. En contraste con el caos del *rock* y la vida fragmentada de Cali, observa aquí un orden perfecto. La escena se prolonga
y termina en una especie de rito de liberación para Bárbaro.[14] Pero
la protagonista se niega a enfrentar la situación y no ofrece ningún
pensamiento contemplativo acerca de la serie de acontecimientos
que ha atestiguado.

*¡Que viva la música!* capta las ambigüedades y la crisis culturales
de Colombia y América Latina con una sutileza refinada. Uno de
los aciertos es la estructura, tan cuidadosamente concebida alrededor de la escena alegórica del final. Hasta esa escena, la novela
es comparable a la producción de los escritores de la "Onda" en
México porque lo que expresa es un fenómeno cultural de la misma
generación. También hay ciertas semejanzas en el empleo del lenguaje de la juventud. Para la segunda mitad de la década, la producción novelística de los escritores de la "Onda" en México ha cambiado marcadamente. De acuerdo con este movimiento hacia la
accesibilidad. *Compadre Lobo* (1978) de Sainz narra la historia de
su protagonista de un modo lineal y sencillo. El narrador es un
joven que relata el proceso de madurar en un grupo de jóvenes
violentos. Lobo es un miembro del grupo. El enfoque temático es
un asunto del lenguaje porque los cambios claves del protagonista se asocian íntimamente con palabras. El lenguaje es un tema
de análisis en vez de la celebración generacional que se veía en las
primeras novelas de Sainz y Agustín.

La sorprendente combinación de sencillez y técnica en las novelas iniciales de Goldemberg y Caicedo es evidente en otras dos
novelas que fueron las primeras de sus respectivos autores, *El jardín
de las Hartmann* (1978) de Jorge Eliécer Pardo y *Sanitarios Centenarios* (1979) de Fernando Sorrentino. La primera de éstas es
una novela escueta y breve (unas 155 páginas) que consta de quince
capítulos que narran concomitantemente la relación amorosa entre
Gloria Hartmann y Ramón Rodríguez y los conflictos de la violencia
en Colombia durante los años cincuentas, en los que participa el
mismo amante de Hartmann. El conflicto se desarrolla en términos
abstractos. Otro factor que universaliza el conflicto es el paralelo
entre la violencia y la resistencia antinazi en Alemania. Se trata,
entonces, de dos generaciones de Hartmann que resisten y aman
romántica y heroicamente.[15] Aunque no es una obra consciente-

---

[14] Para una explicación más amplia de esta escena, véase Raymond L. Williams,
*Una década de la novela colombiana: la experiencia de los setenta* (Bogotá, Plaza
y Janés, 1981), pp. 156-163.

[15] Seymour Menton ha delineado las dos generaciones en "Un nuevo satélite: El

mente innovadora en su técnica, los detalles evocadores y la estructura precisa la hacen una novela bastante complicada en términos técnicos. *Sanitarios Centenarios* también tiene un desarrollo lineal e intenta ser una recreación histórica, pero la actitud del narrador ante la historia es la de una persona de una empresa que fabrica sanitarios. Se aprecia esta actitud desde el epígrafe de Dostoievski: "Por lo demás, no recuerdo todos aquellos estúpidos símbolos." Además de burlarse del símbolo literario, cuestiona su capacidad como narrador mismo en el prólogo cuando sostiene que tiende a olvidar los sucesos más significativos. En el proceso de contar la historia de la compañía, una historia en la que, en efecto, ninguno de los sucesos es muy significativo, el narrador logra burlarse de una serie de instituciones literarias y nacionales, desde los semiólogos hasta sus colegas de mentalidad pequeño-burguesa. Se podría leer esta novela como metaficción, puesto que al final el narrador-protagonista declara que su nuevo libro tiene el título de *Sanitarios Centenarios*. Realmente no es una experiencia de metaficción para el lector porque el narrador nunca lo convence de su vocación de escritor. El final, entonces, resulta ser otra parodia. Estos dos novelistas, como Reynaldo Arenas en *La vieja rosa* (1980), muestran sus habilidades técnicas con el control del tono. Cuando le preguntan en el apéndice de *La vieja rosa* si le interesan las formas experimentales, renovadoras de la literatura, Arenas contesta lo siiguente: "No me interesan para nada. El tono sale con lo que uno va a decir, no se ha hecho nada interesante para mí en ese aspecto."[16] Dejando de lado la cuestión de la validez de esta afirmación, es interesante notar la actitud ante la experimentación expresada en 1980 por parte de un novelista que publicó su primera novela durante el apogeo del *boom* y la gran experimentación formal de la década de los sesentas.

Esta novela de Arenas es una pequeña joya en varios sentidos. La presentación física del libro es preciosa: el libro de 114 páginas está impreso en un solo lado de cada cuartilla y estas hojas son de color de rosa. La impresión de algo envejecido que da el aspecto físico del libro corresponde al proceso de envejecer que sufre la protagonista de la novela. Se puede leer esta obra como un breve relato acerca de este proceso; el lector experimenta la sensación de pérdida de una mujer que intenta mantener la familia tradicional y su propiedad personal. El proceso que la rodea es el de la Revolución cubana, aunque nunca se precisa explícitamente y la comprensión de ese dato histórico no es fundamental para la experiencia de la novela. Otros novelistas ya famosos en la dé-

jardín de las Hartmann", *El Café Literario*, núm. 6 (noviembre-diciembre de 1978), pp. 48-49.
  [16] Reynaldo Arenas, *La vieja rosa* (Caracas, Ed. Arte, 1980), p. 108.

cada anterior publicaron obras notablemente accesibles durante la segunda mitad de la década. Innovadores como Donoso, Fuentes, Cabrera Infante y Cortázar publicaron obras técnicamente menos ambiciosas a fines de este periodo. Fanny Buitrago, que había publicado la muy hermética *Cola de zorro* a principios de la década, escribe una novela basada en convenciones tradicionales, *Los pañamanes* (1979). Estas convenciones constan de elementos que van desde el descubrimiento de unos documentos para catalizar la narración hasta un sistema de caracterización tradicional. Versa sobre una isla. Lo atractivo de esta isla —y de la novela— se encuentra en la síntesis de elementos que hacen de la isla un mito.

En las novelas comentadas de Isaac Goldemberg, Jorge Eliécer Pardo, Reynaldo Arenas y Fanny Buitrago el control del tono es más importante que la estructura o el lenguaje ostentosamente innovadores. *La misteriosa desaparicón de la Marquesita de Loria* (1980) de Donoso y *La cabeza de la hidra* (1978) y *Una familia lejana* (1980) de Fuentes también son libros más controlados que formalmente atractivos. El narrador de *La misteriosa desaparición de la Marquesita de Loria* delinea en una forma cronológica la historia erótica de una nicaragüense hija de un diplomático. Transcurre en Madrid a principios del siglo, lo cual hace apropiada y eficaz la parodia que efectúa de la literatura modernista. Las dos novelas cortas de Fuentes representan la continuidad, en menor grado, de preocupaciones suyas ya exploradas en su obra anterior.

*La Habana para un infante difunto* (1979) de Cabrera Infante trata el asunto del erotismo de una manera mucho más elaborada que en la novela de Donoso. Representa una vuelta a la sencillez y a la narrativa tradicional en yuxtaposición a la narrativa hispanoamericana anterior y a su propia obra. Tiene un desarrollo lineal de la trama y hace falta la innovación tan notable en la obra del autor. Consta de unos once episodios y un epílogo en que el narrador-protagonista revela su despertar sexual y sus experiencias con mujeres reales e imaginadas. Por lo tanto, es una novela del rito de iniciación en el sentido más literal de la frase. Aunque ésta no impresionará tanto al lector con la habilidad técnica encontrada en *Tres tristes tigres*, muestra el mismo sentido del humor y la franqueza que nunca dejan de sorprender. Algunos lectores podrán encontrar ese humor algo chocante. Pero pocos se olvidarán de la escena en que describe detalladamente la experiencia de la masturbación. A pesar de la relativa sencillez de esta narrativa, una crítica ha notado que tiene una estructura eficazmente concebida.[17] Hay una vacilación constante y regular entre capítulos que se po-

[17] Véase Isabel Álvarez-Borland, "The pícaro's journey in the structure of *La Habana para un infante difunto*", trabajo inédito presentado en la *Twentieth Century Literature Conference* (Louisville, febrero de 1982).

drían identificar como "colectivos", que presentan una visión panorámica de La Habana de los años cuarenta y cincuenta, y otros que son más bien "individuales" que versan sobre la maduración sexual del protagonista. El epílogo indica ciertos cambios por parte del joven y funde la visión de esos dos tipos de capítulos. Aunque la novela tenga algo de las tradiciones de la novela picaresca y el *Bildungsroman*, la distancia y la actitud que mantiene el narrador ante esas tradiciones la hacen más bien una novela paródica.

Las producciones recientes de Julio Cortázar, Eduardo Galeano, Haroldo Conti y Alejo Carpentier nos completan el panorama de novelas sumamente accesibles escritas por autores que tienen capacidades técnicas mucho más amplias. El empleo del folletín popular por Cortázar en *Fantomas contra vampiros multinacionales* (1975) nos invita a la comparación con procedimientos semejantes en Puig o Vargas Llosa. En realidad sería una comparación bastante superficial porque la función de la tira cómica o el folletín en *Fantomas contra vampiros multinacionales* es del todo distinta: la accesibilidad y la forma popular son vehículo de un didactismo jamás presente en Puig o Vargas Llosa. Es una denuncia explícita del gobierno de los Estados Unidos y los gobiernos *élites* del Tercer Mundo. Su éxito estético como novela es dudoso, pero es poco probable que este término (es decir, el término "éxito") sea de importancia para Cortázar o los lectores que participan en su proyecto abiertamente revolucionario como escritor. Como obra escrita desde una posición definida ante los procesos políticos en América Latina en el siglo XX, también está en oposición ante las formas tradicionales de la narrativa, parodiándolas. Se encuentra el mismo contenido histórico y documental en *Días y noches de amor y de guerra* (1978) de Eduardo Galeano. Es un testimonio cruel de la violencia y la represión en América Latina dentro de un marco histórico que abarca desde principios de los años cincuentas hasta los setentas. Las 256 narraciones breves incluyen situaciones y personajes ficticios e históricos en toda América Latina. Como en el documento histórico de Cortázar, el narrador se identifica como autor, Eduardo Galeano, creando así la sensación de un testimonio verídico. A veces las ironías de la realidad política y social de América Latina son más increíbles que lo que se pudiera inventar, así son algunas de las anécdotas de *Días y noches de amor y de guerra*.

*Mascaró, el cazador americano* (1975) de Conti encuentra su valor social más en la afirmación que en las denuncias abiertas de Cortázar y Galeano. Es una novela tradicional en su técnica narrativa. La narración en tercera persona relata las aventuras de Oreste Antonelli, miembro de un circo que vemos deambular por varios pueblos. La afirmación se halla en el espíritu humano y los valo-

res del pueblo. Para ser una novela publicada a mediados de la
década de los setentas, tiene resonancias sorprendentemente simi-
lares a la tradición criollista, es decir, a novelas como *Don Segundo
Sombra*. La caracterización de Mascaró como mito, por ejemplo,
está en esa tradición. El lector encuentra el mismo sabor criollista
en *La otra raya del tigre* (1977) de Pedro Gómez Valderrama. Narra
la historia de Colombia en la segunda mitad del siglo pasado, durante el auge del idealismo liberal y la fe en el progreso. El protagonista, la figura histórica de Geo von Lengerke y el antagonista,
Colombia, tienen una fe refrescante en las capacidades racionales
del hombre. El factor principal que transforma esta anécdota histórica en una novela lograda es la mitificación de una Colombia del
pasado y del protagonista. La afirmación de Alejo Carpentier en
*La consagración de la primavera* (1979) se manifiesta por medio
de la creación artística misma. Esta vez el protagonista, cubano, se
halla entre dos culturas, la rusa y la africana, de manera que es una
novela de pocas sorpresas para el lector que conozca la obra de
Carpentier.

La metaficción en sí obviamente no es ninguna innovación de la
novela hispanoamericana reciente. Lo que sí sobresale es el gran
número de novelas de metaficción en la segunda mitad de la década.
El interés por el acto creador que hemos notado desde la década anterior aumenta marcadamente; el escritor hispanoamericano está
cada vez más consciente del acto de escribir. Hay que puntualizar que
el decir "metaficción" no señala una línea divisoria entre las novelas
accesibles ya comentadas y las metaficciones que se analizarán en
adelante. Es lógico que haya metaficciones relativamente accesibles
y otras menos. Quizás sea más importante observar que tanto las
novelas ya analizadas como muchas metaficciones señalan un interés
por desarrollar la anécdota. Un prerrequisito para una metaficción
es una ficción. Por lo tanto, es lógico que escritores como Mario
Vargas Llosa y Gustavo Álvarez Gardeazábal, que tanto se han dedicado a contar historias, también se hayan interesado por la metaficción. Cuantas más variaciones se encuentran de la metaficción, más
difícil es definirla. Se pueden delinear por lo menos dos categorías amplias. Por un lado, el término apunta a esas obras que se
refieren a sí mismas de tal modo, muchas veces sorprendente, que
se subvierte el sentido ya establecido de la realidad y la ficción.
Tal es el efecto de *Cien años de soledad* que se declara una ficción al final de la obra. El segundo tipo corresponde a esas obras
que no plantean el juego realidad-ficción, sino que son de algún
modo autoconscientes.
    Es fácil caer en la tentación de considerar la metaficción una
construcción verbal completamente autónoma, independiente de la

realidad social, especialmente cuando se trata de obras humorísticas y entretenidas. Hay que ver estas novelas, no obstante, como expresiones culturales que por su actitud autoconsciente indican algo acerca de la cultura hispanoamericana de los setentas. Además, la metaficción no siempre es una construcción verbal del todo autónoma. Las primeras metaficciones de Vargas Llosa y Álvarez Gardeazábal, por ejemplo, están tan íntimamente ligadas a contextos nacionales específicos como lo estaban sus novelas anteriores. _La tía Julia y el escribidor_ (1977) de Vargas Llosa tiene que ver con la biografía personal del autor y un fenómeno de la cultura popular, la radionovela. También versa sobre el problema de escribir (y los escritores postulados en la novela) y paralelamente el de leer (y, a la vez, el de los lectores supuestos en ella).[18]

La obra de Vargas Llosa presenta cuatro personajes, todos escritores. El primero, Pedro Camacho, aparece en los capítulos narrados por un joven que se identifica como "Marito" o "Varguitas". Hay que recordar desde el principio que este Marito es una entidad ficticia; no es Mario Vargas Llosa. Camacho, descrito apropiadamente por José Miguel Oviedo como un _scribbler_ (plumífero) en el sentido en que Roland Barthes utiliza el término, es un escritor boliviano conocido en el Perú por sus radionovelas.[19] El segundo de los escritores es "Marito", el joven narrador de los capítulos impares; además de relatar sus aventuras amorosas, gran parte de esos capítulos tratan de los problemas del joven que aspira a ser escritor. El tercero, presente en la novela, puede ser identificado como el Pedro Camacho-narrador que aparece implícitamente en los capítulos pares (los textos de las nueve radionovelas). Importa destacar aquí la diferencia fundamental entre un autor (en este caso el ente de carne y hueso Pedro Camacho) y un narrador (la entidad ficticia operante en toda narrativa). El cuarto escritor es Mario Vargas Llosa mismo, el autor de otras novelas y, hecho aquí muy pertinente, de numerosos textos críticos y teóricos. Aunque no se lo identifica directamente en la novela, es reconocible por aparecer su nombre en la cubierta y por la intertextualidad de que se hablará más adelante. Cada uno de esos cuatro escritores se relaciona potencialmente con los otros tres; las relaciones son la base de la interacción dinámica entre los escritores que actúan en la novela. La dicotomía entre Marito y Mario Vargas Llosa es la base de la

[18] Para un análisis más detallado de las relaciones entre los escritores y los lectores postulados en la novela, véase Raymond L. Williams, _"La tía Julia y el escribidor_: escritores y lectores", _Texto crítico_, vol. 5, núm. 13 (abril-junio de 1979), pp. 197-209.

[19] Véase José Miguel Oviedo, _"La tía Julia y el escribidor_: a self-coded portrait", _Mario Vargas Llosa: A Collection of Critical Essays_, editores Charles Rossman y Alan Friedman (Austin, Texas, University of Texas Press, 1978), p. 172.

tensión producida entre ellos. Los inútiles intentos de Marito por
imitar a Borges y a Hemingway interesan por el contraste entre
el hacer de Mario Vargas Llosa y el desear de Marito, porque Mario
Vargas Llosa se parece muy poco a esos escritores. Lógicamente
la distancia entre esos dos escritores disminuye según avanza la
novela. El último capítulo, o más bien epílogo, ofrece una síntesis
de esas dos personas, y por consiguiente resuelve la interacción
novelesca entre Marito y Mario Vargas Llosa. Entre el capítulo final
y el precedente hay un vacío de ocho años durante el cual el escritor
en potencia se ha convertido en acción, como dice el adulto: "Me
había hecho escritor." Las relaciones autor-personaje las vislumbra
el lector fuera del texto, partiendo de la información que posee de
las novelas y los ensayos de Mario Vargas Llosa, y aun de su biografía.

La relación desarrollada entre Pedro Camacho y Mario Vargas
Llosa es la base de la parodia y el humor de esta novela. Aquí encontramos la autoparodia de Vargas Llosa, el escritor extratextual.
Si por una parte Camacho es el tonto, el escribidor ridiculizado a
lo largo de la novela, el seudoartista, entregado obsesivamente a su
trabajo, a la vez es una especie de réplica, en cierto sentido, de
su autor —Pedro Camacho se asemeja de una manera sorprendente
a Mario Vargas Llosa. Los dos son fanáticos en lo que se refiere a
la literatura. Vargas Llosa elogia la disciplina; Camacho la prac-
tica concienzudamente en sus radionovelas. A pesar de la caracterización del escribidor como un tonto, en el contexto son tan marca-
das sus semejanzas con Mario Vargas Llosa que en un determinado
nivel de lectura se establecen claros paralelos entre los dos. Las
interacciones son una parodia de los escritos extratextuales de Mario Vargas Llosa.

Otro tipo de relación surge al considerar la relación entre Pedro
Camacho-autor y Pedro Camacho-narrador. El uno aparece en los
capítulos impares; el otro es escribidor de las radionovelas. La diferencia entre ellos equivale a la de autor y narrador. Hasta cierto
punto el humor en los capítulos de las radionovelas es determinado
por la interacción entre esos dos entes. El prejuicio inexplicable
pero vociferador del Camacho-autor, por ejemplo, se vuelve humorístico en las secciones de las radionovelas, dado lo que ya sabe el
lector del hablante. La relación entre Camacho-autor y Camacho-
narrador es uno de los elementos principales de la dinámica de la
trama; se ve bien que el personaje se está volviendo loco, confun-
diendo personajes y mezclando personas de distintas radionovelas.
El lector enjuicia la cordura de Camacho-autor a base de su observación de lo que lee en las radionovelas.

La presencia de Camacho-narrador y Mario Vargas Llosa invita a
comparar las técnicas narrativas en las radionovelas con las de

Mario Vargas Llosa en otras novelas. La tensión entre los dos tipos de escritura aumenta el conocimiento de que todas son obra de un autor y que el personaje Camacho es pura invención suya. El estilo exageradamente pulido de Camacho-narrador en las radionovelas, notable por el exceso de adjetivación, contrasta con el de los capítulos que versan sobre Marito, y con el lenguaje preciso y poco ornado de Vargas Llosa mismo. No solamente se emplea una retórica de frases hechas sino que el narrador crea sus propios clisés por medio de la repetición. Camacho-narrador tiene otros problemas: interrumpe el fluir de su narración con comentarios editoriales y no sabe manejar un monólogo interior técnicamente.

Como lo sugieren esas relaciones, *La tía Julia y el escribidor*, por un lado, es una novela que trata de la relación que se da en múltiples niveles entre los escritores postulados en la novela. Marito aprende algo del arte de escribir; uno de los temas de la obra es este arte, y la serie de interrelaciones entre escritores sitúa al lector frente a una experiencia prolongada sobre el acto de escribir propiamente dicho. En tal experiencia el lector, al actualizar el texto, participa en el proceso creador, incorporando a él escritos extratextuales, y llega a verse como evidente que la novela propone un corolario al problema de la escritura: la lectura. Se invita al lector a resolver los problemas técnicos de ésta, y por consiguiente el lector encuentra el acto de leer como tema en sí.

Lejos de ser una construcción verbal autónoma, esta novela es una síntesis de varias tendencias normalmente diversificadas en distintos tipos de narración. Se pueden identificar tres de esas tendencias: primero, la representación mimética de la realidad empírica, semejante a la representación de contextos sociales específicos en *La vida a plazos de don Jacobo Lerner* o *¡Que viva la música!* Una segunda tendencia, a veces ausente en obras miméticas, es la autoconsciencia en cuanto al acto de escribir, tal como se ha comentado aquí. La tercera tendencia se manifiesta en las radionovelas, tan marcadamente distintas de los otros capítulos, como ya se ha visto también. Además, Vargas Llosa ha vuelto a la tradición del *romance* como inspiración de la imaginación literaria. El empleo de líneas narrativas marcadamente distintas también permite a Álvarez Gardeazábal cierta heterogeneidad del texto en *El titiritero*. El contexto social específico fue un conflicto en la Universidad del Valle en Cali, Colombia. Es posible una lectura legítima de la novela, no obstante, sin esa información extratextual.

La novela de Álvarez Gardeazábal trata de unos acontecimientos que giran alrededor de la muerte de un estudiante en la Universidad del Valle, Edgar Mejía Vargas, en 1971. El "presente" temporal es el 26 de febrero de 1986, el decimoquinto aniversario de su fallecimiento. En este presente Mejía Vargas desempeña el papel de héroe político. Una gran parte de la novela narra los hechos relacionados con su muerte y con los personajes en la universidad: el rector, una estudiante que pierde la razón a causa de su experiencia universitaria. El asunto de la metaficción entra con las narraciones de un profesor en la Universidad del Valle que se describe como creador de la obra que el lector tiene en sus manos. En la primera de sus secciones, éste ataca directamente la nueva narrativa: "...no pienso montar un rompecabezas para aparecer como gran innovador de la novela del siglo XX, ni pretendo consagrarme como un ilusionista para que nadie me entienda..."[20] El profesor-novelista tiende a hacer encajar como en un "rompecabezas" todos los aspectos básicos de la nueva narrativa. La definición de "rompecabezas" se aproximaría bastante a los procedimientos que exigen una participación activa del lector. A la mitad de la novela, sin embargo, el mismo profesor-novelista revela sus propios intereses autoconscientes por ser innovador: "La novela... ya no se puede construir dentro de los márgenes de las estructuras anglosajonas. Necesita nuevas formas, nuevas posibilidades..." (p. 163). Por una parte, entonces, se nota la reacción explícita ante lo que había caracterizado la novela hispanoamericana en cuanto a su técnica —otra vez el movimiento hacia la accesibilidad. Por otra parte, es una metaficción del tipo que puede subvertir cualquier concepto fijo de realidad-ficción. Es quizás uno de los mejores representantes de esas novelas que son accesibles a pesar de la habilidad técnica de su creador. Así se destacan Goldemberg y Vargas Llosa con Álvarez Gardeazábal en la segunda mitad de la década.

Uno de los casos más interesantes y sutiles de la novela autoconsciente es *La orquesta de cristal* (1976) de Enrique Lihn. Contiene algunos aspectos formales que sugieren a primera vista que se trata de una historia autoconsciente que versa sobre una orquesta sinfónica que funciona en París a principios del presente siglo. Lo autoconsciente es claro en las cincuenta y seis páginas finales del libro que son notas al primer texto, la historia de la orquesta, que consta de unas 86 páginas. Las notas de pie (64 en total) son de contenido variado, e incluyen crítica sobre la música, citas de unos personajes históricos y, aquí entra la metaficción, juegos del propio autor con su texto. Una lectura superficial de esta novela, entonces, nos da una historia escrita de una manera autoconsciente, bastante comparable con *La tía Julia y el escribidor* y *El titiritero*. *La orquesta de cristal*, no obstante, sugiere lecturas en otros niveles. En primer lugar, es una reacción ante el estructuralismo y el posestructuralismo franceses. Puesto que la historia de la orquesta es la de sus inter-

---

[20] Gustavo Álvarez Gardeazábal, *El titiritero* (Bogotá, Plaza y Janés, 1977), p. 25. Todas las citas son de esta edición.

pretaciones y sus interpretadores, Lihn crea paralelos entre la influencia de la cultura francesa a principios del siglo y la situación actual. Se ve una actitud negativa ante los posibles excesos de la crítica hispanoamericana por su dedicación a la teoría literaria francesa. Critica directamente, por ejemplo, a los cultivadores del neobarroquismo a lo francés, como Sarduy, cuando dice lo siguiente en una nota de pie: "Nuestra más cordial ignorancia sobre lo que pueden implicar estas alusiones barrocas pero desenfadadas en lo que respecta a una publicación de tal relieve como el *Mercure de France*, de cuya colección completa ojalá dispusiéramos."[21] Adopta así una postura de reacción comparable a lo observado en los comentarios del profesor-novelista en *El titiritero*.

Además de esta lectura de *La orquesta de cristal* como crítica de la teoría, hay un nivel que ubica a Lihn dentro de su contexto social, en un país con un gobierno autoritario. Este nivel no es tan evidente al principio de la novela, aunque se hace referencia de paso a la autocensura en la segunda página de la obra. Al final del libro las alusiones a la actual situación chilena son más evidentes, aunque nunca se nombra al dictador que ha ejercido el poder desde 1973. Se comentan la confusión y el desorden intelectual que causan una "atmósfera de terror" (p. 85). Poco antes se había mencionado a las nuevas autoridades del país (p. 77). No es difícil asociar las dos cosas. Todas estas referencias, junto con la presencia de Lihn mismo en las notas, aclara que se trata de una novela que va más allá de ser una metaficción sobre un conjunto musical. Tanto el lector como el escritor están incluidos en la crítica. El lector criticado es el "culto" postulado en la lectura de *La orquesta de cristal* como metaficción posestructuralista. El escritor criticado es Lihn mismo que sufre de algunos de los problemas expuestos y problematizados al referirse al escritor hispanoamericano en general. La autocrítica más directa versa sobre la enumeración caótica que aparece en textos escritos dentro de la actual circunstancia hispanoamericana —la misma enumeración caótica que encontramos en *La orquesta de cristal*. *El arte de la palabra* (1980) del mismo Lihn es una versión más elaborada y quizás más lograda de las mismas preocupaciones acerca del discurso.

La segunda categoría amplia de la metaficción, en que la experiencia del lector no es la de cuestionar la relación realidad-ficción, sino descubrir alguna conciencia del acto creador dentro del texto, se basa en la representación mimética de la realidad. Algunas novelas intimistas que tratan de relaciones humanas dentro de un enfoque limitado, pueden mostrar alguna conciencia del acto crea-

---

[21] Enrique Lihn, *La orquesta de cristal* (Buenos Aires, Editorial Sudamericana, 1976), p. 109. Todas las citas son de esta edición.

dor. *Casa de campo* (1977) de José Donoso es de ese tipo: una complicada red de anécdotas que giran alrededor de una excursión suministran el pretexto para desarrollar relaciones entre un grupo limitado de niños y adultos. El narrador declara desde el principio del libro que espera que el lector acepte lo que escribe como un artificio.[22] El asunto de escribir surge naturalmente en *Tantas veces Pedro* (1977) de Alfredo Bryce Echenique porque el protagonista es escritor. Este escritor-protagonista goza no sólo de las frivolidades de la creación artística, sino también de las mujeres y del licor que encuentra en sus paseos por Europa y California. Son aventuras entretenidas. El protagonista trasladado a Europa es más serio, y así es el tono de *Segundo sueño* (1976) de Sergio Fernández. El narrador-protagonista es un joven mexicano que está en Alemania para enseñar el arte mexicano y estudiar al pintor Lucias Altner, sobre el cual escribe una biografía. El desarrollo de las relaciones humanas trata básicamente de una relación triangular con una alemana y un alemán. La metaficción se manifiesta por la actividad creadora del narrador: escribe a la vez una biografía de Altner y sus propias memorias mientras está en Alemania. Ambos relatos son altamente imaginativos y pueden ser alterados según los gustos o caprichos del narrador. Éste escribe y reescribe su materia, borra las versiones que no le gustan. Las experiencias del narrador y las de la biografía de Altner tienden a fundirse y confundirse para el narrador. Hay una crítica implícita de los Estados Unidos, Alemania y México, esto ubica la obra en la realidad empírica; en contraste, hay sugerencias claras que el libro entero es un sueño.

A veces la metaficción no parece tener ninguna referencia específica más allá de la literatura misma, quizás sea la metaficción en su forma más extrema. *Matreya* (1978) de Severo Sarduy, *La piedra en el agua* (1978) de Harry Belevan y *Breve historia de todas las cosas* (1975) de Marco Tulio Aguilera Garramuño son formas más extremas. *Matreya* es otra obra de Sarduy que se aprecia mejor con un conocimiento de los textos sobre los cuales se construye el presente, en la línea de *Cobra*. Los textos sobre los cuales Belevan construye *La piedra en el agua* son múltiples, pero los más evidentes son los de Poe y Borges. Como ha señalado Robert Morris, Belevan es un parásito declarado; por ejemplo, se vale de los textos de Borges abiertamente.[23] En un nivel de la ficción es una novela fantástica basada en las experiencias de Gesine, que ha alquilado la casa de un escritor. A la vez, ésta lee una novela que comparte con el lector,

[22] José Donoso, *Casa de campo* (Barcelona, Seix Barral, 1977), p. 53.
[23] Robert Morris ha delineado las raíces literarias de la obra de Harry Belevan en "In defense of a literary parasite: the case of Harry Belevan", un trabajo inédito presentado en la *Kentucky Foreign Language Conference* (abril de 1982).

"El secreto del cuarto cerrado". El primer efecto de espejo ocurre cuando el lector se encuentra en esta novela con el mismo epígrafe que acababa de leer al principio de *La piedra en el agua*. De aquí en adelante las posibilidades de juego son casi infinitas. El texto que se percibe y del que se burla Aguilera Garramuño en *La breve historia de todas las cosas* es *Cien años de soledad*. Es una experiencia altamente imaginativa que trata de un supuesto narrador, Mateo Albán, que desde la cárcel nos cuenta la historia de un pueblo en Costa Rica. La narración cambia radicalmente a partir del sexto capítulo donde encontramos la primera "postdata" en que el narrador discute la narración con sus lectores ficticios por unas dos páginas. Se ve el mismo procedimiento en otros capítulos bajo subtítulos como "Nota marginal", "Nota al margen" y "Addenda". Además de ser una denuncia de varias instituciones, es una novela entretenida.

Desde principios de los años sesentas se ha notado una tendencia constante por exigir la participación activa del lector en el proceso creador. Esta exigencia parece disminuir algo en la segunda mitad de la década al encontrarse el lector ante textos cada vez más frecuentemente accesibles que monumentos como *Rayuela*, o novelas más bien "abiertas" como *La traición de Rita Hayworth*. Las tendencias ya señaladas, no obstante, no siempre excluyen la necesidad de la participación activa del lector, como lo sabrá el lector de obras como *Terra Nostra*, *La vida a plazos de don Jacobo Lerner* o *La tía Julia y el escribidor*, para nombrar tres casos bien distintos. Siguen también apareciendo novelas en que la activación del lector es una necesidad del texto. Suelen ser novelas más ostentosamente innovadoras que las accesibles o las metaficciones ya discutidas. Un novelista como Manuel Puig sigue empleando durante los setentas básicamente los mismos procedimientos que había utilizado en *La traición de Rita Hayworth* para activar al lector; otros novelistas reconocidos desde la década anterior, como Fernando del Paso, Francisco Massiani y Alberto Duque López, continúan publicando novelas tan exigentes como las anteriores; aparecen figuras nuevas de claras dotes técnicas, como Antonio Skármeta, Enrique Medina, Rafael Humberto Moreno-Durán y Plinio Apuleyo Mendoza, entre los muchos que hay. Una novela breve de Mauricio Wácquez, *Paréntesis* (1975), exige la participación activa del lector; al mismo tiempo es una novelización de un concepto —el amor— presentado dentro del marco limitado de novelas intimistas. Expresa así varias direcciones de la novela reciente. Se trata de las relaciones entre cuatro personas en un espacio físico limitado. Hay varios paralelos interesantes entre el estado de los cuatro personajes y el estado del texto: los dos buscan ser autosuficientes, sin referente exterior; ambos representan juegos que constan de meras sustituciones, sin posibilidad de cambio significativo; los dos se desarrollan a base de un paréntesis, a saber, una persona no representa más que un paréntesis para la otra y el texto total consta de una sola frase dentro de un paréntesis.

El lector activado está en comunicación directa con los personajes en *El beso de la mujer araña* (1976) y *Pubis angelical* (1979) de Puig. Igual que en *La traición de Rita Hayworth,* el autor no entra para interpretarlas. La estructura clásica que se ha visto en Puig desde la publicación de su primera novela sigue en uso: emplea dieciséis capítulos, cada uno de ellos dividido en dos partes. Sería fácil decir que Puig ha llegado a ser un escritor según fórmulas si no fuera por la excelente calidad de estas dos novelas. Un dato histórico que el lector de las dos novelas sabe, sobrentendido, es la presencia de gobiernos militares represivos en la Argentina durante la década de los setentas. *El beso de la mujer araña* es casi exclusivamente un diálogo en una prisión argentina entre un preso político (Valentín) y un preso sexual (Molina), este último un homosexual encarcelado por "corrupción de menores". El dinamismo de la novela se basa en el desarrollo de la relación entre los dos presos. El lector va descubriendo cómo son las relaciones entre los dos al mismo tiempo que ellos mismos las establecen. En la segunda mitad de la novela las relaciones llegan a ser sorprendentes; vemos en la institución de la cárcel, irónicamente, desviaciones que la sociedad misma no permite. Es interesante notar cómo Puig ha logrado crear paralelos entre lo sexual y lo político. En *Pubis angelical* la potencia de la sexualidad de la política también es un asunto importante. Se narra la historia de una argentina, Ana (quien padece cáncer), en un hospital mexicano. Leemos los diálogos entre ella y dos amigos —uno de ellos, Pozzi, es un peronista de izquierda, la otra sencillamente una amistad. Como en *La traición de Rita Hayworth* y *El beso de la mujer araña,* el cine del pasado representa un ideal, el *romance,* para la protagonista que añora un mundo superior. Ana imagina y sueña con ese mundo estilizado de las películas de los años treintas. El lector va descubriendo a Ana por medio de tres tipos de narración, todas sin la presencia del autor: 1) relatos de cine que se leen como si surgieran de la imaginación de Ana; 2) diálogo entre Ana y los dos amigos, y 3) el diario que escribe Ana. Pozzi busca la colaboración política de Ana; mientras que él la percibe como un objeto político, Pozzi no puede ser otra cosa que una figura sexual para ella. Las tensiones desarrolladas entre ellos parecen llegar a cierta culminación al final de la primera parte. En ese punto las presiones políticas que Pozzi ejerce sobre Ana parecen tener su efecto: en sueños Ana se torna hacia un escape total, imaginando un mundo futurista en las secciones que leemos como cine.

El lector va descubriendo toda una gama de sutilezas de la personalidad y la psicología humanas. Muy probablemente es la mejor obra de Puig. Para fines de la década su poder inventivo y su maestría técnica son impresionantes.

Dos jóvenes novelistas colombianos trabajan en áreas si no paralelas, por lo menos asociadas con el terreno de Puig. La función del cine es semejante a la de Puig en *Mi revólver es más largo que el tuyo* (1977) de Alberto Duque López. Puesto que la estructura no desarrolla una línea fija, el lector necesariamente toma un papel activo en el proceso creador. La obra trata básicamente de un contrabandista en Barranquilla, Colombia. Una gran parte de nuestra información acerca de la familia es filtrada por los ojos de un hijo. El papel del lector es evidente al mencionar las otras fuentes de información: numerosos narradores, recortes y reportajes periodísticos y hasta citas de un Libro de Oraciones de la madre. El lector de *Juego de damas* (1977) de Moreno-Durán también tiene un papel activo. Toda la primera sección (58 páginas), por ejemplo, consta de tres columnas independientes que el lector busca relacionar entre sí. Como a Puig, a Moreno-Durán le interesan papeles tradicionales de los dos sexos y las relaciones entre ellos.

La imaginación desenfrenada de Fernando del Paso en *Palinuro de México* (1977) no es tan controlada como en las novelas de Puig o Moreno-Durán. Por lo tanto, el lector en potencia tiene que tomar una importante decisión inicial igual que la que toma al enfrentar obras como *Terra Nostra* o *Conversación en La Catedral*: hacer el esfuerzo de leer las 725 páginas o no. El que cumpla con las exigencias de Del Paso tendrá una experiencia altamente imaginativa. Se narran anécdotas sobre un personaje llamado Palinuro, cuya preocupación obsesiva es la creación —un interés expresado por medio del arte y también por la relación amorosa de índole exaltada y absoluta que tiene con una mujer. La situación narrativa produce efectos especiales porque el narrador es Palinuro al mismo tiempo que narra sobre éste como si fuera otra persona. Además, tiende a narrar como si fuera un niño; esta inocencia a través del niño es bastante natural cuando el acto fundamental del libro es el de nombrar. *Los convidados de piedra* (1978) de Jorge Edwards también es de proporciones épicas. Implica una visión histórica del Chile del siglo xx (y un poco antes), aunque el enfoque central es más bien la Unidad Popular —el partido de la izquierda cuyo líder, Salvador Allende, fue elegido presidente en 1970. Los rápidos cambios del punto de vista y el plano temporal son los factores técnicos que contribuyen a la transformación de la historia chilena en la ficción. Antonio Skármeta noveliza el Chile reciente en *Soñé que la nieve ardía* (1975). Se ve la historia a través de tres líneas narrativas en que se mueven personajes de distintos estratos de la sociedad chilena. Skármeta analiza los procesos que solemos identificar como "políticos" a nivel del individuo y por medio de la interiorización. En *Perros de la noche* (1977) de Enrique Medina se experimenta la sociedad argentina en la caracterización de dos personajes, y el mundo de su microcosmos. Pone en tela de juicio los tradicionales papeles del hombre y la mujer, como Puig.[24] *Sin nada entre las manos* (1976) de Héctor Sánchez y *Los tres mandamientos de Misterdoc Fonegal* (1976) de Francisco Massiani también enfocan la crisis nacional exclusivamente a nivel del individuo.

El humor en la novela hispanoamericana que surge marcadamente en 1967 está presente en las novelas recientes de distintas tendencias. Lo vemos en *El otoño del patriarca*, *La vida a plazos de don Jacobo Lerner* y *La tía Julia y el escribidor*, por ejemplo, para hablar de tres novelas de distintas tendencias discutidas en este capítulo. La trascendencia del regionalismo —un vehículo importante en la universalización de la novela hispanoamericana— es menos evidente en los años recientes que en las dos décadas anteriores. Se ve una gran amplitud temática, no obstante, en que se novelizan preocupaciones humanas, universales —desde los papeles sexuales hasta la identidad hebraica en Hispanoamérica. Del mismo modo que el término "boom" puede crear la impresión falsa de la aparición de la novela hispanoamericana sólo a partir de los años sesentas, el concepto del "pos-boom" puede ser igualmente falso. Los jóvenes como Álvarez Gardeazábal, Goldemberg y Solares que publican sus primeras novelas en los setentas pertenecen ya a una tradición de la "nueva novela" hispanoamericana que encuentra sus raíces en la narrativa de los años cuarentas y los vanguardistas anteriores. Para 1980 la novela hispanoamericana no es sólo un medio artístico maduro; es muy probablemente mejor que lo que produce cualquier otra región del mundo.

---

[24] Véase la reseña de David W. Foster, *World Literature Today*, vol. 52, núm. 4 (enero de 1978), pp. 598-599.

# CONCLUSIONES

LA FUNCIÓN y el valor de establecer conclusiones no están del todo claros al final de un estudio que no es la prueba de una hipótesis. No obstante, en el proceso de la exposición de este libro surgen algunos comentarios finales acerca de dos asuntos: *1)* la posibilidad de tratar la novela hispanoamericana como una entidad, sin emplear las subdivisiones nacionales o regionales, y *2)* hasta qué punto la desaparición del regionalismo, en el sentido tradicional, afecta la función de la novela como expresión de la cultura de una región.

El juicio final acerca de la primera proposición estriba, hasta cierto punto, en los lectores que utilizan este libro. Sólo ellos podrán decir si esta organización de la materia constituye una presentación conveniente y razonable. El autor no puede dirigirse a la cuestión de la utilidad del estudio, sino a su propia experiencia en hacerlo. La pregunta aparece inevitablemente desde el principio. Algunas diferencias son de inmediato evidentes en las tradiciones novelísticas de varias naciones, y un investigador debe preguntarse si puede satisfacerse al subordinar las diferencias para lograr el cuadro general, o si las excepciones serán tan frecuentes que se sentirá incómodo al formular las generalizaciones. **Al concluir** el estudio, me parece que es útil considerar la novela **hispano**americana como una entidad. Sigue un curso de desarrollo en línea directa con algunas pequeñas divagaciones y dos de mayor efecto. Las dos grandes han sido causadas por fenómenos extraliterarios: la Revolución Mexicana y el régimen de Perón.

Los factores distintivos que se agregan a la novela con la Revolución Mexicana pertenecen a las obras publicadas a fines de los años veintes y principios de los treintas, en vez de la época correspondiente a *Los de abajo*, que fue durante la Revolución misma. Obviamente hay muchos puntos de contacto entre la novela de Azuela y las novelas de la Revolución publicadas más adelante, pero éstas no caben tan cómodamente en la trayectoria general de la narrativa hispanoamericana. *Los de abajo* es una novela altamente experimental, a pesar de todas las declaraciones negativas por parte del autor acerca de la literatura de vanguardia. El autor inventó un proceso narrativo, bien diferente de su obra anterior —para acomodarse a la circunstancia nueva que es la base de su libro. Anticipa el movimiento vanguardista de los años veintes, pero utiliza la realidad cotidiana del autor como su materia. En este sentido es bien semejante a otras novelas regionalistas.

Es de importancia fundamental que Azuela novelizó su material anecdótico. En las novelas posteriores a la Revolución, hay mucha reminiscencia, y muchos de los libros podrían ser descritos como relatos en vez de novelas. Tienden a ser un relato de cómo ocurrió todo —una catarsis, en términos de recuerdos exactos o casi exactos. Estos libros aparecieron en una época en que la actividad de la narrativa vanguardista disminuía, dejada en la sombra por la protesta social. En la trayectoria general de la narrativa hispanoamericana, las novelas de la Revolución encuentran su paralelo más cómodo con las novelas de protesta social. No son un paralelo exacto, no obstante, porque las obras mexicanas son más personalizadas.

Se encuentra el efecto extraordinario del régimen de Perón en las novelas de la "generación de los parricidas", que comienza a mediados de los años cincuentas. La actitud revisionista es distinta de lo que ocurría literariamente en esa época. En la obra de David Viñas se ponen en tela de juicio los conceptos tradicionales de la historia argentina, y el ataque se generaliza para incluir todo el estilo de vida argentino —los estereotipos que suministraban la base de la "argentinidad". Las novelas que se derivan de esta actitud surgen de una especie de neorrealismo —un intento por ver el país tal como realmente es. La reacción estimuló un interés en la obra descuidada de Roberto Arlt y rechazó la visión optimista que ofrecía Mallea acerca de la "Argentina invisible". Tal visión de la realidad no es igual que la actitud de "decir-las-cosas-tal-como-son" de algunos escritores jóvenes de la década de los sesentas. Estos últimos revelan mucho más de ellos mismos. Los parricidas eran menos egoístas, más preocupados por la sociedad. Lo directo de su expresión crea cierta semejanza con las novelas intimistas de esa época —novelas que tienden a ser revisionistas con respecto a las normas sociales. La orientación específicamente nacional —a veces aun nacionalista— de los argentinos los pone aparte.

Con estas dos excepciones, la línea de desarrollo es bastante regular en Hispanoamérica en su totalidad. A principios del siglo, la novela se caracteriza por una combinación de hiperesteticismo con el realismo-naturalismo. Estas dos tendencias, aunque parezcan en oposición, funcionan juntas. La primera tiende a desaparecer, y la segunda se vuelve más fuerte, desempeñando un papel particularmente útil en la expresión de rasgos únicos de Hispanoamérica, en oposición a Europa. Durante los años veintes y treintas el cultivo de la novela de vanguardia se adelanta algo. Hasta cierto punto, este movimiento puede confundirse con el hiperesteticismo de una generación anterior. Su técnica narrativa, no obstante, es más radical. Se destaca de la literatura de su época por estas técnicas y por la creencia del autor en el derecho de inventar en vez de reflejar la realidad.

Durante la década de los años treintas, casi se supera el vanguardismo, según los historiadores y los críticos, en favor de la tradición realista que se vuelve hacia la protesta social. Es importante notar la persistencia de la postura vanguardista, y particularmente que algunas novelas de protesta —o que tienen que ver con la protesta— también adoptan la actitud vanguardista ante la invención de la realidad y la innovación técnica. Durante el mismo periodo, hay una evolución hacia una novela de ansiedad basada en el asunto de la identidad personal. Este tipo de novela paulatinamente llega a ser dominante sobre la novela de protesta social y, al mismo tiempo, tiende a reafirmar el derecho del autor para inventar su propio mundo.

Es importante entender que no se trata del comienzo de un fenómeno donde terminó el otro, sino de un proceso de cambios en el hincapié. Para fines de los años cuarentas, el papel del novelista como creador de su mundo ficticio es ampliamente claro. Los años cincuentas vieron un aumento general en la calidad de la novela —calidad basada en la conciencia del escritor de su papel como artista creador, y en el refinamiento de técnicas narrativas que transforman la materia de anécdota en experiencia estética. La materia de la novela, por lo tanto, llega a estar subordinada al artista. Ya no es dominado por la materia; la controla y la utiliza por lo que es: materia.

El *boom* de los años sesentas no se relaciona con un cambio en la naturaleza de la novela hispanoamericana; marca un reconocimiento internacional de su cualidad. La novela continúa según las líneas manifiestas en los años cincuentas, en un proceso progresivo de selección que reafirma sus características más sólidas. La innovación principal de los años sesentas se relaciona con la insatisfacción del hombre con las señas, los símbolos y las formas de la cultura que ha creado. Este ánimo ha producido la novela de la juventud disidente, y aparentemente una anarquía en la creación de la ficción. Por el lado más positivo, el mismo fenómeno ofrece una nueva visión posiblemente saludable de la realidad, del cambio de los valores y una invitación a la actividad creadora.

Así es el desarrollo global del género. Además de las dos desviaciones ya descritas, varias características interesantes en diversos sitios atraen la atención, aunque no alteran significativamente la dirección general. Entre ellas están la variación de la intensidad del vanguardismo en varios países durante los años veintes y treintas, la preocupación peruana por la narración corta, y la duración del realismo-naturalismo en Chile, la influencia abrumadora de Proust y Faulkner en Colombia, el reciente desarrollo costeño en el mismo país, la posibilidad de una tercera desviación principal a causa de la Revolución cubana, y la importancia de un grupo pequeño de escritores en el Ecuador. También debemos recordar que una falta de equilibrio aparece cuando el desarrollo general se asocia con países particulares, porque hay más novela en algunos países que en otros. Las posibles explicaciones son múltiples. Si estudiamos la novela hispanoamericana, no obstante, en vez de los países, no se encuentra dificultad alguna.

En cuanto al papel de la novela como expresión de una cultura, mi experiencia en el proceso de este estudio ha sido que el papel no tiene una relación directa con el tipo de literatura que normalmente identificamos como regional. Es verdad que, dentro de un marco específico de expectativas, las novelas regionales del primer tercio del siglo son características de la narración satisfactoria. Este marco de expectativa es tal que prefiere que la novela describa la realidad de tal manera que, habiendo experimentado la novela o la realidad, el lector pueda ver la una o la otra y exclamar alegremente, "Así es".

Es un comentario interesante sobre la reacción del lector que algunas personas que admiran bastante este reflejo de la realidad en el regionalismo tradicional rechazan una correspondencia tan literal en algunas novelas recientes en que el diálogo es un reflejo absolutamente fiel de la realidad. Les molesta menos, aunque no se sientan del todo cómodos, el retrato fiel de las relaciones humanas en las novelas intimistas. Parece probable que el grado de comodidad que siente el lector corresponda a la falta de conocimiento del asunto por parte del lector.

La trascendencia del regionalismo presente en muchas novelas aproximadamente desde mediados de los años cincuentas hasta principios de los setentas penetra hondamente en la región. No es fotográfico; es un cuadro pintado. Es un *collage* o un *happening*, o ambas cosas. Produce la experiencia de conocer una región íntimamente. Para producir tal experiencia, el autor está cada vez más consciente de su obra en sí como una experiencia —por eso se utilizan técnicas narrativas que a veces son difíciles. Dada esta actitud por parte del lector, es evidente que su verdadera preocupación es por la creación de la experiencia, en vez de haber retratado una región. La actividad exigida por la experiencia hace de este regionalismo nuevo y trascendente una experiencia más íntima de lo que es posible en el regionalismo tradicional del tipo en que uno dice "Así es".

Nos queda una pregunta acerca de esas novelas que no contienen absolutamente ninguna sugerencia de un lugar definido en esta tierra y también acerca de ésas que tratan del lugar sólo por casualidad. El hecho que una cultura de una región produzca este tipo de literatura generalmente nos indica algo acerca de la cultura misma. Esta condición puede indicar un grado de madurez cultural. Hay matices, no obstante, en cualquier novela que se relacionan con la realidad particular en que nacen. En algunos casos específicos, la relación llega a ser tan tenue que apenas vale la pena considerarla, pero no puede haber ninguna duda que, en general, la novela hispanoamericana actual todavía es la voz de Hispanoamérica —la voz y no el retrato— y más profundamente que en cualquier época anterior.

# LISTA DE NOVELAS POR AÑO Y POR PAÍS

Esta lista no es una bibliografía. Contiene las novelas en las cuales este estudio se basa. Se incluyen algunos volúmenes de cuentos también porque tienen un significado particular en el desarrollo de la novela.

## 1900

ARGENTINA *Montaraz* de Martiniano A. Leguizamón.
CHILE *Un idilio nuevo* de Luis Orrego Luco.
URUGUAY *Raza de Caín* de Carlos Reyles.

## 1901

VENEZUELA *Ídolos rotos* de Manuel Díaz Rodríguez.

## 1902

CHILE *Juana Lucero* de Augusto D'Halmar.
VENEZUELA *Sangre patricia* de Manuel Díaz Rodríguez.

## 1903

MÉXICO *Santa* de Federico Gamboa.

## 1904

CHILE *Los trasplantados* de Alberto Blest Gana.
ECUADOR *A la costa* de Luis A. Martínez.

## 1905

CHILE *Memorias de un voluntario de la patria vieja* de Luis Orrego Luco.

## 1906

ARGENTINA *El casamiento de Laucha* de Roberto J. Payró.
  *Redención* de Ángel de Estrada.
  *Cuentos de Fray Mocho* de José S. Álvarez.
COLOMBIA *Polvo y ceniza* de Clímaco Soto Borda.
MÉXICO *La chiquilla* de Carlos González Peña.

## 1907

COLOMBIA  *Pax* de Lorenzo Marroquín.
MÉXICO  *María Luisa* de Mariano Azuela.
VENEZUELA  *El desarraigado* de Pablo J. Guerrero.
   *El hombre de hierro* de Rufino Blanco Fombona.

## 1908

ARGENTINA  *Pago chico* de Roberto J. Payró.
   *La gloria de don Ramiro* de Enrique Larreta.
CHILE  *Casa grande* de Luis Orrego Luco.
MÉXICO  *Los fracasados* de Mariano Azuela.

## 1909

ARGENTINA  *Plata dorada* de Benito Lynch.
MÉXICO  *Mala yerba* de Mariano Azuela.
VENEZUELA  *El Cabito* de Pío Gil.

## 1910

ARGENTINA  *Aventuras del nieto de Juan Moreira* de Roberto J. Payró.
CHILE  *El inútil* de Joaquín Edwards Bello.
COLOMBIA  *Grandeza* de Tomás Carrasquilla.
VENEZUELA  *Los oprimidos* de Carlos Elías Villanueva.

## 1911

MÉXICO  *Andrés Pérez, maderista* de Mariano Azuela.

## 1912

CHILE  *En familia* de Luis Orrego Luco.
   *El monstruo* de Joaquín Edwards Bello.
MÉXICO  *Sin amor* de Mariano Azuela.

## 1913

VENEZUELA  *Política feminista* (después *El Doctor Bebé*) de José Rafael
   Pocaterra.

## 1914

ARGENTINA  *La maestra normal* de Manuel Gálvez.
CHILE  *La lámpara en el molino* de Augusto D'Halmar.

A través de la tempestad de Luis Orrego Luco.
La reina de Rapa Nui de Pedro Prado.
VENEZUELA   Villa Sana de Carlos Elías Villanueva.

## 1915

CHILE   El niño que enloqueció de amor de Eduardo Barrios.
COLOMBIA   Diana cazadora de Clímaco Soto Borda.
VENEZUELA   El hombre de oro de Rufino Blanco Fombona.

## 1916

ARGENTINA   El mal metafísico de Manuel Gálvez.
Los caranchos de La Florida de Benito Lynch.
GUATEMALA   El hombre que parecía un caballo de Rafael Arévalo Martínez.
MÉXICO   Los de abajo de Mariano Azuela.
URUGUAY   El terruño de Carlos Reyles.

## 1917

ARGENTINA   La sombra del convento de Manuel Gálvez.
Raucho de Ricardo Güiraldes.
CHILE   Un perdido de Eduardo Barrios.

## 1918

BOLIVIA   Raza de bronce de Alcides Arguedas.
CUBA   Los inmorales de Carlos Loveira.
MÉXICO   Las tribulaciones de una familia decente de Mariano Azuela.

## 1919

BOLIVIA   Raza de bronce de Alcides Arguedas.
CUBA   Los inmorales de Carlos Loveira.
MÉXICO   Fuertes y débiles de José López Portillo y Rojas.
La fuga de la quimera de Carlos González Peña.
Ejemplo de Artemio de Valle Arizpe.

## 1920

CHILE   El roto de Joaquín Edwards Bello.
Zurzulita de Mariano Latorre.
Alsino de Pedro Prado.

Cuba   *Generales y doctores* de Carlos Loveira.
Venezuela   *El último Solar* de Rómulo Gallegos.
   *¡En este país!* de Luis Manuel Urbaneja Achelpohl.


## 1922

Argentina   *La evasión* de Benito Lynch.
Chile   *El Hermano Asno* de Eduardo Barrios.
Cuba   *Los ciegos* de Carlos Loveira.
México   *Doña Leonor de Cáceres* de Artemio de Valle Arizpe.
Perú   *Escalas melografiadas* de César Vallejo.
Uruguay   *El embrujo de Sevilla* de Carlos Reyles.


## 1923

Argentina   *Xaimaca* de Ricardo Güiraldes.
   *Tinieblas* de Elías Castelnuovo.
   *Las mal calladas* de Benito Lynch.
Chile   *Montaña adentro* de Marta Brunet.
México   *La Malhora* de Mariano Azuela.
Perú   *Fabla salvaje* de César Vallejo.


## 1924

Argentina   *Pata de zorra* de Gustavo Martínez Zuviría.
   *El inglés de los güesos* de Benito Lynch.
Chile   *La sombra de humo en el espejo* de Augusto D'Halmar.
   *Un juez rural* de Pedro Prado.
Colombia   *La vorágine* de José Eustasio Rivera.
Cuba   *La última lección* de Carlos Loveira.
Venezuela   *La trepadora* de Rómulo Gallegos.
   *Ifigenia* de Teresa de la Parra.


## 1925

Argentina   *Palo verde* de Benito Lynch.
   *El capitán Vergara* de Roberto J. Payró.
Chile   *Bestia dañina* de Marta Brunet.
México   *El desquite* de Mariano Azuela.


## 1926

Argentina   *El juguete rabioso* de Roberto Arlt.
   *Don Segundo Sombra* de Ricardo Güiraldes.

*Zogoibi* de Enrique Larreta.
*Cuentos para una inglesa desesperada* de Eduardo Mallea.
*El empresario del genio* de Carlos A. Leumann.
CHILE   *El habitante y su esperanza* de Pablo Neruda.
MÉXICO   *Pero Galín* de Genaro Estrada.
*El Café de Nadie* de Arqueles Vela.


## 1927

ARGENTINA   *Royal Circo* de Leónidas Barletta.
CUBA   *Juan Criollo* de Carlos Loveira.
MÉXICO   *Margarita de Niebla* de Jaime Torres Bodet.


## 1928

ARGENTINA   *Escenas de la guerra del Paraguay* de Manuel Gálvez.
CHILE   *Un chileno en Madrid* de Joaquín Edwards Bello.
COLOMBIA   *La novena sinfonía* de José María Vargas Vila.
*La marquesa de Yolombó* de Tomás Carrasquilla.
MÉXICO   *El águila y la serpiente* de Martín Luis Guzmán.
*Novela como nube* de Gilberto Owen.
*El joven* de Salvador Novo.
PERÚ   *El pueblo sin Dios* de César Falcón.
*La casa de cartón* de Martín Adán.
*Matalaché* de Enrique López Albújar.


## 1929

ARGENTINA   *Los siete locos* de Roberto Arlt.
*Papeles de Recienvenido* de Macedonio Fernández.
CHILE   *María Rosa, flor de Quillén* de Marta Brunet.
*Cap Polonio* de Joaquín Edwards Bello.
*Tronco herido* de Luis Orrego Luco.
*El delincuente* de Manuel Rojas.
MÉXICO   *La sombra del Caudillo* de Martín Luis Guzmán.
*La educación sentimental* de Jaime Torres Bodet.
VENEZUELA   *Doña Bárbara* de Rómulo Gallegos.


## 1930

ARGENTINA   *Miércoles santo* de Manuel Gálvez.
COLOMBIA   *La casa de vecindad* de José A. Osorio Lizarazo.
ECUADOR   *Los que se van* de Demetrio Aguilera Malta, Enrique Gil Gilbert y Joaquín Gallegos Lara.
GUATEMALA   *Leyendas de Guatemala* de Miguel Ángel Asturias.

## 1931

ARGENTINA  *Los lanzallamas* de Roberto Arlt.
*Larvas* de Elías Castelnuovo.
CHILE  *Valparaíso, ciudad del viento* de Joaquín Edwards Bello.
ECUADOR  *Río arriba* de Alfredo Pareja Díez-Canseco.
MÉXICO  *La asonada* de José Mancisidor.
*Campamento* de Gregorio López y Fuentes.
PERÚ  *El tungsteno* de César Vallejo.
*Hollywood* de Xavier Abril.
VENEZUELA  *Las lanzas coloradas* de Arturo Uslar Pietri.
*Cubagua* de Enrique Bernardo Núñez.

## 1932

ARGENTINA  *El amor brujo* de Roberto Arlt.
GUATEMALA  *El tigre* de Flavio Herrera.
MÉXICO  *Tierra* de Gregorio López y Fuentes.
*La luciérnaga* de Mariano Azuela.
*La ciudad roja* de José Mancisidor.

## 1933

ARGENTINA  *¡Quiero trabajo!* de María Luisa Carnelli.
*45 días y 30 marineros* de Norah Lange.
COLOMBIA  *Toá* de César Uribe Piedrahita.
CUBA  *Laberinto de sí mismo* de Enrique Labrador Ruiz.
*Ecué-Yamba-O* de Alejo Carpentier.
ECUADOR  *El muelle* de Alfredo Pareja Díez-Canseco.
*Don Goyo* de Demetrio Aguilera Malta.

## 1934

ARGENTINA  *Op Oloop* de Juan Filloy.
CHILE  *Cagliostro* de Vicente Huidobro.
*Papá, o el diario de Alicia Mir* de Vicente Huidobro.
*Capitanes sin barco* de Augusto D'Halmar.
COLOMBIA  *Cuatro años a bordo de mí misma* de Eduardo Zalamea Borda.
ECUADOR  *Huasipungo* de Jorge Icaza.
MÉXICO  *Desbandada* de José Rubén Romero.
*Mi general* de Gregorio López y Fuentes.
*Primero de enero* de Jaime Torres Bodet.
PERÚ  *Duque* de José Díez Canseco.
URUGUAY  *El paisano Aguilar* de Enrique Amorim.
VENEZUELA  *Cantaclaro* de Rómulo Gallegos.

## 1935

ARGENTINA  *Madre América* de Max Dickman.
*Historia universal de la infamia* de Jorge Luis Borges.
CHILE  *La chica del Crillón* de Joaquín Edwards Bello.
*La última niebla* de María Luisa Bombal.
COLOMBIA  *Mancha de aceite* de César Uribe Piedrahita.
*La cosecha* de José A. Osorio Lizarazo.
*Risaralda* de Bernardo Arias Trujillo.
*El criminal* de José A. Osorio Lizarazo.
ECUADOR  *Canal Zone* de Demetrio Aguilera Malta.
*La Beldaca* de Alfredo Pareja Díez-Canseco.
MÉXICO  *El indio* de Gregorio López y Fuentes.
PERÚ  *Agua* de José María Arguedas.
*La serpiente de oro* de Ciro Alegría.

## 1936

ARGENTINA  *La ciudad junto al río inmóvil* de Eduardo Mallea.
*Hasta aquí no más* de Pablo Rojas Paz.
CHILE  *La ciudad de los Césares* de Manuel Rojas.
CUBA  *Cresival* de Enrique Labrador Ruiz.
ECUADOR  *En las calles* de Jorge Icaza.
MÉXICO  *Mi caballo, mi perro y mi rifle* de José Rubén Romero.
URUGUAY  *Cielo en los charcos* de Juan Mario Magallanes.
VENEZUELA  *Mene* de Ramón Díaz Sánchez.

## 1937

MÉXICO  *El resplandor* de Mauricio Magdaleno.
*Sombras* de Jaime Torres Bodet.
VENEZUELA  *Pobre negro* de Rómulo Gallegos.

## 1938

ARGENTINA  *Fiesta en noviembre* de Eduardo Mallea.
CHILE  *La amortajada* de María Luisa Bombal.
*Los hombres oscuros* de Nicomedes Guzmán.
COLOMBIA  *Hombres sin presente* de José A. Osorio Lizarazo.
ECUADOR  *Cholos* de Jorge Icaza.
*Baldomera* de Alfredo Pareja Díez-Canseco.
MÉXICO  *San Gabriel de Valdivias* de Mariano Azuela.
*La vida inútil de Pito Pérez* de José Rubén Romero.
PERÚ  *Los perros hambrientos* de Ciro Alegría.
VENEZUELA  *Puros hombres* de Antonio Arráiz.

## 1939

COLOMBIA  *Garabato* de José A. Osorio Lizarazo.
MÉXICO  *Huasteca* de Gregorio López y Fuentes.
URUGUAY  *El pozo* de Juan Carlos Onetti.

## 1940

ARGENTINA  *La bahía del silencio* de Eduardo Mallea.
  *La invención de Morel* de Adolfo Bioy Casares.
CUBA  *Anteo* de Enrique Labrador Ruiz.
GUATEMALA  *Anaité* de Mario Monteforte Toledo.
MÉXICO  *Avanzada* de Mariano Azuela.
  *Espejismo de Juchitán* de Agustín Yáñez.
PERÚ  *Yawar fiesta* de José María Arguedas.

## 1941

ARGENTINA  *Una novela que comienza* de Macedonio Fernández.
  *Todo verdor perecerá* de Eduardo Mallea.
  *El jardín de senderos que se bifurcan* de Jorge Luis Borges.
COSTA RICA  *Mamita Yunai* de Carlos Luis Fallas.
ECUADOR  *Hombres sin tiempo* de Alfredo Pareja Díez-Canseco.
  *Nuestro pan* de Enrique Gil Gilbert.
MÉXICO  *Nueva burguesía* de Mariano Azuela.
  *Sonata* de Mauricio Magdaleno.
  *Los muros de agua* de José Revueltas.
  *Flor de juegos antiguos* de Agustín Yáñez.
PERÚ  *El mundo es ancho y ajeno* de Ciro Alegría.
URUGUAY  *El caballo y su sombra* de Enrique Amorim.
  *Tierra de nadie* de Juan Carlos Onetti.

## 1942

ARGENTINA  *Álamos talados* de Abelardo Arias.
ECUADOR  *La isla virgen* de Demetrio Aguilera Malta.
  *Media vida deslumbrados* de Jorge Icaza.

## 1943

ARGENTINA  *Las águilas* de Eduardo Mallea.
  *El balcón hacia la muerte* de Ulyses Petit de Murat.
CHILE  *La sangre y la esperanza* de Nicomedes Guzmán.
COLOMBIA  *Babel* de Jaime Ardila Casamitjana.
ECUADOR  *Juyungo* de Adalberto Ortiz.

MÉXICO   *El luto humano* de José Revueltas.
   *Archipiélago de mujeres* de Agustín Yáñez.
URUGUAY   *Para esta noche* de Juan Carlos Onetti.
VENEZUELA   *Sobre la misma tierra* de Rómulo Gallegos.


## 1944

ARGENTINA   *Ficciones* de Jorge Luis Borges.
CHILE   *Tamarugal* de Eduardo Barrios.
COLOMBIA   *Cada voz lleva angustia* de Jorge Ibáñez.
   *El hombre bajo la tierra* de José A. Osorio Lizarazo.
ECUADOR   *Las tres ratas* de Alfredo Pareja Díez-Canseco.
MÉXICO   *Los peregrinos inmóviles* de Gregorio López y Fuentes.
VENEZUELA   *Dámaso Velásquez* de Antonio Arráiz.


## 1945

ARGENTINA   *Plan de evasión* de Adolfo Bioy Casares.
URUGUAY   *El asesino desvelado* de Enrique Amorim.


## 1946

ARGENTINA   *El retorno* de Eduardo Mallea.
   *El vínculo* de Eduardo Mallea.
   *Lago argentino* de Juan Goyanarte.
   *Los Robinsones* de Roger Plá.
BOLIVIA   *Metal del diablo* de Augusto Céspedes.
CHILE   *Humo hacia el mar* de Marta Brunet.
   *En el viejo almendral* de Joaquín Edwards Bello.
GUATEMALA   *El Señor Presidente* de Miguel Ángel Asturias.
MÉXICO   *La mujer domada* de Mariano Azuela.
VENEZUELA   *La dolida infancia de Perucho González* de José Fabbiani
   Ruiz.


## 1947

CHILE   *Playa negra* de Luis Orrego Luco.
COLOMBIA   *Tierra mojada* de Manuel Zapata Olivella.
   *Donde moran los sueños* de Jaime Ibáñez.
MÉXICO   *Al filo del agua* de Agustín Yáñez.
PANAMÁ   *Plenilunio* de Rogelio Sinán.
PERÚ   *El cínico* de Carlos Eduardo Zavaleta.
VENEZUELA   *El camino de El Dorado* de Arturo Uslar Pietri.


## 1948

ARGENTINA   *Adán Buenosayres* de Leopoldo Marechal.
   *El túnel* de Ernesto Sábato.

CHILE *Gran señor y rajadiablos* de Eduardo Barrios.
COLOMBIA *Yugo de niebla* de Clemente Airó.
ECUADOR *Huairapamushkas* de Jorge Icaza.
GUATEMALA *Entre la piedra y la cruz* de Mario Monteforte Toledo.
URUGUAY *Turris ebúrnea* de Rodolfo L. Fonseca.
VENEZUELA *Los alegres desahuciados* de Andrés Mariño-Palacios.

## 1949

ARGENTINA *Shunko* de Jorge W. Ábalos.
*El aleph* de Jorge Luis Borges.
CHILE *Raíz del sueño* de Marta Brunet.
COSTA RICA *La ruta de su evasión* de Yolanda Oreamuno.
CUBA *El reino de este mundo* de Alejo Carpentier.
*Trailer de sueños* de Enrique Labrador Ruiz.
GUATEMALA *Hombres de maíz* de Miguel Ángel Asturias.
MÉXICO *Tierra Grande* de Mauricio Magdaleno.

## 1950

ARGENTINA *Los enemigos del alma* de Eduardo Mallea.
CUBA *La sangre hambrienta* de Enrique Labrador Ruiz.
GUATEMALA *Viento fuerte* de Miguel Ángel Asturias.
PERÚ *El retoño* de Julián Huanay.
URUGUAY *La vida breve* de Juan Carlos Onetti.
*Muchachos* de Juan José Morosoli.
VENEZUELA *Cumboto* de Ramón Díaz Sánchez.

## 1951

ARGENTINA *La casa de los Felipes* de Luisa Mercedes Levinson.
*La torre* de Eduardo Mallea.
CHILE *Hijo de ladrón* de Manuel Rojas.
COLOMBIA *Sombras al sol* de Clemente Airó.
PERÚ *La prisión* de Gustavo Valcárcel.

## 1952

CHILE *Coirón* de Daniel Belmar.
COLOMBIA *El pantano* de José A. Osorio Lizarazo.
*El Cristo de espaldas* de Eduardo Caballero Calderón.
VENEZUELA *El falso cuaderno de Narciso Espejo* de Guillermo Meneses.

## 1953

ARGENTINA *Chaves* de Eduardo Mallea.

CUBA *Los pasos perdidos* de Alejo Carpentier.
*El gallo en el espejo* de Enrique Labrador Ruiz.
GUATEMALA *Donde acaban los caminos* de Mario Monteforte Toledo.
URUGUAY *Quién de nosotros* de Mario Benedetti.


## 1954

ARGENTINA *La casa* de Manuel Mujica Láinez.
*El sustituto* de Carlos Mazzanti.
*El sueño de los héroes* de Adolfo Bioy Casares.
*La casa del ángel* de Beatriz Guido.
GUATEMALA *Una manera de morir* de Mario Monteforte Toledo.
*El Papa verde* de Miguel Ángel Asturias.
URUGUAY *Los adioses* de Juan Carlos Onetti.


## 1955

ARGENTINA *El pentágono* de Antonio Di Benedetto.
*Donde haya Dios* de Alberto Rodríguez (h.)
*Rosaura a las diez* de Marco Denevi.
*Cayó sobre su rostro* de David Viñas.
*Los viajeros* de Manuel Mujica Láinez.
*La fatalidad de los cuerpos* de Héctor A. Murena.
COLOMBIA *La hojarasca* de Gabriel García Márquez.
MÉXICO *Pedro Páramo* de Juan Rulfo.
PERÚ *Los Ingar* de Carlos Eduardo Zavaleta.
VENEZUELA *Casas muertas* de Miguel Otero Silva.


## 1956

ARGENTINA *Tres cuentos sin amor* de Ezequiel Martínez Estrada.
*Marta Riquelme* de Ezequiel Martínez Estrada.
*Los amigos lejanos* de Julio Ardiles Gray.
*Los años despiadados* de David Viñas.
*Las tierras blancas* de Juan José Manauta.
*Zama* de Antonio Di Benedetto.
ECUADOR *La advertencia* de Alfredo Pareja Díez-Canseco.
GUATEMALA *Weekend en Guatemala* de Miguel Ángel Asturias.


## 1957

ARGENTINA *Hombres en soledad* de Manuel Gálvez.
*Simbad* de Eduardo Mallea.
*Un Dios cotidiano* de David Viñas.
*El encuentro* de Pedro Orgambide.

CHILE   *Coronación* de José Donoso.
   *María Nadie* de Marta Brunet.
   *Caballo de copas* de Fernando Alegría.
CUBA   *El acoso* de Alejo Carpentier.
MÉXICO   *Los motivos de Caín* de José Revueltas.
   *Balún Canán* de Rosario Castellanos.

## 1958

ARGENTINA   *Fin de fiesta* de Beatriz Guido.
   *Perdido en la noche* de Manuel Gálvez.
   *Enero* de Sara Gallardo.
CHILE   *Para subir al cielo* de Enrique Lafourcade.
MÉXICO   *El norte* de Emilio Carballido.
   *La región más transparente* de Carlos Fuentes.
   *Polvos de arroz* de Sergio Galindo.
PERÚ   *Los ríos profundos* de José María Arguedas.

## 1959

ARGENTINA   *Las hermanas* de Pedro Orgambide.
   *Los dueños de la tierra* de David Viñas.
CHILE   *La fiesta del rey Acab* de Enrique Lafourcade.
   *Puerto Engaño* de Leonardo Espinoza.
MÉXICO   *La justicia de enero* de Sergio Galindo.
   *La creación* de Agustín Yáñez.
PARAGUAY   *Hijo de hombre* de Augusto Roa Bastos.
URUGUAY   *Una tumba sin nombre* de Juan Carlos Onetti.
VENEZUELA   *Los pequeños seres* de Salvador Garmendia.
   *A orillas del sueño* de José Fabbiani Ruiz.

## 1960

ARGENTINA   *Las leyes del juego* de Manuel Peyrou.
   *Los premios* de Julio Cortázar.
COLOMBIA   *La calle 10* de Manuel Zapata Olivella.
GUATEMALA   *Los ojos de los enterrados* de Miguel Ángel Asturias.
MÉXICO   *El bordo* de Sergio Galindo.
   *Las buenas conciencias* de Carlos Fuentes.
   *La tierra pródiga* de Agustín Yáñez.
PERÚ   *Crónica de San Gabriel* de Julio Ramón Ribeyro.
URUGUAY   *La tregua* de Mario Benedetti.
   *Los días por vivir* de Carlos Martínez Moreno.
   *La casa de la desgracia* de Juan Carlos Onetti.

## 1961

COLOMBIA   *La ciudad y el viento* de Clemente Airó.
   *El coronel no tiene quien le escriba* de Gabriel García Márquez.

URUGUAY   *Cordelia* de Carlos Martínez Moreno.
   *El astillero* de Juan Carlos Onetti.
VENEZUELA   *Los habitantes* de Salvador Garmendia.


## 1962

ARGENTINA   *Dar la cara* de David Viñas.
   *Bomarzo* de Manuel Mujica Láinez.
   *Sobre héroes y tumbas* de Ernesto Sábato.
   *La alfombra roja* de Marta Lynch.
CHILE   *Según el orden del tiempo* de Juan Agustín Palazuelos.
COLOMBIA   *La casa grande* de Álvaro Cepeda Zamudio.
   *La mala hora* de Gabriel García Márquez.
   *La rebelión de las ratas* de Fernando Soto Aparicio.
   *Manuel Pacho* de Eduardo Caballero Calderón.
   *Respirando el verano* de Héctor Rojas Herazo.
CUBA   *Maestra voluntaria* de Daura Olema García.
   *El siglo de las luces* de Alejo Carpentier.
MÉXICO   *Oficio de tinieblas* de Rosario Castellanos.
   *La muerte de Artemio Cruz* de Carlos Fuentes.
   *Aura* de Carlos Fuentes.
   *Las tierras flacas* de Agustín Yáñez.
VENEZUELA   *La misa de Arlequín* de Guillermo Meneses.


## 1963

ARGENTINA   *Acto y ceniza* de Manuel Peyrou.
   √ *Rayuela* de Julio Cortázar.
CHILE   *Invención a dos voces* de Enrique Lafourcade.
COLOMBIA   *Camino en la sombra* de José A. Osorio Lizarazo.
   *El hostigante verano de los dioses* de Fanny Buitrago.
CUBA   *La situación* de Lisandro Otero.
   *Gestos* de Severo Sarduy.
GUATEMALA   *Mulata de tal* de Miguel Ángel Asturias.
MÉXICO   *La feria* de Juan José Arreola.
   *Los recuerdos del porvenir* de Elena Garro.
√ PERÚ   *La ciudad y los perros* de Mario Vargas Llosa.
URUGUAY   *El paredón* de Carlos Martínez Moreno.


## 1964

ARGENTINA   *Límite de clase* de Abelardo Arias.
   *Los burgueses* de Silvina Bullrich.
   *Memorias de un hombre de bien* de Pedro Orgambide.
   *Asfalto* de Renato Pellegrini.
CHILE   *Toda la luz del mediodía* de Mauricio Wácquez.

COLOMBIA *Mientras llueve* de Fernando Soto Aparicio.
*En Chimá nace un santo* de Manuel Zapata Olivella.
*El día señalado* de Manuel Mejía Vallejo.
MÉXICO *La comparsa* de Sergio Galindo.
*Los errores* de José Revueltas.
*Los albañiles* de Vicente Leñero.
PARAGUAY *La llaga* de Gabriel Casaccia.
PERÚ *Todas las sangres* de José María Arguedas.
*Una piel de serpiente* de Luis Loayza.
URUGUAY *Juntacadáveres* de Juan Carlos Onetti.
VENEZUELA *Día de ceniza* de Salvador Garmendia.

## 1965

CHILE *Patas de perro* de Carlos Droguett.
*El peso de la noche* de Jorge Edwards.
MÉXICO *Gazapo* de Gustavo Sainz.
*Farabeuf* de Salvador Elizondo.
PERÚ *La casa verde* de Mario Vargas Llosa.
*En octubre no hay milagros* de Oswaldo Reynoso.
*Los geniecillos dominicales* de Julio Ramón Ribeyro.

## 1966

ARGENTINA *Minotauroamor* de Abelardo Arias.
*Se vuelven contra nosotros* de Manuel Peyrou.
*En la semana trágica* de David Viñas.
*La cordillera del viento* de Carlos Mazzanti.
CHILE *Cuerpo creciente* de Hernán Valdés.
*Este domingo* de José Donoso.
*El lugar sin límites* de José Donoso.
COLOMBIA *El buen salvaje* de Eduardo Caballero Calderón.
*Los días más felices del año* de Humberto Navarro.
CUBA *Paradiso* de José Lezama Lima.
MÉXICO *De perfil* de José Agustín.
*José Trigo* de Fernando del Paso.
PARAGUAY *Los exiliados* de Gabriel Casaccia.

## 1967

ARGENTINA *Siberia Blues* de Néstor Sánchez.
*Los hombres de a caballo* de David Viñas.
*La barca de hielo* de Eduardo Mallea.
*Alrededor de la jaula* de Haroldo Conti.
CHILE *El compadre* de Carlos Droguett.
COLOMBIA *Cien años de soledad* de Gabriel García Márquez.

CUBA *Tres tristes tigres* de Guillermo Cabrera Infante.
*De donde son los cantantes* de Severo Sarduy.
ECUADOR *El testimonio* de Alsino Ramírez Estrada.
*Los prisioneros de la noche* de Rafael Díaz Ycaza.
*El espejo y la ventana* de Adalberto Ortiz.
MÉXICO *Cambio de piel* de Carlos Fuentes.
*Zona sagrada* de Carlos Fuentes.
*Morirás lejos* de José Emilio Pacheco.
*El garabato* de Vicente Leñero.
URUGUAY *Tierras de la memoria* de Filisberto Hernández.
*Con las primeras luces* de Carlos Martínez Moreno.

## 1968

ARGENTINA *62. Modelo para armar* de Julio Cortázar.
*El camino de los hiperbóreos* de Héctor Libertella.
*Nanina* de Germán Leopoldo García.
*La traición de Rita Hayworth* de Manuel Puig.
*Hombre en la orilla* de Miguel Briante.
CHILE *Los días contados* de Fernando Alegría.
*Frecuencia modulada* de Enrique Lafourcade.
*Job-Boj* de Jorge Guzmán.
COLOMBIA *Mateo el flautista* de Alberto Duque López.
*En noviembre llega el arzobispo* de Héctor Rojas Herazo.
CUBA *Los niños se despiden* de Pablo Armando Fernández.
MÉXICO *En caso de duda* de Orlando Ortiz.
*Inventando que sueño* de José Agustín.
*Pasto verde* de Parménides García Saldaña.
*El hipogeo secreto* de Salvador Elizondo.
PERÚ *Los juegos verdaderos* de Edmundo de los Ríos.
VENEZUELA *Alacranes* de Rodolfo Izaguirre.
*Piedra de mar* de Francisco Massiani.
*Largo* de José Balza.
*La mala vida* de Salvador Garmendia.
*País portátil* de Adriano González León.

## 1969

ARGENTINA *Boquitas pintadas* de Manuel Puig.
*Contramutis* de Jorge Onetti.
*Epitalámica* de Héctor A. Murena.
*Los suicidas* de Antonio Di Benedetto.
COLOMBIA *Las maniobras* de Héctor Sánchez.
CUBA *El mundo alucinante* de Reynaldo Arenas.
ECUADOR *Henry Black* de Miguel Donoso Pareja.
MÉXICO *Obsesivos días circulares* de Gustavo Sainz.
*Cumpleaños* de Carlos Fuentes.

NICARAGUA *Trágame tierra* de Lizandro Chávez Alfaro.
PERÚ *Conversación en La Catedral* de Mario Vargas Llosa.
*Alférez Arce, Teniente Arce, Capitán Arce...* de Sebastián Salazar Bondy.
PUERTO RICO *El francotirador* de Pedro Juan Soto.

## 1970

ARGENTINA *Háblenme de Funes* de Humberto Costantini.
*Cancha rayada* de Germán Leopoldo García.
CHILE *Toca esa rumba, don Aspiazu* de Alfonso Calderón.
*El obsceno pájaro de la noche* de José Donoso.
COLOMBIA *Cola de zorro* de Fanny Buitrago.
CUBA *En ciudad semejante* de Lisandro Otero.
ECUADOR *Siete lunas y siete serpientes* de Demetrio Aguilera Malta.
*Las pequeñas estatuas* de Alfredo Pareja Díez-Canseco.
MÉXICO *La muchacha en el balcón* de Juan Tovar.
*Nudo* de Sergio Galindo.
*Yo soy David* de Alfredo Leal Cortés.
*Acto propiciatorio* de Héctor Manjarrez.
PERÚ *Un mundo para Julius* de Alfredo Bryce.
VENEZUELA *Cuando quiero llorar no lloro* de Miguel Otero Silva.
*Rajatabla* de Luis Britto García.

## 1971

ARGENTINA *En vida* de Haroldo Conti.
COLOMBIA *La tara del papa* de Gustavo Álvarez Gardeazábal.
*Viaje a la claridad* de Fernando Soto Aparicio.
MÉXICO *El gran solitario del palacio* de René Avilés Fabila.
*Chin Chin el Teporocho* de Armando Rodríguez.
URUGUAY *El cumpleaños de Juan Ángel* de Mario Benedetti.

## 1972

ARGENTINA *Guía de pecadores* de Eduardo Gudiño Kieffer.
*Aventuras de los misticistas* de Héctor Libertella.
CHILE *Moros en la costa* de Ariel Dorfman.
COLOMBIA *Cóndores no entierran todos los días* de Gustavo Álvarez Gardeazábal.
*Dabeiba* de Gustavo Álvarez Gardeazábal.
*Dos veces Alicia* de Albalucía Ángel.
CUBA *Cobra* de Severo Sarduy.
MÉXICO *La invitación* de Juan García Ponce.
*El principio del placer* de José Emilio Pacheco.

## 1973

ARGENTINA   *Libro de Manuel* de Julio Cortázar.
*The Buenos Aires Affair* de Manuel Puig.
CHILE   *Batman en Chile* de Enrique Lihn.
COLOMBIA   *Aire de tango* de Manuel Mejía Vallejo.
*Los desheredados* de Héctor Sánchez.
ECUADOR   *El secuestro del General* de Demetrio Aguilera Malta.
MÉXICO   *Las jiras* de Federico Arana.
*Se está haciendo tarde* de José Agustín.
*El tamaño del infierno* de Arturo Azuela.
PERÚ   *Los hijos del orden* de Luis Urteaga Cabrera.
*Pantaleón y las visitadoras* de Mario Vargas Llosa.
*Las rayas del tigre* de Guillermo Thorndike.
VENEZUELA   *Los pies de barro* de Salvador Garmendia.

## 1974

ARGENTINA   *Abbadón, el exterminador* de Ernesto Sábato.
*El viaje de los siete demonios* de Manuel Mujica Láinez.
CHILE   *El picadero* de Adolfo Couve.
COLOMBIA   *El bazar de los idiotas* de Gustavo Álvarez Gardeazábal.
CUBA   *El recurso del método* de Alejo Carpentier.
*Vista del amanecer en el trópico* de Guillermo Cabrera Infante.
MÉXICO   *La princesa del Palacio de Hierro* de Gustavo Sainz.
*Unión* de Juan García Ponce.
PARAGUAY   *Yo el Supremo* de Augusto Roa Bastos.
PERÚ   *En otoño, después de mil años* de Marcos Yauri Montero.
VENEZUELA   *Memorias de Altagracia* de Salvador Garmendia.

## 1975

ARGENTINA   *Fantomas contra vampiros multinacionales* de Julio Cortázar.
*Mascaró, el cazador americano* de Haroldo Conti.
CHILE   *Paréntesis* de Mauricio Wácquez.
*Soñé que la nieve ardía* de Antonio Skármeta.
*El paso de los gansos* de Fernando Alegría.
COLOMBIA   *El otoño del patriarca* de Gabriel García Márquez.
*Breve historia de todas las cosas* de Marco Tulio Aguilera Garramuño.
*Crónica de tiempo muerto* de Óscar Collazos.
CUBA   *Desterrados al fuego* de Matías Montes Huidobro.
MÉXICO   *Terra Nostra* de Carlos Fuentes.
*Un tal José Salomé* de Arturo Azuela.

## 1976

ARGENTINA   *El beso de la mujer araña* de Manuel Puig.
*El Duke* de Enrique Medina.

CHILE  *La orquesta de cristal* de Enrique Lihn.
*Llegarán de noche* de Carlos Morand.
COLOMBIA  *Sin nada entre las manos* de Héctor Sánchez.
MÉXICO  *Segundo sueño* de Sergio Fernández.
*Puerta al cielo* de Ignacio Solares.
PERÚ  *Cambio de guardia* de Julio Ramón Ribeyro.
VENEZUELA  *Oficio de difuntos* de Arturo Uslar Pietri.
*Los tres mandamientos de Misterdoc Fonegal* de Francisco Massiani.

## 1977

ARGENTINA  *Perros de la noche* de Enrique Medina.
CHILE  *La Beatriz Ovalle* de Jorge Marchant Lazcano.
*Casa de campo* de José Donoso.
COLOMBIA  *El titiritero* de Gustavo Álvarez Gardeazábal.
*¡Que viva la música!* de Andrés Caicedo.
*La otra raya del tigre* de Pedro Gómez Valderrama.
*Mi revólver es más largo que el tuyo* de Alberto Duque López.
*Juego de damas* de Rafael Humberto Moreno-Durán.
ECUADOR  *Jaguar* de Demetrio Aguilera Malta.
MÉXICO  *Palinuro de México* de Fernando del Paso.
PERÚ  *La tía Julia y el escribidor* de Mario Vargas Llosa.
*Tantas veces Pedro* de Alfredo Bryce.

## 1978

CHILE  *Los convidados de piedra* de Jorge Edwards.
COLOMBIA  *Los sueños del poder* de Flor Romero de Nohra.
*El jardín de las Hartmann* de Jorge Eliécer Pardo.
*El álbum secreto del Sagrado Corazón* de Rodrigo Parra Sandoval.
CUBA  *Matreya* de Severo Sarduy.
MÉXICO  *Compadre Lobo* de Gustavo Sainz.
*La cabeza de la hidra* de Carlos Fuentes.
*El rey se acerca a su templo* de José Agustín.
PERÚ  *La vida a plazos de don Jacobo Lerner* de Isaac Goldemberg.
*La piedra en el agua* de Harry Belevan.
URUGUAY  *Días y noches de amor y de guerra* de Eduardo Galeano.

## 1979

ARGENTINA  *Pubis angelical* de Manuel Puig.
*De dioses, hombrecitos y policías* de Humberto Costantini.
*Sanitarios Centenarios* de Fernando Sorrentino.
CHILE  *La lección de pintura* de Adolfo Couve.
*El cuarto reino* de Ximena Sepúlveda.
COLOMBIA  *Cuando pasa el ánima sola* de Mario Escobar Velázquez.

*Años de fuga* de Plinio Apuleyo Mendoza.
*Las muertas ajenas* de Manuel Mejía Vallejo.
*Los pañamanes* de Fanny Buitrago.
CUBA   *La Habana para un Infante difunto* de Guillermo Cabrera Infante.
*El arpa y la sombra* de Alejo Carpentier.
*La consagración de la primavera* de Alejo Carpentier.
MÉXICO   *El evangelio de Lucas Gavilán* de Vicente Leñero.
*Anónimo* de Ignacio Solares.
*Manifestación de silencios* de Arturo Azuela.
*Si muero lejos de ti* de Jorge Aguilar Mora.
PERÚ   *Miraflores Melody* de Fernando Ampuero.
VENEZUELA   *Abrapalabra* de Luis Britto García.


## 1980


CHILE   *La misteriosa desaparición de la marquesita de Loria* de José Donoso.
*El mundo de Maxó* de Gustavo Frías.
*Asunto de familia* de Antonio Montero.
COLOMBIA   *Santificar al diablo* de Amparo María Suárez.
CUBA   *La vieja rosa* de Reynaldo Arenas.
MÉXICO   *Una familia lejana* de Carlos Fuentes.
*Cuando el aire es azul* de María Luisa Puga.

# BIBLIOGRAFÍA SELECTA

Los siguientes títulos han sido seleccionados con dos propósitos: *1)* para sugerir un grupo de estudios que dan un conocimiento general del tema en más detalle de lo que es posible en un solo libro, y *2)* para indicar los distintos tipos de estudios a nuestra disposición. La lista elimina específicamente los libros no limitados a la prosa de ficción (con una excepción) y los libros sobre la obra de un solo autor. Hay estudios en las notas que no aparecen necesariamente en esta bibliografía selecta. La bibliografía más completa se encuentra en la historia de Schwartz, incluida abajo.

Alegría, Fernando, *Historia de la novela hispanoamericana*, México: Ediciones de Andrea, 1965.
Historia del género en forma de bosquejo. Comentario sobre autores de varias páginas hasta una frase. Dividido según periodos y países.
*Bibliografía de la novela venezolana*, Caracas: Centro de Estudios Literarios, Universidad Central de Venezuela, 1963.
Dos listas: orden alfabético y por año. Índice de títulos.
Bollo, Sarah, *Literatura uruguaya, 1807-1965*, vol. 1, Montevideo: Orfeo, 1965.
Organizado según periodo y género. Útil sobre todo como fuente bibliográfica.
Castillo, Homero, y Silva Castro, Raúl, *Historia bibliográfica de la novela chilena*, México: Ediciones de Andrea, 1961.
Lista alfabética de autores. No es una historia.
Castro Arenas, Mario, *La novela peruana y la evolución social*, Lima: Ediciones Cultura y Libertad, 1965.
Un tratamiento algo superficial del tema, pero a veces con agudas observaciones (por ejemplo, el vanguardismo de Martín Adán).
Curcio Altamar, Antonio, *Evolución de la novela en Colombia*, Bogotá: Instituto Caro y Cuervo, 1957.
El periodo colonial seguido por una organización según los principales movimientos literarios. Bibliografía hasta 1956, según autores.
Dellepiane, Ángela B., "La novela argentina desde 1950 hasta 1965", *Revista Iberoamericana*, 34, núm. 66 (jul.-dic. de 1968); pp. 237-282.
Exposición de las características generales del periodo; hincapié en *el peronismo* y *los parricidas*; secciones específicas sobre Viñas, Guido, A. Rivera, Manauta, Rodríguez (h.), Orgambide, Murena, Mazzanti, Di Benedetto, Ardiles Gray, Denevi y Adolfo Jasca. Actitudes, temas, descripciones de técnicas.
Dorfman, Ariel, "La actual narrativa chilena: Entre ángeles y animales", *Los libros*, núms. 15-16 (enero-febrero de 1971), pp. 15-17, 20-21.
Interpretación que muestra cómo la reciente novela chilena comunica la esencia de la cultura, por un crítico de la joven generación. Comentarios sobre Donoso, Droguett, Jorge Edwards, J. Guzmán y otros.
Englekirk, John E., y Ramos, Margaret M., *La narrativa uruguaya*, Pu-

blicaciones de Filología Moderna, Berkeley: University of California Press, 1967.
Bibliografía con lista alfabética según autor. Ensayo introductorio que da una idea general del desarrollo del género en Uruguay.

Englekirk, John E., y Wade, Gerald E., *Bibliografía de la novela colombiana*, México, 1950.
Lista alfabética según autor, fechas y lugares de nacimiento.

Escobar, Alberto, *La narración en el Perú*, Lima: Juan Mejía Baca, 1960.
Antología con introducción y notas. Comentario crítico sólido, pero no es una historia completa.

Fell, Claude, "Destrucción y poesía en la novela latinoamericana contemporánea", en *III Congreso Latinoamericano de Escritores*, pp. 207-213, Caracas: Ediciones del Congreso de la República, 1971.
Apunta las características especiales de la literatura muy reciente.

Foster, David W., *Currents in the Contemporary Argentine Novel*, Columbia, Missouri: University of Missouri Press, 1975.
Análisis de una novela principal de Arlt, Mallea, Sábato y Cortázar. Repaso general sobre otros autores contemporáneos.

Franco, Jean, *An Introduction to Spanish-American Literature*, Nueva York: Cambridge University Press, 1969.
Varias perspectivas insólitas dan luz sobre el tema —por ejemplo, Franco enfoca la novela ecuatoriana como ejemplo del realismo socialista en la literatura hispanoamericana.

Fuentes, Carlos, *La nueva novela hispanoamericana*, México: Joaquín Mortiz, 1969.
Una de varias exposiciones por parte de novelistas del *boom* acerca del género. Buena visión analítica, pero la presentación es breve, escueta.

Ghiano, Juan Carlos, *La novela argentina contemporánea*, Buenos Aires: Dirección General de Relaciones Culturales, s.f.
Ensayo largo que trata principalmente del periodo 1940-1960, pero con referencias que datan desde principios del siglo. Descripciones imparciales y breves.

Goić, Cedomil, *Historia de la novela hispanoamericana*, Valparaíso: Ediciones Universitarias, 1972.
Organización básica según generaciones. Dentro de cada división generacional, una selección de autores e hincapié sobre una novela principal de cada autor. Los análisis críticos no son tan completos como en *La novela chilena*.

———, *La novela chilena*, Santiago: Imprenta Universitaria, 1968.
Análisis agudísimamente detallados de ocho novelas chilenas: tres del siglo pasado, junto con *Casa grande*, *Zurzulita*, *Hijo de ladrón*, *La última niebla* y *Coronación*.

Gómez Tejera, Carmen, *La novela en Puerto Rico*, San Juan: Universidad de Puerto Rico, 1947.
Clasificación según el tema, con descripción breve de cada novela. Cubre hasta 1929.

Guibert, Rita, *Seven Voices*, Nueva York: Knopf, 1973.

Entrevistas personales con Asturias, Borges, Cabrera Infante, Cortázar, García Márquez, Neruda y Octavio Paz.

Guzmán, Augusto, *La novela en Bolivia, 1847-1954*, La Paz: Juventud, 1955.
Comentario general sobre los periodos seguido por descripciones de novelas en cada periodo. Cubre bien hasta 1938.

Harss, Luis, *Los nuestros*, Buenos Aires: Editorial Sudamericana, 1978.
Ensayos basados en entrevistas y lecturas. Incluye a Asturias, Borges, Cortázar, Carpentier, Fuentes, García Márquez, Onetti, Rulfo y Vargas Llosa. Información general a veces despistante.

Lafforgue, Jorge, *Nueva novela latinoamericana*, vol. 1, Buenos Aires: Paidós, 1969.
Antología de ensayos analíticos sobre Arguedas, Yáñez, Rulfo, Martínez Moreno, Lezama Lima, García Márquez, García Ponce, Leñero, Vargas Llosa, Cabrera Infante y Fernando del Paso. Los críticos incluyen desde los de más renombre internacional hasta jóvenes muy perceptivos.

Larrazábal Henríquez, Osvaldo, *10 novelas venezolanas*, Caracas: Monte Ávila, 1972.
Ensayos críticos sobre las novelas de un año, 1968. El nombre del autor aparece equivocadamente como Oswaldo Larrazábal.

Madrid-Malo, Néstor, "Estado actual de la novela en Colombia", *Revista interamericana de bibliografía*, 17, núm. 1 (enero-marzo de 1967), páginas 68-82.
Pone al día la historia de Curcio Altamar. Información bibliográfica básica con observaciones sobre las novelas.

Menton, Seymour, "En torno a la novela de la Revolución Cubana", en *III Congreso Latinoamericano de Escritores*, pp. 214-222. Caracas: Ediciones del Congreso de la República, 1971.
Divide la novela cubana de la década 1959-1969 en tres etapas. Características generales de las tres etapas y comentarios analíticos breves acerca de algunas novelas.

———, *Historia crítica de la novela guatemalteca*, Guatemala: Editorial Universitaria, 1960.
Algunos capítulos basados sobre movimientos, otros sobre escritores específicos. Historia y crítica. También bibliografía, según el autor.

———, *La novela colombiana: planetas y satélites*, Bogotá: Plaza y Janés, 1978.
Análisis de tres novelas del siglo pasado, seguido por un capítulo sobre cada una de las siguientes novelas: *La vorágine, Manuel Pacho, El día señalado, Respirando el verano, El otoño del patriarca, Breve historia de todas las cosas* y *El titiritero*.

———, *Prose Fiction of the Cuban Revolution*, Austin: University of Texas Press, 1975.
Un estudio amplio sobre la materia en su artículo "En torno a la novela de la Revolución Cubana". Al preparar esta bibliografía apareció una edición en español, publicada por Plaza y Janés en México.

Ocampo de Gómez, Aurora M., y Prado Velázquez, Ernesto, *Diccionario de escritores mexicanos*, México: UNAM/Centro de Estudios, 1967.

Información bibliográfica con algo de comentario crítico, según el autor. Ensayo introductorio de María del Carmen Millán.

Orgambide, Pedro, y Yahni, Roberto, *Enciclopedia de la literatura argentina*, Buenos Aires: Editorial Sudamericana, 1970.
Secciones escritas por Orgambide, Yahni y dieciocho colaboradores. Lista alfabética según el autor. También algunas secciones según temas (por ejemplo, "literatura social", "ultraísmo").

Rama, Ángel, *Los dictadores latinoamericanos*, México: Fondo de Cultura Económica, 1976.
Repaso general de las novelas de los dictadores, seguido por análisis agudo de *Yo el Supremo*, *El recurso del método* y *El otoño del patriarca*.

Ratcliff, Dillwyn F., *Venezuelan Prose Fiction*. Nueva York: Instituto de las Españas, 1933.
Cubre el tema desde los principios hasta la obra temprana de Gallegos. Principalmente descripción de temas y resúmenes de tramas. Comentarios críticos de índole muy general.

Rodríguez Monegal, Emir, *El juicio de los parricidas*, Buenos Aires: Deucalión, 1956.
El título se refiere a la generación revisionista de escritores producido por el peronismo. Combina el análisis crítico con la relevancia social.

————, *Narradores de esta América*, Montevideo: Alfa, 1962.
Ensayos que incluyen la crítica, la biografía y comentarios bibliográficos. El acento varía según el ensayo. Azuela, Gallegos, M. Rojas, Marechal, Borges, Amorim, Brunet, Carpentier y Onetti.

Rojas, Ángel F., *La novela ecuatoriana*, México: Fondo de Cultura Económica, 1948.
Se divide el tema en tres épocas. Se discuten las novelas individualmente. Se ponen de relieve características regionales. También con bibliografía, según el año.

Schwartz, Kessel, *A New History of Spanish American Fiction*, 2 volúmenes, Miami: University of Miami Press, 1972.
Una historia desde los principios hasta fines de los años sesentas. Las divisiones según el periodo y el país no siempre están claramente indicadas. Indicaciones acerca de qué son las novelas, resúmenes de argumentos, algún comentario crítico. La mejor bibliografía sobre el tema; dividida en trabajos generales sobre la literatura hispanoamericana, trabajos sobre la literatura de los distintos países, trabajos sobre autores particulares.

Sommers, Joseph, *After the Storm: Landmarks of the Modern Mexican Novel*, Albuquerque: University of New Mexico Press, 1968.
Ensayos analíticos acerca de *Al filo del agua*, *Pedro Páramo*, *La región más transparente* y *La muerte de Artemio Cruz*. Los capítulos introductorios y finales colocan estas cuatro obras dentro de la novela mexicana.

Souza, Raymond D., *Major Cuban Novelists*, Columbia y Londres: University of Missouri Press, 1976.
Ensayos analíticos extensos sobre la obra de Carpentier, Lezama Lima

y Cabrera Infante. Un capítulo de introducción a la novela cubana y otro de conclusiones.

Spell, Jefferson Rea, *Contemporary Spanish American Fiction*, Chapel Hill: University of North Carolina Press, 1944.
Ensayos del estilo, vida y obra de Gálvez, Azuela, Loveira, Barrios, Horacio Quiroga, J. E. Rivera, Güiraldes, Gallegos, J. Icaza y C. Alegría.

Stabb, Martin S., "Argentine letters and the Peronato: an overview", *Journal of Inter-American Studies and World Affairs*, 13, núms. 3-4 (julio-octubre de 1971), pp. 434-455.
Ensayo sobre el ambiente cultural en general durante el periodo, con enfoque sobre la literatura.

Tittler, Jonathan T., *A Sordid Boon: Narrative Irony in the Contemporary Spanish-American Novel*, Ithaca: Cornell University Press (en prensa).
Análisis detallado de siete novelas, enfocando la ironía: *La muerte de Artemio Cruz, Pedro Páramo, La traición de Rita Hayworth, Tres tristes tigres, La tía Julia y el escribidor, Libro de Manuel* y *La vida a plazos de don Jacobo Lerner*.

Torres Rioseco, Arturo, *Novelistas contemporáneos de América*, Santiago: Nascimento, 1939.
Ensayos de estilo, vida y obra, basados en entrevistas y lecturas: Azuela, J. E. Rivera, Gallegos, Güiraldes, B. Lynch, Barrios, Gálvez, J. Edwards, Bello, Reyles, Díaz Rodríguez, Prado y Arévalo Martínez.

Villanueva de Puccinelli, Elsa, *Bibliografía de la novela peruana*, Lima: Ediciones de la Biblioteca Universitaria, 1969.
Dos listas alfabéticas por autor y por año. También tiene los años de nacimiento y muerte.

Williams, Raymond L., *Una década de la novela colombiana: la experiencia de los setentas*, Bogotá: Plaza y Janés, 1981.
Organización cronológica y análisis de novelas semejante al presente libro. Novelas analizadas más extensamente: *Cola de zorro, Viaje a la claridad, Dabeiba, Aire de tango, El bazar de los idiotas, El otoño del patriarca, Sin nada entre las manos, ¡Que viva la música!, Los sueños del poder, Años de fuga*.

Zum Felde, Alberto, *Indice crítico de la literatura hispanoamericana: la narrativa*, México: Editorial Guaranía, 1959.
Historia desde los principios hasta mediados de los años cincuentas. Se hace hincapié en ideas y actitudes en la novela. Difícil de utilizar por el índice.

# ÍNDICE ANALÍTICO*

* Elaborado por Jas Reuter.

# ÍNDICE GENERAL

Este libro se terminó de imprimir el
4 de julio de 1984 en los talleres de
Offset Marvi, Leiria 72, 09440 México, D. F. La Composición se efectuó
en Servicio Tipográfico Editorial,
Calzada de Tlalpan 413, 03400 México,
D. F., empleándose tipos Aster de
8:9, 9:10, 10:11 y 11 puntos. Se tira-
ron 5 000 ejemplares.